Filosofia, Política & Engajamento

Filosofia, Política & Engajamento

Quando filosofia e vida se encontram

Alex Sandro Calheiros de Moura
Gilberto Tedeia
Maria Cecília Pedreira de Almeida
(organizadores)

alameda

Grafia atualizada segundo o Acordo Ortográfico da Língua Portuguesa de 1990, que entrou em vigor no Brasil em 2009.

Edição: Haroldo Ceravolo Sereza / Joana Monteleone

Editora-assistente: Danielly Teles

Projeto gráfico, diagramação e capa: Mari Ra Chacon Massler

Revisão: Alexandra Colontini

Assistente acadêmica: Tamara Santos

Editor de projetos digitais: Brunno Moura

Imagem da capa: *Emparedamento 0118*, de Diego Castro (2018).

Material: Vinil adesivo, vidro e tinta sobre parede. Dimensões variadas.

Acervo da Casa de Cultura da América Latina. Universidade de Brasília.

Esta obra foi publicada com apoio da FAPDF, nº do processo 193.000.652/2013

As opiniões, hipóteses e conclusões ou recomendações expressas neste material são de responsabilidade dos autores e não necessariamente refletem a visão da FAPDF

CIP-BRASIL. CATALOGAÇÃO-NA-FONTE
SINDICATO NACIONAL DOS EDITORES DE LIVROS, RJ

F524

Filosofia, política & engajamento : quando filosofia e vida se encontram / organização Alex Sandro Calheiros de Moura , Gilberto Tedeia , Maria Cecília Pedreira de Almeida. - 1. ed. - São Paulo : Alameda, 2019.
21 cm.

Inclui bibliografia
ISBN 978-85-7939-554-3

1. Filosofia. 2. Ciência política. I. Moura, Alex Sandro Calheiros de. II. Tedeia, Gilberto. III. Almeida, Maria Cecília Pedreira de.

18-50063 CDD: 100
CDU: 1

ALAMEDA CASA EDITORIAL
Rua Treze de Maio, 353 – Bela Vista
CEP 01327-000 – São Paulo – SP
Tel. (11) 3012-2403
www.alamedaeditorial.com.br

Sumário

Apresentação

Há um intenso debate que vem ocorrendo no Brasil e no mundo em torno da articulação entre o pensamento e a vida, a política e a justiça, a teoria e a prática. O fato desses temas figurarem como importantes pontos de pauta na agenda nacional e internacional no nosso tempo revela o grande interesse da sociedade civil e da academia em discutir não só a filosofia como atividade formuladora de conceitos abstratos ou metafísicos, mas sobretudo em que medida o pensamento filosófico pode contribuir para a crítica e para a transformação da sociedade. Este livro, escrito por diversos especialistas de várias universidades brasileiras, propõe uma reflexão sobre esta questão fundamental: afinal, qual é a relação entre o pensamento e a ação?

Este problema norteia os diversos artigos que compõem este livro. Apesar da relativa disparidade de autores, épocas e debates aqui presentes, o projeto se unifica em torno da discussão e do pensamento crítico, fundamental quando se trata de pensar as complexas relações entre certos conceitos filosóficos e sua configuração na vida cotidiana com problemas concretos em torno de temas fundamentais da vida política. Nesse sentido, dentre as questões que aqui são abordadas, (todas centrais nos diversos debates contemporâneos) destaca-se exatamente as relações entre o *otium*, isto é, o ócio, no sentido do tempo dedicado ao pensamento, exercido e possibilitado pela *vita contemplativa* e o *negotium*, ou a negação do ócio, consubstancializado nas atividades cotidianas essenciais presentes na *vita activa*. Trata-se de uma questão absolutamente central para Marx, investigada por Hannah Arendt, mas que é muito antiga na história da filosofia. Está presente nos filósofos antigos e modernos, como por exemplo, em Hobbes, ao afirmar no *Leviatã* a sua intenção de transformar "a verdade especulativa em utilidade prática".

Este livro supõe que esta questão constitui aspecto essencial da própria filosofia política, que possui uma vocação eminentemente prática. O cenário atual mundial, e sobretudo, o brasileiro, apresentam um mosaico de problemas que exigem reflexão e uma *intervenção filosófica*. O problema da desigualdade, do combate à miséria, do pluralismo cultural, da tolerância, da efetivação dos direitos humanos e da participação popular – noção reclamada publicamente por diversas manifestações no Brasil ocorridas recentemente – são alguns exemplos que confirmam esta exigência.

Tais questões, que estão na ordem do dia em todos os jornais, presença incontestável nas diversas esferas da opinião pública, estão fortemente vinculadas com a institucionalização e o exercício do poder. Porém, sob a perspectiva filosófica, essas discussões ganham em abrangência e complexidade. Percebe-se que estes mesmos problemas não foram negligenciados pela tradição da história da filosofia: ao contrário, o pensamento filosófico e político frequentemente interveio, criticou e refletiu sobre as crises do presente, sem deixar de lado a herança da tradição do pensamento ocidental.

Nesse sentido, invocar autores clássicos e contemporâneos para pensar melhor os embates políticos e culturais de nosso tempo, revela-se exercício urgente e indispensável. Tais são os problemas de primeira ordem que os artigos de *Filosofia, Política & Engajamento* se propõem a enfrentar sob uma perspectiva teórica e crítica.

A partir dessas problematizações, é possível que o livro não cumpra o seu papel apenas no horizonte acadêmico – pois trata da filosofia política e de seu manancial teórico para a racionalização do discurso dos direitos, da democracia e da justiça, – mas também atenda a uma necessidade do grande público leitor que se interessa por problemas políticos da contemporaneidade, ao discutir as conexões inextricáveis, as aporias e as soluções que se apresentam ao se refletir sobre as relações entre a teoria e a práxis, entre a filosofia e a vida.

Este trabalho não teria sido possível sem a colaboração, a generosidade e a grande paciência dos autores dos artigos, aos quais agradecemos. Esses especialistas, de diversas universidades brasileiras, vários deles renomados nacional e internacionalmente, não obstante acadêmicos, procuraram refletir sobre a questão proposta de uma forma clara e acessível, sem todavia perder o rigor indispensável ao pensamento filosófico. A maior parte deles é formada de professores doutores e pesquisadores em filosofia, mas também em letras, literatura, história, artes e áreas afins, o que confere ao livro um horizonte interdisciplinar.

Por fim, registramos o nosso sincero agradecimento ao apoio da CAPES e da Fundação de Amparo à Pesquisa do Distrito Federal - FAP/DF, que tornaram possível o evento cujas discussões são a essência deste livro.

Os Organizadores

Prefácio

O engajamento como um problema filosófico

O campo da filosofia política conhece, atualmente, uma profunda renovação que não poderia deixar de se expressar em um livro como este. Ela é consequência de uma questão de método nem sempre colocada de forma explícita, mas mesmo assim presente no espírito do tempo presente. Afinal, um tempo que assiste instabilidades políticas resultantes do retorno sistemático de discursos autoritários, com suas derivas abertamente racistas, xenófobas e discriminatórias, que observa o questionamento dos limites de nossas democracias representativas através de movimentos de contestação dispersos em várias partes do mundo, ou ainda que vê a degradação de suas estruturas e figuras políticas principais seria incapaz de deixar incólume a filosofia política por ele produzida.

Lembremos inicialmente como a filosofia política sempre foi uma reflexão sobre a natureza do poder e as formas do governo. A experiência da associação dos seres humanos, assim como os regimes de circulação do poder responsável pela reprodução material da vida e pela coesão social sempre foram acontecimentos a forçar nosso pensamento em todas as direções, seja em direção ao passado, através de reflexões sobre a gênese das relações sociais com suas múltiplas figuras estruturais e antropogenéticas, seja em direção ao futuro, através da projeção de expectativas utópicas e ideais normativos reguladores. De

Platão e Aristóteles, com suas discussões a respeito da normatividade imanente ao ato de viver junto na *polis*, até os dias que correm, a filosofia política foi um setor inquieto do pensamento. Mesmo quando vários de seus filósofos pareciam simplesmente sublimar situações atuais, historicamente determinadas e contingentes, transformando-as em filosofemas de peso ontológico, como se estivéssemos diante de "ideólogos" de classe que estariam a duplicar modos de dominação em uma verdadeira metafísica do social, o que víamos era, na verdade, o exercício complexo de confrontar a força da ideia à inércia da realidade, fazendo a situação atual entrar em movimento.

Neste sentido, se este livro começa seu trajeto de debates a partir de Thomas Hobbes, é principalmente para mostrar como a elevação hobbesiana da soberania à condição de problema central da filosofia política inaugura um tempo cuja inquietude ainda nos implica. Mas se este gesto possui tal capacidade de implicação, a ponto de servir de linha de partida da modernidade, é devido ao fato da soberania e aquilo que ela a partir de então problematizará, como, por exemplo, a natureza constituinte dos afetos sociais, as modalidades de constituição do corpo político, a relação entre violência e legitimidade, serão pontos cardeais de tensão a impulsionar o pensamento para além da mera justificação de modos atuais de governo. Ou seja, os conceitos da filosofia política não são e nunca serão ideais normativos derivados de estratégias de justificação das configurações locais do poder. Eles são pontos de tensão que atravessarão séculos de experiência social abrindo a vida social ao exercício da imaginação política.

Por isto, tal estratégia em operação nos textos deste livro dedicados à Hobbes valerá para outros autores clássicos também presentes, como Hegel, Rousseau e Montesquieu. A centralidade dada por Hegel às lutas por reconhecimento enquanto matriz de racionalidade dos conflitos sociais, assim como sua tematização das formas associativas de representação, comparecem aqui não como momentos de uma dinâmica imanente ao direito positivo em sua força de integração a partir da universalização de horizontes normativos já estabelecidos e em operação nas formas atuais de governo. Eles são dispositivos de forçagem das formas atuais de governo em direção a antagonismos que tais formas talvez não tenham como, de fato, integrar a não ser através de auto-transformações substantivas. Da mesma forma, a redução da política à gestão da morte, ou seja, a uma espécie de tanatopolítica denunciada por Hegel em suas discussões sobre o terrorismo de estado jacobino será apresentada como a sombra crítica a acompanhar o regime normal da política moderna em suas encarnações posteriores, voltando-se, em um giro de parafuso, contra a própria concepção moderna de estado. Giros que encontramos também nos textos dedicados à transmutação da incorporação do povo à cena política através da tematização rousseauista do poder soberano ou à temática da corrupção e da virtude em Montesquieu.

Esta forma de repensar as bases tradicionais da filosofia política moderna é, no entanto, apenas a expressão indireta da questão de método aludida logo no início. Tal questão está bem encarnada nos três eixos que compõem esse livro, a saber, "ruptura", "democracia" e "engajamento". Elas desenham o campo de forças que leva, atualmente, a filosofia política a deslocar seu eixo de problemas. Assim, mais do que uma reflexão sobre a natureza do poder e do governo como condição para a fundamentação normativa do viver junto, temos atualmente uma tematização da necessidade e da dinâmica daquilo que suspende o ato de viver juntos. Suspensão feita em prol da abertura ao que ainda não tem forma no interior da vida social.

Esta inflexão do objeto da filosofia política em direção às condições da ruptura é fruto da partilha tácita de um diagnóstico comum a respeito do caráter mutilado de nossas formas hegemônicas de vida, assim como dos sofrimentos sociais que elas provocam, a saber, alienação e reificação (dentro de uma matriz marxista), mal-estar e esvaziamento (dentro de uma matriz psicanalítica) ou ainda anomia (dentro de um quadro durkheimiano de análise de patologias sociais). A filosofia política só pode então ser o conjunto das reflexões sobre os processos que suspendem tal mutilação, tal separação do ser humano de si mesmo, tal separação das coisas delas mesmas. Daí porque os conceitos ligados à noção de ruptura sobem à cena, sejam eles a revolução e suas dificuldades (que podem chegar à própria transformação do ímpeto revolucionário em realização de uma "abstração real"), seja o dissenso, o antagonismo e o conflito.

Por isto, mais do que desdobrar os meandros de uma teoria do governo e mesmo do poder, este setor da filosofia política contemporânea tão bem representada nesse livro prefere focar-se, em larga medida e na maioria de seus textos, naquilo que poderíamos chamar de uma teoria da emergência ou uma teoria da insurreição. Ou seja, trata-se de se perguntar sobre as condições para a emergência de sujeitos políticos capazes de dramatizar processos de rupturas aos limites da representação, seja através do recurso à temática da revolução, seja através do recurso ao problema da desobediência civil. Neste e em outros casos, é o problema da emergência do singular que sobe à cena, fornecendo um eixo geral para o deslocamento de objeto da filosofia política que agora observamos.

Neste contexto, pode-se entender com mais propriedade a razão em elevar o engajamento à condição de questão filosófica maior. Há de se lembrar como o engajamento é um regime de adesão cujo sistema de justificativas não é imediatamente moral, nem segue a dinâmica de um convencimento comunicacional com fundamento no ato, pretensamente livre de distorções patológicas, de esclarecimento do melhor argumento. Na verdade, o engajamento é uma forma de adesão eminentemente política. Ele encontra seu fundamento na partilha afetiva de formas de vida que guiarão nossos julgamentos e deliberações. Tal partilha é tecida pela capacidade de implicação a uma história de conflitos, de desejos desejados, de gestos de recusa e de promessas que funcionam como uma forma de memória social como forte resiliência. Por isto, o engajamento desconhece cálculo e medida. Sua decisão é da ordem da fidelidade e da resistência. Ele pressupõe uma modificação na sensibilidade e na visibilidade que faz do sujeito em regime de engajamento alguém que já habita outro mundo a forçar as margens do mundo atual. Talvez por isto a operação do diálogo seja tão inefetiva no interior dos embates políticos. Sujeitos engajados não dialogam. Eles fazem mundos entrarem em colisão por lembrar que várias dimensões dos processos de interação não se deixam reduzir à consolidação dialógica do consenso.

Que a filosofia política contemporânea tenha se deparado com a centralidade de uma operação como o engajamento, eis algo que merece toda nossa atenção. Para além da fascinação por explicações sistêmicas e, em vários momentos, meramente funcionais dos processos de ação política, o problema do engajamento recoloca em cena a figura do sujeito e de suas implicações (mais do que de suas pretensas "escolhas"). O engajamento nos leva a refletir sobre sujeitos em relação a acontecimentos que os constituem e, de certa forma, os selecionam para além da adesão a princípios normativos em operação na consolidação de situações atuais. Ele coloca à luz do dia o problema de uma ausência possível de uma gramática geral dos conflitos sociais capaz de pretensamente reduzir a mutiplicidade dos sujeitos em regime de engajamento a um denominador comum de valores. Desta forma, abre-se um campo de novos problemas e desafios a um dos problemas centrais da filosofia política desde tempos imemoriais, a saber, quais são as condições do viver juntos.

Colocar este problema a partir das discussões sobre o engajamento é reconhecer a dimensão agonística e complexa de algo que muitos gostariam de nos apresentar como naturalmente dado. Na verdade, é trazer ao campo do político sua complexidade real. Algo que os textos desse livro não se furtaram a fazer.

Vladimir Safatle
Professor do Departamento de Filosofia
Universidade de São Paulo

RUPTURAS

Revolução, cidadania e participação em Hannah Arendt

Adriano Correia[1]

As cadeias da necessidade não precisam ser de ferro:
podem ser feitas de seda

Hannah Arendt[2]

Logo no início do sexto capítulo de *Sobre a revolução*, intitulado "A tradição revolucionária e seu tesouro perdido", Arendt afirma que a liberdade política só pode significar a efetiva participação no governo. Para os familiarizados com a obra arendtiana, ainda que superficialmente, a associação entre liberdade e ação, assim como aquela entre poder e agir em conjunto, chega a ser um truísmo. Ademais disso não ser razão suficiente para não examiná-la, julgamos que o caráter enfático da afirmação nesse contexto revela o que talvez seja mais interessante aqui: contra que perspectiva ela se dirige, ou o que ela denega com tal afirmação. No que se segue pretendo reconstruir o pano de fundo dessa asserção, notadamente a partir do exame dos vínculos entre liberdade, engajamento e participação.

---

1 Professor de Filosofia da UFG, pesquisador CNPq.

2 Hannah Arendt, *Sobre a revolução*. São Paulo: Companhia das Letras, p. 186.

Como sói acontecer com as obras de Arendt, as dificuldades com *Sobre a revolução* não são negligenciáveis: a oposição que chega às raias da caricatura entre as revoluções americana e francesa; a questão social como causa da derrota da revolução e a compreensão da pobreza como uma questão administrativa; a interpretação de Marx, "o maior teórico das revoluções de todos os tempos", cujo lugar "na história da liberdade humana sempre será ambíguo", por ter sido "quem mais fortaleceu a doutrina mais perniciosa dos tempos modernos, a saber, que a vida é o bem supremo",[3] na medida em que teria contribuído para deslocar o objetivo da revolução da liberdade para a abundância – apropriação muito menos generosa que a já polêmica de *A condição humana*, na qual ela remonta a prevalência moderna da vida como bem supremo ao sensualismo utilitarista que estaria na base do utilitarismo mais rasteiro subjacente à concepção liberal de homem.

A relação de Arendt com Marx – em quem censura com acuidade a frequente confusão de política com economia e de quem parece ter relutado a assimilar o diagnóstico da relação promíscua entre Estado e capitalismo – ainda é uma questão obviamente não resolvida e uma das vias privilegiadas para a compreensão da interpretação arendtiana da modernidade, e a despeito de ser um tema recorrente entre os intérpretes, é uma das mais notáveis lacunas na recepção da obra arendtiana. Concordamos com Albrecht Wellmer, entretanto, quando ele indica que sua crítica à tradição liberal-democrática e "às democracias liberal e social das modernas sociedades industriais parecem mais provocadoras do ponto de vista do presente".[4] Focaremos nossa atenção na oposição arendtiana à compreensão liberal de li-

3 *Ibidem*, p. 130, 94, 97 e 98, respectivamente.

4 Albrecht Wellmer, "Arendt on revolution". In: Dana Villa (ed.), *The Cambridge companion to Hannah Arendt*. Cambridge: Cambridge University Press, 2000, p. 220.

berdade, deixando de lado suas considerações sobre a democracia – palavra empregada sempre com muita reserva em toda sua obra, ao contrário do termo república.[5]

O desconforto com a interpretação arendtiana da questão social como razão do fracasso da Revolução Francesa é tão flagrante a tantas sensibilidades que frequentemente elude que as considerações arendtianas sobre a busca da felicidade no contexto da Revolução Americana desempenham papel análogo na explicação do seu fracasso. Para Arendt, apesar das imensas diferenças entre os acontecimentos e convicções dos dois lados do Atlântico, os homens das revoluções partilhavam o fundamental, isto é "um interesse apaixonado pela liberdade pública",[6] já então bastante ultrapassado. O que os franceses chamavam de liberdade pública, como tradução da libertação do domínio despótico, os estadunidenses já denominariam "felicidade pública", em grande medida por já experimentarem essa liberdade aspirada pelos franceses. Sabiam, portanto, que "não poderiam ser totalmente 'felizes' se sua felicidade se situasse e fosse usufruída apenas na vida privada".[7] Concordavam em que a liberdade pública consistia na participação nas atividades ligadas às questões públicas e que tal participação proporcionava "aos que se encarregavam delas um sentimento de felicidade que não encontrariam em nenhum outro lugar" e que "as pessoas iam às assembleias de suas

5 "Se quisermos traçar a linha em termos apenas linguísticos, podemos insistir na data relativamente adiantada em que surge a palavra 'democracia', designando o papel e o poder do povo, em oposição à palavra 'república', com sua grande ênfase nas instituições objetivas. E a palavra 'democracia' só veio a ser usada na França em 1794; mesmo a execução do rei se deu aos gritos de *Vive la republique*" (Hannah Arendt, *op. cit.*, p. 165).

6 Hannah Arendt, *op. cit.*, p. 162.

7 *Ibidem*, p. 173.

cidades [...] acima de tudo porque gostavam de discutir, de deliberar e de tomar decisões".[8]

Ainda que, nas palavras de Arendt, a elaboração de constituições tenha se tornado pouco mais que passatempo de especialistas nos desdobramentos da Revolução Francesa, os pensadores das duas revoluções concordavam que "a ideia central da revolução é a fundação da liberdade, isto é, a fundação de um corpo político que garante o espaço onde a liberdade pode aparecer".[9] A imagem delineada por Arendt da Revolução Americana como vitoriosa, na medida em que culminou na fundação de um novo corpo político, em contraste com o fracasso da Revolução Francesa no mesmo propósito, é desafiada pela própria Arendt quando indica o fracasso da Revolução Americana na segunda tarefa da revolução, ademais da fundação, a de "assegurar a sobrevivência daquele espírito de onde brotou o ato fundador, materializar o espírito que o inspirou. [Essa tarefa teria sido] frustrada quase desde o início. E podemos encontrar uma indicação das causas desse malogro na própria expressão 'busca da felicidade'",[10] que, por não ter seu caráter público claramente definido, operou desde o início como canal para a confusão entre felicidade pública e bem-estar privado, entre direitos privados e felicidade pública, ou ainda entre a busca do bem estar e ser participante nos assuntos públicos.

Arendt sustenta que temos o direito de suspeitar que a razão da enorme relutância de Robespierre em pôr fim à revolução se deveria ao temor de definhamento do espaço público "depois de ter desabrochado de súbito e inebriado a todos com o vinho da ação, que, aliás, é igual ao vinho da liberdade".[11] Não seria outra a razão de ele apa-

8 *Ibidem*, p. 163.

9 *Ibidem*, p. 170.

10 *Ibidem*, p. 171.

11 *Ibidem*, p. 179.

rentemente não manifestar dúvida sobre se preferiria a experiência da felicidade pública ao estabelecimento de um governo constitucional limitado garantidor das liberdades civis – caso este representasse um risco àquela. Para Arendt, os desdobramentos da revolução nos Estados Unidos após a fundação e os fundadores terem passado a governar teriam dado razão aos temores de Robespierre, pois, com a promulgação da Declaração de Direitos, a ambiguidade da "busca da felicidade" logo se desfez e a ênfase "se transferiu da liberdade pública para a liberdade civil, da participação nos assuntos públicos em favor da felicidade pública para a garantia de que a busca da felicidade privada seria protegida e incentivada pelo poder público".[12] Ainda que os homens da revolução nutrissem um genuíno amor à liberdade e à felicidade públicas, não puderam, entretanto, impedir que o desfecho mesmo da revolução americana fosse irremediavelmente ambíguo, oscilante acerca de "se o fim do governo era a prosperidade ou a liberdade".[13] A ambiguidade foi progressivamente se desfazendo na medida mesma em que a liberdade foi a cada passo deslocada para a esfera da vida privada e se firmava em oposição ao poder público e a suas reiteradas demandas.

Para Arendt, com ou sem razão – já que é bastante questionável assimilar, sem mais, efetiva acumulação ilimitada e pobreza –,

> ainda é a pobreza da Europa que se desforra nas pilhagens com que a prosperidade americana e a sociedade de massas americana ameaçam cada vez mais toda a esfera pública. [Pois] o sonho americano, como os séculos xix e xx sob o impacto da migração de massa vieram a entender, não era o sonho da Revolução Americana – a fundação da liberdade –, nem o sonho da Revolução Francesa – a libertação do

12 *Ibidem*, p. 181.

13 *Ibidem*, p. 183.

> homem; era, infelizmente, o sonho de uma "terra prometida" onde corriam rios de leite e mel.[14]

Tudo isso, "é apenas outra maneira de dizer que *a questão social interferiu no curso da Revolução americana com o mesmo grau de intensidade*, embora não tão dramática, que teve no curso da Revolução Francesa"[15] – afirma Arendt, em um trecho frequentemente negligenciado. A questão social estadunidense consiste na obsessão com a abundância: "nesse sentido, a riqueza e a pobreza são apenas as duas fases da mesma moeda; *as cadeias da necessidade não precisam ser de ferro: podem ser feitas de seda*".[16] Com efeito, "o crescimento econômico algum dia pode se revelar uma maldição, e não uma bênção, e *em nenhuma hipótese ele pode levar à liberdade ou constituir prova de sua existência*".[17]

Arendt inicia seu exame da perda do espírito revolucionário como o tesouro perdido da tradição revolucionária indicando o fracasso das revoluções para assegurar ao menos as garantias constitucionais mínimas de direitos e liberdades civis que são prévias para o alcance da *constitutio libertatis*. Exorta ainda, por fim, o seguinte:

> não podemos de maneira alguma esquecer, em nossas relações com outras nações e seus respectivos governos, que a distância entre a tirania e o governo constitucional limitado é tão grande ou talvez ainda maior que a distância entre o governo limitado e a liberdade. Mas tais considerações, por mais que se apliquem à prática, não devem nos induzir ao erro de confundir direitos civis com liberdade política, nem de pensar que essas preliminares do governo civiliza-

14 *Ibidem*, p. 186.

15 *Ibidem*, p. 184, grifos meus.

16 *Ibidem*, p. 186, grifos meus.

17 *Ibidem*, p. 277, grifos meus.

> do equivalem à substância efetiva de uma república livre. Pois [vale repetir] ou a liberdade política, em termos gerais, significa o direito de participar no governo ou não significa coisa alguma.[18]

A isso subjaz a convicção de que o que forma para a participação é a própria participação, e que nenhuma república verdadeira pode restringir-se à mera administração das coisas ou ao provimento de bem-estar social. Não podemos falar de política quando não se compreende a liberdade como efetivo engajamento e participação potencial de todo membro da comunidade política nas atividades de governo.

A própria noção de liberdade tinha seus contornos difusos no âmbito da revolução, uma vez que se, por um lado, as demandas por liberação ou emancipação eram prevalentes, por circunstâncias históricas nas quais a liberdade era inviável sem libertação, de outro, o espaço que restava para a concepção de uma liberdade propriamente política era engolfado pela compreensão moderna de que a liberdade equivale à restauração da igualdade natural ou é a fonte de legitimação das demandas por proteção contra a política, com vistas ao alcance dos interesses privados naturalmente assentados. Assim, ao contrário dos gregos – e Arendt assinala que "a liberdade como fenômeno político nasceu com as cidades-estado gregas"[19] – que compreendiam que "a vida de um homem livre exigia a presença de outros [e que] a própria liberdade exigia, portanto, um lugar onde as pessoas pudessem se reunir – a ágora, a praça ou a pólis, o espaço político propriamente dito",[20] na modernidade a conquista da liberação de uma soberania opressiva acabou por implicar que a

18 *Ibidem*, p. 278.

19 *Ibidem*, p. 58.

20 *Ibidem*, p. 59.

conquista da liberdade fosse finalmente compreendida como uma liberdade em relação à política e não como o direito a tomar parte nela. Para Arendt essas dificuldades provinham do fato de que as revoluções modernas tomaram a seu cargo tanto a libertação quanto a liberdade, e, como a libertação é uma condição de liberdade, "frequentemente fica muito difícil dizer onde termina o simples desejo de libertação, de estar livre da opressão, e onde começa o desejo de liberdade como um modo político de vida",[21] que exigia a fundação de uma república.

A posição mais geral de Hannah Arendt concerne mais propriamente à Revolução Francesa que à Americana, embora de algum modo abranja ambas. Para a autora, enquanto na Revolução Americana, na ocasião da instauração do novo governo republicano pós-revolucionário, houve uma profunda preocupação com "a aplicação e a elaboração da teoria de Montesquieu acerca de uma divisão de poderes no interior do corpo político",[22] na Europa a preocupação com a soberania nacional, com "a majestade do domínio público", fez com que, na Europa, a busca por uma fonte inquestionável de legitimação se fizesse mais urgente. Ademais, e tão importante quanto, na Europa a questão social, o agudo problema da pobreza geral das massas, desempenhou um papel tão prevalente que as questões concernentes à sobrevivência acabaram por tragar os propósitos de instituição política da liberdade traduzida no direito de tomar parte nas decisões sobre os assuntos públicos.

De acordo com Hannah Arendt, quando a questão social da pobreza das massas apoderou-se da Revolução, "iniciada com a rebelião estritamente política do Terceiro Estado", a reivindicar sua admissão no domínio político e inclusive sua direção, "os homens da revolução não estavam mais preocupados com a emancipação dos ci-

21 *Ibidem*, p. 61.

22 *Ibidem*, p. 24.

dadãos nem com a igualdade, no sentido de todos terem igual direito à sua personalidade jurídica, de serem protegidos por ela e, ao mesmo tempo, de agirem quase literalmente 'por meio' dela"[23] – como através da máscara do teatro, chamada de *persona* pelos romanos, da qual se extraiu a metáfora na qual se articula o fundamental da condição do cidadão como pessoa jurídica: o artifício de adicionar à sua mera condição natural uma máscara, ao mesmo tempo protetora de sua integridade e via da manifestação de seus propósitos: a máscara da personalidade jurídica.

> Os homens da Revolução Francesa, prossegue Arendt, "acreditavam que haviam emancipado a própria natureza, por assim dizer, libertado o homem natural em todos os homens, e lhe dado os Direitos do Homem que cabiam a cada um, não em virtude do corpo político a que pertencia, mas pelo fato de ter nascido",[24] cuja implicação fundamental foi a equalização de todos na condição de desprotegidos pela máscara da personalidade jurídica.

Que Arendt tenha intitulado "Tiro pela culatra" ["Home to roost"][25] seu último texto publicado – de 1975, concebido pouco antes de sua morte – sobre o bicentenário da Revolução Americana, talvez seja um índice da confirmação de seu temor de que prevalecesse a omissão estadunidense "em lembrar que foi uma revolução que deu origem aos Estados Unidos e que a república nasceu não por 'necessidade histórica' nem por um desenvolvimento orgânico,

---

23 *Ibidem*, p. 150.

24 *Ibidem*.

25 Cf. *idem*, *Compreender – formação, exílio e totalitarismo (Ensaios 1930-1954)*. Belo Horizonte; São Paulo: Ed. UFMG; Companhia das Letras, 2008.

e sim por um ato deliberado: a fundação da liberdade".[26] Em *Sobre a revolução* ela insiste:

> as noções revolucionárias de felicidade pública e liberdade política nunca desapareceram totalmente do cenário americano; tornaram-se parte da própria estrutura do corpo político da república. Se essa estrutura tem uma base sólida capaz de resistir às palhaçadas frívolas de uma sociedade interessada no enriquecimento e no consumo [...] é algo que só o futuro pode dizer. Atualmente, [diz ela] os sinais que justificam a esperança empatam com os sinais que inspiram medo.[27]

Mais de cinquenta anos depois de *Sobre a revolução* é difícil duvidar de que a esperança venha sendo sistematicamente vencida pelo medo – ainda que sobreviva como causa derrotada, como as que agradavam a Catão e a muitos como ele.

Essa causa derrotada é a causa da política mesma, cuja razão de ser não pode ser outra que a liberdade. Arendt jamais duvidou da capacidade para a resistência à opressão, a ruptura com a dominação política e a fundação de um espaço político para a liberdade, notadamente pelas várias experiências revolucionárias e de contestação política desde as primeiras revoluções modernas. Os movimentos recentes em várias partes do mundo em grande medida reverberam a convicção arendtiana de que a paixão pela liberdade e pela felicidade públicas pode ainda inspirar o engajamento político para além das demandas econômicas e sociais, ainda que frequentemente provenham delas.

26 *Idem*, *Sobre a revolução*, *op. cit.*, p. 276.

27 *Ibidem*, p. 184-185.

Referências bibliográficas

ARENDT, Hannah. *Compreender – formação, exílio e totalitarismo (Ensaios 1930-1954)*. Ed. Jerome Kohn. Trad. Denise Bottmann. Belo Horizonte; São Paulo: Ed. UFMG; Companhia das Letras, 2008.

___. *Sobre a revolução*. Trad. Denise Bottmann. São Paulo: Companhia das Letras, 2011.

WELLMER, Albrecht. "Arendt on revolution". In: VILLA, Dana (ed.). *The Cambridge companion to Hannah Arendt*. Cambridge: Cambridge University Press, 2000, p. 220-241.

Poder Soberano de Hobbes e Rousseau à Revolução Francesa: a entrada em cena de uma ideia subversiva

Gilberto Tedeia[1]

Pensar a ação fundante coletivamente de uma ordem a ser construída, forte, legítima e racional é a ruptura e ponto de partida moderno do conceito de poder de seus pressupostos. A ruptura se dá quando a ação voltada para a ordem posta para todos deixaria de ser pautada por referências exteriores aos sujeitos moldados pela ordem instituída, deixando de existir uma referência prévia à ordem a ser instaurada e que a organiza. O ordenamento que regula as relações entre os homens torna-se uma construção, e a construção moderna da ordem implica identificar no poder tanto a "*obrigação política*" como força *superior* ao indivíduo, como força *legítima* e *racionalmente justificada*. Construção do Setecentos, esse contexto condiciona o surgimento de vários outros termos, incluindo seus *opposities* mais consagrados, o direito, a igualdade e a liberdade.

Na companhia de Duso,[2] reconstituiremos alguns momentos da moderna noção de poder como uma construção racional de um corpo político soberano fundado por todos, corpo situado acima da vontade de todos e cada um e que, nos termos dessa leitura, inaugura

---

1 Professor de Ética e Filosofia Política, Departamento de Filosofia, UnB.

2 Cf. Giuseppe Duso (org.), *O poder: história da filosofia política moderna*. Petrópolis: Vozes, 2005.

um modo de ordenar, compreender e instituir a política. O roteiro a ser seguido privilegia três momentos dessa história, a fim de esboçar o modelo de uma crise diagnosticada por autores que vão de Weber ou Carl Schmitt a Arendt e Habermas ou Racière, Agamben e Foucault.

Poder irresistível como vontade de todos

De saída, trata-se de assumir o recorte que considera o mundo político moderno como regido pela ideia de poder soberano, pela ideia de uma ordem instituída e ordenada visando assentimento, adesão ou ao menos a mera submissão, mesmo que por coação. Porém uma ideia de cuja falência passamos o séc. xx falando, e, como nada de novo foi posto em seu lugar, faz-se mister propor um sentido ao arco que compõe essa trajetória, para que, da sua crítica, se possa num outro momento identificar formas alternativas de superá-lo.

Nos termos desse percurso desenhado por Duso, o conhecimento racional da ordem é tido, a partir de Hobbes, como o que funda a realidade. Identificado pelo autor *de Leviatã* como o único caminho para superar o conflito e a desordem do real, após reduzir a antiga *pratiké epistéme* a causa de desordens e conflitos irracionais, Hobbes defende o rigor e a fundação pela comunidade de uma realidade racionalmente ordenada. No lugar de opiniões, a nova *filosofia* ou *ciência política*[3] oferece a base segura para realizar a ordem entre os homens.

3 Termos só no século xx distinguidos, graças à reforma epistemológica weberiana, que os separará conforme a distinção entre descrição de fatos e prescrição de valores, cf. Norberto Bobbio, "Das possíveis relações entre filosofia política e ciência política". Em ____, M. Bovero (orgs.). *Teoria geral da política*. Rio de Janeiro: Campus, 2000, p. 67-78, texto que analisa as possíveis convergências e divergências entre diferentes modos de compreender a filosofia política e a ciência política, malgrado a defesa da especificidade filosófica dos diferentes modos de conceber a tarefa da filosofia política, tida como a causa da sua diferença em relação à ciência política. Bobbio, por conta do debate italiano dos anos 70, não a dispensa da "não-valoração" como

Dito de modo resumido, a nova ordem construída racionalmente levaria à superação da divergência entre opiniões e vontades particulares. Não encontrada no mundo, essa nova ordem é pensada como uma construção regulada por princípios racionais aceitáveis por todos. A formalidade dessa construção expressa a vontade dos indivíduos, a submissão da vontade de todos à autoridade que instituem, à lei, logo, ao comando que a expressa, e à obediência àquilo que por vontade própria instituíram

Com Hobbes,[4] o poder, conceito portador da certeza geométrica e situado acima das opiniões, é construído tendo-se como ponto de partida a noção de estado de natureza como hipótese racional, pela qual se visa apontar o que seria o homem *fora do estado civil*: lugar da guerra de todos contra todos, lugar em que indivíduos potencialmente iguais se autodestroem. Reconhecidos os homens num patamar de igualdade, qual seja, o medo um do outro, passo seguinte é pensar algo que exprima a vontade de todos, o *contrato*, como força comum à qual todos se submetem visando a paz.

Por essa via, ao contrato nada lhe é anterior, é *suma potestas*: não se transfere um poder preexistente, é a *criação do poder civil*. Povo agora deixa de ser pensado como pluralidades que se associam; formado por indivíduos iguais, portadores de vontade, resta saber como fazer para que possa essa vontade se *expressar*. A solução é pensar o poder não como algo que se oponha à vontade individual, mas como expressão de todo o corpo político e da vontade de cada um. Assiste-se, assim, ao nascimento da ideia de *poder soberano* como expressão da vontade

---

horizonte da pesquisa, já que sua dispensa a ele parece macular todos os que denunciam a impotência da pretensão de neutralidade de uma ciência produzida em uma sociedade atravessada pela luta de classes.

4 Para o que se segue, a estrutura do argumento também se vale da noção do poder soberano como representante da vontade de todos tal como reconstruída por G. Duso, *op. cit.*, p. 113-120.

de todos e de cada um, que se submetem a ele, voluntariamente, justamente por serem livremente os autores da sua construção.

Entenda-se, o que essa leitura visa destacar é a originalidade do invento hobbesiano como o momento-chave que organiza a política moderna, que é circunscrever a vontade da parte que abre mão de parte de sua liberdade na defesa de seu interesse particular visando à construção que apresenta a ordem em nome de todos; a adesão pactuada a essa construção é a via que instaura a concepção moderna de relação de mando-obediência. De Rousseau à reação conservadora do XIX, das lutas emancipatórias pós-XIX a Schmitt ou comunitaristas, todos estão às voltas com o lugar desse "eu" limitado, mas onipresente, fundador e organizador da liberdade na política moderna.

Voltando: a noção de poder político como poder soberano surge graças ao contrato que organiza e possibilita a vida social e é situado acima do poder individual. A garantia de que funcione e supere eventuais desconfianças sobre sua eficácia exige pensar o poder soberano como *irresistível* nos casos em que alguma das partes se recuse a submeter-se à ordem por ele fundada.

Porém surge um risco, o de a vontade da parte acabar por se alienar sob o poder soberano enquanto *suma potestas* irresistível. Para evitá-lo tampouco se deve recorrer ao receituário pré-hobbesiano, o de defender prerrogativas ligadas ao direito de resistência estamental. Ocorre que o caráter absoluto da soberania funda-se no, vincula e realiza o direito dos indivíduos, que Weber reconhecerá, mediante a ideia de *legitimação* do poder, como a chave interpretativa da ciência política.

A ideia de poder soberano pensa a submissão como um ato da *própria vontade* ao poder comum por todos instituído. A irresistibilidade do poder e a distância entre o poder comum e o cidadão privado situam o conceito de soberania como poder único que garante a estabilidade ao expressar a vontade comum *de/para/sobre* todos os indivíduos, que sempre visam à paz, paz que, por via das dúvidas, é garantida pela força, irresistível, da espada do soberano.

Para dar conta da alienação da diferença sob o poder irresistível na linha do tempo da herança hobbesiana, poderíamos voltar a atenção a Rousseau e sua noção de soberano como a vontade geral,[5] pela qual ele deslocaria o lugar da representação da soberania enquanto vontade de todos como sendo o Um *irresistível* – sem alterar o sentido geral da invenção hobbesiana. Porém interessa mais tratar dessa alienação nos termos de um conflito na esfera política entre poder constituinte e instituído,[6] entre o poder que cria e o poder que organiza a sociedade.

O poder soberano constituinte como representante da vontade de todos, aponta Chignola,[7] entra em cena na história e adquire visibilidade social com a Revolução Francesa, quando inventa um novo modo de organizar as configurações e hierarquias políticas, ao submeter a construção da ordem à manifestação representada pela maioria da Assembleia, ao impor o decreto da maioria como expressão da nação inteira – quando os Estados gerais decidem que a maioria decide pela nação inteira, esse decreto é a própria Revolução,

---

5 A solução de Rousseau parece inconsistente, segundo Duso, quando toma a vontade geral se concretizando na figura do legislador, incumbido de realizar a tarefa impossível, acrescentaria Hegel, de garantir a unidade política entre a ideia abstrata e a sua manifestação empiricamente presente, equívoco desmontado por Hegel que a vê como a difícil, senão impossível, passagem do muitos para o um, e pensa a vontade individual não mais isolada das determinações que a constitui, da família, passando pelos grupos de interesses, até a sua superação com a noção de eticidade (*Apud ibidem*, p. 118, 256-257).

6 Para o que segue, da entrada em cena na história do soberano como a vontade de todos, passando pela expansividade do sujeito constituinte revolucionário francês ao seu bloqueio a fim de internalizar suas conquistas, cf. Sandro Chignola, "Parte III, Introdução". In: Giuseppe Duso, *op. cit.*, p. 201-205.

7 *Ibidem.*

caracterizada pela ruptura, mais que mera transformação ou adaptação, com o passado constitucional instituído.

O perfil radical da nova conquista é a *Nation* perpassada por um contrato abstrato que todos respeitam e que garante direitos iguais a todos como uma *antecipação* do direito natural. Na tentativa de estabilizar essa conquista mediante a *composição jurídica* entre a soberania constituinte e o sistema de poderes constitucionais, a solução adotada, visando *internalizar* as conquistas – as garantias criadas, as invenções políticas –, foi decretar "*acabada*" a Revolução. É quando seus *inventos* são absorvidos pela "*máquina da representação*", a administração, e o que resta da "*expansividade*" do sujeito constituinte ficam restritos ao âmbito hermenêutico, à interpretação da constitucionalidade do que surgir.

Eis que, com o bloqueio do processo constituinte revolucionário, a ação política expansiva do sujeito constituinte é transformada em perigo a ser denunciado. A denúncia da Revolução leva a mudanças no sentido de liberdade de agir ou resistir populares, agora restrita ao campo do positivado pela lei e formalmente garantido. Retirada do âmbito do sujeito constituinte e coletivo que funda regras, a liberdade assumida é aquela delimitada por um sistema que garante e regula as conquistas feitas em seu nome, em nome da liberdade, quando ela era sem-limites.

Essa transição custou algumas cabeças jacobinas, a fim de conter o "mal do poder da pura ontologia da democracia constituinte", que passa a ser denunciado como o "despotismo da liberdade" – uma transição pela qual os poderes que visam ao "espaço público da constituição de mecanismos das garantias constitucionais" denunciam e reprimem a baderna jacobina da "reapropriação 'popular' do poder monárquico".[8] Todas as lutas sociais desde então são pautadas por essa solução/barreira lá imposta à luta política do sujeito constituinte

8 *Ibidem.*

que resolva se emancipar de um poder legitimado constitucionalmente, solução que se impõe pela ideia de representação política sem participação popular direta.

Pela emergência do singular na ordem instituída

Estamos às voltas com as modernas inscrições de limites à ação de governar fora do alcance da ação humana? A grande invenção moderna política acabou por circunscrever e restringir a liberdade constituinte da vontade de todos como expressão das decisões em nome da maioria. E o fez impondo um acordo em torno de uma ordem instituída que, inalterável, se transforma em *já instituída para todo o sempre*, passível apenas de *redescrições* e exegese hermenêuticas.

O que podemos pensar da política que entra em cena após a Revolução Francesa? Segundo Giacomo Marramao, há um pressuposto *isométrico* no Leviatã hobbesiano, que é a clássica representação do "paradigma contratual da modernidade política"; por tal isometria, o soberano buscaria, com suas "técnicas procedimentais", aportar "medidas compensatórias de justiça distributiva", que conseguem organizar "conflitos de interesse", mas não os de identidade.[9]

Para a resolução dos conflitos de identidade instaurada pelo poder soberano, se tomarmos como objeto não os cidadãos atenienses, mas os nômades, migrantes e favelados de hoje, Marramao propõe, num decálogo, entre outros recortes, a superação da "isometria" para fazer emergir a *diferença*, no singular, único modo de dar conta dos novos conflitos postos à política, conflitos impossíveis de serem aprendidos pelas formas tradicionais de instituições políticas.

Mediante a reconstrução de um novo universalismo, um constitucionalismo global que trate do *universal* como *diferença* inassimi-

---

9 Cf. Giacomo Marramao, "De *Weltgeschichte* à modernidade-mundo. O problema de uma esfera pública global". Em ___., Giorgio Agamben, Jacques Rancière, Peter Sloterdijk. *Crítica do contemporâneo – política*. Portugal: Fundação Serralves, 2008, p. 67.

lável pelas formas Estado, Língua, Razão, Comunidade, Marramao apresenta à filosofia a necessidade de busca de novos métodos. Tal como a maiêutica socrática escapa tanto da paralisia de sábias "visões de mundo" dos pré-socráticos, quanto "do relativismo absoluto da grande sofística", encerramos esse texto com o desafio lançado por Marramao a ser decifrado pela política hoje: "escapar às garras das reivindicações normativas dos grandes cosmólogos e biocientistas e, por outro, ao falso desencanto da verdade proclamado universalmente pela *bricolage* hiper-relativista pós-moderna".[10]

Referências Bibliográficas

BOBBIO, Norberto. "Das possíveis relações entre filosofia política e ciência política". Em ____, Bovero, M. (orgs.). *Teoria geral da política*. Rio de Janeiro: Campus, 2000.

DUSO, Giuseppe. (org). *O poder: história da filosofia política moderna*. Petrópolis: Vozes, 2005.

MARRAMAO, Giacomo. "De *Weltgeschichte* à modernidade-mundo. O problema de uma esfera pública global". Em ___., Agamben, Giorgio, Rancière, Jacques, Sloterdijk, Peter. *Crítica do contemporâneo: política*. Portugal: Fundação Serralves, 2008.

10 *Ibidem*, p.76.

Pela suspensão do terrorismo de Estado: duas ou três notas mais ou menos impertinentes sobre uma violência historicamente necessária

Sílvio Rosa Filho[1]

O homem, elegantemente vestido, tomou-lhe a mão e disse: 'Venha'.
Ele, porém, informou-se sobre o esqueleto e não foi.
Elias Canetti, *Livro dos mortos*

Gostaria de propor um pequeno número de variações sobre o assunto que Joachim Ritter se esmerou para trazer à luz do dia, ao afirmar que a filosofia de Hegel é a filosofia da revolução.[2] Ao partir desta assertiva, as minhas questões não apontam para a reelaboração de nenhuma tese complementar, como aquela que foi enxergar, no pensamento hegeliano, uma elevação da Revolução Francesa a princípio de sua filosofia.[3] Antes, com estas variações de tipo reflexivo, trata-se de dar alguma notícia de pesquisas em curso; de tomar posição acerca do limite atinente a certas categorias políticas, quando passam pelo crivo desse acontecimento-chave situado na "inteira

---

1 Professor de filosofia da Unifesp (Universidade Federal de São Paulo).

2 J. Ritter. "Hegel und die Französische Revolution". In: *Metaphysik und Politik: Studien zu Aristoteles und Hegel*. Frankfurt: Surkamp, 1969, p. 183-255.

3 J. Habermas, "A crítica de Hegel à Revolução Francesa". In: *Teoria e práxis*. São Paulo: Editora Unesp, 2013, p. 201.

transição aos novos tempos";[4] sobretudo, trata-se de reformular duas ou três questões – qual o sentido da "negação hegeliana" do terrorismo de Estado, se o andamento dessa crítica for lido a contrapelo da letra fenomenológica onde ela tem vez e lugar? qual o alcance da sobrevivência do terrorismo de Estado para além do processo revolucionário onde ele teve vez e lugar? – de modo a podermos retomá-las, logo mais tarde e como melhor lhes parecer, nas cadências previstas e mais ou menos imponderáveis do debate. As questões dirão respeito, portanto, à ideia de negatividade no coração do pensamento político, na medida em que a prosa crítica de Hegel se desdobra, se articula e incide em três pontos principais: o formalismo, certamente abstrato, porém, real; a inefetividade, todavia oportuna, e, no entanto, regressiva; a heteronomia, persistente e, contudo, adstrita a um confinamento de caráter distópico.

Antítese política da política?

Entre os anos de 1803 e 1806 – nos cadernos em que Hegel tomava notas e registrava anedotas, reunia citações e esboçava aforismos, alguns dos quais vão reaparecer conceitualmente remanejados na *Fenomenologia do espírito* – há um fragmento que diz: "A resposta que *Robespierre* dava a tudo – que alguém tenha pensado isto, feito aquilo, desejado isto ou aquilo – era: *la mort*!"[5]

4 Cf. G.W.F. Hegel. *Princípios da filosofia do direito*, §75 (Frankfurt: Suhrkamp, 1989, *Anmerkung*, p, 158).

5 "Die Antwort, die *Robespierre* auf Alles gab – hier. Hatte einer dies gedacht, jenes gethan, dies gewolt oder jenes gesagt – war: *la mort*!". Cf. *Hegel-Weke*. Frankfurt: Surkamp Verlag, 1969, vol. 2, fragmento §31; os grifos são de Hegel. Texto e variantes podem ser encontrados no volume 5 de *Hegel Gesammelte Werke* (Hamburgo: Meiner, 1998), sob o título *Aus dem Jenaer Notizenbuch*. Ver, também, *Notes et fragments, Iéna 1803-1806*. Paris: Aubier, 1991. Para as próximas citações, vamos nos referir a esses textos como *Notas e fragmentos de Iena*.

Iniciemos pelo registro destas constatações sumárias: a uniformidade vazia de uma sentença-resposta; a presunção de que ela seja conveniente a todo e qualquer conteúdo; uma intransigência que pode suplantar [*überwinden*] a tudo e a todos, inclusive àquele que a proferiu; a necessidade, por fim, de suplantar essa obstinada tendência da liberdade absoluta que parece equivaler à necessidade de suplantar a própria morte. Feito este breve registro, perguntamos: o que é da uniformidade e da vacuidade que parecem caracterizar a mencionada sentença? Sendo esta última uma sentença de morte, o fato de equivaler a uma "resposta" bastaria para que ela fosse inscrita no âmbito de mais um caso de formalismo? Incidindo no desejo, na ação ou no pensamento de um governado, a presunção, a intransigência ou a obstinação do governante sinalizariam para uma "falsa superação", avesso da *Aufhebung* designado pelo delírio e pela inefetividade ali expressos no verbo *überwinden*? Ao pretender suplantar todo e qualquer conteúdo com a "morte", tal sentença capital já não dá início ao processo de reversão pelo qual será proferida a sentença de morte – *Mort, Tot* – do próprio governante?

Em termos de universalidade apenas determinável ou abstrata, seria o caso de nos interrogarmos por seu alcance, para além do âmbito do terrorismo de Estado em um só e mesmo país. Assim, a violência historicamente necessária do jacobinismo, além de corresponder a um tipo de suicídio político inerente ao processo revolucionário, seria então *suplantada* – não, entretanto, *superada* – pelo advento de uma violência socio-politicamente necessária do processo contrarrevolucionário, marca distintiva de uma sobrevivência do terrorismo burguês no cerne contemporâneo do Estado. Visto o modo como o comportamento dos Estados os coloca em um específico estado de guerra, o alcance histórico-mundial de seu teatro de operações – composto de candidatos a Império – daria a pensar no valor que teria cabimento atribuir, a partir de então, à "violência".

Vejamos como o fragmento citado aparece, mas desta feita reconfigurado, na *Fenomenologia do espírito* de 1807. Estamos na estação da assim chamada liberdade universal, aquela que nega o singular como algo ou alguém existente no universal. O filósofo, neste compasso, está prestes a assinalar que toda a "sabedoria do governo" se resume, afinal, na banalidade de uma única sílaba – *Tot, mort*; está a ponto de indicar igualmente que essa sabedoria governamental ainda não é a da Razão, mas apenas a *sabedoria do entendimento* – ou seja: tão só o entendimento daquela vontade universal, de fazer-se cumprida. Os leitores que chegaram a esse subcapítulo do "espírito alienado de si mesmo", já terão compreendido que se prepara o terreno para a passagem a um momento decisivo no processo de desalienação da consciência; que, entretanto, a autoconsciência do espírito precisará experimentar o que essa liberdade universal *é*, antes de experimentar o que a liberdade absoluta *virá a ser*. Assim, antes de chegarmos àquele "cúmulo da oposição" onde ela estará reduzida a uma "forma transparente", lemos:

> A única obra e ato da liberdade universal é portanto a morte, e sem dúvida uma morte que não tem alcance interior nem preenchimento, pois o que é negado é o ponto não-preenchido do Si absolutamente livre; é assim a morte mais fria, mais rasteira: sem mais significação do que cortar uma cabeça de couve ou beber um gole de água.[6]

Voltando ao fragmento do qual havíamos partido, podemos salientar que são outros os exemplos escolhidos para dar voz, de um lado, ao procedimento abstrato que resulta da vontade universal do governante, e, de outro, à condição atomizada do indivíduo social que se apega a fins particulares. Recorrendo à emulação de

---

6 G.W.F. Hegel. *Fenomenologia do espírito*. Petrópolis: Ed. Vozes; Bragança Paulista: Ed. Universitária São Francisco, 2013, §590.

um suposto diálogo onde contracenam o governante e o governado, ouve-se em surdina, primeiro, a voz da liberdade absoluta: "Quer o casaco? Aqui está ele. Quer também o colete? Tome." Em seguida, quando a palavra é passada ao governado, ouve-se: "O senhor me dá um tapa? Aqui está a outra face. O senhor quer o meu mindinho? Pode cortá-lo". A partir de então o governado é reduzido ao silêncio, como Hegel se desse conta de que bastaria deixar este lado do cenário num tipo de baixo relevo,[7] como não fosse mais necessário dar continuidade ao que seria somente a dramática ilustração de uma reiterada ação de cortar: depois do dedo, a mão; depois da mão, o braço; depois de outros membros, a cabeça; e assim por diante. Pois o foco afinal se concentra na figura do governante cujo nome, aliás, permanece silenciado e algo anônimo, vai retomar a palavra e fazer uma declaração em dois tempos – autoafirmação do poder coextensivo ao governante, expressa em vocabulário transparente; autoafirmação da ação da "sabedoria do governo", vasada no vocabulário do entendimento (vale insistir, e, não, no léxico da Razão): "Eu posso matar a todos, fazer abstração de tudo".[8]

Percebe-se: obviamente não estamos às voltas com uma abstração dada apenas no campo delimitado das representações mentais, se não, pelo contrário; trata-se, bem entendido, de um caso peculiar

---

7 Sobre a apreciação negativa do cristianismo e a matriz comum onde reside a crítica da universalidade apenas abstrata, cf. *Notas e fragmentos de Iena*, *op. cit.*, §§28 e 37. Cf., também, o §91, no que concerne à crítica da obstinação germânica e à insuficiência da mensagem cristã, ligadas à recusa do Estado e da eticidade em geral. É possível apreciar a crítica do cristianismo implicada nessa cena em que o governado dá ao governante a outra face (Mateus, 5, 39-40) em outros textos de juventude, como, por exemplo, em *O espírito do cristianismo e seu destino* (*Hegels theologische Jugendschriften*, p. 283-287).

8 "Ich kann Alles tödten, von Allen abstrahiren" (*Notas e fragmentos de Iena*, *op. cit.*, §31).

inscrito na gênese da ideia de "abstração real", de modo que se passa da sentença abstrata e formalmente proferida à mutilação em ato que lhe dá arremate. Além disso, como vai sendo especificado no âmbito da *Fenomenologia*, a realidade da abstração em pauta consiste no fato de ser ela uma abstração "vitoriosa". Desse modo, cortar o mindinho de um governado, cortar a cabeça de um Danton, cortar uma cabeça de couve, todas essas ações vêm acompanhados pelo sinal de uma equivalência que, operando em planos contíguos da realidade, permitem um breve e vertiginoso desdobramento metonímico: equivalem-se, dramaticamente, abstrair o mindinho de um governado, abstrair a cabeça de um Danton, abstrair uma cabeça de couve. Assim também, noutro plano de realidade, governar com a sabedoria de entendimento equivale a excluir os demais indivíduos de seu ato, o governo se constituindo agora como vontade *determinada* e, por isso mesmo, *oposta* àquilo que inicialmente aparecia como uma vontade que se autodestinasse à concretude do *universal*. De sorte que a vontade, antes representada como universal no cenário de sua ascensão, doravante só pode apresentar-se como a vontade em declínio de uma *facção*:

> O que se chama governo não passa de uma facção vitoriosa, e no fato mesmo de ser facção, reside a necessidade de sua queda, inversamente, o fato de ser governo o torna facção e culpado.[9]

*

Dos muitos e variados modos de formular os problemas que arrosta um projeto crítico do terrorismo de Estado, o núcleo mais problemático parece residir na negação da própria política, naquilo que se pode designar como antítese política da política. Ora, desta

9 *Fenomenologia do espírito*, *op. cit.*, §591.

última, o terrorismo de Estado não deve ser deduzido imediatamente, nem descontado aos poucos por força de um exercício retrospectivo, de modo que uma forma legítima de ação não haverá de resultar numa antítese política da política por subtração, apenas.

Vamos admitir então, em primeiro lugar, que ações particulares do terrorismo de Estado objetivam, sem entraves, certa negação da existência: assim, na proposição que diz que "a única obra e ato da liberdade universal é [...] a *morte*", nenhuma desalienação do espírito assegura, para ele próprio, um lugar privilegiado frente a seu objeto difuso; de modo que não é o alcance do "medo da morte" que explica a liberdade absoluta do governante, mas, inversamente, a liberdade absoluta do governante é que dá testemunho dos limites do "medo da morte". Altera-se, pois, a relação entre a universalidade abstrata do interesse, declarada como interesse da razão, e a recusa de suas particularizações na obra do governante terrorista; neste sentido, o "desinteresse" declarado parece reproduzir, de maneira modificada, o interesse pela particularidade do governo do entendimento, não a universalidade concreta de um governo da Razão; entretanto, sendo tal a força da negatividade na obra do governante, com essa força é que se poderá medir o abismo entre a virtude republicana e a felicidade dos governados. Quando o processo revolucionário aparecer como processo findo, Hegel caracterizará a "nova terra do espírito" como um mundo em cuja inefetividade a liberdade assume o valor do verdadeiro.[10]

O que admitimos antes de tudo, portanto, é que o terrorismo de Estado acaba por sobreviver ao terrorismo revolucionário: trata-se

10 "Como o reino efetivo passa ao reino da fé e da inteligência, assim também a liberdade absoluta passa de sua efetividade que a si mesmo se destrói, para uma outra terra do espírito consciente de si; e ali, nessa inefetividade, ela assume o valor do verdadeiro. No pensamento do espírito, o pensamento se reconforta na medida em que o espírito é pensamento e pensamento pensamento permanecerá" (*Fenomenologia do espírito*, *op. cit.*, §595).

de interrogar essa forma de reversibilidade que, afetando a obra autodestrutiva do terror jacobino, se torna objeto de restauração ou de reconstrução, para além ou para aquém da reversão estritamente jacobina. Em outros termos, a irradiação da obra do governo terrorista, por sobre o fato de se mostrar em matizes de algo medonho, é treva. É na própria negatividade da obra governamental que a negatividade parece vencida, de sorte que, ao mesmo tempo, o terrorismo de Estado parece governar inteiramente a negatividade. No terrorismo de Estado sobrevivente ao processo revolucionário, a negatividade poderá aparecer, pois, como negatividade negada, mas de um modo particular e inquietante, na medida em que sua inefetividade não participará mais da verdade, senão ao reeditar formas de instabilidade no âmago das instituições.[11] Mas será que tal participação implica que apreendamos a *Aufhebung* de modo distinto, não somente, então, como uma superação "bem conhecida" e "tradicional"? Logo, não apenas como saída da caverna da consciência, ingresso na miragem do espírito e permanência no absoluto transfigurado, descenso nas práticas hodiernas de governo, mas como suspensão do conteúdo de verdade das categorias políticas? Ou então, se vocês preferirem:

11 Instrutivas, a este respeito, as aulas oferecidas por Merleau-Ponty no *Collège de France* enquanto redigia *As aventuras da dialética*, particularmente no que dizem respeito à possibilidade – e à necessidade – de pensar a dimensão instituinte das instituições compreendidas em âmbitos centrifugamente ampliados: da vida, de um sentimento, de uma obra, de um saber, da cultura, da história. No resumo de uma aula intitulada "A 'instituição' na história pessoal e pública", diz ele: "Se o sujeito fosse instituinte, não constituinte, compreender-se-ia, ao contrário, que ele não é instantâneo, e que outrem não seja somente o negativo de mim mesmo" (*L'institution, la passivité – notes de cours au Collège de France (1954-1955)*. Paris: Belin, 2003, p. 123). Já, n'*As aventuras da dialética*, lemos: "Havia para Marx, não há para Sartre, um vir-a-ser do sentido nas instituições" (In: *Oeuvres*. Paris: Gallimard, 2010, p. 523).

na intersecção de filosofia da história e filosofia do espírito, no próprio vencimento do prazo de validade histórica de certas categorias políticas, algo como a cifra singularíssima do surgimento de outra *interobjetividade*?

Vamos admitir em segundo lugar que a negatividade, captada como herança do "sublime" na política, irrompe enquanto negatividade não moderada, nua e evidente, como outrora o prometia o seu modo de aparecimento no sublime. Será congruente com o pensamento hegeliano dizer que o projeto crítico das Luzes culmina numa forma peculiar de resignação, atitude que nesse passo pode ser caracterizada como "reconforto do espírito", na medida em que o espírito é pensamento e pensamento permanece. A impermanência, contudo, assim como a desmedida, constituem problema, e não nos cabe atenuar a sua aspereza. Desta feita, no pensamento do espírito, o trágico e o cômico desaparecem como tais e, ao mesmo tempo, nele se mantêm – o trágico e o cômico compreendidos enquanto declinantes. Certamente o que sucede às categorias do trágico e do cômico atesta o declínio dos gêneros enquanto gêneros: a tragédia vivida pela consciência resultará, após longo e sinuoso descenso, manifesta, naquilo que Hegel designa como uma espécie de "bem-estar", um sentir-se em casa que ainda não pôs termo ao processo de desalienação da consciência. Pois que se trata ainda – mas por quanto tempo afinal ainda se vai tratar? – de um bem-estar "na comédia".[12] Também neste passo a questão se refrata até o rebaixamento da obra do governante terrorista, quando este se apresentar não mais como

12 "O que esta consciência-de-si intui é que nela, o que assume frente a ela a forma da essencialidade, antes se dissolve e se abandona em seu pensar, ser-aí e agir; é o retomo de todo o universal à certeza de si mesmo, e, por conseguinte, essa completa ausência de temor e de essência, de tudo o que é estranho. É um bem-estar e um abandonar-se ao bem-estar da consciência, como não se encontram mais fora dessa comédia" (*Fenomenologia do espírito*, *op. cit.*, §747).

governo da sabedoria, mas apenas como governo do entendimento: na exterioridade e no seu próprio distanciamento é que a obra do governante deixa intacta a sociedade que ela se propusera a transformar pela raiz. Isto, no entanto, é mais do que mero conformismo: não apenas como avatar da negatividade, é a própria sociedade civil quem se encarrega de condenar a lei formal; mesmo na sua forma mais problemática, a obra do governante terrorista é a encarnação da sentença de morte que se produz e se reproduz. A obra do governante terrorista tampouco poderia dispensar esses dois momentos – o do conformismo e o do criticismo – enquanto o processo social e a crise do entendimento não se manifestassem como processo de autoaniquilação e como desbloqueio do novo.

Dupla mortalidade e sobrevivência enigmática

Anotada naqueles instantâneos em que o terror ainda comparecia nominal e metonimicamente na protofigura de um Robespierre ou compreendida nos seus entrelaçamentos com o utilitarismo sociocultural e o terrorismo de Estado, a posição hegeliana a respeito do assunto continua intrigante, sobretudo, se vazada em exercício de leitura que se desenvolva a contrapelo do texto fenomenológico. Sem dúvida, na medida em que podemos dizer que tal figura do espírito desempenhou papel preciso no avançado processo fenomenológico de desalienação da consciência,[13] na medida em que o seu alcance histórico-mundial explicitava a inviabilidade de conceber a vontade de todos como vontade geral, exigindo que a vontade geral, ao mesmo tempo, não deixasse de vir-a-ser a vontade de todos e de

---

13 Compreendido no interior do subcapítulo intitulado "O espírito alienado de si mesmo", este "si" é o mundo da cultura que não chega a mundo algum. Ou ainda, "o espírito da cisão restituído a si mesmo" (cf. *Fenomenologia do espírito*, *op. cit.*, §633).

cada um[14] – nestes termos, o fim da experiência termidoriana significa em primeiro lugar que, doravante, o terrorismo de Estado já pertence ao passado dos novos tempos. De uma vez por todas, essa violência historicamente necessária perdeu o gume que chegou a ser o seu; ela deu, por exemplo, arremate à verdade das Luzes, reconfigurou os sentidos que o senhor assumia para a consciência escrava e fez que eles se reunissem na figura de um único, absoluto e evanescente senhor – a morte.[15]

Relegado ao registro da representação, ou seja, ao reino das justaposições heteróclitas, o terror jacobino já não afirmará sua antiga necessidade nem ocupará mais o lugar proeminente que lhe coube no plano da realidade efetiva; de modo que, pudesse ainda a história sustentar-se como mestra da vida, não haveria por que repetir tal experiência. Por este viés o que houve de elevado no acontecimento revolucionário[16] doravante pertence, em resumidas palavras, a um passado revolto.

Sucede que, outrora essencial, o terrorismo de Estado não deixará de ter lugar, e não apenas porque os homens, em geral, nada aprendem com a história;[17] nem somente porque, em particular, o tópico retórico da história entendida como *magistra vitae* se encon-

---

14 "Pois a vontade é em si a consciência da personalidade" (*Fenomenologia do Espírito, op.cit.*, §8). Cf., também, na antecâmara da passagem da fenomenologia da razão à fenomenologia do espírito, o momento em que a verdade da "individualidade em si e para si real" se mostra como a Coisa mesma, isto é, a Coisa para todos e para cada um (*Fenomenologia do Espírito, op. cit.*, §418).

15 Cf., particularmente, *Fenomenologia do espírito, op.cit.*, §§194 e 594.

16 Por exemplo, o prolongamento dos efeitos ético-políticos e jurídicos da Revolução Francesa.

17 Como dirá bem, mais tarde e de modo geral, o Hegel das *Lições sobre a filosofia da história*.

trava em franco processo de autodissolução.[18] Por estranho que possa parecer, embora traga consigo as marcas do inessencial ou do extemporâneo, o terrorismo de Estado se constitui como uma das notáveis exceções na nova ordem do mundo.[19] Percebe-se, sob este aspecto, que não seria nada recomendável subestimá-lo, sobretudo porque a sua repetição, assumindo andamentos regressivos, vem desatrelada do finado processo revolucionário. A própria Revolução Francesa aparecerá, doravante, sob a categoria do "ser-para-outro" – ou seja, ela renasce sintomaticamente, de um lado, sob o signo do utilitarismo e de seus substitutos no amálgama de liberdade, igualdade e materialismo burguês; de outro, sob o signo do "dever-ser", das antinomias, antagonismos sociais, bloqueios políticos e impasses teóricos em que confinam os postulados da moralidade.

A forma acabada da Revolução Francesa, com efeito, não equivale à sua forma final: decerto, o acabamento jacobino se encontra no interior dos limites que circunscrevem o seu próprio período histórico; entretanto, deixando em seu caminho o sentido essencial, a autodissolução do jacobinismo passa a assumir uma significação *outra*. Assim sendo, se as considerações hegelianas sobre a Revolução Francesa nos colocam em situação de pensar esse acontecimento

18 Cf. Paulo Eduardo Arantes, "O novo tempo do mundo". In: *O novo tempo do mundo: e outros estudos sobre a era da emergência*. São Paulo: Boitempo, 2014, sobretudo p. 36-48.; R. Koselleck, "*Historia Magistra Vitae*". In: *Futuro passado – contribuição à semântica dos tempos históricos*. Rio de Janeiro: Contraponto: Ed. PUC Rio, 2006.

19 Outra dessas notáveis exceções, como se sabe, é a obra de arte, também ela sujeita à sua dupla mortalidade, à invenção de suas sobrevivências mais ou menos avulsas, à perda da evidência de tudo o que lhe diz respeito, precisamente, enquanto obra de arte. Cf. T.W. Adorno, *Teoria estética* (Lisboa: Edições 70, 1982, p. 11-12). Cf. também o estudo "Art", de Emmanuel Cattin, em *Vers la simplicité* (Paris: Vrin, 2010).

de fundo ambivalente,[20] elas não autorizam a distinção meramente formal que, por seu turno, separasse o terrorismo burguês de si mesmo: fosse verdadeiro como movimento, seria falso como regime. Elas nos incitam, igualmente, a reformular o problema específico da moderna "sobrevivência" do terrorismo de Estado como apresentando *dupla mortalidade*: o terrorismo de Estado não morre – nem da primeira, nem da segunda vez – sem uma forma duplicada e um tanto enigmática de *sobrevivência*.

Da primeira vez: no período revolucionário que vai do momento jacobino até a queda de Napoleão, o terrorismo moderno de Estado assume o seu sentido mais autêntico, a sabedoria do entendimento *posto* pertencendo já a um passado revolto. Da segunda vez: no período que se inicia com a chamada Santa Aliança, o terrorismo de Estado assume a sua forma acabada, não menos necessária que a sua forma "clássica", a sabedoria do entendimento vindo a ser governo *reposto* do entendimento; como tal, ele se encaminha lenta e sinuosamente para a sua autodissolução (administração e polícia, numa palavra: política logo redutível à gestão da morte). Esta segunda morte do terrorismo de Estado seria consistente com o advento contemporâneo de seu sentido, quando transposto e reelaborado no âmbito do pensamento. Somente hoje – entenda-se: no "dia espiritual de sua presença" – é que podemos pensar o terrorismo contemporâneo de Estado, o que poderá corresponder, aliás, ao duplo sentido de sua própria morte: inicialmente através do discernimento formado no processo havido, caso limite do governo ou fim do governo, a lida com o acontecimento assume o valor de uma experiência, ao menos para os que não desistirem de pensar o valor do autogoverno dos homens, estimável como valor distinto da administração que haveria

20 Cf. Sílvio Rosa Filho, "O sonho de Robespierre". In: *Eclipse da moral – Kant, Hegel e o nascimento do cinismo contemporâneo*. São Paulo: Discurso Editorial: Baracola, 2009.

de se exercer sobre coisas; em seguida, em sua permanência transfigurada no regime da representação, ameaça útil e nova chamada à ordem, a legibilidade do acontecimento não impede que se pense em voltar, contra o terror, as armas do terror. E não é impossível que tal acontecimento representativo advenha no interior do próprio governo de entendimento, enquanto vir-a-ser extemporâneo do próprio terrorismo de Estado. Mas se assim for, isso significará que a segunda morte do terrorismo contemporâneo de Estado será obra do próprio governo de entendimento,[21] um governo cuja forma de dominação imantará o processo indefinido de seu próprio luto.

Em suma, o terrorismo *moderno* de Estado morre uma primeira vez no nascimento do terrorismo *contemporâneo* de Estado, e esta morte é, com o encaixe entre administração policial e polida educação do governado para a morte, a entrada em cena do Estado terrorista *tout court*; nessa contramarcha de caráter regressivo, é permitido antever que a prosa da história se mostre afetada de negatividades abstratas, tendendo a regredir, por exemplo, para os lados de uma representação mítica do governo que diz assegurar o não-acontecimento, ou seja, que se compromete a garantir algo como um pacto social em torno da promessa desse *nescio quid*, o não sei quê comportado na ideia de uma morte não violenta. Como quer que seja, o silêncio

21 Para que se tenha uma ideia do que está em jogo nessa "crise do entendimento", vale recordar o modo pelo qual Merleau-Ponty analisa o tipo de anacronismo cometido por Daniel Guérin, por exemplo, nesta passagem do epílogo d'*As aventuras da dialética*: "Quando os 'sans-culottes' pediam o Terror, era o terror deles que pediam, e deram-lhes um outro terror, o do governo revolucionário, isto é, escreve um deles 'o funesto espírito de vingança e de ódio particulares'. – *Um outro* terror? Será mesmo? Não é o mesmo terror mediatizado, não mais apenas exercido, mas sofrido, ou seja, que se tornou governamental e que, por conseguinte, atinge não só a contrarrevolução, como também a ultra-revolução que 'faz seu jogo'?" (Cf. *Oeuvres*. Paris: Gallimard, 2010, p. 608).

é a marca dessas duas mortes do Estado: uma advém estranhamente no próprio desdobramento de sua necessidade enquanto Estado-de-entendimento; a outra advém, por sua vez, para além dessa primeira morte enquanto Estado-apenas-exterior. Veio assumindo, por isso mesmo, aspecto enigmático.

Caberia, no compasso que vai sobrepondo encruzilhadas de labirinto para indivíduos e corredor da morte para populações descartáveis, atinar com a formulação desse estado de coisas bifronte: se a contemporaneidade do terrorismo de Estado for essa sobrevivência do pior, embora sempre adversa e paradoxal, estaremos às voltas com uma atualidade do extemporâneo. Tudo se passaria então como se, nas passagens ao novo tempo do mundo, a astúcia da razão fosse substituída pelos ardis do entendimento? E se, para o novo realismo político de uma racionalidade ampliada, não tiver sentido limitar-se a reproduzir formas nascentes de metaestabilidade? Como a tarefa da "dialética" não consiste em neutralizar, sem mais, o desdobramento das oposições, nem por isso ela estará dispensada de pensar a necessidade de governantes situados na ordem do tempo e impelidos por exigências contraditórias, quando – substitutos de Napoleão – assumirem o papel de executar, diariamente, um golpe de Estado em miniatura.

No declínio do Império, candidatos a império-de-entendimento

Compreende-se que a persistência ou a simples duração do Estado-de-entendimento *não* o habilitam para aspirar à autoridade do longevo e de suas falácias, o que continuaria sendo apanágio exclusivo de civilizações desprovidas de história, como ainda fora o caso das civilizações indiana ou chinesa: por este flanco, o reino da duração do terrorismo de Estado não é algo superior ao seu desaparecimento, sua verdade sendo a verdade de um processo de decomposição que apenas dura, para além da prova do tempo não-histórico. Se assim for, a negação da não-congruência que é inerente ao terrorismo de Estado não poderia se dar nem no subsolo proto-histórico das distopias, nem tampouco na antecâmara de seu ingresso no palco onde contracenam os candidatos a Império, embora o lugar indefinido do terror possa beneficiar-se das desvantagens de ambos. Das civilizações desprovidas de história, o terrorismo de Estado pode reter, com efeito, o pior, se consentirmos em que não há nada pior do que a permanência indefinida em estado de heteronomia, imobilismos sociopolíticos de baixa intensidade ou movimento inercial de ativismos (de resto, por definição: supérfluos), deslocamentos em que a maioridade da maioria estivesse para sempre adiada na vida de um povo.

Compreende-se igualmente que o fato da lenta e controversa mortalidade, primeira ou segunda, *não* confere a esse Estado-de-entendimento o status de uma instituição política *histórica* e *socialmente* necessária: por este ângulo, sem dúvida, não lhe poderá ser atribuída a prerrogativa de inscrever-se no elenco daqueles impérios que, explicitando a sua própria finitude, vinham dando testemunho de sua pertinência ao longo e sinuoso progresso da liberdade na história mundial;[22] entretanto, aquém do vasto cemitério que reserva lugar e lápide aos impérios que se puseram à prova do tempo histórico, a verdade do terrorismo de Estado aparece como cadáver insepulto da instituição moderna por excelência: o Estado – entenda-se: mais o conceito, do que a coisa mesma. Tudo se passa como se estivéssemos a costear, assim, a penúltima palavra de nossa pré-história: a situação onde o acoplamento entre tempo histórico e temporalidade imediata da não-história poderia significar que a interiorização desta última ainda assegura o desencadeamento daquele; o que se segue como história mesma, entretanto, é a sua "realização afetiva" – "o fato de

22 Cf. G. Lebrun, sobretudo o capítulo "A verdadeira teodiceia", em *O avesso da dialética – Hegel à luz de Nietzsche*. São Paulo: Companhia das Letras, 1988, p. 19-63.

haver ainda trabalho a fazer é uma questão empírica".[23] Certamente vale retomar, neste ponto, as perguntas que seguem:

> Mas de que história, propriamente, poderia tratar-se agora? Desenrolar-se-ia segundo o ritmo dessa duração (supressão relativa do tempo, a meio-caminho da série primitiva e da eternidade) que volta à tona sob a forma de um retorno do interiorizado? Pode ser, com efeito, que este último ponto de inflexão venha confirmar, enfim, por assim dizer, aquilo que o processo da história sempre foi desde o início, e seu escoamento ulterior seria a mera reiteração indefinida de tal confirmação. E nesse caso, sem dúvida, dá na mesma falar de uma história sem acontecimentos ou de acontecimentos sem história.[24]

Já na chave do terrorismo de Estado desvinculado do processo revolucionário, perguntávamos: daria no mesmo pensar o curso do mundo como uma história do terrorismo de Estado sem o acontecimento revolucionário ou, por outra, como um acontecimento revolucionário sem a história do terrorismo de Estado? Pode ser que se afrouxem as relações que se atam entre o tempo, o acontecimento e o interesse político? Resultaria, dessa distensão, que o interesse político cedesse lugar a um tipo peculiar de "nulidade política"? Retraimento do universal, grau zero da negatividade, atividade desprovida de oposição efetiva, desdobramentos de uma duração formal – tudo se passaria então como se o relógio, remontado, andasse por si mesmo?

Decerto, a evocação desse esquema não parece excluir liminarmente a interpretação hegeliana do curso do mundo, pois a co-presença da "razão" na história jamais chega ao ponto de eliminar a

---

23 *Apud* Paulo Eduardo Arantes. *Hegel: a ordem do tempo*. São Paulo: Hucitec: Polis, 2000, p. 370.

24 Paulo Eduardo Arantes, *op. cit., idem.*

exigência de uma "superação" do Estado-apenas-exterior, esse "mundo" de vivências onde há somente homens e coisas, à exclusão do intermundo da história onde a práxis propriamente dita – vale frisar – ainda não começou.

Findo o processo *analítico* de investigação, que se demora sobre o acontecimento-chave dos tempos modernos, para interrogá-lo em seus episódios conjunturais, ainda teria alguma importância apreendê-lo como estrutura dinâmica de um processo revolucionário e como curso do mundo que fosse governado, não pelos ardis do entendimento, mas pela aposta numa forma ampliada de racionalidade; consumada a visão sinóptica da *síntese*, que dá lugar ao "não-lugar" onde os antípodas da realização histórica da liberdade involuem no rumo de uma insignificância todavia corrosiva – resta o andamento de um método *absoluto*[25] que, na plataforma de observação filosófica da história, apresenta a iminência de uma metamorfose inscrita na pré-história das instituições. Pelo viés desse jogo de contrapartidas, o retorno do interiorizado que desse acabamento ao trabalho de luto da história ainda só dizia respeito ao registro discursivo da filosofia, único a reunir as condições necessárias e suficientes para salvar a sabedoria da história no momento mesmo de sua caducidade. Como a interpretação hegeliana do mundo se condensasse na interpretação filosófica do mundo, ainda seria possível assinalar, neste penúltimo ponto de inflexão, a retificação recíproca e o entrosamento peculiar

25 Sobre a distinção entre os métodos "analítico", "sintético" e "absoluto", cf. *Ciência da lógica* (ed. Lasson, p. 502). Neste último, com efeito, o conceito "*conserva-se* em seu ser-outro, o universal em sua particularização, no juízo e na realidade; em cada nível de determinação ulterior, ele eleva a massa total de seu conteúdo precedente, e, por meio de sua progressão dialética, não apenas não perde nada, nem deixa algo para trás, mas traz consigo tudo o que foi ganho, e em si se enriquece e se condensa" (*id. ibid.*). Cf, também, *Ciência da lógica – excertos* (São Paulo: Barcarolla, 2011, p. 280-281).

entre a *prosa hegeliana da história* e o lastro de uma *forma crítica da ação*.

Ao nos voltarmos para o problema da pertinência de uma prosa crítica que não dispense as exigências da tradição crítica, será preciso lembrar que o renascimento das metonímias do terrorismo de Estado – rodízio proto-histórico das figuras do governo-de-entendimento – significa a morte do conceito hegeliano de Estado, não porque este último esteja situado aquém da inefetividade onde a liberdade assumiu o valor do verdadeiro,[26] se não pelo contrário, porque a distinção hegeliana entre História e não-História conserva, em filigrana, as implicações de uma necessidade legítima contra os candidatos a império-de-entendimento no momento em que se assiste ao declínio do próprio conceito de império.[27] Neste sentido, a antítese política da política exige outra negação da sabedoria-de-entendimento, negação inteiramente outra desse suposto saber que combina elementos tão heterogêneos como o ímpeto das grandes massas contidas em estado de heteronomia, técnicas governamentais para gestão de catástrofes, aportes especializados de cientificidade, jogos moralizantes de linguagem à sombra dos eclipses do dever-ser, restauração de práticas político-jurídicas do antigo regime, e assim por diante.

Em meio a essa modalidade peculiar dos Estados-de-entendimento, o antagonismo dos candidatos a Império seria uma das chaves para a legibilidade da prosa crítica na acepção hegeliana

---

26 Cf. Silvio Rosa Filho, "Pontos de passagem". In: *op. cit.*, sobretudo p. 134-137.

27 "*Multitudo* e *imperium* são acontecimentos", como recorda Marilena Chauí (*Política em Espinosa*. São Paulo: Companhia das Letras, 2003, p. 327). Cf., também, W. Montag. *Bodies, Masses, Power – Spinoza and his Contemporaries*. Londres; Nova Iorque: Verso, 1999, p. 84-85. E ainda, a "Introdução" de Diogo Pires Aurélio à sua tradução do *Tratado político* (São Paulo: WMF Martins Fontes, 2009; sobretudo p. XLIX-LXIII).

que vimos estudando. A tradição crítica da modernidade, pelas vias de uma hermenêutica não apologética do excesso, faria remontar a gênese da abstração a uma camada singular do discurso hegeliano, onde já parece operar aquela distinção que, de fundo espinosano, concerne à fonte do conceito filosófico de *Imperium*: de um lado, zona de copertinência entre o Estado que fizesse justiça à sabedoria do grande racionalismo e os cidadãos que de si mesmos poderiam designar o conceito de *Imperium democraticum*; de outro lado, zonas de não-congruência que aparecessem em sismógrafos mais ou menos idôneos para captar o epicentro dos abalos sísmicos em cujos "impérios" o súdito é *alterius juris*, aquele que está sob o direito e sob o poder de um outro, sendo por isso heterônomo.[28]

Por mais elevada ou inócua que possa parecer a altitude dessas virtudes especulativas, elevação onde todavia se atina com o alcance e a profundidade do teor da experiência histórica, talvez não seja de todo ocioso organizar o equívoco, ou seja, interrogar a organização hegeliana dessas incompletudes em cuja órbita protoconceitual – quem sabe? – ainda estaríamos gravitando. Ao recobrir as duas formas de temporalidade, a da duração e a do tempo, a meditação hegeliana sobre a negatividade que opera na História assinala, com efeito, a suspensão daquilo que se limita a persistir. Tanto o apego do terrorismo de Estado em persistir quanto a sua indiferença relativa perante a temporalidade da história mundial apontam para a laboriosa reconstrução de uma exterioridade onde não se pretende dar ocasião a nenhuma fissura. Reverso de um mundo repleto demais para poder contornar o que há de intempestivo em suas próprias demons-

28 Por oposição, nunca será demais insistir, ao cidadão que for *suis juris*, aquele que se souber sob o seu próprio direito e sob o seu próprio poder, sendo por isso autônomo. Para o desenvolvimento dessa distinção, cf. Marilena Chauí, *Contra a servidão voluntária*. Belo Horizonte: Autêntica Editora; São Paulo: Editora Fundação Perseu Abramo, 2013, nota complementar nº 84, p. 96-98.

trações de força, o reino do terror se revela, afinal, como reino de uma prevalecente e prosaica mediocridade. Neste sentido – brecha até certo ponto inusitada dessa minienciclopédia de situações-limite, todas marcadas pela instabilidade de instituições tidas até então como essenciais ou perenes –, as palavras do velho professor de filosofia recobram alguma atualidade; de resto, cabe de novo sublinhar, tão indesejável quanto desprovida de qualquer conteúdo consolador.

O caráter tão remotamente proibitivo da Presentidade hegeliana permanecerá, em contrapartida, nesse outro estado de suspensão, ponto de fuga do qual procuramos dar alguma notícia: mais próximo da felicidade do conceito, portanto, e dos bons encontros cuja arte não lhe parece assim tão incomum; não, contudo, ao lado dos que insistem em promover o predomínio das paixões tristes e cujo nome é legião. Outro estado de suspensão? Outra concepção de império, que não a do entendimento? Elaboração outra de uma antítese política da política? Certamente, ao menos enquanto forem indissolúveis os laços de um processo estritamente material entre uma forma econômico-política muito específica e as guerras contrarrevolucionárias de alcance imperial, entre o modo de produção capitalista e sua violência socialmente necessária, entre o que tende cada vez mais a permanecer inominável em suas crises e as chantagens de classe das quais lhes é preciso fazer tamanho alarde. Pois quando se deparar com tendências regressivas desse jaez, nem o velho Hegel deixará de lhes dedicar algumas palavras nos delineamentos de sua filosofia do direito; ademais, sem nenhum prejuízo daquele apreço – que nos seus textos permanece considerável, intacto e maior – pelo *nous* de Anaxágoras.[29]

29 Cf. G.W.F. Hegel, capítulo sobre "A *Aufklärung* e a Revolução", nas *Lições de filosofia da história* (Frankfurt: Surkamp Verlag, 1970, vol. 12, p. 529).

> O que é medíocre dura e governa por fim o mundo; essa mediocridade tem também pensamentos, com eles achata o mundo existente, extingue a vitalidade espiritual, faz dela mero hábito, e assim dura. Sua duração consiste justamente em persistir na inverdade, não lograr seu direito, não dar ao conceito sua honra, não expor-se nela a verdade como processo.[30]

Referências bibliográficas

ADORNO, T.W. *Teoria estética*. Lisboa: Edições 70, 1982.

ARANTES, P.E. *Hegel: a ordem do tempo*. São Paulo: Hucitec: Polis, 2000.

ARANTES, P.E. *O novo tempo do mundo: e outros estudos sobre a era da emergência*. São Paulo: Boitempo, 2014.

AURÉLIO, D.P. "Introdução". In ESPINOSA. *Tratado político*. São Paulo: WMF Martins Fontes, 2009.

CATTIN, E. *Vers la simplicité*. Paris: Vrin, 2010.

CHAUÍ, M. *Contra a servidão voluntária*. Belo Horizonte: Autêntica Editora; São Paulo: Editora Fundação Perseu Abramo, 2013.

CHAUÍ, M. *Política em Espinosa*. São Paulo: Companhia das Letras, 2003.

HABERMAS, J. *Teoria e práxis*. São Paulo: Editora Unesp, 2013.

HEGEL, G.W.F. *Ciência da lógica – excertos*. São Paulo: Barcarolla, 2011.

___. *Enciclopédia das ciências filosóficas*, II. São Paulo: Loyola, 1997.

___. *Fenomenologia do espírito*. Petrópolis: Ed. Vozes; Bragança Paulista, Ed. Universitária São Francisco, 2013.

___. *Hegel Gesammelte Werke*. Hamburgo: Meiner, 1998

___. *Hegel-Weke*. Frankfurt: Surkamp Verlag, 1969.

30 *Idem*, *Enciclopédia das ciências filosóficas*, II, §258. São Paulo: Loyola, 1997, p. 56.

___. *Notes et fragments, Iéna 1803-1806*. Paris: Aubier, 1991.

KOSELLECK, R. *Futuro passado – contribuição à semântica dos tempos históricos*. Rio de Janeiro: Contraponto: Ed. PUC Rio, 2006.

LEBRUN, G. *O avesso da dialética – Hegel à luz de Nietzsche*. São Paulo: Companhia das Letras, 1988.

MERLEAU-PONTY, M. *L'institution, la passivité – notes de cours au Collège de France (1954-1955)*. Paris: Belin, 2003; p. 123.

___. *Oeuvres*. Paris: Gallimard, 2010.

MONTAG, M. *Bodies, Masses, Power – Spinoza and his Contemporaries*. Londres/Nova Iorque: Verso, 1999.

RITTER, J. *Metaphysik und Politik: Studien zu Aristoteles und Hegel*. Frankfurt, Surkamp, 1969.

ROSA FILHO, S. *Eclipse da moral – Kant, Hegel e o nascimento do cinismo contemporâneo*. São Paulo: Discurso Editorial: Baracola, 2009.

Do marxismo crítico à crítica do marxismo: Castoriadis e os anos de *Socialismo ou Barbárie*

Tatiana Rotolo[1]

Introdução

Em dezembro de 1945, Cornelius Castoriadis desembarca na França a bordo do Mataroa, navio de bandeira neozelandesa, famoso por levar à França uma geração de intelectuais gregos fugidos pouco antes do início da guerra civil. Castoriadis contava então com 23 anos. Seguia para a França com a promessa de uma bolsa de doutorado em Filosofia, trabalho que jamais concluiria. Ao aportar na França. Ele se engaja nas fileiras do Partido Comunista Internacionalista, seção francesa da IV Internacional. Porém sua passagem pelo trotskismo seria curta, fornecendo a Castoriadis apenas uma gama de temáticas nas quais ele iria se debruçar ao longo de vinte anos.

A relação das ideias de Castoriadis com o marxismo foi longa e define os aspectos fundamentais de seu trabalho teórico. Podemos perceber neste período três grandes blocos de questões que foram se entrelaçando: a primeira, calcada nas críticas tanto à burocracia soviética como ao trotskismo; a segunda, na tentativa de reencontrar um novo conteúdo para o socialismo, e, por último, uma série de análises acerca da história e política da época que tem como ponto

1 Doutora em Ciência Política pela UnB e Professora do Instituto Federal de Brasília.

alto os impasses da revolução sobre a perspectiva do marxismo. Tais questionamentos irão contribuir para a criação de teses que desembocam no rompimento completo de Castoriadis com esta tradição. Esta revisão foi construída paulatinamente, amplamente apoiada numa bagagem teórica do marxismo e dos textos de Marx, a quem Castoriadis, embora criticasse algumas de suas posições, jamais renegou por completo. A desconstrução do marxismo para nosso autor foi longa, tumultuada, imbricada em várias questões teóricas e práticas e amplamente apoiada no melhor conhecimento das ideias de Marx e do pensamento marxista.

Deste modo, o propósito deste artigo é perfazer a trilha de Castoriadis no interior do marxismo que acarretou na revisão e ruptura com sua herança teórica. Tal itinerário marca também a própria existência do grupo *Socialismo ou Barbárie*, fundado por Castoriadis e Lefort em 1949, e que tinha na figura de nosso autor um dos seus principais agitadores.

Portanto, este texto visa retomar o percurso de Castoriadis que levou o autor à construção de uma crítica gauchista ao marxismo. Tal crítica se fez para além dos debates acadêmicos do ambiente universitário da época e está inserida na experiência política efetiva de vivência e observação de um punhado de intelectuais-ativistas reunidos sob a *Revista Socialismo ou Barbárie*. Além disso, este período marca também uma espécie de acumulação primitiva das ideias de Castoriadis após o fim do grupo S&B, que, ainda que renegue o marxismo, permanece comprometido com um projeto revolucionário buscando fendas por onde a revolução possa passar.

Uma teoria crítica da burocracia

Durante o pós-guerra imediato, o trotskismo representava a pedra angular de resistência à experiência socialista sob a batuta de Stalin. Os movimentos trotskistas se autoimputavam os defensores de um "marxismo autêntico" ante as mudanças realizadas na

URSS e nos regimes de inspiração soviéticas. Diante desta posição, o trotskismo, se analisado de perto, teria como objetivo fundamental a construção de uma posição política e teórica contra-hegemônica a combater as mudanças procedidas por Stalin ao regime socialista. Esta posição acabou sendo exportada para o mundo, e adotada como a principal fonte de oposição ao stalinismo.

Porém os trotskistas, segundo Castoriadis, limitavam-se apenas à defesa e retomada da experiência revolucionária de 1917 a 1923, ano em que Lenin, já doente, deixara um vazio no poder. Para Castoriadis, a posição dos trotskistas refletia a incapacidade, já demonstrada antes por Trotsky, de interpretar os reveses da revolução no período stalinista. Segundo nosso autor, Trotsky não alcançou de fato a estrutura e funcionamento da sociedade russa stalinista – com isso, boa parte de suas análises foram superficiais e infecundas. Ou seja, embora Trotsky, ao analisar o regime soviético, fizesse inúmeras referências aos dados econômicos e sociais, ele não conseguia trabalhar estes dados de maneira analítica, apenas descritiva. Isto significava que, para Castoriadis, faltava a Trotsky a crítica sociológica. Em outras palavras, a importância de Trotsky era mais política que teórica, uma vez que ele representava o foco de resistência à URSS stalinista. No campo da economia política, as ideias de Trotsky eram pouco promissoras e faziam uma crítica tímida.

Para o jovem Castoriadis, não se podia subdimensionar a questão da burocracia, tal como faziam Trotsky e seus partidários. Ao contrário, a burocracia era o fator de desagregação da revolução socialista. Desta maneira, o tema da burocracia foi eleito por Castoriadis como elemento-chave de sua interpretação sociológica de URSS. Esta crítica se deu a partir de dois vieses. O primeiro demonstraria como o projeto socialista, já nos primeiros anos da revolução, foi paulatinamente sufocado pela burocratização. Houve uma vitória da burocracia sobre a auto-organização das massas, que teve seu início em 1917 e avançou lentamente até seu apogeu com o stalinismo.

Ou seja, à medida que a revolução avançava em direção às estruturas hierárquicas e burocráticas, afastando-se do sovietes de origem, ela ia lentamente perdendo seu vigor.

O segundo enfoque mostrava que a burocracia não era um fenômeno isolado, produto apenas da experiência soviética e dos reveses da revolução. Assim, segundo Castoriadis, a burocracia russa poderia ser analisada fora do contexto internacional. Ela é, em especial, parte do desenvolvimento macroeconômico do capitalismo mundial. Este debate foi a tônica dos primeiros anos da *Revista Socialismo ou Barbárie* e também das ideias do jovem Castoriadis.

A tese do capitalismo burocrático, desenvolvida pelo autor, considerava que fenômenos como o nazismo, o fascismo, o sovietismo ou até mesmo o New Deal americano são manifestações de um processo único de burocratização mundial, capaz de convergir todos esses regimes para uma mesma forma de organização social.[2] É justamente a perspectiva de que as sociedades da época estavam embebidas num capitalismo burocrático que animou a fundação do grupo Socialismo ou Barbárie.

Segundo ele, a burocracia não era apenas uma forma política, e seus limites não estavam restritos às fronteiras da URSS. Para Castoriadis, a questão da burocracia não era um problema nos países socialistas. Mais que isso, a burocratização do socialismo acompanhava o mesmo movimento do capitalismo moderno durante o pós-guerra. Ela assumia, portanto, a forma de um *capitalismo burocrático*. A Rússia era desta maneira, parte de um processo maior.

Além disso, a estrutura da burocracia moderna repercutia na própria organização bolchevique. Desta forma, nas críticas de Castoriadis, a burocracia não somente emergiu como uma nova classe a partir do nada. Em realidade, para ele, a estrutura burocrática

2 Fernando Haddad, *O sistema soviético: relato de uma polêmica*. São Paulo: Página Aberta, 1992, p. 130.

já existia em germe no partido e organizações bolcheviques, isto é, estava presente no seio do movimento dos trabalhadores. Sua forma mais evidente era a separação entre dirigentes e executantes.

À medida que a revolução avançou, emudecendo pouco a pouco os sovietes, a burocracia encontrou as condições políticas, sociais e econômicas propícias e se tornou a classe dirigente da sociedade. O elemento fundamental, que era a autogestão por completo pelos trabalhadores, foi um projeto relegado ao segundo plano. O resultado disso é que, segundo Castoriadis, o elemento realmente vencedor na Revolução de Outubro, não foram as massas operárias, mas apenas os seus dirigentes. O cerne da dominação, seja a capitalista, seja a soviética, é o fato de que as relações sociais são mediadas pelo controle de uma classe dirigente sobre a outra. Na URSS, a classe dirigente, ao invés da burguesia tradicional, foi a burocracia. E, além disso, tal burocracia existia em gérmen no seio do partido.

A dominação burocrática não foi um processo violento ou imposto de cima para baixo.[3] As próprias massas não assumiram o protagonismo que lhe era de direito. Em outras palavras, para Castoriadis, a dominação do partido sobre as massas ocorreu não de maneira unilateral, ao contrário, ocorreu com o aceite delas, que recusaram, em diversos momentos, seu próprio papel histórico.

Eram justamente tais elementos constitutivos da burocracia que faltavam nas análises de Trotsky. A burocracia para este último era um fenômeno passageiro e factual. Já para Castoriadis, a burocracia era constitutiva das relações sociais, políticas e econômicas das sociedades modernas, e o socialismo soviético não estava imune a tais relações. Deste modo, era vazio e sem sentido defender as experiên-

---

3 Vale lembrar que este processo não ocorreu de forma pacífica. Houve sim resistência das massas frente às decisões do partido e ao esvaziamento dos sovietes; dentre os exemplos mais relevantes de resistência, pode-se citar as greves de Petrogrado de 1920-1921, a insurreição de Kronstadt e o movimento Maknnovista.

cias dos sovietes nos primeiros anos da revolução. O que as primeiras reflexões de Castoriadis nos indicam é que o problema da burocracia constituiu, naquele momento, o centro das análises de uma teoria da revolução. Com base nessa assertiva, Castoriadis empreende uma busca pela redefinição do conteúdo autêntico do socialismo tomando por base uma empreitada antiburocrática nas estruturas de funcionamento da empresa, do estado e da sociedade socialista.

O conteúdo do socialismo

Entre os anos de 1955 e 1958, Castoriadis escreveu e publicou na revista do grupo uma série de três textos cujo objetivo era apresentar sua interpretação acerca de qual deveria ser o conteúdo autêntico do socialismo. Abandonando as pesquisas sobre o capitalismo burocrático e a temática da burocratização com base na crítica ao trotskismo, Castoriadis empreende uma série de estudos que visam balizar o que seria uma perspectiva socialista.

Este período também corresponde ao momento mais produtivo do grupo, no qual as análises de Castoriadis eram mais propositivas. Estes trabalhos, todos intitulados *O Conteúdo do Socialismo* (I, II, III),[4] ofereciam a definição de socialismo sob distintos aspectos, alinhavados pelo objetivo comum, como diz o título dos textos, de reformular o significado central do socialismo. Eles se baseavam numa visão microscópica, isto é, priorizavam uma leitura com base na relação primordial na qual todo o edifício social está fundado: as relações de produção e de trabalho no interior da fábrica. Além disso, tinham como objetivo abarcar as relações de produção e o conteúdo do socialismo principalmente a partir de três eixos distintos: o primei-

4 *O Conteúdo do socialismo I* é de julho de 1955, *O Conteúdo do socialismo II*, de julho de 1957 e *O Conteúdo do socialismo III*, de janeiro de 1958. In: Cornelius Castoriadis. *Socialismo ou barbárie: o conteúdo do socialismo*. São Paulo: Brasiliense, 1983.

ro apresentava uma visão política, o segundo, uma apreciação de viés econômico, e o terceiro, algumas considerações sociológicas.

No entanto, todos os textos partem de uma perspectiva comum: o conteúdo mesmo do socialismo não tinha a ver com as experiências do socialismo real. Mais ainda, afirmavam que o programa socialista deveria ser a gestão operária do poder.

Castoriadis se propõe a redefinição do conteúdo do socialismo baseado na ideia de que o problema em questão se localizava no modo como era feita a divisão social do trabalho, num primeiro plano, no coração da fábrica e, num segundo, na gestão geral da vida coletiva. O âmago do conteúdo do socialismo estava localizado, segundo o autor, na eliminação da divisão entre dirigentes e executantes. Ele escreve: "A revolução proletária só realiza seu programa histórico na medida em que se inclina, desde o início, a suprimir tal divisão, eliminando toda classe dirigente e coletivizando, mais exatamente, socializando integralmente as funções de direção".[5] O poder, para ele, deveria estar sob o domínio dos organismos autônomos dos trabalhadores, isto é, dos sovietes ou conselhos.

Como vimos, para Castoriadis, o fator crucial da dominação nas experiências do socialismo real era a dominação burocrática. Era preciso frear este tipo de dominação e romper com a tendência burocratizante cada vez mais crescente no movimento revolucionário. Tal inversão das relações políticas no processo de produção seria a instauração de uma democracia direta, que teria início no interior das fábricas e culminaria numa sociedade autogestionada por inteiro.

O Conteúdo do Socialismo I parte da ideia primordial de que socialismo não é mais do que a atividade consciente e perpétua das massas. Em outras palavras, o conteúdo positivo do socialismo é a gestão operária da sociedade. Esta gestão se estende desde as relações

---

5 Cornelius Castoriadis, *op. cit*, p. 57.

no interior da fábrica até o nível macroeconômico, político e social. Isto traz ao socialismo algumas implicações.

A primeira delas relaciona-se ao fim da divisão entre dirigentes e dirigidos. Castoriadis escreve: "A revolução proletária só realiza seu programa histórico na medida em que ele se inclina, desde o início, a suprimir tal divisão, eliminando toda classe dirigente e coletivizando, mais exatamente, socializando, integralmente, as funções da direção".[6] Isto quer dizer que: o socialismo não tem nada a ver com planificação, nacionalização da economia ou com a gestão burocrática da produção. O autor defende que o socialismo seja produto da atividade livre e criadora das massas trabalhadoras, agindo por si mesmas, e administrando por si seu próprio movimento.

A atividade política das massas deve estar baseada nesta capacidade de se autoadministrar. Ou seja, não há fórmulas nem modelos pré-determinados para o socialismo. Quem decide como se gerir é a própria massa, em atividade criadora permanente. Isto significa que, para Castoriadis, a concepção de revolução socialista somente centrada na tomada do poder instituído, como por exemplo, a tomada do Estado como um momento crucial, não é fundamental. O importante neste aspecto não é o poder instituído, mas a instituição de um novo poder, mais aberto e popular, capaz de conferir à própria sociedade a administração de si mesma. Uma sociedade que não se entrega a gestão de si mesma é, para o autor, uma sociedade alienada.

Castoriadis entende por alienação tudo aquilo que se opõe à criatividade livre humana. O socialismo é a supressão da alienação na medida em que ele permite o reencontro do homem com a sua própria humanidade, a partir da ruptura do processo de reificação no trabalho. Isso não significa que a sociedade socialista seja aquela em que o trabalho é abolido, mas sim aquela em que o produto do trabalho seja reconhecido pelo produtor. Isto somente pode acontecer, quando os

6 *Ibidem*, p. 57.

produtores dominarem todo o processo de produção. O que quer dizer que: o socialismo é autonomia dos trabalhadores ante sua própria atividade produtiva, que, mediante a ação criativa, são capazes de reger a sociedade como um todo, por si mesmos. A base de uma sociedade socialista é, para Castoriadis, a autonomia do proletariado.

A ação autônoma deve se exprimir em todos os domínios da atividade humana, e não se limita apenas ao plano econômico, embora para ele, a reorganização da economia seja fundamental. Assim sendo, as implicações políticas desta formulação são, de um lado, a necessidade de uma organização do poder de baixo para cima, em que as próprias massas, pela atividade criadora, estabelecem suas próprias regras. E, de outro, uma organização produtiva elaborada com base no fim das hierarquias. A sociedade socialista proposta por Castoriadis é aquela que rompe com a divisão radical entre trabalho intelectual e trabalho manual, propondo um rearranjo social no sentido de dar vazão a atividade criadora e autônoma da massa trabalhadora. Em *O Conteúdo do Socialismo II*, Castoriadis propõe que a produção seja pautada por essas relações, dentro e também fora da fábrica.

Deste modo, no plano político, Castoriadis propõe abolir o que ele denomina o fundamento da dominação burocrática, que ocorre inicialmente no interior das relações de produção. O autor parte de um plano microeconômico para tirar daí consequências políticas: a gestão operária da economia e do poder. Esse poder, para ele, deveria ser exercido pelos organismos autônomos das massas, organizadas em conselhos, deste a constituição das fábricas, dos bairros, das cidades até uma federação de conselhos com funções de governo. A proposta de Castoriadis é que a organização política da sociedade parta de pequenos conselhos de base, em que seus membros sejam associados em pequenas unidades sociais orgânicas, dotados de um tipo de conhecimento cotidiano dos assuntos comuns, o que lhes confere autoridade para deliberar sobre essas questões. A empresa, segundo o autor, é a unidade primária da vida social, e nesse aspecto, revolucionar a administração no interior delas é um elemento crucial.

A revolução proletária somente realiza seu programa histórico quando conseguir acabar com toda classe dirigente, coletivizando integralmente as funções de direção. Ou seja, o conteúdo positivo do socialismo remonta à ideia de Marx no *Manifesto Comunista*, na qual "a emancipação dos trabalhadores será obra dos próprios trabalhadores".

Logo, para Castoriadis, o conteúdo do socialismo – pensado sob três eixos centrais, um político, outro econômico e um último social – é, de um lado, a gestão coletiva da sociedade, baseada numa sociedade politicamente organizada em conselhos, desde o nível mais elementar, na empresa, passando pelos bairros, organizações e culminando numa Assembleia Geral dos Conselhos, sem que haja nenhum organismo de direção e sem um Estado centralizado. De outro lado, a reordenação da economia sobre bases coletivas com o uso consciente da técnica no plano produtivo, o reordenamento da produção na empresa, a igualdade de salários e o fim dos métodos tayloristas. E, por último, a reordenação da sociedade sobre bases novas, respeitando as demandas de cada trabalhador não como instrumento de trabalho, mas como agente criativo e criador de seus próprios meios de vida.

O que podemos perceber neste período do trabalho de Castoriadis é a influência forte dos trabalhos de Marx em suas concepções sobre política, economia e sociedade. Porém tal relação não permanecerá harmoniosa. Serão justamente os dois pilares do marxismo, o desenvolvimento econômico e os dilemas da práxis revolucionária, que irão constituir os pontos de apoio de nosso autor para revisar aspectos da teoria marxista.

A privatização dos indivíduos e os impasses da revolução

A década de 60 marca uma guinada sem volta nas ideias de Castoriadis. Se até aqui o projeto teórico-político do autor estava marcado pela necessidade de encontrar uma alternativa para o movimento socialista internacional, a partir de fins dos anos 50 e nos anos 60, esta procura passa a se tornar cada vez mais escassa. Para ele, o movimento revolucionário encontra impasses que não exigem apenas uma mera opção por uma luta política distinta da dominante, mas sim uma revisão completa do próprio significado da revolução.

Este período marca também uma nova fase na produção do grupo, principalmente por causa do crescimento da atenção do público em relação às ideias do *Socialismo ou Barbárie*, por discordâncias internas, e por uma revisão brutal da teoria marxista que permanecia como pano de fundo nas ideias do grupo. Se ao longo da década de 50 a característica mais importante das ideias de Castoriadis foi uma proposta de ação ao movimento socialista em textos como *O Conteúdo do Socialismo I, II* e *III*, que buscavam uma alternativa para a teoria e práxis revolucionária, os anos 60 são marcados pela desconfiança com relação às saídas para o socialismo, e a percepção de que o movimento histórico chegara a um novo período, em que era necessária uma revisão profunda da teoria da revolução capaz de comportar os novos acontecimentos. Se na década anterior o tom das críticas era positivo, no sentido de que ali haviam propostas de saída, nos anos decorrentes o otimismo deu lugar a uma visão pessimista, e a perspectiva propositiva cedeu espaço para uma crítica negativa do conteúdo da ação revolucionária e também do movimento do capitalismo moderno.

Castoriadis vê estes impasses sob duas perspectivas em especial: de um lado, um movimento inédito do capitalismo contemporâneo, que gerou não um momento de crise, mas um período de bonança da classe trabalhadora, seguido também por um período de conformismo e paralisia das lutas. De outro, este momento nunca visto até então, trouxe embaraços à teoria econômica e à teoria revolucionária do marxismo. Assim, estes anos vindouros anunciam os primeiros passos de uma revisão teórica que marcará o futuro das ideias de Castoriadis. A desconstrução do marxismo para nosso autor foi longa, tumultuada, imbricada em várias questões teóricas e práticas e amplamente apoiada no melhor conhecimento das ideias de Marx e do pensamento marxista.

O início da inversão temática começa a ser delineado a partir, principalmente, da publicação do texto intitulado *O movimento revolucionário sob o capitalismo moderno*. Neste trabalho, Castoriadis enceta o esboço de uma série de críticas à teoria econômica de Marx, além de tecer críticas também aos marxistas. Estas apreciações servirão de base para a ruptura total a partir da publicação do texto *Marxismo e teoria revolucionária* (publicado no *Socialismo ou Barbárie* entre abril de 1964 e junho de 1965).[7] *O movimento revolucionário sob o capitalismo moderno* constitui o princípio da sua dúvida hiperbólica, isto é, é nele que Castoriadis revisita teses fundamentais do marxismo e do próprio Marx e busca passar a limpo alguns nós destes conjuntos de ideias. De certa maneira, este trabalho pode ser entendido como uma espécie de "acumulação primitiva teórica" acerca das teses de Marx e do marxismo que virão à tona nos anos subsequentes.

Porém, boa parte das críticas negativas ao marxismo advém da análise que Castoriadis dá acerca do capitalismo nos anos 60. Nesse período, ele diagnostica na resposta marxista uma série de incongruências teóricas e insuficiências práticas. Sobre os dilemas do momento ele escreve:

> A burocratização generalizada, a redução da importância do problema econômico nos países avançados, a crise da cultura estabelecida, a contestação potencial invadindo todos os domínios da vida social e impelida por todas as camadas da população (com exceção, evidentemente, da ínfima minoria povoando as cúpulas) mostravam que tal como não se podia já definir o socialismo unicamente a partir da transformação das relações de produção, também não mais

7 Vale lembrar que este texto foi publicado na íntegra como a primeira parte da *opera magna* de Castoriadis, *A instituição imaginária da sociedade*.

se podia falar do proletariado como depositário privilegiado do projeto revolucionário".[8]

Em outras palavras, Castoriadis indica que as mudanças trazidas pelo capitalismo dos anos 50 e 60 retiraram a centralidade da classe trabalhadora como sujeito universal portadora do potencial revolucionário. Ou seja, o autor questiona a centralidade da classe, um dos pilares fundamentais da análise marxista. Todo este exame tem como ponto de partida a ideia apresentada em "O movimento revolucionário sob o capitalismo moderno", a de que a característica mais marcante da época é a privatização dos indivíduos.[9] Tal característica advém intrinsecamente do capitalismo burocrático.

O que parece estar no centro das críticas de Castoriadis é a apatia política das massas, a desmobilização permanente dos trabalhadores e a ausência, no horizonte mais próximo, de engajamento político com potencial revolucionário. Para Castoriadis, a privatização dos indivíduos indica que o capitalismo burocrático não apenas atuava organizando a produção material, mas também operava na construção de subjetividades passivas, indiferentes à exploração e à miséria e que se deixavam cooptar por uma elevação dos salários e do nível de vida.

Porém o autor identifica na estrutura do capitalismo burocrático uma tentativa exitosa de conceber uma sociedade dominada por formas hierárquicas de poder, em que a alienação social é crescente. Desta forma, temos como consequência da dominação burocrática uma alienação significativa no trabalho e na vida. A forma encontrada para compensar os trabalhadores da burocratização brutal e desumanizadora foi o ressarcimento da humanidade – retirada pela hierarquia burocrática no trabalho e na organização da vida – me-

8 *Idem*, *Socialismo ou barbárie: o conteúdo do socialismo*, *op. cit.*, p. 37.

9 *Ibidem*, p. 229.

diante aumento do padrão de vida da classe trabalhadora. Este é o projeto do capitalismo burocrático: a neutralização das iniciativas de auto-organização da classe trabalhadora, não somente pela coerção violenta, mas pelo controle intrínseco das esferas da vida. Em outras palavras, o aumento no padrão de vida do trabalhador funciona como um remédio eficaz contra a mobilização social revolucionária. Nosso autor escreve:

> A "tendência ideal" do capitalismo burocrático é a constituição de uma sociedade totalmente hierarquizada e em expansão contínua, em que o aumento da alienação no trabalho é compensado pelo aumento no "padrão de vida" e em que toda a iniciativa é entregue aos "organizantes" (...). Consciente ou não, este é o projeto do capitalismo burocrático, o significado prático que une as ações empreendidas pelas classes dominantes, com o objetivo de barrar processos em curso na sociedade.[10]

Contudo, ainda que Castoriadis não tenha perdido as esperanças nas possibilidades de revolta, quanto ao período analisado ele se mostra ambíguo a este respeito. É ao mesmo tempo o período do apogeu do capitalismo burocrático e, no entanto, a desmobilização dos trabalhadores, por sua vez, também nunca havia sido tão significante.

É quando nosso autor dá início a uma revisão profunda da teoria marxista. Segundo ele, o marxismo tradicional, seja como conjunto de ideias voltadas para a análise do real, seja também como movimento político dedicado à organização dos trabalhadores, é incapaz de compreender e lidar com os desafios impostos pelo capitalismo burocrático. O marxismo tradicional, como há tempos Castoriadis vinha dando indícios, neste período somente consolidando-os com suas teses, estava falindo como teoria e como prática revolucionária.

---

10 *Ibidem*, p. 229.

Neste momento, nosso autor se vê ante dupla tarefa: em primeiro lugar, compreender o significado teórico e prático do capitalismo burocrático e da consequente privatização dos indivíduos; em segundo, apontar os limites e insuficiências do marxismo para lidar com esta questão. Esta é a proposta dos seus escritos entre 1959 e 1965.

Entretanto este problema sequer era posto pelo marxismo tradicional. A privatização dos indivíduos, segundo nosso autor, era entendida pelo marxismo tradicional como fenômeno passageiro e factual. Assim, partindo do diagnóstico de que a sociedade contemporânea era uma sociedade que aboliu de seu horizonte o tema da emancipação, Castoriadis se depara com o fato de que a explicação meramente econômica, tal como a empreendida pelos marxistas, era insuficiente. Esta recusa do marxismo em compreender a burocracia como fenômeno central e que seu eixo não se reduziria apenas à esfera econômica, mas também cultural da sociedade contemporânea, levou Castoriadis a empreender um exame crítico da teoria econômica marxista, a fim de encontrar nela o ponto central no qual esta teoria era limitada.

É quando Castoriadis localiza como o problema central do capitalismo contemporâneo a crescente desumanização do homem, nomeada por ele de burocratização. Este processo não seria apenas a estratificação do processo produtivo, já que o tratamento meramente econômico desta questão mostrava-se insuficiente. A burocratização é algo maior para nosso autor. É um tipo de organização social em que toda direção coletiva das atividades está nas mãos de uma entidade impessoal e de um aparato hierárquico organizado que supostamente age segundo critérios ditos racionais.[11] O capitalismo do período descrito pelo autor maximiza esta relação impessoal em to-

11 Cf. *Idem, Political and social writings*, vol. 3: 1961-1979 – *Recommencing the revolution: from socialism to the autonomous society*. Minneapolis: University of Minnesota Press, 1993, p. 271.

dos os níveis da vida, sejam econômicos, sociais ou políticos. Assim, Castoriadis escreve:

> a burocratização não somente significa meramente a emergência de um estrato social cujo peso e importância estão crescendo constantemente. Nem simplesmente significa o funcionamento da economia, mas sofre modificações básicas através da concentração e da estatização. A burocratização implica uma transformação dos valores e das significações que formam a base da vida das pessoas em sociedade.[12]

Não há esfera da vida capaz de escapar aos tentáculos do capitalismo burocrático. A esfera da produção é apenas o ponto de partida, mas este processo se alastra permanentemente à política, à sociedade e até mesmo às esferas da vida privada.[13] O capitalismo burocrático destrói o significado da vida coletiva. A sociedade que emerge do capitalismo burocrático é aquela em que: há uma imensa produção impessoal; o trabalho perdeu sua significação original; a política do *fullemployment* é realizada em bases permanentes, em que o aumento de salários não difere muito do aumento da produção (não haveria a relação inversa que implicaria, como em Marx, quanto maior a produção, menor os salários); as necessidades econômicas são criadas pela manipulação publicitária, o que acarreta no aumento do consumo; há um processo crescente de urbanização da vida e de destruição de valores tradicionais; e, sobretudo, a privatização caracteriza uma atitude geral perante a vida, um modo particular de se entender e organizar a vida em sociedade.

Assim, este período é, para nosso autor, determinante nos caminhos que irão tomar a sua obra teórica. Durante a década de 60, o trabalho intelectual de Castoriadis oscila entre a necessidade de

---

12 *Ibidem*, p. 273, nossa tradução.

13 *Ibidem*, p. 277.

salvaguardar um espaço para a esperança revolucionária e o descrédito completo na possibilidade de revolução. Os temas do poder, da dominação da vida cotidiana e de como isto implica em obstáculos para o projeto revolucionário estão no centro das suas preocupações.

As ideias de Castoriadis acerca da privatização dos indivíduos sob o capitalismo burocrático se apresentam, deste modo, como um desafio teórico e prático para o projeto revolucionário. Para ele, uma das características deste período é o fato de haver uma forma de poder moderno que intervêm no modo como conduzimos nossas condutas e comportamentos. E este tipo de controle incide no modo pelo qual as pessoas organizam e estruturam a vida, tanto coletiva, como também a vida particular, nossos valores e nossas definições de verdade. O poder sob o capitalismo burocrático atua mais controlando nossas condutas do que na imposição de uma regra de cima para baixo, por um poder coercivo e violento, ainda que a violência também seja um de seus recursos.

O que Castoriadis busca demonstrar com suas teses sobre o capitalismo burocrático é como que a administração impessoal e hierárquica interfere no modo pelo qual a produção, a política, ou a vida privada se organizam. Castoriadis entende, de certo modo, que a vida contemporânea é regida por um poder invisível, que se estende por capilaridades, que governa nossas ações cotidianas, e que o objetivo central deste controle da vida é reinventar a exploração nos processos de trabalho. Em outras palavras, a forma assumida pelo capitalismo burocrático visa produzir um trabalhador dócil, disposto a dedicar a sua vida à exploração do capital, de tal modo, que este processo não seja mais um processo imposto pela força, mesmo que a violência também seja um de seus braços, mas por uma espécie de manipulação invisível, atuando na organização dos desejos, dos planos e da constituição geral de vida.

A ruptura com o marxismo

O rompimento definitivo com a teoria e prática marxista ocorreram em meados da década de 60. O divisor de águas se deu a partir da publicação do texto *Marxismo e teoria revolucionária*. Este trabalho é um dos textos mais importantes escritos de Castoriadis e constitui um verdadeiro manancial crítico das principais ideias do marxismo. É uma tentativa de passar a limpo alguns nódulos da teoria marxista, já percebidos em gérmen por nosso autor. Este intuito fez com que um dos méritos deste trabalho tivesse sido, como ressalta Ruy Fausto, o fato de ele ser um resumo rigoroso da maioria dos argumentos utilizados contra *O Capital* e a teoria marxista.[14] Não um apanhado de argumentos vulgares e rasos, como boa parte das críticas endereçadas ao marxismo, mas sim uma exposição concisa de aspectos em geral negligenciados pela tradição marxista. O rigor das críticas do autor, a concisão das ideias e os pontos estrategicamente apontados são fatores capazes de colocar *Marxismo e teoria revolucionária*[15] no panteão de textos clássicos do pensamento político de esquerda do século xx.

Uma das empreitadas realizadas pelo autor neste trabalho foi procurar novos caminhos para a práxis revolucionária para além do marxismo. Castoriadis entende que as contribuições do marxismo foram muitas: ele organizou o movimento dos trabalhadores, defendeu uma agenda de direitos e benefícios sociais, apontou com precisão a exploração capitalista sobre a classe trabalhadora, estabeleceu os limites de uma política liberal e foi o combustível propulsor de boa parte das revoluções do século xx. Porém, no auge do capitalismo

---

14 Cf. Ruy Fausto. "Abstração real e contradição: sobre o trabalho abstrato e o valor". In: *Marx: lógica e política*, vol. 1. São Paulo: Brasiliense, 1983, p. 123.

15 Cf. Cornelius Castoriadis. A *instituição imaginária da sociedade*. São Paulo: Brasiliense, 1982, p. 19-197.

burocrático, o marxismo se tornou uma teoria inerte, engessada e incapaz de lidar com os sujeitos reificados, surgidos de um sistema econômico capaz de reorganizar a vida humana pelas suas entranhas, nos seus menores e mais íntimos detalhes. Em outras palavras, apesar de todas as suas conquistas na práxis revolucionária, a teoria marxista tornou-se obsoleta.

Mas, se a teoria que guiou gerações de revolucionários tinha limitações, isto não significava que, para o autor, o projeto revolucionário também estivesse em estado terminal. Castoriadis abandona as filiações com o marxismo, porém não abandona a perspectiva da revolução. Ele escreve:

> O reexame que empreendemos do marxismo não ocorre no vazio, não falamos situando-nos em qualquer lugar e em nenhum lugar. Partindo do marxismo revolucionário, chegamos ao ponto em que era preciso escolher entre permanecer marxistas e permanecer revolucionários: entre a fidelidade a uma doutrina que há muito não estimula nenhuma reflexão nem uma ação, e a fidelidade de uma transformação radical da sociedade.[16]

Podemos perceber, desta forma, que o objetivo do autor permanece atrelado à ideia de revolução. Mas, esta teoria é reformulada por completo, e contém um referencial teórico que caminha por outros rumos. A formulação de uma teoria da revolução, erguida sobre um arcabouço teórico completamente novo, é a marca distintiva da guinada teórica do autor. Ou seja, se o Castoriadis ainda militante marxista buscava outros caminhos para o socialismo, agora ele vai procurar outros caminhos para teoria da revolução, além dos impasses das questões políticas conjunturais e das limitações impostas pelo marxismo. O que parece unir o autor militante marxista ao filósofo político é que em

16 Cornelius Castoriadis, *op. cit.*, p. 25.

nenhum momento ele desiste de depositar esperanças no potencial da ação política e da práxis revolucionária. Em outras palavras, por mais adversas que fossem as distintas circunstâncias, como suas análises acerca da privatização dos indivíduos no capitalismo burocrático, ele não abandona a esperança numa perspectiva política emancipadora. Castoriadis é um pensador marcado pelos dilemas da ação revolucionária, e a compreensão deste tema, em seus mais diversos aspectos, constitui o cerne da sua filosofia política.

As críticas de Castoriadis ao pensamento marxista são centradas basicamente em duas frentes que se complementam: em primeiro lugar, a filosofia marxista da história e, em segundo, o determinismo econômico que atua por detrás da primeira. A teoria marxista é, segundo Castoriadis, mais do que uma teoria particular ou um programa político. Para ele, "o marxismo impregnou a linguagem, as ideias e a realidade ao ponto de ter-se tornado parte da atmosfera que respiramos vindo ao mundo social, da paisagem histórica que fixa os limites das nossas idas e vindas".[17] Ela se tornou tão presente que é quase inevitável o seu encontro para quem se preocupa com a questão da sociedade, insiste o autor. Ao longo dos anos, porém, Castoriadis vai acumulando uma visão crítica acerca de aspectos do marxismo que culmina, por fim, na revisão global e no seu abandono, sucessivamente.

A crítica do autor tem início com o diagnóstico apontado por ele, de que o marxismo foi se afastando pouco a pouco da prática revolucionária. Para Marx, a teoria não pode existir sem uma prática correspondente e, sendo assim, o marxismo enquanto teoria não poderia estar restrito somente às ideias de Marx. Isto quer dizer que, com o desenrolar da história, o marxismo em diversos aspectos assumiu um papel autônomo, e também que, embora muitos de seus adeptos pregassem uma fidelidade aos escritos de Marx, ele adqui-

17 *Ibidem*, p. 19.

riu personalidade própria, mais dinâmica e independente. Este passo, segundo Castoriadis, é natural para uma teoria calcada na práxis. Como ele escreve, "o presente pesa infinitamente mais que o passado".[18] Portanto, é necessário que o marxismo faça determinadas adaptações e se desenvolva de acordo com as exigências históricas. Ele não é um conjunto de ideias rígidas, necessariamente ancoradas nos textos de um único autor, e nem seu objetivo se limita somente à exegese dos textos de Marx.

Porém o presente do marxismo o conduzira para um caminho contrário ao trilhado no seu começo: se, no seu nascimento, ele surge como crítica da ideologia dominante, ao longo do seu desenvolvimento, ele mesmo se tornou uma ideologia. Em outras palavras, Castoriadis acusa o marxismo de perder seu lastro com o movimento real das sociedades. Tal como Marx entendia a ideologia, como um conjunto de ideias cuja função era mascarar uma diretriz real na sociedade, o marxismo como ideologia atuava da mesma maneira: buscava encobrir, por meio das ideias, uma realidade social determinada. Assim, para Castoriadis, o marxismo perverteu o sentido mesmo de uma teoria da história e da sociedade, tornando-se uma teoria oca, vazia, sem o correspondente com a prática. Este modo de proceder transformou o marxismo numa teoria que sobrepõe um método determinado sobre o conteúdo.

Ora, tal modo de atuar, que separa o método do conteúdo, quando advindo de uma teoria histórica, tal como o marxismo, apresenta uma contradição. Se a teoria é proveniente da história, então suas categorias não podem ser pensadas fora desta instância. Em outras palavras, o marxismo nasceu como uma teoria da práxis, isto é, para ele o pensamento humano está profundamente imbricado no devir histórico. A inversão de tal relação, qual seja, a separação do

18 *Ibidem*, p. 21.

pensamento do plano da práxis histórica, caracteriza uma teoria de tipo idealista.

Para o marxismo, os processos de conhecimento são também processos históricos – não se pode estabelecer, em última instância, uma separação entre métodos e conteúdos. O conhecimento histórico exige que seus processos estejam encarnados na vida social efetiva, e não se sobreponha a ela. Isto quer dizer que, segundo nosso autor, o marxismo foi paulatinamente se afastando do movimento histórico que o orienta e se tornando um conhecimento que sobrepõe um determinado método sobre um conteúdo específico. Ele se tornou autônomo não porque constituiu um corpo de ideias arroladas na experiência humana e no devir histórico, mas porque se transformou num corpo de ideias que se arroga a única forma de conhecimento da história.

Desta forma, ele deixa de ser uma teoria que é construída a partir de um movimento real, da práxis humana e passa a atuar como uma "cama de Procusto". Isto é, ao invés de advir da práxis, com base nela, formular suas categorias de análise, ele tenta impor categorias prontas buscando encaixá-las, mesmo que a marteladas, na realidade histórica. Ao invés de compreender a realidade tal como ela se apresenta, o marxismo a que Castoriadis se refere elimina da práxis tudo aquilo que não cabe aos seus esquemas teóricos pré-concebidos, "ele [o marxismo] impõe aos fatos a racionalidade que dele parece extrair".[19] Daí advém a necessidade posta pelo autor de reformular o método em função do seu conteúdo. Em outros termos, é preciso reorganizar as categorias de análise para formulá-las com vistas à revolução.

E, o primeiro ponto que o autor vai questionar é a determinação econômica, pressuposto fundamental do marxismo, como o pilar no qual a sociedade moderna se assenta.

A questão, para o autor, é que a crítica marxista, baseada na análise econômica, desconsidera a ação humana sobre a economia,

19 *Ibidem*, p. 68.

isto é, o determinismo econômico parece imprimir à história uma necessidade na qual a luta de classes somente participa de maneira marginal. Em outras palavras, "a teoria como tal ignora a ação das classes sociais".[20]

Deste modo, segundo Castoriadis, a análise econômica no marxismo "tenta submeter o conjunto da história a categorias que só tem sentido para a sociedade capitalista desenvolvida e cuja aplicação às formas precedentes da vida social coloca, mais do que resolve, problemas".[21] Esta tese do marxismo, que remonta também ao pensamento de Marx, implica a adoção de uma postura teórica oscilante, ou seja, em determinados momentos o marxismo se apoia na ação revolucionária dos trabalhadores, no entanto suas categorias de análise relegam esta ação a um segundo plano. Assim, o marxismo, ao dar ao determinismo econômico um papel central, retira do seu modelo de análise os movimentos revolucionários autônomos, surgidos a partir do levante popular, mesmo que as condições ainda não estivessem maduras.[22]

Mais do que um dilema, o marxismo vive, segundo Castoriadis, numa contradição que resvala mais para a determinação econômica que para a ação autônoma. Uma teoria revolucionária da práxis humana não pode desconsiderar a ação autônoma, elemento funda-

---

20 *Ibidem*, p. 27.

21 *Ibidem*, p. 41.

22 Por exemplo, a Comuna de Paris eclodiu de maneira avassaladora sem que tivesse sido prescrita por Marx. Como sabemos, Marx apoiou e defendeu o levante dos *comunardes*, mas a emergência de tal movimento surpreendeu o filósofo alemão. Processos semelhantes aconteceram na Rússia de 1905, na Alemanha de 1918-1919, novamente na Rússia em janeiro-fevereiro de 1917, entre outros exemplos de levantes populares. Para Castoriadis, a análise economicista do marxismo não considerava o poder avassalador destes movimentos, sempre entendendo-os como factuais e passageiros, e não como a revolução em curso.

mental que constitui esta práxis. Se assim procede, podemos ter dois cenários possíveis: o primeiro nos mostra as insuficiências desta teoria; no segundo, esta teoria é não apenas precária, como é também uma meia-teoria, isto é, só se presta quando as condições são aquelas exigidas pela própria teoria. A consequência mais grave é que, se a ação autônoma não se localiza no centro de uma teoria da práxis, toda revolução – ou insurreição de novas formas sociais – deixa de ser um projeto viável, ou, no pior dos casos, somente é viável na medida em que está de acordo com os guardiões da teoria. A instauração do novo é, nos dois casos, improvável ou duvidosa.

Além disso, o determinismo econômico implica também o determinismo histórico. O marxista sempre sabe para onde a história vai caminhar. O elemento espontâneo, fundamental para a revolução, acaba submetido a um conjunto maior de leis superiores que o orientam e regem. Desta forma, se, para o marxismo, o verdadeiro conhecimento da sociedade é conquistado pelo conhecimento de suas leis internas de funcionamento, tudo aquilo que foge aos seus esquemas se torna um erro, um desvio, ou condições que ainda não estariam prontas. Ao fim e ao cabo, Castoriadis acusa o marxismo de imobilizar o projeto mesmo no qual ele se funda: a revolução dos trabalhadores.

O outro aspecto fundamental que o autor considera na sua crítica é o modo pelo qual o marxismo pensa a história. Neste assunto, o foco das críticas é novamente o determinismo. A crítica de Castoriadis em relação à história está localizada na noção de progresso histórico. Este teoria da história, em realidade, escamoteia outra questão: o fato de que, segundo o autor, o marxismo é, sobretudo, um *racionalismo objetivista*, e, como tal "se oferece antecipadamente a solução de todos os problemas que coloca".[23] Isto implica que toda determinação fora dos desmandos da razão não caberá sob tal perspectiva. Na prática, isto implica a desqualificação da ação es-

23 *Ibidem*, p. 53.

pontânea. Isto é, o marxismo, ao invés de ultrapassar as filosofias da história, ele é, em realidade, apenas mais uma filosofia da história que antepõe todas as justificações racionais previamente ao devir no mundo, o que permite ao autor afirmar:

> Ele [o marxismo] impõe aos fatos a racionalidade que deles parece extrair. A "necessidade histórica" que ele menciona (no sentido que esta expressão teve correntemente, precisamente o de um encadeamento de fatos que conduz a história em direção do progresso) não difere em nada, filosoficamente falando, da Razão hegeliana.[24]

Portanto podemos perceber até aqui o fechamento de um ciclo nas ideias de Castoriadis. As questões políticas foram cedendo espaço cada vez maior aos problemas epistemológicos da teoria marxista. O que Castoriadis pretende com suas críticas ao marxismo é mostrar o quanto o determinismo econômico e histórico não compactuam com a espontaneidade revolucionária, esta sim, para ele, o motor central dos movimentos revolucionários. A relação entre a teoria e a práxis, no marxismo, foi se afastando cada vez mais, de tal modo que houve uma prevalência da teoria sobre a práxis.

O projeto teórico político de Castoriadis visa inverter o que foi separado pela tradição: recolocar a práxis como centro e a teoria como seu subproduto mais elaborado. Assim procedendo, Castoriadis busca salvaguardar a revolução e a ação autônoma, um espaço privilegiado. A consequência fundamental desta tentativa é a necessidade de se romper de vez com toda a herança marxista, colocando o marxismo não mais como parte integrante da história viva, mas como uma parte importante da história das ideias do passado. Assim, à revelia da herança marxista, Castoriadis empreende um projeto revolucionário próprio, com um jargão e quadro teórico

24 *Ibidem*, p. 68.

absolutamente distintos, na tentativa não de colocar freios à revolução, mas, sobretudo, de buscar novas paisagens e trilhas por onde ela possa passar.

Referências bibliográficas

BUSINO, G. (org.). *Autonomie at autotransformation de lasociété: la philosophie militante de Cornelius Castoriadis*. Paris: Droz, 1989.

CASTORIADIS, Cornelius. *Socialismo ou barbárie: o conteúdo do socialismo*. São Paulo: Brasiliense, 1983.

___. *A experiência do movimento operário*. São Paulo: Brasiliense, 1985.

___. *A sociedade burocrática 1: as relações de produção na Rússia*. Porto: Afrontamento, 1979.

___. *A experiência do movimento operário 1: como lutar*. Lisboa: A Regra do Jogo, 1979.

___. *Capitalisme modern et révolution 2: le movement révolutionaire sous le capitalism moderne*. Paris, 10/18/1979.

___. *The Castoriadis reader*. Edição David Ames Curtis. Malden/MA/Oxford, England: Basil Blackwell, 1997.

___. *Political and social writings*, vol. *1 – 1946-1955: from the critique of bureaucracy to the positive content of socialism*. Trad. e ed. David Ames Curtis. Minneapolis: University of Minnesota Press, 1988.

___. *Political and social writings*, vol. *2 – 1955-1960: from the workers' struggle against bureaucracy to revolution in the age of modern capitalism*. Trad. e ed. David Ames Curtis. Minneapolis: University of Minnesota Press, 1988.

___. *Political and social writings, vol. 3 – 1961-1979: recommencing the revolution: from socialism to the autonomous society*. Trad. e ed. David Ames Curtis. Minneapolis: University of Minnesota Press, 1993.

CURTIS, David Ames. "Introduction". *Thesis eleven*, 1997, n. 49, may, III-VI.

FAUSTO, Ruy. "Abstração real e contradição: sobre o trabalho abstrato e o valor". In: *Marx: lógica e política*, vol. 1. São Paulo: Brasiliense, 1983, p. 89-138.

FRANÇA, Fernando César Teixeira. *Criação e dialética: o pensamento histórico-político de Cornelius Castoriadis*. São Paulo: Brasiliense, 1996.

HADDAD, Fernando. *O sistema soviético: relato de uma polêmica*. São Paulo: Página Aberta, 1992.

MACIEL, Mirtes Mirian Amorim. *Labirintos da autonomia: a utopia socialista e o imaginário em Castoriadis*. Fortaleza: EUFC, 1995.

ORTELLADO, Pablo. *Castoriadis e a questão da práxis: da crítica das relações de produção capitalistas à elucidação do social-histórico*. Tese de Doutorado em Filosofia, Departamento de Filosofia, FFLCH-USP, 2004.

REIS FILHO. Daniel Aarão. *Uma revolução perdida: a história do socialismo soviético*. São Paulo: Perseu Abramo, 2002.

___. *As revoluções russas e o socialismo soviético*. São Paulo: Edunesp, 2003.

RODRIGUES, Heliana de Barros Conde. "Cura, culpa e imaginário radical em Cornelius Castoriadis: percursos de um sociobárbaro. *Psicologia USP*, 1998, vol. 9, n. 2, p. 87-138.

TROTSKI, L. A *Revolução traída*. São Paulo: Global, 1980.

___. *Em defesa do marxismo*. Lisboa, Presença. 1986.

DEMOCRACIAS

Atualizando Hegel: representação corporativa e associativismo civil

Verrah Chamma[1]

> Tomar parte nos assuntos universais do Estado e tomar parte no Estado são, portanto, idênticos
>
> Karl Marx

A representação política, independentemente da forma institucional que assuma, surge como mecanismo de *mediação* estabelecido com o intuito de, em alguma medida e de alguma forma, tornar presente, nas instâncias decisórias do poder exercido na vida em coletividade, aqueles indivíduos ou grupos de indivíduos que estão fora ou ausentes delas. O pensamento político moderno é marcado por uma grande diversidade de tratamentos acerca da questão da representação política, que vão desde autores que a consideram desejável, quando não indispensável ao exercício do poder e ao processo de tomada de decisão no interior do Estado (entres os quais podemos citar Locke, Burke, Sieyès, Kant) até aqueles que a entendem como impedimento ao exercício da autonomia e da auto-organização coletivas (cujos expoentes são Rousseau e Marx).

---

1 Doutoranda em Filosofia na UNICAMP e professora assistente do Departamento de Filosofia da Universidade Federal do Amazonas (UFAM).

Hegel se inscreve na linhagem dos autores modernos que não dispensam a representação para estabelecer a articulação entre, de um lado, os interesses particulares de natureza coletiva, e de outro, a esfera política, que Hegel entende ser também pública e universal. No entanto, sua teoria recusa a configuração institucional da representação popular, baseada no sufrágio individual, que aparece pela primeira vez na Constituição Republicana da França de 1793.[2] Uma das leituras possíveis de sua obra política definitiva, a *Filosofia do Direito*, publicada em 1820, é a de que ela se apresenta como crítica e alternativa ao princípio da representação popular que ganhava força na burguesia europeia ascendente. Em lugar da reivindicação revolucionária de que cada cabeça deveria ter direito a um voto, Hegel pensa uma representação de caráter coletivo, mas ainda estamental, inspirada nos arranjos sociais e profissionais existentes em uma Alemanha em que conviviam resquícios de uma sociedade feudal e aristocrática e traços de uma incipiente sociedade moderna e burguesa. Neste texto, apresentamos em linhas bastante gerais a teoria hegeliana da representação corporativa bem como seus pontos de aproximação e distanciamento em relação às teorias recentes que procuram compreender o fenômeno sociopolítico contemporâneo do associativismo civil.

A teoria hegeliana da representação corporativa

Nos sécs. XVIII e XIX, as corporações podem ser definidas como entidades responsáveis prioritariamente pela formação e integração profissional de seus membros, que, além disso, protegiam, promo-

2 Veja os artigos 8 e 9 da seção "*Da soberania do povo*" da Constituição de 24 junho de 1793: "o povo soberano é a universalidade dos cidadãos franceses" e "ele nomeia imediatamente seus deputados." In: http://www.conseil-constitutionnel.fr/conseil-constitutionnel/francais/la-constitution/les-constitutions-de-la-france/constitution-du-24-juin-1793.5084.html.

viam e administravam seus interesses comuns.[3] Esta preparação teórica e prática (*Ausbildung*) para o trabalho especializado constitui igualmente uma formação ou cultivo (*Bildung*), no sentido de que é no interior das antigas corporações de ofício e guildas que os indivíduos adquiriam os seus próprios valores e forjavam parte importante de sua personalidade. As corporações eram, portanto, espaços não só do aprendizado e do exercício de ofícios e da produção da riqueza de uma sociedade, mas também, lugar privilegiado da formação da subjetividade e do sentimento de identificação, pertencimento, unidade e solidariedade a um grupo.

A noção de que as corporações eram organismos ou entidades que surgiam naturalmente no tecido da sociedade[4] remonta à República Romana, permaneceu durante a Idade Média, resistiu na França pré-revolucionária e continuou existindo na Alemanha ao longo de todo o séc. XIX.[5] Apesar disso, Hegel não se propõe a fazer na *Filosofia do Direito* uma genealogia das corporações.[6] A ele interessa mais pensar como elas, justamente por serem portadoras de in-

3 Cf. G. Heimanm. The sources and significance of Hegel's corporate doctrine. In: Pelczynski, Z. A. (ed.). *Hegel's political philosophy: problems and perspectives.* Cambridge: Cambridge University Press, 1976, p. 258.

4 Cf. Peter J. Williamson, *Varieties of Corporatism. A conceptual discussion.* New York: Cambridge University Press, 2009, especialmente o cap. 3.

5 Cf. G. Heiman, *op. cit.*; Antony Black, *Guilds and civil society in European political thought from the twelfth century to the present.* Cambridge: Cornell University Press, 1984; Peter Williamson, *op. cit.*

6 Ilting observa que Hegel não discute as origens das corporações, "tratando-as como algo já dado, e então ele se volta imediatamente para as funções que lhes cabem desempenhar na sociedade civil" (K.-H. Ilting. The dialectic of civil society. In: Pelczynski, Z. A. (ed.). *The State & Civil Society. Studies in Hegel's Political Philosophy.* New York: Cambridge University Press, 2009, p. 218).

teresses coletivos de grupos,[7] se apresentam como as estruturas representativas mais legítimas e eficientes para elevar os fins particulares à universalidade do Estado, realizando-os e legitimando-os nela, de tal modo que estes mesmos interesses privados, mas coletivos, quando presentes no Parlamento, poderiam mais facilmente produzir o interesse comum, porque estes interesses coletivos já conteriam, em si, a forma da universalidade. Mesmo sem o haver explicitado, é possível que Hegel pensasse essa representação realizada pelas corporações como o meio institucional pelo qual o Estado realizar-se-ia enquanto universalidade concreta, substantiva.[8] Esta elevação dos interesses particulares à esfera universal do Estado só é possível porque "o espírito de corporação contém *imediatamente* o *enraizamento do particular no universal*".[9] Assim, porque as corporações são organismos privados, mas com fins coletivos comuns aos seus membros, a defesa e promoção dos interesses de cada um deles têm, a um só tempo, alcance particular, individual, e também comum, universal, ainda que apenas restritamente universal.[10]

7 Segundo o adendo de Griesheim, IV, 618-620 ao §251 da *Filosofia do Direito* (doravante designada apenas pelas iniciais FD, seguidas do parágrafo), Hegel teria dito que "o fim próprio [da corporação] é o interesse comum. Uma comunidade tem interesses comunitários; enquanto eles são providos pelos indivíduos desta comunidade, eles são os seus interesses próprios, peculiares". Os vocábulos entre colchetes foram inseridos por mim. Interesse comum, aqui, ainda não significa público ou universal, mas eles já são de outra natureza que os fins privados de indivíduos isolados e desvinculados.

8 No adendo ao §301 da FD, Hegel apresenta brevemente a natureza dialética desta relação: pelas corporações (e também por outros dois estamentos de que trataremos sucintamente abaixo) "o Estado entra na consciência subjetiva do povo, e (...) este começa a participar daquele".

9 G. W. F. Hegel, FD §289, anotação.

10 Ver K.-H. Ilting, *op. cit.*, p. 219.

Hegel, afirmando esta herança moderna, reconhece que o bem próprio dos indivíduos tem de ser assegurado e mais ainda, "promovido"[11] no interior do corpo político. No entanto, ele se opõe a que estes interesses e fins privados adentrem a esfera pública e política do Estado individualmente, ou seja, de maneira fragmentada, atomista.[12] A noção de que os homens de um modo geral se encontrariam originariamente soltos, dispersos, foi de grande importância para os fins que as teorias contratualistas modernas pretendiam alcançar. Em uma hipotética condição pré-política e a-histórica,

---

11 G. W. F. Hegel, FD §229. No §184, Hegel antecipa essa ideia, e defende que a particularidade tem "o direito de desenvolver-se e difundir-se para todos os lados". Veja também §185.

12 O utilitarismo foi uma das mais importantes teorias da economia e da política modernas a pensar o atomismo como sendo constitutivo das formas coletivas de vida. Segundo essa teoria, a sociedade civil e o Estado eram constituídos por um "agregado de indivíduos, cada um buscando sua própria satisfação. A atividade econômica e as relações associadas a ela possuem um significado estritamente instrumental, na medida em que elas são meios para a obtenção da satisfação individual" (A. S. Walton, "Economy, utility and community in Hegel's theory of civil society. In: *The State & Civil Society. Studies in Hegel's Political Philosophy*. Organizado por Z.A. Pelczynski, New York: Cambridge University Press, 2009, p. 246). O pensamento político de Hegel se afasta do utilitarismo, pois o bem e o fim do Estado não são pensados como em oposição, mas coincidem com o bem e o fim dos indivíduos, e é entendido como uma unidade que transcende e supera a soma empírica de todos eles. Ou seja, o sentido do Estado não se resume a assegurar que os homens satisfaçam os seus próprios fins. Para Hegel, a racionalidade que move os *cidadãos* não é de tipo instrumental, ainda que esta razão os mova enquanto burgueses; isto é, o Estado não se reduz à instituição que oferece um aparato normativo adequado para a realização de interesses e fins privados. Contudo, a teoria hegeliana da sociedade civil é indubitavelmente tributária do utilitarismo de Bentham e do liberalismo clássico de Smith, Say e Ricardo.

Rousseau acredita que os homens viveriam isolados e independentes. Hobbes, por sua vez, defende que o indivíduo em nada cooperaria com seu semelhante, não tendo a quem recorrer a não ser a si mesmo. Tal condição, denominada estado de natureza, se consagrou como um eficiente pressuposto metodológico cuja finalidade era lançar as bases para uma nova fundamentação da autoridade política, que não poderia mais prescindir da legitimação por razões conferida por cada um dos indivíduos que viriam a se tornar os súditos ou cidadãos de um Estado. A ideia de que os homens não possuem vínculos sociais atávicos a não ser os laços de sangue com suas próprias famílias também foi útil ao emergente capitalismo industrial do séc. XIX, que promoveu o desenraizamento dos trabalhadores das associações cooperativas (*Genossenschaften*), guildas (*Zünfte*), e corporações (*Korporationen*) às quais eles pertenciam como *membros*. Desvencilhados e atomizados, os homens não conseguem fazer frente ao trabalho agora alienado.

Desse modo, a representação corporativa se apresenta como alternativa contra "o princípio da igualdade abstrata",[13] baseado em uma consideração que privilegia, do ponto de vista político, aquilo em que os homens são iguais, ou seja, a condição de cidadãos de um Estado, e não aquilo em que eles se diferenciam, a saber, identidades, valores e interesses compartilhados por grupos. Para Hegel, a natureza peculiar das corporações faz com que elas atuem além da simples promoção da integração social e econômica dos seus membros. Ainda mais importante, elas "são veículos para o desenvolvimento de formas de consciência que são radicalmente diferentes da particularidade extrema do individualismo utilitarista. Em uma comunidade racional, a atividade econômica é caracterizada por um senso de valores e ideais comuns que não são redutíveis ao auto-

13 G. W. F. Hegel, FD §230. Adendo de Griesheim, IV, 587-588.

-interesse racional".[14] Porque nas corporações se cultiva e desenvolve uma noção de fim comum, e porque nelas as noções de pertencimento e reconhecimento são mais importantes que o interesse ou bem próprio individuais, elas parecem ser as estruturas de mediação mais apropriadas para que o Estado seja a esfera verdadeiramente pública e universal. Ou seja, "as formas de organização comunitária da sociedade funcionam, assim, como universais intermediários, que estabelecem a mediação entre a vontade singular e a vontade universal objetiva do Estado".[15] Nas palavras de Hegel,

> o fim da corporação é mais o de apreender a unidade ética, um fim comum que é substancial para todos os seus membros, o seu fim imanente, de sorte que ele é ao mesmo tempo fim universal em comum, que é produzido pela atuação conjunta dos próprios membros. (...) A corporação constitui, por isso, a passagem do Estado externo [sociedade civil] para o Estado ético. Ela contém um todo ético e a atividade em prol dele, mas que é relativo quanto ao seu conteúdo; ela é uma comunidade que ainda não é o Estado.[16]

Em um mundo cada vez mais marcado pelo individualismo e atomização, sobretudo após as Revoluções Industrial e Francesa, Hegel entendeu que a adesão dos homens, na qualidade de cidadãos, a um corpo político parece só ser efetiva se os vínculos de identidade e pertencimento se fizerem presentes também na sociedade civil, enquanto esfera da mútua dependência econômica e da mútua

14 A. S. Walton, *op. cit.*, p. 258.

15 Marcos Lutz Müller, "A gênese conceitual do Estado ético". *Filosofia Política*, nova série, vol. 2. Porto Alegre, L&PM, 1998, p. 28.

16 G. W. F. Hegel, FD §230. Adendo de Griesheim, IV, 587-588. A expressão entre colchetes foi acrescentada por mim.

satisfação dessas necessidades.[17] Os indivíduos, ao final, nunca tomariam parte de instâncias coletivas da vida enquanto indivíduos, isto é, isoladamente, mas sempre na condição de membros. Esta talvez seja a maior contribuição da teoria da representação corporativista de Hegel para as teorias da democracia associativa: os homens não participam dos assuntos de Estado soltos, dispersos, atomizados, porque em geral, eles não existem soltos ou isolados nas demais formas da vida coletiva. Nasce-se membro de uma família, torna-se um profissional em uma corporação ou vincula-se a outra associação, organização ou estamento qualquer; nasce-se membro de um Estado e é sempre nesta condição de parte de uma totalidade que os indivíduos atuam. Evidentemente, a realidade social já era bastante diferente disso na Europa ocidental no início do séc. XIX. O desemprego nas cidades e a expulsão dos camponeses de suas terras expõem a profundidade e a extensão das mudanças nas relações familiares, sociais e econômicas, com evidentes consequências políticas. Formas intensivas e industriais de produção de matéria prima e de manufaturas, a necessidade de ampliação do contingente de trabalhadores livres disponíveis a fim de regular salários, e a depauperação e alienação a que os homens passam a estar sujeitos expõem, de maneira indelével, a incapacidade das novas estruturas e instituições de recriar os antigos elos existentes entre os homens, ou de criar novos que não fossem baseados na mera utilidade. Nesse sentido, a teoria hegeliana da representação corporativa procura remediar o desenraizamento crescente dos homens, o qual o próprio Hegel entende estar fadado a aumentar com as reivindicações, por parte das camadas sociais antes excluídas do poder político, de democracia direta ou de representação não-estamental, com base no sufrágio individual.[18]

---

17 *Ibidem*, §182.

18 Para os revolucionários franceses, nomeadamente os jacobinos, as corporações eram empecilhos a um governo genuinamente democrático;

É interessante notar aqui o caráter de necessidade com que Hegel reveste esta mediação exercida pelas corporações. Sem elas, a sociedade civil não passaria de um "campo de luta do interesse privado individual de todos contra todos",[19] e, nesse sentido, se colocaria não só em oposição ao Estado, mas possivelmente também em conflito com ele. Desempenhando a função lógica e institucional de "termo-médio"[20] entre esfera privada e esfera pública, entre burgueses e cidadãos, as corporações terminam por transformar o sentido e a natureza tanto da sociedade civil como do Estado moderno, porque estabelecem relações mediadas pela cooperação ao invés da competição, e nas quais a obtenção de "reconhecimento social genuíno" substitui "a busca da satisfação material".[21] Hegel atribui uma dimensão política às corporações que, ao que parece, havia sido inédita até então na filosofia política moderna.[22] Assim, elas politizam seus membros porque é precisamente nesta condição de membros que eles se tornam parte do poder legislativo, determinando os assuntos que afetam a eles mesmos, enquanto cidadãos de um Estado. Quando representantes das corporações integram o Parlamento, seus membros ganham "*significação* e uma atuação *políticas*",[23] e sociedade civil torna-se politizada. Nesse sentido, Hegel se coloca inteira-

---

a relação entre indivíduos e o Estado era tanto mais próxima quanto menos agentes intermediários houvesse.

19 G. W. F. Hegel, *op. cit.*, §289, anotação.

20 *Ibidem*, §302, anotação.

21 Walton, *op. cit*, p. 259.

22 Antony Black defende que "o ponto de vista de Hegel acerca das corporações foi a primeira tentativa explícita de um filósofo moderno de atribuir aos valores e aspirações das guildas um lugar central na teoria política" (*Op. cit*, p. 202).

23 G. W. F. Hegel, *op. cit.*, §303. Os grifos são do autor.

mente contrário à ideia de que as corporações ofereceriam perigo em potencial à solidez do Estado.[24]

Desse modo, por um lado, as corporações articulavam a vida dos indivíduos no interior da sociedade, minorando os riscos de seu isolamento e dispersão que já começavam a se sentir nas sociedades europeias no séc. XIX. O sentido profundamente ético das corporações está em que

> elas visam superar o isolamento do indivíduo e o horizonte restrito dos seus fins egoístas e promover a defesa dos seus direitos decorrentes da formação profissional e técnica, o socorro mútuo e a provisão da sua subsistência e da sua família em face dos azares do mercado. A sua função principal, além de tornar 'estável' a subsistência dos seus membros, é conferir ao indivíduo o sentimento de honra profissional, entendida como o reconhecimento social da sua competência e de ser ele um membro ativo e cooperante para o fim comum.[25]

---

24 Heiman menciona os imperadores romanos Augusto e Trajano como dois dos que temiam a influência política que as corporações, enquanto organizações semiprivadas, poderiam vir a exercer. No entanto, tais "grupos subsidiários" ou "corpos subordinados" não tinham como objetivo se contrapor à autoridade do Estado, mas sim, exercer funções econômicas diversas, além de algumas de natureza político-administrativa, como a coleta de impostos (G. Heiman, *op. cit*, p. 115-117). Também no período do Terror, durante a Revolução Francesa, as exigências pelo fim da representação estamental e pela reinstituição da participação direta contribuíram decisivamente para o enfraquecimento das corporações e para a perda de legitimidade destes corpos ou órgãos intermediários como entidades capazes de exercer algumas atividades políticas, econômicas e administrativas (*ibidem*, p. 118).

25 Marcos Müller, *op. cit.*, p. 34.

Por outro lado, Hegel pensa que as corporações não são organismos independentes, mas devem estar sempre e necessariamente submetidas ao Estado,[26] a quem elas devem sua "atuação legalmente determinada".[27] Hegel entende que a subordinação das corporações ao Estado é parte da tarefa propriamente moderna de concebê-lo como esfera por excelência pública e universal, de tal modo que "o todo" não seja "mais um agregado do que um organismo",[28] mas, ao contrário, uma "totalidade orgânica desenvolvida dentro de si".[29] Não seria equivocado afirmar que Hegel quer pensar um lugar intermediário para as corporações na sua teoria do Estado, de tal modo

---

26 A relação entre Estado e corporações em Hegel é bastante mais complexa, e não poderá ser abordada aqui com a profundidade que o tema merece, sobretudo porque a teoria política corporativista, da qual Hegel é um dos grandes expoentes, terminou por contribuir fortemente para fundamentar os regimes autoritários fascistas, como na Itália de Mussolini e no Brasil de Vargas, especialmente na década de 1930. Sobre este ponto, ver Peter Williamson, *op. cit.* Limitar-me-ei a apontar essa complexidade com passagens da FD. Na primeira, Hegel defende que, porque os círculos corporativos "têm de estar subordinados aos interesses superiores do Estado, o preenchimento desses cargos [de administração das corporações] resultará de uma mistura de eleição publica dos interessados e de uma determinação e confirmação superiores" (G. W. F. Hegel, *op. cit.*, §288; os termos entre colchetes foram inseridos por mim). Já na segunda passagem, o controle e supervisão dos direitos das corporações pelo Estado ficam ainda mais evidentes: "A firme manutenção do interesse universal do Estado e do que é lei nesses direitos particulares e a recondução desses àquele exigem um cuidado assegurado *por delegados do poder executivo, pelos funcionários públicos executivos e pelos foros deliberativos superiores* (...)" (*Ibidem*, §289, caput; grifos meus. Ver também a anotação ao parágrafo).

27 *Ibidem*, §273, anotação.

28 *Ibidem*, §278, anotação.

29 *Ibidem*, §279, anotação.

que nem elas se tornem o soberano de uma nação, com o poder final de decisão[30] sobre os assuntos que dizem respeito aos cidadãos, substituindo o Estado como espaço decisório final,[31] nem sejam aniquiladas como intermediários desnecessários e mesmo deletérios à participação dos cidadãos na vida do Estado.[32]

Do ponto de vista da dialética especulativa que preside a relação entre as corporações e o Estado, Hegel entende que o Estado é

> uma necessidade exterior e o poder superior a elas, a cuja natureza estão subordinadas as leis e os interesses dessas esferas e de cuja natureza dependem; mas, por outro lado, o Estado é o fim imanente dessas esferas, leis e interesses, e tem o seu vigor na unidade do seu fim último universal e do interesse particular dos indivíduos.[33]

30 *Ibidem*, §279, caput e anotação.

31 Nesse mesmo §278, anotação, Hegel critica o lugar ocupado pelas corporações nas monarquias feudais: "as tarefas e os poderes particulares do Estado e da sociedade civil-burguesa estavam constituídos em corporações e comunas *independentes* (...), em parte elas eram *propriedade privada de indivíduos* e, por conseguinte, aquilo que por eles mesmos devia ser feito em consideração ao todo era deixado à sua opinião e ao seu bel-prazer" (grifos meus).

32 Hegel nos relembra que, após a Revolução, a França "carece de corporações e comunas, quer dizer, de círculos, onde os interesses particulares e universais possam convergir" (*Ibidem*, §290, adendo).

33 *Ibidem*, §261. No texto, as esferas a que Hegel se refere são as da família e da sociedade civil, enquanto formas da vida coletiva em que a liberdade ainda não se realizou verdadeiramente. Mas como as corporações são igualmente espaços ou organismos da vida comunitária que atuam dentro da sociedade civil, o trecho acima citado se aplica perfeitamente a elas.

Esta subordinação das outras esferas da vida em comunidade ao Estado, ou ainda, a consideração de que o Estado é uma "necessidade ética superior"[34] aos indivíduos, o que significa que estes têm naquele a garantia institucional da realização e satisfação de seus fins privados, é chamada por Hegel de idealidade, ou seja, a atividade das corporações não subsiste por si, não é

> algo independente, autônomo nos seus fins e modos de atuação (...), mas nesses fins e modos de atuação [ela é] determinada *pelo fim do todo* e [é] dependente dele (fim que foi denominado, em geral, com uma expressão indeterminada, o *bem-próprio do Estado*).[35]

Duas questões importantes se seguem desta afirmação: em primeiro lugar, como podemos estabelecer e reconhecer o que seja o fim último do todo, ou seja, do Estado? Ele seria autoevidente e reconhecível de imediato pelos cidadãos do Estado? Ele é idêntico em todos os Estados? Ele, à semelhança da vontade geral de Rousseau, seria um substrato comum a todas as vontades particulares? Como podemos conhecer ou acessar o seu conteúdo? Em segundo lugar, mas não menos importante, qual relação se estabelece entre os indivíduos particulares e o fim do todo? Seria este fim alcançado quando todos os interesses privados tiverem alcançado as condições plenas de sua realização? Como, afinal, podemos pensar a relação ou a integração dos interesses privados com o fim público? Por quais vias

---

34 *Ibidem*, §125, adendo de Griesheim IV, 479.

35 *Ibidem*, §278, anotação. Ver também *ibidem*, §290, adendo. Os grifos e o conteúdo entre parênteses são de Hegel; os vocábulos entre colchetes foram inseridos por mim. Sobre a idealidade enquanto ausência de "legitimação independente" das corporações e seu ultrapassamento no Estado, ver *ibidem*, §276 caput e adendo.

institucionais os interesses privados adentram o Estado, ao mesmo tempo em que se realiza o fim do todo?

Tal compreensão teleológica do Estado somada à idealidade das corporações, ou seja, à ideia de que Estado é imanente a elas e aos seus fins, que não subsistiriam tampouco seriam legítimas fora dele,[36] nos mostram que Hegel não pretende reavivar ou atualizar as relações próprias do feudalismo, marcadas por seu caráter prioritariamente privado, e que tiveram como uma de suas principais consequências políticas a descentralização ou dispersão do poder. Nas monarquias feudais, as corporações em geral não eram entendidas como organismos submetidos a um Estado centralizado. Na verdade, nessas monarquias muitas vezes cada "parte" tinha sua "autonomia independente"[37] ou "autonomia demasiada", de tal modo que as corporações terminaram por ser "Estados no Estado".[38]

Hegel se propõe a resolver as questões acima no quadro de uma teoria propriamente moderna do Estado, enquanto corpo político unitário, embora divido em poderes. Isso dito, Hegel argumenta que o fim do Estado e seus interesses não são

> os interesses comunitários *particulares*, que caem no âmbito da sociedade-civil-burguesa e se encontram fora do universal em si e por si do Estado, têm a sua administração nas corporações (...) por um lado, esses assuntos de que se ocupam representam a *propriedade privada* e o *interesse* dessas esferas *particulares* (...), e, por outro lado, esses círculos têm de estar subordinados aos interesses superiores do Estado (...).[39]

36 *Ibidem*, §§276, adendo e 289, anotação.

37 *Ibidem*, §285, anotação.

38 *Ibidem*, §290, adendo.

39 *Ibidem*, §288, grifos do autor.

A passagem sugere que interesses e fins públicos, o fim do todo, são ontologicamente distintos dos privados, de tal modo que da reunião dos interesses de todas as corporações não resulta o "interesse universal do Estado".[40]

Mas essa diferença entre interesses privados e interesses públicos não implica incompatibilidade ou exclusão recíproca. Hegel quer pensar uma espécie de favorecimento e promoção mútuos. Assim, os interesses privados

> são legítimos, que têm de ser respeitados por ele [Estado], e na medida em que a administração só pode ser favorável a tais interesses, ainda que tenha também de controlá-los, o indivíduo encontra nelas [nas corporações] a proteção para o exercício dos seus direitos e, assim, o seu interesse particular vincula-se à conservação do todo.[41]

Na verdade, tanto a promoção recíproca entre bens privados e bem público como o vínculo mútuo que se estabelece entre a realização plena do fim particular e a solidez do Estado se inscrevem em um horizonte de sentido mais amplo, a saber, o de uma teleologia da esfera pública e política do Estado enquanto lugar da reconciliação ou da unidade integradora e harmônica, em que as unilateralidades e abstrações de uma universalidade vazia e de uma particularidade autônoma são suspensas (*aufgehoben*). Do ponto de vista da vida política concreta, essa reconciliação significa que a oposição entre as instituições que agregam interesses coletivos específicos (os estamentos, dos quais falaremos brevemente a seguir) e o Estado é meramente *aparente*, e o mesmo vale para o âmbito mais restrito da relação entre as corporações e o Estado. O Estado como o lugar da resolução e integração dialético-especulativa de opostos aparentemente inconciliá-

40 *Ibidem*, §289.

41 *Ibidem*, §290, adendo. Os termos entre colchetes foram inseridos por mim.

veis é discutido por Hegel no início da seção homônima da *Filosofia do Direito*, e não nos cabe aqui reconstruir o argumento. De todo modo, Hegel retoma esta ideia adiante na mesma seção, e o faz na tentativa de mostrar o caráter orgânico, portanto, essencialmente não conflituoso do Estado pensado por ele:

> um dos preconceitos frequentes, porém altamente perigosos, é o de representar os estamentos em geral do ponto de vista da [sua] *oposição* ao governo, como se esta fosse a posição essencial dos estamentos. Organicamente, isto é, assumido na totalidade, o elemento [formado] pelos estamentos se mostra somente pela função da mediação. Com isso a própria oposição é rebaixada a uma aparência. Se essa oposição, no seu aparecimento, concernisse não apenas à superfície, mas se tornasse efetivamente uma oposição substancial, o Estado estaria em vias de soçobrar.[42]

O foco do problema da representação é, então, ligeiramente alterado. Aqui, não se trata mais de questionar a legitimidade dos interesses privados na vida política, mas a sua forma de inserção e de organização no Estado. Esta organização se dá "a partir de cima",[43] mas é articulada no interior das corporações, elementos indispensáveis já que "o controle de cima (...) não alcança o comportamento singular, [e por isso] é completado por um controle a partir de baixo".[44] Logo, o objetivo de uma nova organização dos homens a partir da sociedade civil e de seu controle pelo Estado é evitar que o conjunto da vida em comunidade seja determinado pela "multidão atomística de indivíduos juntos".[45] A constatação de Hegel é que

42 *Ibidem*, §302, anotação.

43 *Ibidem*, §290, adendo.

44 *Ibidem*, §295, os termos entre colchetes foram inseridos por mim.

45 *Ibidem*, §273, anotação.

> a grande massa do todo é facilmente deixada em um estado mais ou menos inorgânico; e é todavia da maior importância que ela se torne orgânica, pois só assim ela é potência, é poder autorizado; em caso contrário ela é somente um *bando, uma multidão de átomos dispersos*. O poder legítimo só existe em um estado de relações orgânicas entre as diferentes esferas.[46]

Corporações versus povo.

Esta visão negativa que não só Hegel, mas o pensamento político corporativista em geral tem do povo deve ser colocada em perspectiva para ser mais bem compreendida. Ela parte do entendimento de que o povo ou massa é uma unidade *artificial* de homens atomizados, um conjunto amorfo, ou seja, um amontoado ou agregado aparentemente indistinto de indivíduos com seus arbítrios, fins e interesses privados, mas que, do ponto de vista universal, da totalidade da vida política, eles não sabem o que querem nem o que é o melhor para eles enquanto cidadãos de um Estado, e por isso não devem participar diretamente da deliberação pública, mas apenas por meio de uma mediação qualificada. Hegel sintetiza este ponto de vista:

> o povo, enquanto com essa palavra se designa uma parte dos membros de um Estado, exprime a parte *que não sabe o que quer*. Saber o que se quer e, mais ainda, o que a vontade sendo em si e por si, a razão, quer, é fruto de conhecimento e discernimento profundos, que não são precisamente coisa própria do povo.[47]

Contemporaneamente, as teorias do associativismo civil defendem o caráter pedagógico e formativo, do ponto de vista político, da

46 *Ibidem*, §290, adendo, grifos meus.

47 *Ibidem*, §301, anotação, grifos do autor.

participação dos indivíduos nos encontros em que são discutidas as demandas de uma determinada comunidade. A atuação e o engajamento efetivo nas estruturas, organismos e associações dos quais os indivíduos fazem parte os preparam para que tenham o conhecimento e o discernimento necessários à deliberação.

Entretanto, o direito de participação política que o pensamento corporativista nega ao *povo* é restituído quando os indivíduos que o integram se organizam em diferentes grupos profissionais: "intervindo organicamente, a multidão impõe os seus interesses de modo conforme à lei e à ordem. Se, pelo contrário, esse meio não é disponível, então o exprimir-se da massa será sempre algo selvagem".[48] Novamente, não creio que Hegel queira restringir a participação política, mas deseja que ela se dê de outra forma, espelhando, em alguma medida, as relações de unidade, identidade, pertencimento e solidariedade que caracterizam as corporações. A entrada das corporações, reunidas no "estamento privado",[49] no Parlamento não se dá

> nem como uma massa indivisa, nem como uma multidão dissolvida nos seus átomos, mas sim, como aquilo que ele [estamento privado] já é, a saber, diferenciado no estamento que se funda na relação substancial e naquele que se funda nas carências particulares e no trabalho que as medeia. Somente assim, com respeito a essa diferenciação, o particular real-efetivo no Estado se liga verdadeiramente ao universal.[50]

Uma consequência esperada, mas que não deixa de ser problemática no pensamento corporativista de um modo geral, é que a recusa à participação política dos indivíduos enquanto singulares leva à rejeição tanto de sua participação direta como da eleição territorial-

48 *Ibidem*, §302, adendo.

49 *Ibidem*, §303.

50 *Ibidem*, §303.

mente organizada, enquanto mecanismo introduzido para viabilizar a ação política e inserção no Estado dos indivíduos que compõe a massa ou povo. Hegel entende que as eleições são um mecanismo pernicioso porque criam, na instituição deliberativa máxima, o Parlamento, algo tão artificial quanto o próprio povo, a saber, uma *maioria*. Ora, se a maioria no Parlamento é formada pela soma empírica ou aritmética das vontades particulares vencedoras, Hegel entende que aqui não existe mais o Estado substancial, em que a vontade universal do Estado e a vontade subjetiva dos indivíduos particulares se interpenetram, mas sim, uma situação de sobre-representação, em que há a primazia contingente de alguns pontos de vista privados sobre outros, os quais, por terem obtido menos votos, encontram-se evidentemente sub-representados. Hegel acredita que esta distorção, causada por um sistema político competitivo, baseado na conquista por votos para a formação de maiorias, pode ser resolvido por uma participação direta de todos os *setores* que compõem a sociedade. Contudo, porque Hegel pensa em uma sociedade menos diversificada, heterogênea e complexa que de nossos dias, creio que seu pensamento político no que se refere à representação corporativa requer uma espécie de atualização. Em que medida a teoria da democracia associativa pode ou não ser essa atualização é algo que devemos discutir.

Hegel contesta o ponto de vista moderno de que a burguesia comercial, manufatureira ou ligada às profissões liberais, ou seja, o segmento profissional privado, para ser

> alçado no poder legislativo à participação da coisa universal, ele teria de aí aparecer na forma de *singulares*, seja que eles escolham representantes para essa função, ou até que cada um deva exercer ele próprio o seu voto no poder legislativo. Essa maneira de ver atomística, abstrata, desaparece já na família, bem como na sociedade civil-burguesa, *onde o singular só vem a aparecer como membro de um universal*. Mas o Estado é essencialmente uma organização de tais

> membros que são círculos por si, e nele nenhum momento deve mostrar-se como uma *multidão inorgânica*. Os muitos, enquanto *singulares*, o que se entende sem mais por povo, são certamente um conjunto, mas somente como multidão – uma *massa informe*, cujo movimento e agir, precisamente por isso, seria somente elementar, irracional, selvagem e assustador. Quando, em relação à constituição, se ouve falar ainda do povo, *essa coletividade inorgânica*, pode-se saber já de antemão que só há que esperar generalidades e declamações equívocas.[51]

De fato, tanto nas corporações como no Estado, e mesmo antes, nas famílias, os indivíduos estão inseridos e atuam como membros, e é precisamente este lugar que eles ocupam que os integra a uma comunidade que lhes supera, ao mesmo tempo em que a comunidade profissional ou política não existe sem eles. Ainda que haja a supremacia e a anterioridade lógica e ontológica do Estado sobre seus cidadãos, e das corporações sobre seus integrantes, nenhum corpo existe sem seus membros; daí a articulação orgânica que preside as relações entre o corpo profissional ou político e os indivíduos enquanto suas partes integrantes e constitutivas.

A primazia da vontade privada e a compreensão do Estado como resultante dela e fundamentado em última instância nela são, para Hegel, equívocos do pensamento político moderno, que ainda não apreendeu o Estado como o universal efetivamente realizado, ou seja, como a instancia que não abole o particular, ao mesmo tempo em que altera e resignifica o seu lugar sistemático. Assim, o universal em Hegel ganha o estatuto de "fundamento e forma necessária da particularidade, e também [de] potência sobre ela como o seu fim último".[52] Desse modo, quando

51 *Ibidem*, §303, anotação.

52 *Ibidem*, §184.

> a vontade *particular* é constituída em instância última de decisão, a constituição torna-se uma *capitulação* eleitoral, isto é uma rendição do poder de Estado à discrição da vontade particular, donde provém a transformação dos poderes particulares de Estado em propriedade privada, o enfraquecimento e a perda da soberania do Estado, e, em consequência, a sua dissolução interna e o destroçamento externo.[53]

Sem eleição, Hegel propõe que os membros que compõem o poder legislativo sejam os ministros da administração do Estado e representantes dos três estamentos,[54] a saber, o agrário; o industrial e comercial, nos quais atuam as corporações; e o universal, composto por funcionários do Estado. Com efeito, nas sociedades com democracias competitivas de massa, já não faz mais qualquer sentido reivindicar a legitimidade ou possibilidade de atualização de uma representação de caráter estamental. Desse modo, não discutiremos aqui a natureza e atribuições dos estamentos agrário e universal; interessa-nos apenas apontar traços e uma possível influência da teoria hegeliana da representação corporativa na reivindicação contemporânea do associativismo civil no sentido de pensar mecanismos que permitam uma representação política mais equânime, plural e inclusiva.

Associativismo civil: Hegel atualizado?

Creio haver alguma semelhança entre, de um lado, o papel político que Hegel acreditava que as corporações e estamentos deveriam desempenhar, e de outro, a atuação também política que as associações contemporâneas têm exercido. Assumindo a função de "órgão *mediador* (...) entre o governo em geral, por um lado, e o povo dissolvido nos indivíduos e nas esferas particulares, por outro",[55] as

53 *Ibidem*, §281, anotação.

54 *Ibidem*, §300.

55 *Ibidem*, §302, grifo do autor.

corporações minimizam os riscos de dispersão de seus membros ao mesmo tempo em que fornecem parte do conteúdo das decisões do Estado, pois conhecem os interesses e necessidades de seus membros. As associações e organizações civis das últimas décadas também pretender ser elos que aproximam as esferas privada e pública da vida coletiva e transformam as relações entre elas. Possivelmente elas também pretendem, nos dias de hoje, o mesmo que Hegel quis há quase dois séculos, a saber,

> uma mediação exercida em comum com o poder de governo organizado, de tal modo que nem o poder do príncipe apareça como *extremo* isolado, e por isso, como mero poder dominador e como arbítrio, nem os interesses particulares das comunas, corporações e dos indivíduos se isolem, ou, mais ainda, de modo que os singulares não venham a se apresentar como uma *multidão* ou como um *bando*, por conseguinte, como um opinar e querer inorgânicos, e como um mero poder de massa contra o Estado orgânico.[56]

Tanto a teoria da representação corporativa de Hegel como a da democracia associativa privilegiam formas de relação dos homens com o Estado em que eles atuam como membros de associações e de corpos organizados, nos quais interesses e valores são compartilhados, e não como átomos que buscam sua autossatisfação sem essas mediações. Semelhante ao papel que Hegel atribui às corporações, as teorias do associativismo civil entendem que diferentes associações, organizações e movimentos sociais devem igualmente exercer "papeis de representação política em diferentes espaços institucionais de definição e controle de políticas públicas".[57] Aqui, a atuação

56 *Ibidem*, §302, grifos do autor.

57 Lígia Helena Hahn Lüchmann, "Associações, participação e representação: combinações e tensões." *Lua Nova*, São Paulo, 84, 2011, p. 141.

política das associações se dá, em geral, combinada com os partidos políticos, e menos em substituição radical a eles.

Evidentemente, as associações e organizações civis são bastante distintas entre si, tanto nos seus fins como nas suas formas de atuação política, e apresentar uma tipologia delas levando-se em conta seu grau de organização, mobilização, financiamento e hierarquia interna foge ao escopo deste texto. Aqui, nos será suficiente mostrar que, assim como em Hegel, organismos cujos membros compartilham fins, identidades e valores são mais qualificados para influenciar nas decisões que impactam os cidadãos de um Estado do que estruturas tradicionais e progressivamente distantes deles, como é o caso dos partidos políticos.

A democracia associativa debruça-se sobre mecanismos que possam construir e institucionalizar espaços de participação e decisão coletivas, o que, em última instância, pretende provocar uma alteração na natureza do Estado excessivamente verticalizado e burocratizado. Contudo, e à semelhança da representação corporativa, aqui raramente se pensa na eliminação ou desaparecimento do Estado.[58] O que parece ser consensual no associativismo civil é que a sociedade contemporânea já alcançou um grau de complexidade e organização tal que associações e organizações se apresentam como estruturas inescapáveis de uma democracia substantiva, ou seja, menos formal ou meramente procedimental. Entendo que o pretendido

58 Se, por um lado, tanto a representação corporativa como a democracia associativa pretendem aproximar Estado e cidadãos enquanto, simultaneamente, membros de organizações, comunidades e associações em que eles participam ativamente, por outro nem os teóricos do corporativismo, incluindo Hegel, nem os do associativismo civil pensam a vida política sem que ela seja presidida pelo Estado e articulada no seu interior. Hegel, como vimos, indiscutivelmente confere primazia ontológica ao Estado, pois é ele quem, em última instância, legitima a existência das corporações e "garante a efetividade das instituições sociais."

pelo associativismo civil contemporâneo, do ponto de vista da transformação das relações entre membros de organizações da sociedade civil e o Estado, é muito semelhante ao que Hegel defendia ser o sentido e o papel das corporações. Assim,

> o associativismo preencheria, de forma substantiva, uma boa listagem de requisitos considerados fundamentais para o estabelecimento de uma sociedade democrática, seja pela sua capacidade de defender as demandas dos grupos mais vulneráveis e excluídos; seja pelo caráter pedagógico no sentido da promoção de processos de educação política (de confiança, cooperação e espírito público); (...) por promover e ocupar os espaços de cogestão de políticas públicas, enriquecendo as bases da participação e da representação política.[59]

Com efeito, Hegel, que recusa a soberania popular, não aceitaria que as corporações pudessem "oferecer resistência ao poder e limitar o governo", outra das funções que algumas das associações contemporâneas exercem. Ainda assim, muito da teoria da representação corporativista hegeliana parece permanecer quando autores da democracia associativa entendem que as associações e organizações civis atribuem

> valor intrínseco à vida associativa, promovem virtudes cívicas, ensinam atividades políticas (...), aprimoram a qualidade e equidade da representação, facilitam a deliberação pública e criam oportunidades para cidadãos e grupos participarem diretamente do governo.[60]

59 Lígia Lüchmann, *op. cit*, p. 142-143.

60 Archon Fung, "Associations and democracy: between theories, hopes, and realities". *Annual Review of Sociology*, n. 29, 2003, p. 515.

Outro ponto de convergência interessante diz respeito à complementaridade ou não oposição entre as funções de representação e participação política. Se o pensamento político contemporâneo por vezes as viu como sendo incompatíveis e excludentes,[61] no corporativismo hegeliano a participação política não pode se dar fora do Parlamento, de tal modo que participação e representação se tornam indissociáveis. Do mesmo modo, hoje as associações muitas vezes não se contentam apenas em organizar e apresentar, às instituições públicas, múltiplas demandas coletivas, ou um repertório de interesses a serem contemplados pelo Estado. A reivindicação por participação nos assuntos do Estado vem se tornando progressivamente também uma exigência por ocupação de espaços de poder com vistas a uma "pluralização da representação".[62]

Para Hegel, toda ação política precisa ser institucionalizada, ou seja, as corporações não podem agir politicamente senão na condição de um dos estamentos que compõem o poder legislativo. No associativismo civil, a busca por representação política de setores organizados surge depois de anos de sua ação coletiva civil. Exemplos disso são as atividades de mulheres, negros e homossexuais; de associações comunitárias; de sindicatos, estudantes, ambientalistas, entre outros. Para Hegel, entretanto, a representação política das corporações não vem depois da atuação social e profissional delas, ou seja, Hegel não propõe uma anterioridade temporal da organização e da atuação social-profissional sobre a política, diferentemente do que a experiência histórica nos mostra em relação às associações de hoje. De todo modo, a maior dificuldade quando se pensa em atualizar o pensamento corporativista de Hegel a partir do fenômeno do associativismo civil é como dar conta da enorme multiplicidade de associações, que, como vimos, não se reduzem ao âmbito profissional.

61 Lígia Lüchmann, *op. cit*, p. 144.

62 *Ibidem*, p. 146.

Hegel reduziu a sociedade de seu tempo, e consequentemente os grupos que ocupariam o Parlamento, a singelos três estamentos. O desafio que se coloca é como pensar a representação de, senão todos, ao menos de uma parte expressiva dos grupos de interesse no poder legislativo em uma sociedade que é muito mais dinâmica, heterogênea e complexa que a do início do séc. XIX.

Uma dificuldade adicional que se segue desta é como pensar a representação política em uma condição em que os homens estão submetidos a múltiplos pertencimentos, ou seja, contemporaneamente há múltiplos fatores constitutivos de uma subjetividade, e somente cada indivíduo em particular sabe qual lhe impacta, interessa ou determina mais. Por exemplo, uma mulher negra homossexual e operária participaria prioritariamente de qual associação? Daquela que defende os interesses de gênero, de etnia, de orientação sexual ou profissional? Se cada uma dessas associações pudesse ocupar uma cadeira no Parlamento, a qual delas ela se vincularia, caso não pudesse votar e participar de todas? Ou ainda, se as políticas de Estado que mais lhe interessam não fossem prioritariamente as de nenhuma dessas associações, mas sim, fossem aquelas defendidas por algum grupo ideológico, ou de defesa dos animais, ou de causas humanitárias? Essa escolha é absolutamente contingente, portanto, não pode ser universalizada. Para Hegel, a vinculação de um indivíduo a uma corporação profissional era condição quase suficiente para a formação da sua identidade, e por isso ele provavelmente não precisou levar em conta as dificuldades colocadas por um homem tão multifacetado e multideterminado. Essas questões terão de ser ignoradas aqui, por evidente falta de espaço para desenvolvê-las.

Uma crítica que geralmente é feita às teorias que pretendem retirar o monopólio da representação dos partidos políticos diz respeito à suposta incapacidade dos membros de associações e organizações diversas de ocupar espaços decisórios no Estado. Hegel reconhece que os membros das corporações e dos demais estamentos não têm o conhecimento das instituições do Estado,[63] assim como membros de associações e organizações civis na maior parte das vezes não estão familiarizados com os procedimentos administrativos públicos em sua totalidade e complexidade. Contudo, o que é relevante aqui é a relação *direta* entre, de um lado, os membros das corporações e associações e de outro, aqueles que dentre eles serão escolhidos para representá-los no Parlamento, já que estes representantes conhecem "em particular as carências e as falhas mais urgentes e especiais, que eles têm diante de si na intuição concreta".[64] Ou seja, associações civis e corporações têm a vantagem da proximidade de seus membros e problemas, da estreiteza dos vínculos, da visão mais rica e detalhada das suas necessidades, problemas, demandas e interesses,[65] e justamente por isso, elas dispõem dos mecanismos para mobilizar politicamente os seus membros.

Por fim, nossa intenção ao aproximar a teoria hegeliana da representação política corporativa e a do associativismo civil foi mostrar como, a despeito daquilo que as distingue, elas pensam a vida política baseada em relações nas quais predominam o reconhecimento mútuo, a reciprocidade e a solidariedade fomentada em organismos coletivos. Além disso, ambas as formas de representação se pretendem mais inclusivas e plurais que a participação via sufrágio estabelecido a partir de delimitações territoriais.

Referências bibliográficas

CONSTITUTION DU 24 JUIN 1793. *In* http://www.conseil-constitutionnel.fr/conseil-constitutionnel/francais/la-constitution/les-constitutions-de-la-france/constitution-du-24-juin-1793.5084.html [acesso em 21.fev.2014]

63 G. W. F. Hegel, *op. cit.*, §301, anotação.

64 *Idem*, §301, anotação.

65 Archon Fung, *op. cit.*, p. 523.

BLACK, Antony. *Guilds and civil society in European political thought from the twelfth century to the present.* Cambridge: Cornell University Press, 1984.

FUNG, Archon. "Associations and democracy: between theories, hopes, and realities". *Annual Review of Sociology*, n. 29: p. 515-539, 2003, http://www.archonfung.com/docs/articles/2003/FungAnnRevSoc03.pdf [acesso em 21.fev.2014].

HEGEL, G.W.F. "O Estado". Tradução de Marcos Lutz Müller. *Textos didáticos*, n. 32. Campinas: IFCH/UNICAMP, 1998.

___. "A sociedade civil". Tradução de Marcos Lutz Müller. *Textos didáticos*, 2ª edição, n. 21. Campinas: IFCH/UNICAMP, 2000.

HEIMAN, G. "The sources and significance of Hegel's corporate doctrine". In: *Hegel's political philosophy: problems and perspectives.* Organizado por Z.A. Pelczynski, Cambridge: Cambridge University Press, 1976.

ILTING, K.-H. "The dialectic of civil society". In: *The State & Civil Society. Studies in Hegel's Political Philosophy*, p. 211-226. Organizado por Z.A. Pelczynski. New York: Cambridge University Press, 2009.

LÜCHMANN, Lígia Helena Hahn. "Associações, representação e representação: combinações e tensões." *Lua Nova*, São Paulo, 84, p. 141-174, 2011. http://www.scielo.br/pdf/ln/n84/a06n84.pdf [acesso em 21.fev.2014].

MÜLLER, Marcos Lutz. "A gênese conceitual do Estado ético". *Filosofia Política*, nova série, vol. 2. Porto Alegre, L&PM, 1998, p. 9-38.

WALTON, A.S. "Economy, utility and community in Hegel's theory of civil society. In: *The State & Civil Society. Studies in Hegel's Political Philosophy*, p. 244-261. Organizado por Z.A. Pelczynski, New York: Cambridge University Press, 2009.

WILLIAMSON, Peter J. *Varieties of Corporatism. A conceptual discussion*. New York: Cambridge University Press, 2009.

Desobediência civil como luta por reconhecimento: um contraponto às concepções liberais

Thiago Ferrare Pinto[1]

Introdução

Cortar as cabeças da Hidra: segundo Platão,[2] seria essa a única e exígua função das leis do Estado. Com isso se quer dizer que tentar unir o corpo político em vias de desconstituição é uma missão tardia, que somente pode cooperar para o adiamento daquilo que é inexorável, ou seja, o dilaceramento dos vínculos éticos. Tendo ganhado novos contornos no medievo, tal compreensão da função do direito positivo – concepção que marca, de modo geral, o comunitarismo grego – não resiste aos processos de modernização política. De fato, a filosofia política moderna se constrói a partir da pressuposição do desacoplamento do sujeito em relação ao seu contexto social, algo que corresponde, em termos prático-políticos, à sujeição absoluta do corpo ao intelecto.

Estendido sobre a mesa, o corpo se objetifica; objetificado o corpo, esvai-se irrevogavelmente qualquer vestígio de alma enquanto fonte de vida:

---

1 Graduando em Filosofia, UnB; mestrando em Teoria e Filosofia do Direito, UERJ.

2 A *República*. Trad. Maria Helena da Rocha Pereira. Lisboa: Calouste Gulbenkian, 1983, p. 174.

That contrary
Both Elements, and Passions liv'd at peace
In her, who caus'd all Civill warre to cease.
She, after whom, what forme soe're we see,
Is discord, and rude incongruitte,
Shee, shee is dead, she's dead;[3]

A morte da alma do mundo dá a indicação do novo sentido da *ação política*. Não mais se vinculando ao *fazer valer as normas éticas da comunidade*, ela assume a função básica de prover a manutenção e expansão do poder em face da rede ilimitada de interações estratégicas entre os indivíduos isolados.[4] Se é a inclinação à autopreservação que dá sentido à conduta subjetiva, há que se dispor de um meio eficaz à ordenação daquilo que é essencialmente caótico; tal meio é a força.

Pela *força* se alcança o ser humano em sua essência, em sua natureza forjada ao redor de "um sentimento que não se abando-

3 O trecho em inglês tem a seguinte tradução livre:
"[...] mesmo contrárias
Espécies, ou paixões, se conciliavam nela,
Que punha fim a toda e qualquer luta interna.
E, depois dela, toda forma que existe
É só discórdia, incongruência, anomalia.
Ela, ela morreu; é morta."
John Donne, The first anniversary: an anatomy of the world. In: William Shakespeare *et al. Poesia metafísica.* Trad. Aíla de Oliveira Gomes. São Paulo: Companhia das Letras, 1991, p. 60.

4 Axel Honneth, Moral development and social struggle: Hegel's early social-philosophical doctrines, p. 200. In: Axel Honneth *et al* (orgs.). *Cultural-political interventions in the unfinished project of enlightenment*. Cambridge: The Mit Press, 1992, p. 197-217.

na nunca":[5] o receio do castigo ou, na formulação de Hobbes,[6] o medo da morte violenta. Algo deve ser dito, porém, a respeito do expediente técnico de que lança mão o poder político com o objetivo de conferir sentido àquilo que, sem a sua intervenção vertical e determinante, permanece desordenado. Trata-se do *direito*, que aqui se toma em sua roupagem distintamente moderna. Assim compreendido, o fenômeno jurídico assume a forma de um método astucioso de manejar o instrumental político; em outras palavras, os padrões oficiais de conduta são concebidos a partir de sua cisão em relação ao mundo da vida compartilhado. Se é assim, à verticalidade da coação jurídica corresponde o distanciamento abrupto do binômio facticidade-validade: o direito moderno se absolutiza enquanto exigência puramente contrafactual.

O advento da *força jurídica* como expediente ordenador é de grande relevância para a abordagem do problema da desobediência civil. Isso porque a modernização política resultou, a partir do processo acima referido, na transformação do direito no meio último de agregação no seio das sociedades complexas. Como corolário dessa configuração histórica, tem-se que, por meio do direito, o Estado "interioriza a tensão entre a consciência subjetiva dos cidadãos e o espírito objetivo das instituições",[7] o que significa dizer que a crítica do poder passa a dirigir-se primordialmente ao direito posto – e passa também a articular-se na gramática jurídico-positiva. Diante de tal status da ordem jurídica, tem-se que a desobediência civil tende a ganhar a roupagem de desobediência ao direito, de onde se segue que

---

5 Maquiavel. *O príncipe*. Trad. Lívio Xavier. São Paulo: Abril Cultural, 1983, p. 70.

6 Thomas Hobbes. *Leviatã ou matéria, forma e poder de um estado eclesiástico ou civil*. Trad. João Paulo Monteiro e Maria Beatriz Nizza da Silva. São Paulo: Nova Cultural, 1999, p. 109.

7 Jürgen Habermas. *Verdade e justificação*. Trad. Milton Camargo Mota. São Paulo: Loyola, 2004, p. 222.

apreender as possibilidades de emancipação social passa a significar também apreender os potenciais emancipatórios do fenômeno jurídico enquanto conjunto de normas que estruturam a interação social.

Eis onde se localiza o objeto do presente trabalho. Pretende-se analisar os potenciais reativos da desobediência civil a partir de sua compreensão enquanto trajeto de crítica imanente a certa *figura de consciência* historicamente determinada. Na direção de tal formulação, são analisadas as linhas gerais da concepção liberal de desobediência civil, (2), bem como seus pressupostos rotineiramente camuflados (3). O redirecionamento da compreensão da desobediência se faz pelo recurso à estratégia hegeliana de destranscendentalização da racionalidade crítica (4). O passo seguinte se volta à mais diretiva ideia no sentido da reformulação da desobediência civil: o modelo hegeliano da luta por reconhecimento, que aqui se toma na interpretação que lhe é dada por Axel Honneth a partir da assimilação de alguns pontos fundamentais do projeto dialético de Theodor Adorno (5). Trata-se ainda da perspectiva segundo a qual o modelo da luta por reconhecimento pode ser tomado como uma teoria da justiça nos moldes contemporâneos (6), a fim de se opor tal modelo, já a título de conclusão, às premissas atomistas do pensamento político liberal.

O modelo liberal de desobediência civil: luta pela autopreservação

A filosofia social moderna se constrói por oposição a certos ideais da teoria política clássica. Naquilo que mais de perto nos interessa, pode-se dizer que tal oposição toma por objeto duas ideias, ambas formuladas por Aristóteles:[8] em primeiro lugar, trata-se da tese do *zoon politikon*, o ser político cuja autossuficiência somente se alcança na comunidade; em segundo, da ideia correlata segundo a qual a

8 Cf. Aristóteles. *Política*. Trad. Mário da Gama Kury. Brasília: Universidade de Brasília, 1985, p. 15-16.

pólis tem precedência em relação ao indivíduo isolado. Veja-se brevemente o sentido da contraposição moderna a tais ideias.

Articulando dimensões filosófico-políticas de sua física – articulação que se expressa na advertência no sentido de que "o que cada coisa é quando o seu crescimento se completa nós chamamos de natureza de cada coisa"[9] –, Aristóteles põe em relevo a natureza política do ser humano. Daí se segue que o sujeito isolado não se encontra plenamente constituído enquanto está fora da comunidade política: o *impulso à autossuficiência* o leva à interação social. Ao impulso na direção da autossuficiência a teoria social moderna opõe o impulso à autoconservação, de modo que não mais se pode supor a existência de atos voluntários que não estejam voltados ao benefício exclusivo daquele que o pratica.[10] Da universalização desse ideal egoísta de autoconservação se pode extrair o pressuposto liberal que inverte o primeiro dos postulados aristotélicos: a ideia de que, muitos antes de adentrar a comunidade política, o sujeito já se encontra plenamente constituído em suas capacidades prático-cognitivas.

Corolário dessa inversão de premissas é também o abandono da segunda das teses de Aristóteles referidas acima. Se os processos de constituição e autorrealização individuais tomam forma a despeito da inserção comunitária do sujeito, não há mais sentido em se falar de anterioridade da *pólis*. Assim se vê nascer a ideia que constitui o âmago dos projetos liberais mais desenvolvidos: o atomismo ou, na formulação mais difundida, o *individualismo metodológico*. A plenitude do sujeito isolado do mundo passa a ser a fonte de toda normatividade social, não mais se concebendo um poder legítimo que não esteja justificado no foro íntimo de cada um dos indivíduos.

---

9 *Ibidem*, p. 15.

10 Cf. Maquiavel, *op.cit*, p. 70. Aqui se vê a primeira formulação inequívoca de tal ideia.

Até aqui, porém, a exposição transcorreu como se a emergência do paradigma liberal tivesse se dado abruptamente; tal não é verdade. Transformações sociopolíticas de grande envergadura constituem o substrato material dessas novas orientações, o que se torna evidente quando se tem em vista o fato de que as primeiras formulações na direção da teoria política liberal surgem como tentativas de resposta a questões historicamente dadas.[11] Não interessa aqui, porém, fazer sentido das condicionantes históricas do advento de tal vertente filosófico-política; longe disso – e nos limites exíguos do objeto do presente trabalho –, a apreensão do modelo liberal de desobediência civil requer precipuamente a reconstrução das linhas gerais das formulações teóricas em que as ideias da autopreservação e do individualismo de método ganham forma enquanto orientações diretivas na construção das bases fundamentais de um poder político legítimo.

A fim de levar a efeito tal reconstrução, cumpre refazer brevemente o caminho pelo qual, de Maquiavel a Locke, ganham força os pressupostos do modelo liberal de desobediência. Tratando da questão sobre *se é melhor ser temido ou amado*, Maquiavel assim compreende a fonte do ódio do povo em relação ao príncipe:

> Deve, portanto, o príncipe fazer-se temer de maneira que, se não se fizer amado, pelo menos evite o ódio, pois é fácil ser ao

11 De fato, é tão somente à luz da situação instável em que se encontrava a Península Ibérica no início do século xvi que se pode compreender o sentido das diretrizes que Maquiavel dirige ao *príncipe novo*. De forma análoga, o expediente contratual a que Hobbes recorre não se faz compreensível se desprezarmos o momento histórico-político da Inglaterra do século xvii: o estado de natureza hobbesiano pretende ser o produto da abstração de qualquer poder político estável, uma situação que lhe parecia possível – até mesmo iminente, pode-se dizer – em função da guerra civil que dividia o povo inglês. Sobre tais inflexões, ver: Mário Curtis Giordani. *História dos séculos xvi e xvii na Europa*. Petrópolis: Vozes, 2003.

> mesmo tempo temido e não odiado, o que sucederá uma vez que se abstenha de se apoderar dos bens e das mulheres dos seus cidadãos e dos seus súditos, e, mesmo sendo obrigado a derramar o sangue de alguém, poderá fazê-lo quando houver justificativa conveniente e causa manifesta.[12]

Interessa aqui compreender o sentido da ideia de *justificativa conveniente* para o exercício do poder político. Fundamentalmente, assim se apresenta a questão: toda manifestação do poder político deve justificar-se à luz das exigências de manutenção e incremento de poder, de onde resulta que qualquer concessão que se faça aos súditos – à liberdade dos súditos – deve permitir-se interpretar como estratégia para a perpetuação de tal poder. O que daí se segue é que não há margem alguma para a desobediência, uma vez que as eventuais prerrogativas individuais somente são exigíveis quando podem ser somadas ao cálculo direcionado à estabilidade do príncipe.

Nessa medida, e embora tenha antecipado o padrão de atuação política que veio a se hegemonizar no solo moderno, Maquiavel ainda não alcança a plenitude dos pressupostos da desobediência. De fato, é Hobbes quem, avançando a hipótese contratualista, põe na mesa a essência da filosofia liberal: haja vista que todos os atos individuais estão voltados ao benefício de quem os pratica – é dizer, à autopreservação –, é pelo pacto de cada um com cada um dos indivíduos que se forma o poder político legítimo.[13] A superação do estado de natureza, portanto, é a passagem do caos à ordem legítima, ou seja, à ordem cujos mandamentos encontram-se autorizados perante os participantes da comunidade política. Ocorre, porém, que o Leviatã ainda tem algo do príncipe maquiaveliano: no dizer de Hobbes, a *pessoa* constituída no poder pela multidão está autorizada a usar a força e os

12 Maquiavel, *op.cit*, p. 70.

13 Thomas Hobbes, *op.cit*, p. 144.

recursos de todos "da maneira que considerar conveniente",[14] ainda que essa conveniência seja sempre voltada estrategicamente à paz e à defesa comum.

John Locke vê na solução hobbesiana uma espécie de contradição interna. Se a saída do estado de natureza resulta da limitação do direito dos membros da comunidade, como conceber um estado civil em que o poder do governante seja ainda ilimitado?[15] Tal significaria, ao contrário, a perpetuação do estado originário em um novo nível, agora com o desequilíbrio – em favor do Leviatã – quanto à possibilidade de uso da força. Seria essa a razão, ainda na linha argumentativa de Locke, pela qual a afirmação de Hobbes no sentido de que "todo súdito tem liberdade em todas aquelas coisas cujo direito não pode ser transferido por um pacto"[16] permaneceria desprovida de qualquer consequência relevante, já que no trato cotidiano da ação política o soberano agiria conforme lhe é indicado pelas diretrizes voltadas à garantia da ordem social.

A partir desses pressupostos, portanto, Locke dá conteúdo ao contrato constitutivo do estado civil, conteúdo que deriva do direito natural que rege o estado de natureza:

> O "estado de natureza" é regido por um direito natural que se impõe a todos, e com respeito à razão, que é este direito, toda a humanidade aprende que, sendo todos iguais e independentes, ninguém deve lesar o outro em sua vida, sua saúde, sua liberdade ou seus bens.[17]

---

14 *Ibidem*.

15 Cf. John Locke. *Segundo tratado sobre o governo civil e outros escritos: ensaio sobre a origem, os limites e os fins verdadeiros do governo civil*. Trad. Magda Lopes e Marisa Lobo da Costa. Petrópolis: Vozes, 2006, p. 93-4.

16 Thomas Hobbes, *op. cit.*, p. 175.

17 John Locke, *op. cit.*, p. 84.

Se é assim, a atividade do poder político somente é *justa* à medida que se baseia em tais preceitos do direito natural,[18] de onde se retira a completude dos pressupostos do modelo liberal de desobediência. Ligada intrinsecamente à autopreservação, a ação individual "deve estar livre de qualquer poder superior na terra, [...] desconhecendo outra regra além da lei da natureza".[19] Com isso se quer dizer que o ser humano, "incapaz de dispor de sua própria vida, não poderia, por convenção ou por seu próprio consentimento, [...] reconhecer em quem quer que seja um poder arbitrário absoluto para dispor de sua vida quando lhe aprouver".[20] Resta formulada, portanto, a concepção liberal de desobediência civil: diante de uma medida oficial que viole as prerrogativas que lhe são outorgadas pelo direito natural, o indivíduo pode e deve – já que esse é um imperativo proveniente de seu impulso à autoconservação – desobedecer; em outras palavras, deve ele estar sempre disposto a proteger sua liberdade em face das tendências expansivas da comunidade política organizada.

Alcançado este ponto, surge a questão a respeito do sentido da desobediência nas correntes liberais contemporâneas. Ao que parece, porém, nada há que distancie substancialmente tais correntes das formulações dos filósofos já analisados, em especial da formulação de Locke. De fato, o artifício argumentativo do contrato foi recuperado, já a partir da segunda metade do século xx, em termos de *posição original*[21] para a escolha dos princípios organizadores da prática social e em termos de uma relação produtiva entre pactos de *seguro* e de *leilão*.[22] Em ambos os casos, subsiste o núcleo distintivo do projeto

18 Cf. *ibidem*, p. 88.

19 *Ibidem*, p. 95.

20 *Ibidem*.

21 Cf. John Rawls. A *theory of justice*. Cambridge: Cambridge University Press, 1971, p. 17-22.

22 Cf. Ronald Dworkin. *Is democracy possible here?: principles for a new political debate*. Princeton: Princeton University Press, 2008, p. 90-126.

liberal: a desobediência à ordem posta justifica-se enquanto meio de proteção de direitos, ou seja, enquanto estratégia antiutilitarista e contramajoritária. Com isso não se quer dizer, por óbvio, que não haja variações importantes entre esses distintos momentos da cultura filosófica liberal; na verdade, pretende-se apenas realçar o fato de que, ainda que as referências ao direito natural percam peso em favor de projetos que se pretendem mais concretos e menos metafísicos,[23] permanece o foco no exercício da liberdade enquanto reforço e garantia de prerrogativas individuais e invioláveis.

Acessando pressupostos: a fragmentação do sujeito autocrático

O avanço na direção da construção argumentativa de uma concepção alternativa de desobediência civil pressupõe o aprofundamento na análise crítica de um dos pilares do liberalismo político. Já tendo sido referido no tópico anterior, tal pressuposto aparece em sua plenitude na resposta à seguinte questão: o que define o sujeito que, no âmago do projeto liberal, celebra contratos constitutivos do poder legítimo, figura na posição original ou participa do leilão voltado à distribuição justa dos bens sociais? Define-o a *fragmentação*.[24]

Às voltas com sua cega busca pela autopreservação, o sujeito prático só reconhece no mundo aquilo que é produto de sua vontade carente de conteúdo socialmente compartilhado. A instância de validade, portanto, se absolutiza enquanto moralidade subjetivizada: os critérios da crítica legitimadora são supostamente acessíveis a todo e qualquer indivíduo que se proponha a agir racionalmente,[25] de onde se segue que a interação social não *constitui* padrões normativos ob-

23 Cf. John Rawls. Justice as fairness: political not metaphysical. *Philosophy and public affairs*, vol. 1, n. 2, 1985, p. 223-51.

24 Cf. Georg Lukács. "A reificação e a consciência do proletariado". In: *História e consciência de classe: estudos sobre a dialética marxista.* Trad. Rodnei Nascimento. São Paulo: Martins Fontes, 2012, p. 203.

25 Cf. Thomas Hobbes, *op. cit.*, p. 131; John Locke, *op. cit.*, 88.

jetivos, senão que *reproduz* aqueles padrões que foram alcançados pela razão autocrática do sujeito. Ao objeto carente de sentido, portanto, corresponde o sujeito doador de sentido.[26]

Sob o ponto de vista histórico, tal concepção de sujeito deita suas raízes a partir de um entrelaçamento produtivo com o desenvolvimento da ordem capitalista. De fato, o século xix viu surgir um novo padrão de exercício da liberdade, que é justamente aquele que se desenrola na forma de "atos isolados e racionais de troca entre proprietários isolados de mercadorias".[27] Aqui se vê a efetivação histórica do ideário burguês da *propriedade privada* como esfera negativa intangível; mais do que isso, como esfera negativa à qual corresponde o sentido da realização individual na forma de negação absoluta de determinações sociais. Naquilo que mais de perto nos interessa, foi Lukács quem *diagnosticou* a tendência patológica desse modelo liberal de exercício da liberdade:

> De um lado, os homens quebram, dissolvem e abandonam constantemente os elos "naturais", irracionais e "efetivos", mas, por outro e ao mesmo tempo, erguem em torno de si, nessa realidade criada por eles mesmos, "produzida por eles mesmos", uma espécie de segunda natureza, cujo desdobramento se lhes opõe com a mesma regularidade impiedosa que o faziam outrora os poderes naturais irracionais (mais precisamente: as relações sociais que lhes apareciam sob essa forma).[28]

26 Cf. Max Horkheimer, T.W. Adorno, *Dialética do esclarecimento: fragmentos filosóficos*. Trad. Guido Antonio de Almeida. Rio de Janeiro: Jorge Zahar, 1985, p. 25.

27 Georg Lukács, *op. cit.*, p. 209.

28 *Ibidem*, p. 271-72.

A referência à ideia de *segunda natureza*[29] só pode ser compreendida aqui à luz do status subalterno com que a filosofia moderna marcou a natureza: um puro dado cujos aspectos qualitativos são irrelevantes. Nesse sentido, o referido trecho guia-nos à percepção daquilo em que se converteu a versão liberal do ideal moderno de *autodeterminação*. Calcular com a maior antecedência possível a direção da reprodução imediata do mundo social e "adotar uma posição em que esses efeitos ofereçam as melhores oportunidades para seus fins":[30] eis o seu sentido preciso no âmbito da sociedade capitalista.

Quer isso dizer, em resumo, que o grandioso projeto de emancipação pelo esclarecimento – o projeto de superar a *menoridade*[31] a partir da crença no sujeito e em sua capacidade de *orientar-se autonomamente no pensamento*[32] – acabou por converter a capacidade cognitiva do indivíduo em uma espécie de máquina de fazer cálculos; máquina essa que toma por objeto tanto as diretrizes do mundo social quanto os impulsos do sujeito fragmentado. Nesse último sentido, o intelecto dominador orienta o agir racional a se fazer valer diante daquilo que é *intuição*. Assim é que os talentos do sujeito –

---

29 Tal ideia remonta à ética aristotélica, onde designa – entre outras coisas – as normas sociais que de modo quase espontâneo regulam as interações. Como se vê, algo de seu sentido original é preservado no uso de Lukács: ainda que o pensamento moderno não consiga acessá-la em sua necessidade histórica – ainda que a tome, portanto, como *coisa* – a segunda natureza é ainda o espaço da intersubjetividade, da realidade mediada. Sobre o sentido original, cf. Aristóteles, *Ética a Nicômaco*. Trad. Leonel Vallandro e Gerd Bornheim. São Paulo: Abril Cultural, 1973 (Os Pensadores).

30 Georg Lukács, *op. cit.*, p . 274.

31 Cf. Immanuel Kant, "Resposta à pergunta: o que é esclarecimento?" In: *Textos seletos*. Trad. Floriano de Sousa Fernandes. Petrópolis: Vozes, 1985, p. 100-17.

32 Cf. *idem*, "O que significa orientar-se no pensamento?" In: *op. cit.*, p. 70-99.

mas também os seus defeitos –, à medida que são apropriados pelas leis formais da produção mercantil, tornam-se *coisas* que assumem, tais quais as mercadorias comuns, valores positivos ou negativos de acordo com os critérios de reprodução simbólica e material que dão conteúdo à segunda natureza na ordem capitalista. Nesses termos, o sujeito passa a estranhar-se de si mesmo, sofrendo a angústia de ver partes de sua personalidade sendo apropriadas por leis abstratas sobre as quais não tem controle; dito de outro modo, o sujeito fragmentado passa a contemplar-se a si mesmo: "a personalidade torna-se o espectador impotente de tudo o que ocorre com sua própria existência, parcela isolada e integrada a um sistema estranho".[33]

Mais caras ao nosso intento, porém, são as consequências do direcionamento do cálculo ao mundo social. Aqui se torna evidente o limitado alcance crítico do modelo liberal de desobediência. De modo geral, se o ato de desobedecer permanece vinculado às exigências de proteção da liberdade individual, tem-se que sua efetivação se dá na forma do reforço dos limites formais do poder político. Resta oculto, porém, o corolário mais importante de tal modelo: embora por meio dela se busque avançar no caminho da justiça liberal, a desobediência, à medida que está vinculada a pressupostos atomistas, se converte em um modo de reprodução acrítico da segunda natureza que caracteriza as sociedades capitalistas. Com isso se quer dizer que, tal qual se dá com a absolutização da liberdade puramente negativa, a escusa à obediência é aqui algo *inofensivo*, sem qualquer alcance verdadeiramente transformador.

Mas não é só. Aspectos ainda mais relevantes da limitação dos potenciais críticos da concepção liberal de desobediência podem ser acessados a partir do acionamento de outra perspectiva. Trata-se de vê-la como atrelada intrinsecamente aos desdobramentos mais gerais

33 Georg Lukács, *op. cit.*, p. 205.

da ideia kantiana de *coisa em si*;[34] ideia que, na terminologia do autor, guarda referência a um âmbito a respeito do qual se pode tão somente pensar, mas não propriamente conhecer. Fundamental é perceber que a racionalidade que se limita à dimensão subjetiva da experiência deixa para fora de si, conforme já referido, o mundo como puro caos. A consequência prático-política dessa inflexão metodológica é clara: "sob o título de fatos brutos, a injustiça social [...] é sacramentada como algo eternamente intangível".[35] Assim compreendida, a injustiça não pode ser superada; ela é um dado inexorável de cujas consequências os indivíduos tentam isoladamente se esquivar.

Uma concepção alternativa da desobediência civil deve, portanto, abandonar esses pressupostos em favor de outro sentido de *crítica*. Trata-se de articular, no dizer de Descartes,[36] um novo ponto arquimediano que – não mais estando restrito ao sujeito autocrático – nos permita fincar com mais profundidade a alavanca da crítica transformadora. Tal ponto, na linha argumentativa aqui proposta, se alcança com Hegel.

De Hobbes a Hegel: no caminho da (re)politização da vida social

À luz das premissas atomistas do pensamento liberal, tem-se que o caráter irracional do mundo justifica o fato de que o principal desafio de tal corrente teórica consiste na explicação da natureza e alcance do meio pelo qual se dá a passagem de um estado desorganizado – ou potencialmente desorganizado, como em Locke[37] – de coexistência social para um estado civil com poder político formalmente estruturado. Acontece, porém, que Hegel abandona essas pre-

34 Cf. Immanuel Kant. *Crítica da razão pura*. Trad. Valerio Rohden e Udo Baldur Moosburger. São Paulo: Nova Cultural, 1999, p. 43.

35 Max Horkheimer, T.W. Adorno, *op. cit.*, p. 40.

36 Cf. René Descartes. *Meditações sobre filosofia primeira*. Trad. Fausto Castilho. São Paulo: Unicamp, 2004, p. 43.

37 Cf. John Locke, *op.cit.*, p. 84.

missas, e o faz em favor de um novo ponto de partida: a *consciência natural*.[38] Designando o conjunto das normas que espontaneamente regulam as relações interpessoais, tal ideia muda a direção do desafio a ser enfrentado pelo sistema hegeliano, afastando-o da necessidade do recurso às figuras externas e transcendentes que caracterizam as teorias do contrato.

De fato, se as estruturas normativas que regulam a interação social funcionam como pressuposto da destranscendentalização da racionalidade crítica, é preciso pensar o modo pelo qual formas mais rudimentares de interação evoluem na direção de formas mais complexas; em outras palavras, é preciso pensar a operação da crítica enquanto processo imanente. Diante desse desafio, ganha relevo a dimensão propriamente teórica do projeto de Hegel, em especial seu conceito de *experiência*.

Na forma como foi exposto na "Introdução" à *Fenomenologia do Espírito*, tal conceito pode ser compreendido como uma tentativa de superar as consequências deletérias do idealismo subjetivo de Kant. Nesse sentido, o ponto fundamental da oposição de Hegel diz respeito ao *abismo instransponível* que, nos marcos do idealismo subjetivo, estrutura as relações entre facticidade e validade:

> a objetividade kantiana é apenas subjetiva, enquanto os pensamentos, segundo Kant, – embora sejam determinações universais e necessárias – são contudo *somente nossos* pensamentos, e diferentes do que a coisa é *em si*.[39]

Posto isso, faz-se possível compreender a concepção hegeliana de experiência como uma exigência de apreensão da figura de

---

38 Cf. G. W. F. Hegel, *Fenomenologia do espírito*. Trad. Paulo Meneses. Petrópolis: Vozes, 2012, p. 74.

39 *Ibidem*, *Enciclopédia das ciências filosóficas em compêndio*. Trad. Paulo Meneses. São Paulo: Loyola, 1995, p. 110.

consciência historicamente determinada tal como ela se apresenta *em si e para si*.[40]

Corolário dessa inversão de pressupostos é o fato de que Hegel retira do sujeito autocrático a plenitude da estrutura da racionalidade crítica, lançando-a no mundo; tal movimento – que representa a base fundante de sua concepção de critica – tem como ponto de partida a referida ideia de consciência natural, enquanto por esta se compreende o emaranhado entre realidade e racionalidade, o *sistema do em-si pensado*.[41] É com base nessa noção que Hegel pretende superar as cisões operadas no terreno da filosofia moderna, levando adiante o exercício genuíno da dialética do esclarecimento. A ser reconhecido e superado, portanto, encontra-se o fato de que na filosofia critica pré-hegeliana o padrão de validação do conhecimento guarda uma incomensurável externalidade em relação ao próprio conhecimento, de onde resulta que o objeto ao qual tal padrão se dirige – na terminologia de Hegel, o saber fenomenal – não deve necessariamente reconhecê-lo enquanto padrão;[42] em outros termos, o em-si da consciência, compreendido como mundo da vida compartilhado, não se vincula de modo necessário à critérios de validade que não prestem honra à estrutura consciente da realidade, à facticidade.

A dar maior consistência à sua concepção de racionalidade crítica, o projeto hegeliano conta ainda com um expediente por meio do qual a *historicidade* passa a ser concebida como um elemento constitutivo da experiência: trata-se da figura do *nós*. No dizer de Hegel, a filosofia deve abandonar a pretensão ingênua de "aprender

40 Cf. *ibidem*, *Fenomenologia do espírito*, *op. cit.*, p. 79.

41 Cf. *ibidem*, *Enciclopédia das ciências filosóficas em compêndio*, *op. cit.*, p. 110.

42 Cf. *ibidem*, *Fenomenologia do espírito*, *op. cit.*, p. 79.

a nadar sem entrar na água",[43] o que significa dizer que à pretensão de neutralidade axiológica deve sobrepor-se uma perspectiva que, não sendo externa à interação sujeito-objeto, permita a visualização da nova figura de consciência não como algo causal e extrínseco, mas sim como produto da *negação determinada* daquilo que a antecede. Ao *nós*, portanto, faz-se evidente a história de formação do em-si da consciência; história que, segundo Hegel,[44] transcorre por trás das costas da consciência, visto que esta permanece envolvida no desespero da experiência da perda de sua verdade.

Posto isso – e retomando o fim do item anterior –, dá-se que a compreensão da injustiça social como um dado imutável não resiste à investida hegeliana no sentido da reformulação da estrutura autocrítica da consciência: "esse fetiche desfaz-se diante da intelecção de que as coisas não simplesmente são assim e não de outra forma, mas de que elas vieram a ser sob certas condições".[45] Uma questão importante permanece, porém, sem resposta. Tomando de empréstimo a terminologia de Hegel, Lukács assim a formula:

> No momento em que o conhecimento readquirido, o "verdadeiro", como o descreve Hegel na *Fenomenologia*, torna-se "aquele delírio báquico no qual nenhum membro escapa à embriaguez", onde a razão parece ter levantado o véu do santuário de Zeus para descobrir a si mesma – segundo a alegoria de Novalis – como desvelamento do enigma, levanta-se novamente, mas agora de maneira totalmente

43 *Ibidem*, *Enciclopédia das ciências filosóficas em compêndio*, *op. cit.*, p. 109.

44 Cf. *ibidem*, *Fenomenologia do espírito*, *op. cit.*, p. 81.

45 Cf. T.W. Adorno, *Dialética negativa*. Trad. Marco Antonio Casanova. Rio de Janeiro: Zahar, 2009, p. 52.

> concreta, a questão decisiva desse pensamento: *a questão do sujeito da ação, da gênese.*[46]

Afastando-nos da identidade entre sujeito e objeto a que Lukács chega como solução dessa questão,[47] interessa investigar o substrato material da experiência, é dizer, a fonte mais profunda do impulso crítico que aponta na direção de figuras de consciência mais complexas e estruturadas.

O impulso à luta como tensão inerente à vida compartilhada: sofrimento e liberdade

Na realização de tal investigação, toma-se como ponto de partida uma ideia muito cara às formulações mais transformadoras da dialética materialista: a história real, dizem Adorno e Horkheimer,[48] constrói-se a partir do sofrimento real. Na hipótese interpretativa que aqui se sustenta, a leitura da filosofia prática hegeliana proposta por Axel Honneth deve muito às intuições que, na esteira da ideia acima referida, foram desenvolvidas por Adorno no contexto de uma filosofia crítica que "mantém-se viva porque se perdeu o instante de sua realização".[49] Tão somente sob esse pano de fundo, ao que nos parece, se pode alcançar o sentido da ação social transformadora cujas raízes remontam, conforme se passa a ver, à relação intrínseca entre a injustiça social experimentada como sofrimento e a liberdade concebida como superação imanente dessa injustiça.

---

46 Cf. Georg Lukács, *op. cit.*, p. 302.

47 De fato, o autor relaciona o *nós* hegeliano ao ponto de vista do proletariado, asseverando que "o autoconhecimento do proletariado é, ao mesmo tempo, o conhecimento objetivo da essência da sociedade", cf. Georg Lukács, *op. cit.*, p. 308-09.

48 Cf. Max Horkheimer, T.W. Adorno, *op. cit.*, p. 50.

49 T.W. Adorno, *op. cit.*, p. 11.

No item anterior deixou-se claro a inversão de perspectiva levada a efeito pelo projeto hegeliano: descentrado o sujeito que a filosofia crítica até então concebia como o exclusivo doador de sentido ao mundo, pode-se compreender a atual figura de consciência como produto do devir histórico. Uma filosofia política que se pretenda materialista, porém, não pode contentar-se com tal ideia. De fato, até aqui nada se disse em favor de uma interpretação que impeça a progressão do espírito de caminhar no sentido de um idealismo mistificante.[50] É nesse ponto que se faz relevante o recurso a Adorno: dando vazão ao elemento libertador que orienta Nietzsche – elemento que remonta à compreensão nietzscheana do *conceito como igualação do não-igual*[51] –, o autor assevera a necessidade de se deslocar o *caráter impositivo da realidade* para fora da região do espírito e do sujeito.[52] As consequências desse direcionamento são tão complexas quanto transformadoras.

Antes do mais, entre elas se inclui o despertar de nossa atenção para o fato de que "a imediatidade possui uma história interna":[53] o mundo das relações sociais possui uma história que é aquela do processo pelo qual, através da mediação do conceito, certos indivíduos foram incluídos e outros excluídos; outros, ainda, não eram incluídos e mais tarde o foram. A esse modelo de *realismo moral*[54] deve ser somada a percepção das condições intersubjetivas da integridade psíquica do sujeito descentrado. Recorrendo a Hegel, Honneth lem-

50 Para Lukács, esse seria o destino da filosofia de Hegel: "o *nós* que chega a encontrar é, como se sabe, o espírito do mundo, ou antes, suas figuras concretas, o espírito de cada povo" (Georg Lukács, *op. cit.*, p. 303).

51 Cf. F. W. Nietzsche. *Sobre verdade e mentira*. Trad. Fernando de Moraes Barros. São Paulo: Hedra, 2007, p. 34.

52 Cf. T.W. Adorno. *op. cit.*, p. 17.

53 *Ibidem*, p. 52.

54 Cf. Jürgen Habermas. *op. cit.*, p. 310.

bra que "a formação do Eu prático está ligada à pressuposição do reconhecimento recíproco entre dois sujeitos",[55] de onde resulta que

> só quando dois sujeitos se veem confirmados em sua autonomia por seu respectivo defrontante eles podem chegar de maneira complementária a uma compreensão de si mesmos como um Eu autonomamente agente e individuado.[56]

Assim dispostas essas duas ideias, percebe-se a força da formulação de Adorno e Horkheimer com que se iniciou o presente tópico: a ausência de reconhecimento perante a instância universal do conceito, à medida que representa um impedimento à plena constituição da individualidade do sujeito, não é experimentada como mera insatisfação de um interesse contingente; antes, o sujeito a percebe na forma de *sentimentos de perda de seu próprio valor*,[57] ou seja, na forma de *sofrimento*.

Dito sofrimento, dada a pressuposição da formação intersubjetiva da subjetividade, adquire um papel central enquanto impulso à crítica. Tal ponto, porém, não pode ser compreendido sem uma rápida digressão. Segundo Nietzsche, "apenas por que o homem se esquece enquanto sujeito e, com efeito, enquanto sujeito *artisticamente criador*, ele vive com certa tranquilidade, com alguma segurança e consequência".[58] De fato, vimos que é pela sobreposição do cálculo racional aos impulsos individuais mais genuínos que o sujeito da filosofia liberal dispõe-se a adentrar o estado político. Diante disso, é preciso asseverar que a apreensão dos potenciais emancipatórios do sofrimento passa necessariamente pela reabilitação da estrutura pul-

---

55 Axel Honneth. *Luta por reconhecimento: a gramática moral dos conflitos sociais*. Trad. Luiz Repa. São Paulo: Editora 34, 2003, p. 119.

56 *Ibidem*, p. 120.

57 Cf. *Ibidem*, p. 263.

58 F. W. Nietzsche. *op. cit.*, p. 40.

sional e intuitiva do sujeito: "na coisa, o potencial de suas qualidades espera pelo sujeito qualitativo, não por seu resíduo transcendental, ainda que o sujeito só se fortaleça para tanto por meio da limitação própria à divisão do trabalho".[59]

Assim posta a questão, o modelo hegeliano de luta por reconhecimento assume a forma de uma teoria social de teor normativo,[60] já que a interação entre indivíduos incorpora o potencial moral que tende a expressar-se como exigência de confirmação social de pretensões de autonomia e individuação. Daqui emerge um sentido transformado de *liberdade*. Antes compreendida como negação absoluta das determinações sociais, ela agora consiste na determinação do sujeito a partir de um conteúdo que não lhe é estranho,[61] ou seja, um conteúdo cuja mediação lhe é indispensável enquanto requisito para a constituição saudável de sua personalidade. Na leitura materialista que Honneth faz de Hegel, esse modelo de liberdade assume a forma da *resistência*.[62]

Resistir é lutar por reconhecimento,[63] é buscar para o sentimento de injustiça um modo de expressão. Nesse ponto, é novamente Adorno quem torna evidente a amplitude da contraposição que tal

---

59 T.W. Adorno. *op. cit.*, p. 45.

60 Cf. Axel Honneth. *op. cit.*, p. 119. O Autor também encontra tal modelo de teoria social nos escritos sociológicos de Adorno, cf. *idem*, *Pathologies of reason: on the legacy of critical theory*. Trad. James Ingram e outros. Nova Iorque: Columbia University Press, 2009, p. 54-70.

61 Cf. G. W. F. Hegel. *Enciclopédia das ciências filosóficas em compêndio*, *op. cit.*, p. 106.

62 Cf. Axel Honneth. *Luta por reconhecimento*, *op. cit.*, p. 253-68.

63 Cf. Bert van den Brink. "Damaged life: power and recognition in Adorno's ethics". In: Bert van den Brink, David Owen (orgs.). *Recognition and power: Axel Honneth and the tradition of critical social theory*. Cambridge: Cambridge University Press, p. 79-99.

concepção de liberdade representa em face da ação inofensiva que marca a liberdade negativa:

> Em contraposição aos fantasmas da profundidade que, na história do espírito, sempre se deram muito bem com aquilo que existe, muito trivial para eles, a resistência seria a verdadeira medida da profundidade. O poder do existente erige as fachadas contra as quais se debate a consciência. Essa deve ousar atravessá-las. Somente isso arrancaria o postulado da profundidade à ideologia. O momento especulativo sobrevive em tal resistência: aquilo que não deixa sua lei ser prescrita pelos fatos dados, transcende-os ainda no contato mais estreito com os objetos e na recusa à transcendência sacrossanta. Lá onde o pensamento se projeta para além daquilo a que, resistindo, ele está ligado, acha-se a sua liberdade. Essa segue o ímpeto expressivo do sujeito. A necessidade de dar voz ao sofrimento é condição de toda verdade.[64]

Nesse trajeto que vai do sofrimento à liberdade através do impulso ao reconhecimento também a desobediência assume um novo sentido. Na linha do conceito reformulado de liberdade, desobedecer às normas estruturantes da figura universal – às normas jurídicas, via de regra – converte-se em meio de exposição daquilo que, à luz dessa figura, permanece como não-igual. A história coagulada[65] nas interações sociais mediadas pelo *conceito inevitavelmente inacabado* pode agora ser expressa, já que o sujeito concreto – aquele que, tal qual o sujeito do *juízo reflexionante* de Kant,[66] sente prazer e des-

64 Cf. T.W. Adorno. *op. cit.*, p. 23-4.

65 Cf. *ibidem*, p. 52.

66 Cf. Immanuel Kant. "Primeira introdução à Crítica do Juízo". Trad. Rubens Rodrigues Torres Filho. In: Immanuel Kant, *Crítica da razão*

prazer em face dos estímulos que recebe do mundo – é capaz de engendrar a experiência da transcendência imanente.[67] Dar voz ao sofrimento: eis, portanto, o sentido preciso da desobediência civil enquanto luta por reconhecimento.

Superando oposições: sobre o sentido do contraponto

Uma leitura apressada do argumento aqui desenvolvido pode dar origem à ilusão de que o modelo de desobediência que se buscou fundamentar consiste em uma *simples alternativa* àquele de proveniência liberal. Tal não é verdade. De fato, não é na forma do simples abandono que se faz a passagem de uma concepção à outra; longe disso, o modelo da luta pretende ser uma superação imanente – uma superação pela assimilação crítica – das patologias em que recaem as correntes liberais. Veja-se o sentido dessa relação.

Muito já se falou sobre a estratégia de que se vale a grande parte dos teóricos liberais quando diante do desafio de fundamentar os princípios da ordem social legítima: o recurso à transcendência é a alternativa única para quem opera com o pressuposto da cisão abstrata entre objetividade e subjetividade. Desse modo, a instância de validade permanece desacoplada de qualquer contexto fático-normativo, daí resultando que a aferição da justiça das configurações de vida se faz pela subsunção desse substrato a *princípios colhidos dalhures*.[68] O sentido do modelo de desobediência que se concebe a partir desse pano de fundo já foi reiterado à exaustão: a negativa de

---

pura e outros textos filosóficos. São Paulo: Abril Cultural, 1974 (Os Pensadores), p. 270-73.

67 Sobre o sentido da ideia de *transcendência imanente* para a teoria crítica, cf. Nancy Fraser, Axel Honneth. *Redistribution or recognition?: a political-philosophical exchange*. Trad. Joel Dolb, James Ingram e Christiane Wilke. Londres: Verso, 2003, p. 238-247.

68 Cf. G. W. F. Hegel, *Princípios da filosofia do direito*. Trad. Orlando Vitorino. São Paulo: Martins Fontes, 1997, p. 33.

cumprimento das normas sociais se justifica como reprodução de tais princípios abstratos e, nessa medida, resulta na reposição acrítica das estruturas injustas da interação social.

O ponto a ser aqui considerado diz respeito à necessidade de se ter em vista que, na forma como tem sido recuperado por Honneth,[69] o modelo hegeliano da luta por reconhecimento incorpora a essência principiológica da justiça liberal, embora o faça a partir de uma articulação intrínseca entre tais princípios e o contexto ético compartilhado do qual eles supostamente derivam. Assim é que, partindo da asserção de Hegel segundo a qual "o sistema do direito é o reino da liberdade efetivada",[70] Honneth quer ver na *Filosofia do Direito* "o núcleo de uma teoria da justiça que visa à garantia universal das condições intersubjetivas de auto-realização individual".[71]

É preciso ter em mente, porém, que a aproximação proposta por Honneth não se justifica de modo casuístico; o autor pretende, na verdade, que a incorporação da contrafactualidade que distingue a teoria liberal seja um imperativo resultante de necessidades intrínsecas ao próprio modelo filosófico-político pensado por Hegel.[72] Eis como se encontra expressa a fonte última de tais necessidades:

---

69 É importante que se tenha em vista as relativizações que orientam a reatualização do projeto hegeliano proposta por Honneth: sob condições teóricas e normativas do presente, diz o autor, "nem o conceito de Estado de Hegel, nem seu conceito ontológico de espírito me parecem hoje passíveis de serem de algum modo reabilitados" (Axel Honneth. *Sofrimento de indeterminação: uma reatualização da* Filosofia do Direito *de Hegel.* Trad. Rúrion Soares Melo. São Paulo: Esfera Pública, 2007, p. 50-1).

70 G. W. F. Hegel. *Princípios da filosofia do direito, op. cit.*, p. 12.

71 Axel Honneth. *Sofrimento de indeterminação, op. cit.*, p. 57.

72 Cf. *idem*, "Uma patologia social da razão: sobre o legado intelectual da teoria crítica". In: Fred Rush (org.). *Teoria crítica.* Trad. Beatriz Katinsky e Regina Andrés Rebollo. São Paulo: Ideias & Letras, 2008, p. 398-400.

> *Every reconstructive procedure of social criticism faces the problem that it cannot really justify what makes the ideals from its own culture chosen to be a reference point normatively defensible or desirable in the first place. That is, the moral principles that are contingently available in the value horizon of a given society initially lack any guarantee that they are in a certain way valid for its members.*[73]

Com isso se indica que é da exigência de superação do caráter contingente da crítica social que deriva a urgência da aproximação em relação aos postulados básicos das teorias da justiça de viés liberal. Em outras palavras, a localização histórica e social da crítica deve atrelar-se ao postulado de uma *direção evolutiva* da sociedade, já que só assim os impulsos reconstrutivos da ordem universal podem ser compreendidos em sua unidade. Nesse sentido, àquilo que o liberalismo político costuma chamar de princípios de justiça dá-se o nome, no contexto da proposta de Honneth, de *conceito de racionalização social*.[74] É por esse meio que se torna presente um critério normativo que, tomando a forma da "antecipação hipotética de um estado último aproximado",[75] permite a distinção entre os caminhos de progresso e regresso no sentido da emancipação social. Mais do que isso, é também a partir daí que se torna possível perceber aqueles horizontes subculturais de interpretação – ou seja, aquelas gramá-

---

73 "Todo procedimento reconstrutivo de crítica social enfrenta o problema de não poder efetivamente justificar o que faz com que os ideais de sua própria cultura escolhidos como ponto de referência sejam, em primeiro lugar, normativamente defensáveis e desejáveis. Ou seja, os princípios morais disponíveis no horizonte valorativo de uma dada sociedade inicialmente carecem de qualquer garantia de que sejam de certo modo válidos para seus membros." Cf. *idem*, *Pathologies of social reason*, *op. cit.*, p. 50.

74 Cf. *ibidem*, p. 50-51.

75 *Idem*, *Luta por reconhecimento*, *op. cit.*, p. 266.

ticas que resultam da tentativa de se dar à fala os sentimentos mais profundos de desrespeito – como *encarnações da razão social*.[76]

Posto isso, se torna evidente o modo como a desobediência – cuja origem, no modelo aqui desenvolvido, remonta à necessidade de constituição saudável da personalidade do sujeito – também se justifica enquanto realização de princípios de justiça. Esses princípios, porém, não se sustentam em uma ligação extrínseca e casual com o mundo dos fatos: é do contexto ético – ou seja, do terreno das interações sociais marcadas por impulsos morais direcionados ao reconhecimento – que advém seu sentido e conteúdo.

Conclusão

Na esteira dos pressupostos da filosofia social moderna, o modelo tradicional de desobediência civil toma a forma de negação radical da ordem posta. Compreendida nesses termos, a escusa à obediência efetiva-se como reafirmação das bases legitimadoras do Estado liberal: se o poder oficial se sustenta no respeito aos direitos individuais, é tão somente a incursão indevida na esfera desses direitos que justifica a desobediência. A noção hegeliana de luta por reconhecimento ganha relevância na tentativa de superação imanente de tal modelo. À medida que implica o abandono de certas premissas do pensamento liberal, a reconstrução dessa noção em termos de uma concepção transformada de desobediência civil exige a elucidação do caminho que leva a um novo sentido de crítica. A título de conclusão, retome-se as linhas gerais desse trajeto argumentativo.

A compreensão da liberdade a partir da exigência de autopreservação implica a redução da ação humana ao simples comportamento adaptativo. Diante do caos incontrolável do mundo social, o padrão estratégico de comportamento se absolutiza, de modo que é pelo cálculo sobre os seus próprios interesses que o sujeito adentra

76 Cf. *idem*, *Pathologies of social reason*, *op. cit.*, p. 50.

a comunidade política e é também pelo cálculo voltado à dominação que o Estado regula o convívio social. À medida que dá forma à interação prática de cada um dos indivíduos com o conjunto das normas sociais, a razão voltada a fins revela a essência de sua patologia: o exercício da liberdade é convertido em reprodução acrítica da segunda natureza capitalista, de onde resulta que as injustiças sociais não podem ser acessadas em sua necessidade histórica.

Ciente dessas consequências do atomismo, Hegel articulou um novo ponto de partida para sua filosofia prática. Assim é que o recurso à ideia de consciência natural permite acessar a estrutura da atual figura da consciência como produto do devir histórico, é dizer, como produto de uma sucessão de negações determinadas. Nesses termos, o mundo social não mais se deixa compreender como puro caos a ser dominado a partir de fora; ao contrário, a estrutura consciente da realidade exige critérios de validade que, nos marcos da razão destranscendentalizada, superem o abismo que até então mantinha dispersos os elementos da facticidade e da validade. Daí se segue uma concepção peculiar de crítica.

Em sua dimensão prático-política, tal concepção implica o abandono da tarefa a que se dedicou a vertente mais clássica da filosofia liberal: se o pressuposto da crítica é o emaranhado entre conceito e realidade, não há mais sentido no recurso a figuras transcendentes para explicação da passagem do estado natural ao estado político. Longe disso, é preciso pensar a evolução da estrutura normativa do mundo na direção de formas mais inclusivas de interação social. Se é assim, surge logo a pergunta sobre o substrato da experiência, ou seja, sobre a fonte mais profunda dos impulsos à crítica. Nesse ponto, há que se ter em vista a necessidade de reabilitação da estrutura pulsional do sujeito. De fato, é só assim que se faz compreensível a ideia segundo a qual a crítica da injustiça social é engendrada a partir do sofrimento que tal injustiça gera no sujeito. O modelo transformado de desobediência, portanto, concebe a escusa ao cumprimento das ordens oficiais não mais como um ato puramente negativo, mas como postura reconstrutiva perante aquilo que é historicamente dado: enquanto luta por reconhecimento, a desobediência civil é meio de se dar voz ao sofrimento.

Por fim, note-se que a concepção de desobediência aqui desenvolvida não pretende ser uma simples alternativa àquela de origem liberal. A estrutura principiológica das formulações liberais tem espaço no novo modelo, embora haja aqui uma profunda alteração no fundamento de tal estrutura. De fato, se é verdade que as exigências de reconhecimento em muito se assemelham aos princípios de justiça característicos da vertente liberal, também o é que a fonte de normatividade dos dois modelos em nada se confunde: a confirmação intersubjetiva das pretensões de autonomia é concebida como pressuposto para a individuação do sujeito, de onde se segue que é a tensão inerente à vida social que aponta no sentido do cumprimento das exigências de reconhecimento.

Referências bibliográficas

ADORNO, T.W. *Dialética negativa*. Trad. Marco Antonio Casanova. Rio de Janeiro: Zahar, 2009.

ARISTÓTELES. *Ética a Nicômaco*. Trad. Leonel Vallabdro e Gerd Bornheim. São Paulo: Abril Cultural, 1973 (Os Pensadores).

___. *Política*. Trad. Mário da Gama Kury. Brasília: Universidade de Brasília, 1985.

BRINK, Bert van den. "Damaged life: power and recognition in Adorno's ethics". In: ___.; owen, David (orgs.). *Recognition and* power: Axel Honneth and the tradition of critical social theory. Cambridge: Cambridge University Press, p. 79-99.

DESCARTES, René. *Meditações sobre filosofia primeira*. Trad. Fausto Castilho. São Paulo: Unicamp, 2004.

DONNE, John. "The first anniversary: an anatomy of the world". In: Shakespeare, William *et al*. *Poesia metafísica*. Trad. Aíla de Oliveira Gomes. São Paulo: Companhia das Letras, 1991, p. 50-61.

DWORKIN, Ronald. *Is democracy possible here?: principles for a new political debate*. Princeton: Princeton University Press, 2008.

FRASER, Nancy; honneth, Axel. Redistribution or Recognition?: a political-philosophical exchange. Trad. Joel Dolb, James Ingram e Christiane Wilke. Londres: Verso, 2003.

GIORDANI, Mário Curtis. *História dos séculos XVI e XVII na Europa*. Petrópolis: Vozes, 2003.

HABERMAS, Jürgen. *Verdade e justificação*. Trad. Milton Camargo Mota. São Paulo: Loyola, 2004.

HEGEL, G. W. F. *Enciclopédia das ciências filosóficas em compêndio*. Trad. Paulo Meneses. São Paulo: Loyola, 1995.

___. *Fenomenologia do espírito*. Trad. Paulo Meneses. Petrópolis, RJ: Vozes, 2012.

___. *Princípios da filosofia do direito*. Trad. Orlando Vitorino. São Paulo: Martins Fontes, 1997.

HOBBES, Thomas. *Leviatã ou matéria, forma e poder de um Estado eclesiástico ou civil*. Trad. João Paulo Monteiro e Maria Beatriz Nizza da Silva. São Paulo: Nova Cultural, 1999.

HONNETH, Axel. *Luta por reconhecimento: a gramática moral dos conflitos sociais*. Trad. Luiz Repa. São Paulo: Editora 34, 2003.

___. "Moral development and social struggle: Hegel's early social-philosophical doctrines". In: ___. *et al* (orgs.). *Cultural-political interventions in the unfinished project of enlightenment*. Cambridge: The Mit Press, 1992, p. 197-217.

___. *Pathologies of social reason: on the legacy of critical theory*. Trad. James Ingram e outros. Nova Iorque: Columbia University Press, 2009.

___. *Sofrimento de indeterminação: uma reatualização da* Filosofia do Direito *de Hegel*. Trad. Rúrion Soares Melo. São Paulo: Esfera Pública, 2007.

___. "Uma patologia social da razão: sobre o legado intelectual da teoria crítica". In: rush, Fred (org.). *Teoria crítica*. Trad. Beatriz

Katinsky e Regina Andrés Rebollo. São Paulo: Ideias & Letras, 2008, p. 389-415.

HORKHEIMER, Max; ADORNO, T.W. *Dialética do esclarecimento: fragmentos filosóficos*. Trad. Guido Antonio de Almeida. Rio de Janeiro: Jorge Zahar, 1985.

KANT, Immanuel. *Crítica da razão pura*. Trad. Valerio Rohden e Udo Baldur Moosburger. São Paulo: Nova Cultural, 1999.

___. "O que significa orientar-se no pensamento?" In: *Textos seletos*. Trad. Floriano de Sousa Fernandes. Petrópolis: Vozes, 1985, p. 70-99.

___. "Primeira introdução à Crítica do Juízo". Trad. Rubens Rodrigues Torres Filho. In: ___. *Crítica da razão pura e outros textos filosóficos*. São Paulo: Abril Cultural, 1974 (Os Pensadores), p. 257-97.

___. "Resposta à pergunta: o que é esclarecimento?" In: *Textos seletos*. Trad. Floriano de Sousa Fernandes. Petrópolis: Vozes, 1985, p. 100-17.

LOCKE, John. *Segundo tratado sobre o governo civil e outros escritos: ensaio sobre a origem, os limites e os fins verdadeiros do governo civil*. Trad. Magda Lopes e Marisa Lobo da Costa. Petrópolis: Vozes, 2006.

LUKÁCS, Georg. "A reificação e a consciência do proletariado". In: *História e consciência de classe: estudos sobre a dialética marxista*. Trad. Rodnei Nascimento. São Paulo: Martins fontes, 2012, p. 193-412.

MAQUIAVEL, Nicolau. *O príncipe*. Trad. Lívio Xavier. São Paulo: Abril Cultural, 1983 (Os Pensadores).

NIETZSCHE, F.W. *Sobre verdade e mentira*. Trad. Fernando de Moraes Barros. São Paulo: Hedra, 2007.

PLATÃO. *A república*. Trad. Maria Helena da Rocha Pereira. Lisboa: Calouste Gulbenkian, 1983.

RAWLS, John. A *theory of justice*. Cambridge: Cambridge University Press, 1971.

___. "Justice as fairness: political not metaphysical". *Philosophy and public affairs*, vol. 1, n. 2, 1985, p. 223-51.

Do discurso à conversação moral: Seyla Benhabib e a reformulação interativa da ética do discurso

Ana Claudia Lopes Silveira[1]

A proposta do universalismo interativo: o debate com comunitaristas, feministas e pós-modernos

Em *Situating the Self*,[2] Seyla Benhabib propõe o "universalismo interativo" como uma teoria moral que se pretende universalista, ao mesmo tempo em que não abdica da referência aos problemas da motivação e do contexto. Este tipo de proposta parece, à época, ser um lugar comum das discussões da chamada teoria crítica de terceira e quarta geração,[3] mas os termos e os modelos resultantes estão em

1 Mestranda em Filosofia pela Universidade Estadual de Campinas e bolsista da Fundação de Amparo à Pesquisa do Estado de São Paulo (FAPESP), processo no. 2013/15036-0.

2 Seyla Benhabib. *Situating the Self: Gender, Community and Post-modernism in Contemporary Ethics*. Nova York: Routlege, 1992 (os trechos citados são tradução nossa, preservando-se a paginação da publicação original nas chamadas das citações).

3 Como exemplo de diferentes propostas dentro dessa discussão, além dos trabalhos de Jürgen Habermas, ver Axel Honneth. *Luta por reconhecimento: a gramática moral dos conflitos sociais*. Trad. de Luiz Repa. São Paulo: Ed. 34, 2003 (publicado originalmente em 1992); Rainer Forst. *Contextos da justiça: filosofia política para além de liberalismo e comunitarismo*. Trad. de Denilson Luis Werle. São Paulo:

disputa ainda hoje. No que concerne ao trabalho de Benhabib, o que chamamos, no título de nosso artigo, de "reformulação interativa" refere-se, em uma palavra, ao esforço da autora para reabilitar o universalismo em um contexto contemporâneo e, como ela mesma denomina, pós-metafísico. Com o "universalismo interativo", Benhabib trava uma reformulação na ética do discurso que ainda está para ser avaliada. Embora o próprio Habermas tenha abdicado de suas discussões no quadro da ética do discurso, a autora a considera um solo frutífero para pensar filosoficamente a política, a moral e a ética.[4] A ética do discurso é pensada por ela justamente a partir de um universalismo que se pretende sensível a processos políticos e morais concretos, às diferenças, e às narrativas pessoais dos agentes.

Contudo, em nosso tempo, marcado por mobilizações e lutas políticas e sociais de diversas e diferentes frentes, um trabalho que ostente o pesado termo "universalismo" pode parecer um tanto deslocado — ou pretensioso demais. Não foi há pouco que iniciamos um esforço de definitivamente desmascarar pretensões universalistas, imediatamente identificáveis com pretensões imperialistas, opressoras e conservadoras do *status quo*? Não se adequaria o universalismo mais aos delírios dominadores de algum ideólogo autoritário — ou a uma brochura infantil? Por que falar em universalismo em um colóquio onde se pretende discutir filosofia, política e engajamento? E como falar em um "universalismo" interativo, contextualmente situado?

Aqui, para apresentar a proposta de "universalismo interativo" de Seyla Benhabib, teremos como foco o seu "princípio de universalização" e os princípios nos quais este se baseia. Trata-se de uma dis-

---

Boitempo, 2010 (publicado originalmente em 1994). Forst, em especial, propõe um "universalismo contextualista".

4 Cf. também seus trabalhos mais recentes como Seyla Benhabib. *Claims of culture: equality and diversity in global era*. New Jersey: Princeton University Press, 2002; *idem, Dignity in adversity: human rights in troubled times*. Cambridge: Polity Press, 2011.

cussão preliminar da obra da autora na qual (1) recuperaremos, conforme indicado por ela, os debates que mobilizaram essa proposta, (2) trataremos brevemente do debate travado com a ética do discurso tal como proposta por Habermas, com o foco exclusivo naquilo que Benhabib pretende extrair desse debate, e (3) dentro desse quadro, apontaremos o esforço de Benhabib para evitar o dogmatismo ou a vacuidade em que uma proposta como essa pode incorrer. Nosso objetivo é apresentar as linhas gerais do aspecto normativo da obra de Benhabib, tendo como foco a importância de um critério crítico que a autora considera fundamental, ainda que não suficiente, para o exercício da crítica social.

A proposta do universalismo interativo é feita a partir de um amplo debate mobilizado por Seyla Benhabib, que parte do modelo ético discursivo para problematizá-lo a partir das teorias liberais e, sobretudo, em diálogo com as críticas de autores e autoras comunitaristas, feministas e pós-modernos. Ao se inserir nesse debate, Seyla Benhabib convoca para o primeiro plano a seguinte pergunta: "O que está vivo e o que está morto nas teorias universalistas contemporâneas depois das críticas procedidas por comunitaristas, feministas e pós-modernos?"[5]

Segundo a autora, a pergunta é motivada pela constatação de uma ambiguidade no tratamento das teorias morais universalistas. Por um lado, certos grupos intelectuais recusam a tradição universalista ao questionar a possibilidade de que uma teoria dessa matriz forneceria meios eficazes para a resolução de dilemas morais e conflitos políticos contemporâneos. Por outro lado, há uma série de reivindicações sociais e políticas baseadas em ideais que ganharam vida no solo da tradição universalista — ideais como participação pública, ampliação de liberdades e direitos igualitários. Ao se perguntar sobre o que está vivo e o que está morto nas teorias universalistas, Benhabib tem em vista que a reivindicação de matérias baseadas em ideais ori-

5 Cf. Seyla Benhabib. *Situating the self*, *op. cit*, p. 2.

ginados no solo de teorias universalistas é um claro sinal de que esta tradição está viva e que ainda há potenciais não explorados entre os recursos morais e políticos herdados dessa tradição. Contudo, ela também adverte que as críticas dirigidas a essa tradição não podem ser ignoradas, uma vez que chamam atenção para uma série de desigualdades, violências e assimetrias perpetradas no interior, e às vezes em nome, dessa mesma tradição.

Autores e autoras comunitaristas, feministas e pós-modernos[6] fizeram críticas centrais à tradição universalista. Benhabib aponta um intercruzamento nas teorias e nas críticas desses grupos teóricos e resume os questionamentos de comunitaristas, feministas e pós-modernos em três aspectos. Primeiro, essas teorias questionaram a "ilusão" de uma razão "transparente a si mesma e autofundamentada" capaz de articular um ponto de vista moral a partir de capacidades que seriam, por assim dizer, constitutivas dessa mesma razão. Segundo, recusaram uma concepção de sujeito ou *self* desencarnada e desenraizada, que ignora o contexto de formação da subjetividade e da personalidade, e que, em última instância, acaba por privilegiar uma concepção masculina de subjetividade. Terceiro, criticaram as pretensões de uma "razão legisladora", recusando essa concepção. Tal concepção estaria em alguma medida pressuposta nas teorias universalistas, e comunitaristas, feministas e pós-modernos rejeitaram a possibilidade de se encontrar um ponto de vista moral situado para além das circunstâncias culturais e históricas, de modo a mostrar "a inabilidade dessa razão legisladora em lidar com a indeterminação e a multiplicidade de contextos com os quais a razão é sempre confrontada."[7]

---

6 Benhabib remete aos trabalhos de Michael Sandel, Charles Taylor, Alasdair MacIntyre, Michael Walzer, Carol Gilligan, Carole Pateman, Susan Moller Okin, Virginia Held, Iris Young, Drucilla Cornell, François Lyotard, Michel Foucault e Jacques Derrida.

7 Seyla Benhabib, *op. cit.*, p. 3.

Ao inquirir a tradição universalista com base nesse conjunto de objeções, Benhabib propõe a reformulação dessa tradição a partir de três premissas que permitiriam um deslocamento das pressuposições metafísicas do universalismo para uma abordagem que ela qualifica como "historicamente autoconsciente". De acordo com sua proposta mais ampla, primeiro, é preciso substituir um conceito substantivo de razão por um conceito comunicativo de racionalidade.[8] Segundo, ela pretende recusar uma concepção de *self* desenraizada, para dar lugar a uma concepção narrativa da formação da identidade e do *self*. Terceiro, pretende defender uma concepção interativa de racionalidade, ao invés de uma racionalidade legisladora. Para Benhabib, "essas premissas, tomadas em conjunto, formam uma concepção ampliada de razão, *self*, e sociedade"[9] e possibilitam a proposta de um universalismo que seja "interativo, não legislador, ciente das diferenças de gênero e não cego ao gênero, sensível ao contexto e não indiferente à situação."[10]

Como conceito chave para a reformulação da tradição universalista, Benhabib propõe um princípio de universalização que consistiria na "construção de um 'ponto de vista moral' segundo o modelo de uma conversação moral exercitando a arte do pensamento alargado."[11] Esse princípio de universalização seria, segundo a autora, uma "reformulação *procedimental*" do princípio de universalização tal como formulado por Habermas (o princípio "U") em sua proposta da ética do discurso. Adiante, veremos como se dá essa reformulação. Não é nosso objetivo avaliar a correção ou incorreção

8 Nesse aspecto, Benhabib se baseia na "[...] reformulação pragmática universal das bases de validade de asserções com pretensão de verdade nos termos de uma teoria discursiva da justificação" (*ibidem*, p. 7), a ética do discurso em suas versões de Habermas e Apel.

9 *Ibidem*, p. 6.

10 *Ibidem*, p. 3.

11 *Ibidem*, p. 9.

da leitura de Benhabib. O que nos interessa é o modo pelo qual a autora, em diálogo com a teoria habermasiana, estabelece o seu princípio de universalização

O Princípio de Universalização: conversação moral, respeito moral universal e reciprocidade igualitária

Para a reformulação do princípio de universalização, Benhabib parte das objeções de neoaristotélicos e neo-hegelianos (notadamente de autores comunitaristas) às teorias universalistas. Essas objeções baseiam-se na crítica dirigida por Hegel à teoria moral de Kant.[12] Para Benhabib, do modo como foi formulado por Habermas, o princípio de universalização não responderia satisfatoriamente às objeções de matriz hegeliana.[13] De um modo geral, a recuperação dessas objeções indica que, por um lado, uma teoria universalista seria incapaz de dar conta de problemas concretos porque, na sua fundamentação, abstrairia o contexto em que os problemas éticos e morais surgem. Nesse sentido, uma teoria universalista seria trivial ou circular; trivial porque não responderia a problemas concretos, e circular porque assume como premissa aquilo que pretende justificar. Por outro lado, as teorias universalistas teriam privilegiado

---

12 Para um tratamento mais extenso dessas questões, cf. *idem, Critique, norm and utopia.* Nova York: Columbia University Press, 1986, p. 70-101, 297-227.

13 Embora o próprio Habermas tenha defendido que a ética do discurso responderia, em alguma medida, às objeções feitas por Hegel a Kant, cf. Jürgen Habermas. *Comentários à ética do discurso.* Trad. de Gilda Lopes Encarnação. Lisboa: Instituto Piaget, 1999, p. 17ss. A esse respeito, conferir também *idem, Consciência Moral e Agir Comunicativo.* Trad. de Guido A. de Almeida. Rio de Janeiro: Tempo Brasileiro, 1989, no qual o autor justifica o princípio "U" a partir das pressuposições do discurso argumentativo (que só poderiam ser negadas com o risco de contradição performativa) com o objetivo de não incorrer em dogmatismo, circularidade, ou dedução ao infinito.

uma determinada concepção de bem, uma concepção particular de boa vida, como sendo uma concepção de justiça; hipostasiariam, assim, um ponto de vista particular como se fosse um ponto de vista "universal". Por esse motivo, as teorias universalistas seriam inconsistentes e dogmáticas. Inconsistentes porque ocultariam as premissas que guiam sua concepção de bem, e dogmáticas por considerarem que a sua concepção de bem é universal em detrimento de outras concepções. Para Benhabib, o princípio de universalização habermasiano pode incorrer tanto em circularidade (ou vacuidade) como em inconsistência (ou dogmatismo), isto é, pode não responder às críticas de neo-hegelianos e neoaristotélicos. No entanto, Benhabib tenciona que sua proposta de universalismo interativo responda a esses questionamentos.

No que se segue, apresentaremos o estabelecimento do princípio de universalização de Benhabib em relação ao princípio de universalização habermasiano, tendo em vista: (2.1) como Benhabib compreende os princípios do respeito moral universal e da reciprocidade igualitária enquanto princípios dotados de conteúdo ético *substantivo*,[14] em detrimento da proposta de Habermas de que fos-

---

14 Não confundir um princípio ético substantivo com a defesa de uma "democracia deliberativa substantiva". Enquanto o primeiro caso refere-se ao conteúdo concreto destes princípios (cf., e.g., Seyla Benhabib. *Situating the self*, *op. cit.*, p. 152), o segundo caso diz respeito a um modelo de democracia no qual se defende um conjunto de valores e ideais amplamente aceitáveis em sociedade diversas, que apoiam a deliberação democrática. O problema do segundo caso não é a defesa de valores democráticos e plurais — com isto o universalismo interativo está em pleno acordo. A questão é que os valores democráticos e plurais, do ponto de vista da proposta de Benhabib, não podem ser furtados de uma justificação filosófica, que ela considera tarefa fundamental do teórico crítico e que faltaria nas propostas de "democracia deliberativa substantiva". Cf. Seyla Benhabib. "On culture, public reason, and deliberation", *Constellations*, vol. 11, n. 2, 2004, p. 297-8.

sem pressuposições formais; (2.2) a recusa do princípio de universalização proposto por Habermas a partir da acusação de que, do modo como foi estabelecido, este princípio estaria sujeito a uma interpretação consequencialista. Num segundo momento, (3) pretendemos abordar o argumento de Benhabib de que o seu princípio de universalização não incorreria nem em dogmatismo nem em circularidade.

Benhabib recusa o princípio de universalização estabelecido por Habermas.[15] Precisamente, ela afirma que o princípio "U" é redundante em vista da premissa básica da ética do discurso, o princípio "D". Segundo a proposta habermasiana, o princípio "D" rege que são válidas as normas que podem contar com a anuência de todos os concernidos em um discurso prático;[16] já o princípio "U" rege que uma norma só pode ser justificada na medida em que conta com o consentimento de todos os concernidos sobre os resultados e consequências da decisão, e que esse consentimento deve ser alcançado sem qualquer constrangimento e atender aos interesses de cada um dos concernidos. Para Habermas, o princípio "U" precede o princípio "D", pois é o primeiro que justifica o segundo.[17] Todavia, Benhabib afirma que o princípio "U" acrescentaria o que ela chama de "uma confusão consequencialista" ao princípio "D", e recusa o

15 Cf. Jürgen Habermas. *Consciência moral e agir comunicativo*, *op. cit.*, p. 86, 116, 147; *id.*, *Comentários à ética do discurso*, *op. cit.*, p. 16.

16 Seyla Benhabib. *Situating the self*, *op. cit.*, p. 37. Cf. também: Habermas, *Consciência moral e agir comunicativo*, *op. cit.*, p. 86, 116.

17 Não vamos nos deter na proposta habermasiana, mas importa reter que Habermas, nas obras mencionadas, distingue o princípio "D" do princípio "U". Além disso, "D" só pode ser justificado depois que "U" tenha sido, pois "D" "pressupõe que a escolha de normas *pode* ser fundamentada" (Habermas, *ibidem*, p. 86-7) e a possibilidade de fundamentação de normas se justifica, para Habermas, com o princípio "U". Cf. também Alessandro Pinzani. *Habermas*. Porto Alegre: Artmed, 2009, p. 126-132.

princípio "U" em favor de um princípio de universalização que seja baseado no princípio básico da ética do discurso (o princípio "D") acrescido de dois princípios normativos que regem os discursos: o respeito moral universal e a reciprocidade igualitária. Antes de abordarmos a "confusão consequencialista" que o princípio "U" adicionaria ao princípio "D", vamos tratar dos princípios do respeito moral universal e da reciprocidade igualitária. Por que Benhabib introduz esses princípios como regras de argumentação, dotadas de conteúdo normativo, que governam os discursos? Qual a diferença central de sua proposta com a de Habermas?

Respeito moral universal e reciprocidade igualitária: pressupostos éticos fortes

O primeiro passo de Benhabib para propor o seu princípio de universalização consiste em isolar duas pressuposições "formais" assumidas por Habermas no programa de justificação da ética do discurso, e em apontar que essas premissas, ao contrário do que Habermas pretendia, devem ser compreendidas como dotadas de um conteúdo normativo substantivo. Benhabib não recusa as pressuposições formais do discurso, mas assinala que essas pressuposições exigem pressupostos *éticos fortes* e que, sendo assim, não seriam pressuposições formais, mas princípios dotados de um conteúdo normativo material. Trata-se de uma ruptura da autora com parte da proposta habermasiana. Para Habermas, as pressuposições do discurso são pressuposições formais assumidas por todo aquele que toma parte em um discurso prático; são dotadas de um conteúdo ético, mas somente enquanto pressuposições formais – isto é, não possuem um conteúdo substantivo.[18] Para Benhabib, essas pressuposições possuem um conteúdo ético substantivo ("forte") expressado no que ela chama de

18 Cf. Habermas, *ibidem*, p. 114; *id.*, *Comentários à ética do discurso*, *op. cit.*, p. 16.

princípios do respeito moral universal e da reciprocidade igualitária, e o conteúdo desses princípios é anterior à argumentação moral.[19]

O conteúdo ético "forte" atribuído por Benhabib aos princípios do respeito moral universal e da reciprocidade igualitária podem ter a mesma formulação que o das pressuposições da fala argumentativa recuperadas por Habermas em seu programa de justificação. [20] O princípio do respeito moral universal exige o reconhecimento do direito de todo aquele capaz de fala e ação em participar das conversações morais,[21] enquanto o princípio da reciprocidade igualitária garante direitos simétricos na participação. No entanto, a ênfase em um caráter substantivo, em detrimento de um caráter formal, distancia Benhabib de Habermas.

---

19 Cf. Seyla Benhabib, *op. cit.*, p. 29. É preciso apontar que, para Habermas, em um sentido distinto, as pressuposições também precedem a argumentação moral, uma vez que ainda que não sejam "condições" ou assumidas *a priori* em um sentido forte, elas são "assumidas implicitamente" por todo "falante competente". Benhabib, por sua vez, indica que essas pressuposições devem ser entendidas a partir de sua gênese histórica.

20 Referimo-nos, seguindo Benhabib, às condições da situação ideal de fala e às pressuposições do Discurso recuperadas por Habermas (a partir de Robert Alexy). As seguintes pressuposições são parte do argumento que permite a justificação do princípio "U": "(3.1) É lícito a todo sujeito capaz de falar e agir participar de Discursos (3.2) a. É lícito a qualquer um problematizar qualquer asserção b. É lícito a qualquer um introduzir qualquer asserção no Discurso c. É lícito a qualquer um manifestar suas atitudes, desejos e necessidades. (3.3) Não é lícito impedir falante algum, por uma coerção exercida dentro ou fora do Discurso, de valer-se de seus direitos estabelecidos em (3.1) e (3.2)" (Habermas, *op. cit.*, p. 112).

21 Benhabib opta por tratar os "Discursos práticos" como "conversações morais." Essa opção pode indicar, como apontamos anteriormente, que o escopo a ser recoberto por sua teoria pretende ser distinto do da teoria habermasiana.

Ao passo que Habermas afirma que as pressuposições são a "reconstrução das intuições da vida cotidiana",[22] Benhabib afirma que os princípios do respeito moral universal e da reciprocidade igualitária são "nossa elucidação filosófica dos constituintes do ponto de vista moral a partir do horizonte hermenêutico normativo da modernidade." Segundo ela, essa "elucidação filosófica" é parte de um processo no qual o teórico "analisa, refina e julga as intuições morais *culturalmente definidas* à luz de princípios filosoficamente articulados."[23] Com esse processo, Benhabib pretende mostrar que não há uma descrição unívoca desses princípios tampouco uma única cadeia de justificação para os mesmos. Ela pretende recorrer ao que chama de uma "estratégia de justificação fraca" para apresentar a possibilidade de estabelecimento desses princípios. A estratégia de

---

22 Habermas, *op. cit.*, p. 143.

23 Seyla Benhabib, *op. cit.*, p. 30. Cabe notar que a autora afirma que esse processo é por ela entendido como um "processo de 'equilíbrio reflexivo,' em termos rawlsianos." A recuperação de uma proposta rawlsiana aqui parece não ser sem propósito e permite também articular a pergunta sobre a influência da teoria rawlsiana no projeto de Benhabib. Ainda, é preciso notar que Habermas, ao tratar da fundamentação do seu princípio "U" também remete ao "equilíbrio reflexivo" rawlsiano. (Habermas, *op. cit.*, p. 143). Mas, é possível indicar que o tratamento dado por Habermas e por Benhabib para o "equilíbrio reflexivo" é bastante distinto. Habermas entende que o processo de equilíbrio reflexivo permite reconstruir as *intuições comuns* sobre imparcialidade etc., Benhabib entende que esse processo permite avaliar *intuições culturalmente definidas* de modo a apresentar uma descrição que permita interpretações que são remetidas a contextos historicamente situados. Ainda deve ser avaliado o uso que Benhabib faz da noção de "equilíbrio reflexivo" em relação à sua proposta original. Para uma discussão acerca do "equilíbrio reflexivo" em Rawls, cf. Flávio Azevedo Reis. *Da teoria moral à filosofia política: uma investigação do pensamento de John Rawls*. São Paulo: Universidade de São Paulo, 2012. Dissertação (mestrado em Filosofia), p. 20ss.

justificação fraca consiste em mostrar que "não há uma única *cadeia dedutiva* de raciocínio" que estabelece esses princípios "mas, sim, uma família de argumentos e considerações, cada um deles dando sustentação à centralidade"[24] dos mesmos como normas morais básicas. Vejamos.

Para Benhabib, a pragmática universal pode oferecer um argumento que permite tornar plausível o princípio do respeito moral universal. Segundo ela:

> Toda argumentação exige respeito pelos parceiros de conversação; esse respeito pertence à ideia de uma argumentação justa; ser um parceiro competente em tal conversação exige o reconhecimento do princípio do igual respeito."[25]

Contudo, o respeito não é uma regra formal admitida implicitamente, antes "é uma *explicação do conteúdo material* normativo da ideia de argumento, debate justo etc."[26] O princípio do respeito estaria implicado na própria ideia de debate justo.

Além disso, é preciso notar que o respeito moral universal rege que "reconheçamos o direito de todos os seres capazes de fala e ação de participar na conversação moral." Com efeito, não estaria claro o que permite a passagem da noção de "debate justo" para a inclusão de "todo aquele capaz de fala e ação". A noção de debate justo "deixa em aberto a questão de quem, que grupos humanos são considerados como "parceiros de conversação."[27] Embora o que se pretenda com a noção de debate justo seja recusar uma interpretação particularista da noção de respeito (segundo a qual apenas determinados grupos humanos seriam considerados agentes competentes) em favor

24 Seyla Benhabib, *op. cit.*, p. 31

25 *Ibidem.*

26 *Ibidem*, grifo nosso.

27 *Ibidem.*

de uma interpretação de tônica universalista, essa compreensão não está contida na ideia de debate justo tampouco na noção de respeito entendidas isoladamente. Para Benhabib, é central apontar que a recusa de qualquer interpretação particularista exibe o compromisso da filosofia moral pensada por indivíduos cuja cultura "estima o universalismo", que existe, portanto, um conteúdo histórico dentro da interpretação do princípio do respeito como respeito moral universal.[28] O programa de justificação apresentado por Benhabib mostra que a pragmática universal é uma possibilidade de tornar *plausível* a norma do respeito moral universal, mas a pragmática universal não é suficiente, pois, por um lado, seria preciso explicitar que a noção de respeito é um conteúdo normativo *material* da regra de debate justo, e, por outro lado, e talvez mais importante, seria preciso esclarecer que do "respeito" enquanto princípio que rege a argumentação para o respeito enquanto princípio "moral universal" há uma construção situada historicamente.[29]

---

28 Cf. Benhabib, *Critique, norm and utopia*, *op. cit.* p. 306.

29 E há também, para Benhabib, a exclusão daqueles que não são capazes de fala e ação, mas que são moralmente relevantes. Não vamos entrar agora na discussão sobre esse aspecto da inclusão de todos os seres capazes de fala e ação acompanhada pela exclusão daqueles que não o são, embora pretendamos trabalhar essa questão ao longo de nossa pesquisa. É importante apontar, contudo, que Benhabib critica essa exclusão, e propõe a extensão da compreensão de comunicação para além da "linguagem": "Se a comunicação não for entendida estritamente e exclusivamente como linguagem, mas se gestos corporais, comportamento, expressão fácil, mímica e sons são também vistos como modos não linguísticos, porém linguisticamente articuláveis, então a "comunidade de comunicação ideal" estende-se para muito além da pessoa adulta capaz de pleno discurso e ação responsabilizável" (Seyla Benhabib. *Situating the self*, *op. cit.*, capítulo I, n. 31). Cf. tb. Seyla Benhabib. *Critique, norm and utopia*, *op. cit.*, p. 307 ss. Ver também a crítica de Benhabib ao "privilégio da metáfora linguísitica" na concepção de discurso de Judith

Um segundo argumento que Benhabib incorpora em sua estratégia de justificação fraca provém da consideração de processos de socialização e relaciona respeito moral e reciprocidade. De acordo com esse argumento, a reciprocidade igualitária estaria "incorporada nas mesmas estruturas da ação comunicativa na qual estamos socializados."[30] A reciprocidade seria construída nos processos de socialização, pois implica que "tratemos os outros de modo igual na medida em que somos membros de um grupo humano particular."[31] Também o respeito seria construído nos processos de socialização, na medida em que é "uma *atitude* e um *sentimento moral* adquirido inicialmente através de tais processos de socialização comunicativa."[32] Contudo, se justificados somente a partir dos processos de socialização, ambos os princípios não teriam validade garantida uma vez que esses processos podem ser marcados por experiências de desrespeito e violência, e podem até mesmo não existir (ou deixar de existir) em certas culturas marcadas pela "extrema indiferença" e "formas atomizadas de individualismo."[33] Embora Benhabib não prossiga a justificação desses princípios a partir da teoria social, podemos di-

---

Butler em Seyla Benhabib, "Subjectivity, historiography and politics: reflections on the 'feminist/postmodernism exchange". In: Seyla Benhabib *et. al. Feminist contentions: a philosophical exchange*. Londres: Routledge, 1995, p. 114, 120-2, n. 5.

30 Seyla Benhabib, *Situating the self*, *op. cit.*, p. 31.

31 *Ibidem*.

32 *Ibidem*, p. 32, grifo nosso. A afirmação de Benhabib de que o respeito é um *sentimento moral* [*moral feeling*] é digna de nota. Não desenvolveremos este tema nesta apresentação, mas pretendemos desenvolvê-lo ao longo da pesquisa, procurando articular a proposta do "universalismo interativo" com essa categoria. Cf. também *ibidem*, p. 159.

33 Habermas também não procurou tratar as suas pressuposições como se elas existissem factualmente em todos os grupos e relações humanas. Benhabib está atenta a isso. Cf. Benhabib. *Critique, norm and utopia, op. cit.*, p. 290 ss.). Para a autora, o problema da pragmática

zer que ela parece indicar que a teoria social que pode apoiar esses princípios deve compreender também a dimensão conflituosa e não harmonizada das práticas sociais e dos processos de socialização.[34]

Com efeito, Benhabib parece apontar que respeito moral universal e reciprocidade igualitária podem ser justificados a partir de argumentos de tipo pragmático universal e argumentos provenientes da teoria social, mas que essas cadeias de argumentos precisam ser compreendidas a partir do horizonte normativo da modernidade, carecem de ser situadas historicamente. Para ela, a partir do horizonte normativo da modernidade, com o questionamento "das bases teológicas e ontológicas da desigualdade" há uma ampliação da "comunidade moral" no sentido de que, a partir das teorias éticas modernas, os participantes da comunidade moral "são todos os seres capazes de fala e ação, e, potencialmente, toda a humanidade."[35]

O primeiro passo de Benhabib para o estabelecimento do seu princípio de universalização tem, portanto, dois momentos complementares: Em primeiro lugar, o apontamento que, ao tratar os princípios como "pressuposições comunicativas universais e necessárias,"

não é que esta seja contrafatual, mas que Habermas trate como formal ou que é substantivo.

34 Pretendemos também trabalhar esse problema ao longo de nossa pesquisa. Isso porque, uma vez que Benhabib pretende inserir o seu projeto na "tradição" da teoria crítica, para ela se torna imperioso o recurso a um diagnóstico do tempo presente. Esse diagnóstico não pode ser feito senão em parceria com a teoria social.

35 Note-se que Benhabib não pretende dizer de modo algum que, factualmente, a modernidade realizou esses princípios. Contudo, apesar dos princípios serem de algum modo "contrafatuais", enquanto princípios, eles se originam no solo da modernidade. Pois, com todas as promessas não cumpridas, é na modernidade o solo onde mais fortemente se iniciam lutas por liberdade, igualdade e dignidade humana (cf. também Seyla Benhabib, "Subjectivity, historiography and politics: reflections on the 'feminist/postmodernism exchange", *op. cit.*, p. 118).

Habermas teria abstraído o contexto de produção desses princípios. Habermas teria tratado os princípios do respeito moral universal e da reciprocidade igualitária como "pressuposições formais" para não incorrer em dogmatismo (ou, para usar uma expressão de Charles Taylor, não incorrer em uma "falácia etnocêntrica"), mas Benhabib procura revelar que Habermas foi inconsistente com a sua proposta porque as pressuposições têm inevitavelmente um conteúdo normativo substantivo. Se desconsiderado este conteúdo, as "pressuposições" podem ser inconsistentes por ocultarem seu contexto histórico de formação; circulares porque para compreendê-las, eu já preciso compreendê-las; ou tão abstratas a ponto de serem triviais.

Em segundo lugar, ela procura mostrar que esses princípios devem ser entendidos como produto do horizonte normativo da modernidade e podem ser apoiados por famílias de argumentos que garantem a "plausibilidade" dos mesmos. Mas que, de maneira alguma, podem ser tratados como pressuposições formais e unívocas. Benhabib ainda argumentará que a admissão desses princípios como dotados de conteúdo ético substantivo não incorre em dogmatismo ou circularidade, mas ainda há outra justificativa para que ela os introduza como componentes de seu princípio de universalização.

A recusa do consequencialismo: do consenso ao processo

Benhabib afirma que o princípio de universalização proposto por Habermas, por não contar em sua formulação com os princípios citados (ou por considera-los como "pressupostos"), poderia assumir uma tônica consequencialista no sentido de que privilegiaria as consequências decorrentes da adoção de uma norma. Como já mencionamos, a formulação dada por Habermas para esse princípio é aquela segundo a qual uma norma é considerada válida se puder contar com o livre consentimento de todos os concernidos sobre as consequências e os resultados, decorrentes da observância dessa norma, que afetarão os interesses de cada um. No entanto, com base somente nas consequências relacionadas à satisfação de interesses *de cada um*, o princípio "U" poderia até mesmo "legitimar" certas decisões que estariam aquém de normas que garantem o respeito à dignidade humana.

Não é que Benhabib esteja acusando Habermas de defender uma teoria utilitarista ou meramente consequencialista, mas ela procura apontar a fragilidade da fundamentação habermasiana, que poderia permitir um regresso diante de certos direitos invioláveis que foram conquistados, ao menos no plano normativo, justamente no horizonte da modernidade.[36] Para Benhabib, a fragilidade do princípio "U" se deve à ênfase dada por Habermas ao consenso ou à descoberta de um "interesse geral",[37] tal como expressada na própria formulação deste princípio. Em contrapartida, ela sugere que é preciso deslocar a ênfase no *consenso* para uma ênfase no *processo* argumentativo. Segundo ela, "Não é o *resultado* do processo do juízo moral que conta, mas é o *processo* para a obtenção de um juízo que desempenha um papel em sua validade, e, eu diria, em seu valor moral."[38]

Benhabib alega que seria preciso pensar o princípio de universalização com algumas "restrições fortes" para evitar a trivialidade ou o consequencialismo. Essas restrições são os princípios do respeito moral universal e da reciprocidade igualitária. Com isso, Benhabib recusa o princípio de universalização habermasiano, e afirma que o princípio básico da ética do discurso, segundo o qual só podem reivindicar validade as normas que encontram ou encontrariam a aprovação de todos os afetados enquanto participantes do discurso prático, juntamente com os princípios do respeito moral universal e da reciprocidade igualitária bastariam para compor um princípio

36 Seyla Benhabib, *Situating the self*, *op. cit.*, p. 36.

37 *Ibidem*, p. 37; cf. também, *idem*, *Critique, norm and utopia*, *op. cit.*, p. 308, 310-5.

38 Seyla Benhabib, *Situating the self*, *op. cit.*, p.37.

de universalização. A autora não pretende que esse princípio de universalização prescreva conteúdos de ação. A admissão das restrições representadas nos princípios do respeito moral universal e da reciprocidade igualitária, ao invés de prescrever conteúdos, foca na garantia da continuidade dos processos argumentativos. Para Benhabib, esses princípios são "regras pragmáticas necessárias para que a conversação moral continue."[39]

A conversação moral: nem circularidade nem dogmatismo

A construção dos princípios do respeito moral universal e da reciprocidade igualitária enquanto princípios derivados do horizonte normativo da modernidade não incorreria nem em dogmatismo nem em circularidade. Embora sejam "produto normativo da modernidade", Benhabib não atribui a esses princípios uma interpretação única. Com isso, ela pretende responder ao problema do dogmatismo ao afirmar que a admissão desses princípios não seria uma "admissão dogmática em favor da modernidade,"[40] pois "as pressuposições da conversação moral podem ser contestadas dentro da própria conversação."[41] E pretende responder ao problema da circularidade justamente por permitir essa contestação: "uma vez que são regras pragmáticas necessárias para manter a continuidade da conversação moral, pode-se apenas colocá-las entre parêntesis, mas não se pode suspendê-las totalmente."[42]

Benhabib afirma que

> o racista, o sexista ou o intolerante podem contestar os princípios do respeito moral universal e da reciprocidade igualitária, mas se quiserem estabelecer que sua posição é

39 *Ibidem*, p. 32.

40 *Ibidem*.

41 *Ibidem*.

42 *Ibidem*.

> correta, não simplesmente porque é poderosa, devem convencer com argumentos que assim o é."[43]

Desse modo, ela pretende garantir que os princípios em questão sejam discutidos dentro da própria conversação ao mesmo tempo em que *transfere o ônus da prova de que esses princípios deveriam ser recusados para aqueles que os pretendem recusar*. São os críticos que devem mostrar "com boas razões, porque alguns indivíduos devem ser efetivamente excluídos da conversação moral devido a determinadas características."[44]

Basicamente, a estratégia de Benhabib consiste em mostrar que aqueles que não estão de acordo com os princípios do respeito moral universal e da reciprocidade igualitária podem discutir seu conteúdo e podem inclusive argumentar em favor de desigualdades e assimetrias. Mas a discussão do conteúdo desses princípios ou a argumentação em favor de uma postura não igualitária acabam por colocar em questão a própria desigualdade na medida em que os endereçados devem poder consentir com ela ou recusá-la.[45]

O princípio de universalização proposto por Benhabib baseado no princípio básico da ética do discurso em conjunto com os princípios do respeito moral universal e da reciprocidade igualitária pretende responder às objeções neo-hegelianas e neoaristotélicas. Até aqui, esse princípio responderia ao problema da vacuidade, por garantir que normas que contrariam princípios básicos da dignidade humana não responderiam às exigências do critério. Responderia também ao problema de inconsistência por revelar que as suas exigências são princípios substantivos produzidos no horizonte normativo da mo-

43 *Ibidem.*

44 *Ibidem*, p. 33.

45 *Ibidem.*

dernidade, ao mesmo tempo em que se pretende não dogmático porque o conteúdo mesmo desses princípios pode ser discutido.

Benhabib indica que esses princípios não têm uma única interpretação possível, e que, ao que parece, ela também não pretende atribuir uma única interpretação aos mesmos, pois conserva uma formulação mais geral para ambos. Para ela, ainda, esses princípios são condição necessária dos discursos ou das conversações morais, mas não condições suficientes, pois as conversações sempre se desdobram em e com referência a um contexto.

Além disso, o princípio de universalização assume importância central no modelo crítico de Benhabib. Ao mesmo tempo em que crítica não pode ser feita de lugar algum — nem de um lugar além —, a crítica também não pode se furtar à reflexão e mesmo a um certo distanciamento dos contextos. Sobre este segundo ponto, Benhabib é bastante enfática em sua crítica às propostas de "crítica situada".[46] Para ela, a defesa da crítica radicalmente situada assume o pressuposto de que seria possível encontrar nos contextos particulares um conjunto unívoco, uniforme e conciliado de critérios. Para guardar a compreensão da multiplicidade, pluralidade, conflituosidade e mesmo a irreconciliabilidade de narrativas contextuais, ao mesmo tempo em que não perde de vista a importância da crítica, Benhabib defende que é tarefa do teórico crítico justificar os princípios a partir dos quais a crítica social é feita,[47] pois não há um conjunto óbvio e irrefutável de critérios para os quais se apelar ou simplesmente pressupor. Como ela afirma:

46 Cf. também *ibidem*, p. 225-8.

47 "Como teórico crítico social, o filósofo se ocupa em desmascarar os mecanismos de perpetuação de ideologias políticas e hegemonia cultural; como teórico moral, o filósofo tem uma tarefa central: esclarecer e justificar os padrões normativos à luz dos quais a crítica social é exercida" (Seyla Benhabib, *Situating the self*, *op. cit.*, p. 33).

> Por "fundamentos normativos da crítica social", eu entendo exatamente a possibilidade conceitual de justificar as normas do respeito moral universal e da reciprocidade igualitária em bases racionais. Nem mais do que isso, nem menos. [...] A questão mais controversa não é se esta justificação normativa é necessária. Eu não vejo como poderíamos proceder sem essa justificação, mas se o universalismo moral e político é filosoficamente plausível sem essencialismo ou transcendentalismo de qualquer tipo.[48]

Por conseguinte, pretendemos perguntar como se dá a articulação do princípio de universalização proposto com a proposta do universalismo interativo. Para isso, pretendemos prosseguir futuramente nossa investigação perguntando como, a partir dessa formulação mais geral dos princípios do respeito moral universal e da reciprocidade igualitária, esse princípio de universalização se articula com a concepção narrativa de *self* que indicamos na primeira parte, bem como com os problemas do contexto e da motivação, com os processos práticos de contestação e participação.

Referências bibliográficas

BENHABIB, Seyla. *Critique, norm and utopia: a study of the foundations of critical theory*. Nova York: Columbia University Press, 1986.

___. *Situating the self: gender, community and postmodernism in contemporary ethics*. Nova York: Routledge, 1992.

___. *Claims of culture: equality and diversity in global era*. New Jersey: Princeton University Press, 2002.

48 Seyla Benhabib, "Subjectivity, historiography and politics: reflections on the 'feminist/postmodernism exchange", *op. cit.*, p. 118.

___. *Dignity in adversity: human rights in troubled times*. Cambridge: Polity Press, 2011.

___. "On culture, public reason, and deliberation". *Constellations*, vol. 11, n. 2, 2004, p. 291-299.

___. *et. al. Feminist contentions: a philosophical exchange*. Londres: Routledge, 1995, p. 114

FORST, Rainer. *Contextos da justiça: filosofia política para além de liberalismo e comunitarismo*. Trad. de Denilson Luis Werle. São Paulo: Boitempo, 2010.

HABERMAS, Jürgen. *Consciência moral e agir comunicativo*. Trad. de Guido A. de Almeida. Rio de Janeiro: Tempo Brasileiro, 1989.

___. *Comentários à ética do discurso*. Trad. de de Gilda Lopes Encarnação. Lisboa: Instituto Piaget, 1999.

HONNETH, Axel. *Luta por reconhecimento: a gramática moral dos conflitos sociais*. Trad. de Luiz Repa. São Paulo: Ed. 34, 2003.

PINZANI, Alessandro. *Habermas*. Porto Alegre: Artmed, 2009.

REIS, Flávio Azevedo. *Da teoria moral à filosofia política: uma investigação do pensamento de John Rawls*. São Paulo: Universidade de São Paulo, 2012. Dissertação (mestrado em Filosofia).

Elementos para uma Reflexão sobre a Desigualdade Social

Jacira de Freitas

Inúmeros estudiosos têm se referido às dificuldades de examinar o problema da desigualdade social face à complexidade por ele adquirida em função da relação entre a particularidade da sociedade que se busca compreender e o quadro conceitual com base no qual o exame se realiza. O problema é determinar com quais teorias pode-se pensar uma época, e saber como operar um recorte significativo da realidade sem deixar escapar as especificidades culturais e as diferenças características do plano social e político. Outra dificuldade é saber o alcance e a extensão das teorias e reflexões desenvolvidas pelos filósofos clássicos para dar conta do momento atual.

Diante do desafio, aqui se propõe um exame de concepções desenvolvidas em dois diferentes momentos históricos, as quais refletem o pensamento de filósofos cujas visões de mundo podem contribuir para a compreensão da problemática: Rousseau e Marcuse. Para justificar essa escolha, permito-me lançar mão de uma passagem de um texto de Goldschmidt sobre o problema da civilização em Rousseau, que mostra o sentido maior da inspiração dos antigos sobre as reflexões do filósofo genebrino: a Antiguidade podia lhe oferecer o *lugar* para manter uma distância entre ele mesmo e seu século e colocá-lo em questão.[1] Esse *lugar*, que permite tal distanciamento favorável à reflexão aqui proposta, creio poder encontrar no filósofo iluminista e em algumas noções da teoria crítica de Marcuse.

Neste artigo tratarei apenas do que me parecem ser as ideias centrais da crítica à civilização em Rousseau que podem contribuir para a reflexão sobre o problema da perpetuação da desigualdade social: o desequilíbrio entre o progresso das técnicas e a qualidade de vida e o problema moral da desintegração da personalidade ou cisão interior do indivíduo nas sociedades contemporâneas. Os mesmos temas reaparecem na retomada de noções e conceitos da obra de Herbert Marcuse, *One-Dimensional Man – Studies in the Ideology of Advanced Industrial Society*, para tecer algumas considerações sobre a forma de inserção do homem nas sociedades contemporâneas mediante a nova configuração das relações entre a tecnologia e a política. As análises – tendo-se por base os textos dos filósofos – procuram capturar, no processo de construção conceitual, as passagens que possam elucidar a questão em sua dimensão histórico-concreta. É evidente que operar um recorte ditado por considerações de espaço sempre envolve riscos. Ainda assim, creio que a perspectiva de análise proposta poderá oferecer uma melhor compreensão acerca da configuração das relações entre a tecnologia e a forma de inserção do homem nas sociedades contemporâneas e das razões pelas quais as desigualdades sociais permanecem e se consolidam nos dias de hoje.

Desde o seu primeiro *Discurso*, o *Discurso sobre as Ciências e as Artes*, Rousseau já elaborava uma crítica à civilização, retomada

1 V. Godschmidt, "Le problème de la civilization chez Rousseau", In: *Manuscrito*, vol. III, n.2, 1980.abril, p.119, onde se lê: "*Mais l'important, ici, n'est pas tant qu'il paraisse répeter l'enseignement de Xénophon, Platon, Plutarque, Sénèque, Tacite pour em prendre la suite. C'est plutôt le fait que l'Antiquité, que beaucoup de ses contemporains, même et surtout des "philosophes", connaissaient bien mieux que lui, ait pu lui fournir le* lieu *d'où mettre une distance entre lui-même et son siècle, et le mettre em question*".

sob outra perspectiva no *Segundo Discurso* e em obras posteriores, nas quais se evidencia a denúncia da alienação do estado social e do desnível entre o progresso das técnicas e a qualidade de vida. A desigualdade social a poluição das grandes cidades, o contraste entre a riqueza das famílias abastadas e a miséria dos subúrbios, a transformação da natureza pelas técnicas, o problema da superpopulação, dentre outros, são alguns dos temas dispersos no contexto da obra do filósofo quando se trata da crítica à sociedade de seu tempo.

Nas considerações a seguir, um esboço da ideia de progresso nas Luzes premite compreender o sentido da crítica rousseauniana e o lugar por ela ocupado em seu pensamento. A hipótese inicial é de que a ideia de progresso contra a qual Rousseau se posiciona é aquela que lhe parece reforçar a desigualdade social, já que favorece a expansão do ego narcísico e a ampliação dos desejos, diante de uma infinidade de novos objetos que se apresentam. A crise moral de nossa época se nutre do afastamento do indivíduo de si mesmo. Compreende-se assim as dificuldades que se impõem ao seu deslocamento para a dimensão interior. Isso porque tal movimento simbólico, sendo a condição para o acesso à consciência, poderia livrá-lo das amarras sociais, liberando-o para a ação transformadora como sujeito da história.

Já em seu primeiro *Discurso*, Rousseau se vê envolvido em uma série de polêmicas, em virtude da crítica à ideia de progresso. Todavia, em nenhuma das refutações, às quais procura responder, aquela ideia aparece sob uma formulação teoricamente mais elaborada ou dotada de algum traço específico ou original. Portanto é pouco provável que, em suas críticas o filósofo visasse alguma concepção ou teoria particular, e sim que tivesse em vista apenas a versão genérica dessa ideia. Servimo-nos aqui das precisas indicações de Baczko[2] para apresentar a seguir alguns elementos que compõem a ideia de progresso, tal como havia sido formulada no século XVIII.

2 B. Baczko, *Solitude et Communauté*. Paris: La Haye, 1978.

> Um dos elementos constitutivos dessa teoria do progresso é incontestavelmente a certeza que existe uma lei do progresso. Entende-se aí a necessidade, determinada por tais ou tais fatores, com os quais o homem, no decorrer de sua história, passa pelos estágios de desenvolvimento que testemunham certa regularidade. Tal necessidade sendo não apenas revelada no passado, mas também aplicável ao futuro. A continuidade da história, fundada na necessidade, se traduziria pela superioridade dos estágios posteriores sobre os anteriores (...). A continuidade descoberta na história define a direção e o sentido daquela, isto é, a afirmação da razão humana e a realização das aspirações humanas na história, graças a uma racionalização crescente das relações interindividuais, à vitória da razão sobre o preconceito e a ignorância, graças à extensão da atividade inovadora econômica, técnica e cultural dos homens.[3]

O núcleo dessa formulação da ideia de progresso reside no acúmulo de conteúdos que enriquecem o conhecimento. Esse caráter cumulativo fornece a matéria prima para a articulação interna da história em períodos denominados "épocas" ou "séculos", cujos limites são designados em função dos conhecimentos. No entanto, por sua generalidade e seu caráter formal, essa caracterização da ideia de progresso não está em total conformidade com as opiniões de alguns pensadores representativos da época.[4] As concepções em geral

---

3 B. Baczko, *op.cit.*, p. 115, tradução nossa. Tal formulação geral afasta-se da teoria do progresso de Condorcet em seu *Essai d'um tableau historique des progrès de l'esprit humain.*

4 Voltaire concebe a história como entrecortada por eventos fortuitos diretamente relacionados a uma totalidade, mas cujo sentido é inapreensível, como lemos em *O século de Luiz XIV* . Também no *Essais sur les moeurs et l'esprit des nations* (1756), ele se propõe a tratar das "loucuras do espírito humano". Sua concepção se associa a uma tendência ilustrada pelo célebre aforisma de Pascal que visa explicar "os

são bastante nuançadas e as mesmas premissas, a partir das quais se pode construir teorias sobre a desordem, podem afirmar a continuidade e o progresso da História. Mesmo em Voltaire, a tese pessimista dos "eventos fortuitos" coexiste com a tese otimista dos "grandes séculos". Em tais concepções, a teoria do progresso não aparece ainda sob uma formulação tão acabada quanto a que lhe conferirá Condorcet. E se a teoria do progresso já se delineia no pensamento dos vários pensadores do Iluminismo, é certo que ela se configura muito mais como a expressão de esforços para fundar a tese de *continuidade* e do *progresso* da história.[5] Sua clarificação encontra seu

---

grandes eventos pelas pequenas causas". Em sua obra *Pensées* (1670), Pascal afirmava que *"le nez de Cléopâtre, s'il eût plus curt, toute la face de la terre aurait changé"*. A ideia das "pequenas causas" demonstra o caráter fortuito dos eventos que conduzem os rumos da humanidade. Ao mesmo tempo, sua concepção supõe a existência de "grandes séculos" que se desprendem de uma linha histórica monótona e constante, na qual "todos os séculos se reúnem pela maldade dos homens". Os "grandes séculos" são destacados em razão de seu patrimônio cultural, mas não se explicita a vinculação entre eles. Os grandes séculos são "ilhas perdidas na imensidão da tolice e da ignorância humanas", sua duração no tempo é seu próprio limite, pois o "o gênio só tem um século, após isso é preciso que ele degenere". Essa ideia do desenvolvimento cíclico dos Estados também aparece em Montesquieu, Condillac e d'Alembert e pode ser assim enunciada: após uma época de crescimento e potência, cada Estado irá necessariamente conhecer um período de plena decadência.

5 Observe-se ainda que o determinismo das "pequenas causas" põe em questão a ideia do providencialismo. Uma tendência antiprovidencialista reaparece também na convicção "pessimista" da degenerescência inelutável e da queda de cada grande Estado pela interferência de causas imanentes a serem descobertas nos sistemas de governo, nos costumes, na moral, como em Bossuet. Embora os aspectos positivos sejam considerados é a retomada dos aspectos absurdos e caóticos da história que, no interior dessa visão, terá uma função essencial: demonstrar que o sentido da história reside nos elementos que retratam

maior desafio nas ideias mais pessimistas, como as teses sobre o caos e a absurdidade da história que entram em confronto com aquelas da continuidade histórica e do progresso. Isso porque a interpretação do processo histórico se faz em função da suposição da particularidade de sua própria época, à qual cabe uma missão e um lugar de distinção na história, motivo pelo qual se multiplica o uso de expressões como o "século esclarecido" ou o "século filosófico".

A concepção da continuidade do processo histórico possui um lugar central no pensamento de Rousseau. A história é encarada como um devir contínuo e o processo histórico como necessário. Rousseau integra em sua concepção novos elementos, como a faculdade da *perfectibilidade*. A civilização, apresentada como um sistema estruturado de relações sociais, torna-se a expressão daquela faculdade. A continuidade da história identifica-se àquela da civilização enquanto produto social coletivo, mas, ao mesmo tempo, é precisamente na realidade social que se dá a alienação do homem e a deformação de sua natureza. Isso não significa que as ligações estreitas que se descobre sob os eventos históricos sejam os efeitos de causas extra-históricas que resultariam da ordem universal. Os fatores que decidem os rumos do processo histórico estão contidos nos mecanismos sociais que os próprios homens engendram. O exemplo do papel da divisão do trabalho é particularmente ilustrativo.[6] A ins-

---

o triunfo da razão sobre as paixões e as superstições, confirmando-se assim os valores e os ideais das Luzes.

6 J.-J. Rousseau. *Emílio ou Da Educação*. São Paulo: Martins Fontes, 1995, p. 246: "Suponhamos dez homens, cada um tendo dez espécies de necessidades. É preciso que cada um, pelo que lhe é necessário, aplique-se a dez espécies de trabalho; dada, porém, a diferença de gênio e de talento, um será menos bem sucedido em algum de seus trabalhos, e outro em outro. Capazes de diversos trabalhos, todos realizarão os mesmos, e serão mal servidos. Formemos uma sociedade com esses dez homens... cada qual se aproveitará dos talentos dos outros

tauração da divisão do trabalho permite satisfazer mais plenamente as necessidades humanas, mas, ao mesmo tempo, significa que ninguém pode viver em sociedade sem fazer parte dessa divisão, como mostra o *Emílio*:

> De acordo com esse princípio, um homem que quisesse considerar-se como um ser isolado, não dependendo absolutamente de nada e bastando a si próprio, só poderia ser miserável. Ser-lhe-ia até mesmo impossível subsistir, pois encontrando a terra inteira coberta pelo que é 'meu e teu', não tendo nada de próprio a não ser seu corpo, de onde tiraria o necessário? Ao sairmos do estado de natureza, forçamos nossos semelhantes a saírem também...[7]

Vemos aí indicada a estreita relação entre os elementos que compõem a vida social. Para que seja formulada em termos de uma tese geral, diríamos que em Rousseau, todos os fatos estão de alguma maneira interligados no mundo social, atuando como componentes de uma totalidade. Eles funcionam como elementos de uma totalidade. A civilização é o conjunto de instituições políticas e sociais que compõem o que Rousseau entende por civilização, em que os fenômenos sociais são determinados em sua gênese por ligações obcuras que decidem o desenvolvimento da totalidade: o progresso. Ele consiste na acumulação de conhecimentos e hábitos produtivos",[8] propiciados pela faculdade de autoaperfeiçoamento – a perfectibilidade – que leva os homens a transcender sua natureza, enfrentar os

---

como se só ele os tivesse todos; cada qual aperfeiçoará o seu através de um exercício continuado e acabará acontecendo que os dez, perfeitamente bem providos, ainda terão excedentes para os outros. Eis o princípio aparente de todas as nossas instituições"

7 J.-J. Rousseau, *op. cit.*, p. 246.

8 B. Baczko, *op. cit.* p. 132.

obstáculos postos pela Natureza ou mundo do artifício, a criar novas necessidades e meios de satisfazê-las, e a instaurar novas formas de propriedade e instituições políticas.

Se a ideia de progresso das Luzes se funda na certeza que o progresso intelectual e a propagação das luzes enriqueciam a vida humana, na perspectiva do autor do *Discurso da Desigualdade*, interpretar o processo histórico consiste, ao contrário, em explicar os efeitos nefastos daquele processo. Essa crítica se realiza com base no diagnóstico do seu "século", uma época de crise que conduz, no âmbito econômico, à "desigualdade de condições e fortunas", e, no âmbito moral, à cisão interior do homem, à perda de sua harmonia.

No primeiro, a disparidade entre o progresso das técnicas e a qualidade de vida evidencia o diagnóstico do século, como uma época de consolidação das desigualdades sociais. A denúncia da miséria e da má qualidade de vida das populações urbanas, efetuada no livro 4 das *Confissões*, com base na primeira chegada de Rousseau a Paris, em 1731, manifesta de forma explícita a "desigualdade de condições e fortunas". Nela, as descrições das más condições de sobrevivência da população urbana do subúrbio Saint-Marceau ressaltam a "poluição urbana", que a Nota IX do *Discurso sobre a Origem da Desigualdade* retoma: doenças infecciosas, epidemias produzidas pelo "mau cheiro", alimentos deteriorados, temperos perniciosos, dentre outros. A mesma poluição é assinalada na *Carta a d'Alembert*: "o ar é infestado de imundícies". A poluição serve como pretexto para uma crítica social, econômica e moral que visa atingir as "aparências" sob as quais se procura ocultar a realidade social na grande metrópole. A poluição é a face mais visível da desigualdade porque está corporificada na imagem. A poluição reveste a realidade despojando-a da transparência. Ela se sobrepõe aos objetos como uma cobertura que lhes confere uma nova forma de ser apreendida no mundo das "aparências". Tais descrições põem em contraste a pauperização da maioria da população em relação aos que detém prestígio e poder e ressaltam a desigualdade de "condições e fortunas". A "poluição" não se restringe ao "ar viciado", ao amontoado de casebres em que vivem seus habitantes, mas diz respeito também ao imaginário popular submetido à constante excitação por signos e "aparências". Aliás, esse último aspecto é essencial para se compreender a perda de si, à qual está submetido o homem nessa sociedade.

A função essencial da crítica à ideia de progresso em Rousseau consiste assim em diagnosticar a crise moral e social contemporânea, crise manifesta na incapacidade dessa sociedade em universalizar os resultados benéficos do desenvolvimento material e intelectual. Essa análise é operada precisamente pela intervenção da categoria de "século", categoria fundamental para a consciência histórica das Luzes. Nessa concepção, o aspecto socioeconômico e o aspecto moral-existencial estão igualmente contemplados, eles refletem em diferentes esferas uma mesma debilidade da sociedade: a perda de unidade.

Vejamos agora o plano moral. A noção de progresso predominante no Iluminismo se enraizava na confiança que o progresso intelectual e a propagação das Luzes aprimoravam o espírito, assegurando a harmonia interior e ampliando nossas relações com o mundo. Na interpretação do filósofo genebrino ocorre precisamente o oposto. Em vez de enriquecer o espírito e atuar no aprimoramento moral de nossas ações , o progresso da civilização conduziu à perda da harmonia interior, ao sentimento de angústia e não pertencimento ao mundo. Isso porque ao tornar as desigualdades sociais ainda mais acentuadas e visíveis – como o luxo e a ostentação dos privilegiados, que conduzem à exacerbação do ego narcísico –, coloca homem em "contradição consigo mesmo" ou, no limite, ao abandono de si mesmo. Essa contradição interior e a perda de si estão associados à impossibilidade de realização dos desejos, agora ampliados com as novas conquistas do progresso material.

Desse ponto de vista, o caráter cumulativo dos conhecimentos não garante a realização das aspirações do indivíduo à felicidade. Os conhecimentos acumulados no decorrer do processo civilizatório conduziram à mais completa separação, manifesta não apenas na cisão interior dos indivíduos, mas na distância entre cada membro da coletividade e os demais e na consolidação das divisões sociais. Enquanto, no plano material da existência humana, o processo de desenvolvimento da civilização conduziu à introdução da propriedade privada e, com ela, todo o cortejo de desigualdades, no plano moral, a riqueza cultural e intelectual revela-se um acúmulo de preconceitos e falsas ideias não apenas sobre o mundo, mas, o que é pior sobre o próprio homem. O saber sobre o que o homem verdadeiramente é permanece uma incógnita. O pretenso saber sobre si mesmo leva o homem a se identificar com necessidades artificiais ou "falsas necessidades", projetando o seu "Eu" verdadeiro para fora de si. A ânsia de constante reconhecimento social amplifica o movimento de abandono de si mesmo, na tentativa de tornar-se outro, uma espécie de desdobramento se produz. A personalidade se perde no mundo exterior. A razão já não consegue dominar as paixões.

É preciso ainda considerar a crítica de Rousseau à ideia de progresso das ciências e das artes. O primeiro Discurso referia-se às ciências e às artes como "menos despóticas e talvez mais poderosas", em razão da forma como atuam. Ao estender "guirlandas de flores sobre as cadeias de ferro"[9] ajudam a dissimular a escravidão que mantém os homens aprisionados. Não se trata de um poder instituído com leis prescritas, mas de uma outra instância de poder mais sutil, que contribui para a renúncia da própria liberdade, de tal modo que os homens não apenas se entreguem à escravidão, mas acima de tudo "amem sua escravidão e formem assim o que se chama povos policiados".[10] Na interpretação de Goldschmidt, seria um equívoco supor nessas passagens rousseaunianas o esboço de uma ideologia, pois o fato de que, na civilização visada por Rousseau, a difusão das

9 J.-J. Rousseau, "Discurso sobre as Ciências e as Artes", *In: Os Pensadores*. São Paulo: Abril, 1978, p. 335. Ideia desenvolvida em todos os seus desdobramentos no segundo Discurso.

10 *Ibidem*, p. 335.

luzes tenha contribuído para o consentimento de todos àquele tipo de escravidão, não resulta de um determinismo, já que cabe a elas ampliar horizontes e nossa compreensão de mundo.[11]

Um dos modos de se considerar a questão é enfatizar o aspecto político e moral da tese de Rousseau.[12] Segundo Bastide, nessa passagem há o deslocamento da questão para o âmbito dos princípios com o esboço do homem natural rousseauniano. Mas, ainda que se deva concordar quanto à hipótese de se configurar algo como o homem do estado de natureza, nessa passagem do primeiro *Discurso* não se pode deixar de lado o duplo aspecto que caracteriza a "liberdade original". Ela é concebida como o traço que distingue o homem dos animais e, ao mesmo tempo, como condição de autonomia e independência do homem do estado de natureza na conservação de si. No âmbito da vida social, a autossuficiência no plano material já aparece como uma das condições para a plena realização da liberdade humana, como mostra a seguinte passagem:

> Os príncipes sempre encaram com prazer o gosto das artes agradáveis e das superfluidades, das quais não resulta exportação de dinheiro, espalhar-se entre os seus súditos, pois além de nutri-los assim nessa pequenez de alma tão própria à servidão, sabem muito bem que todas as necessidades que o povo julga ter são outras tantas cadeias em que se enleia. Alexandre querendo manter os ictiófagos na sua dependência, obrigou-os a renunciar à pesca e *a nutrir-se com alimentos comuns dos outros povos.*[13]

11 Sobre isso, cf. V. Godschmidt. *Antropologie et politique: les principes du système de Rousseau.* Paris: J. Vrin, 1974, p. 746, onde uma discussão mais detalhada se desenvolve.

12 Distinção proposta por Paul Arbousse Bastide, cf. nota 15 do primeiro *Discurso*, J.-J. Rousseau, *op. cit.*, p.335.

13 J.-J. Rousseau, *op. cit.*, nota 18, p. 335.

Eis que a denúncia de anulação dos traços culturais específicos de um povo como estratégia de dominação – tema recorrente na obra – consiste em um dos pontos essenciais da crítica à civilização. Aqui ela se traduz na imposição de uma precondição para a liberdade: estar livre de necessidades. "Os selvagens da América, que andam completamente nus e que só vivem do produto de sua caça, jamais foram subjugados; com efeito, que jugo se imporia a homens que de nada necessitam?"[14] Ampliar as necessidades humanas, despertando falsas necessidades é tornar o indivíduo ou um povo dependente daquele que pode supri-las. A ideia de liberdade comporta aquela de liberdade original, na medida em que a posse de si por meio da independência material ou econômica aparece como garantia de não submissão a outro.

Eis aí retratado um dos aspectos da complexa equação daquilo que irá se tornar, alguns séculos mais tarde, a sociedade de consumo. Quanto mais se ampliam as falsas necessidades, ainda que fictícias ou artificiais, maior o risco de dependência e perda de sua liberdade, entendida aqui como instância da vida interior. Essa crítica em Rousseau assume, por vezes, a forma da crítica ao luxo e à ostentação. O fato é que desde o primeiro Discurso, o fundamento material da vida social tem um papel essencial no pensamento rousseauniano e essa base material sempre se projeta nos indivíduos de maneira consciente.Tais projeções irão desempenhar um papel central no *segundo Discurso*. Esse ponto da exposição é importante para que se possa compreender mais adiante, face às exposições sobre Marcuse, a distinção entre a forma consciente de projeção da base material e a forma de inserção do homem nas sociedades tecnológicas contemporâneas como introjeção dos controles sociais.

Prosseguindo a análise do primeiro *Discurso*, a seguir deparamo-nos com a ideia de polidez (*politesse*) como encobrimento do

---

14 *Ibidem*, nota 18, p. 335.

real, do verdadeiro. Categoria sem conteúdo, ela é a forma de expressão de algo que não está lá, pois os frutos do "gosto", adquiridos nos estudos e aperfeiçoados no convívio social, nem sempre correspondem às disposições da alma. Com isso, abre-se o portal através do qual o mal irá penetrar no mundo: a disparidade entre o que se sente e o que se busca transparecer. A polidez é a "caixa de Pandora", pois como propõe Starobinski, "o que está em jogo não é apenas a noção abstrata do ser e do parecer, mas o destino dos homens, que se dividem entre a inocência renegada e a perdição doravante certa: o parecer e o mal são uma e mesma coisa".[15] O processo civilizatório parece ameaçar a autenticidade do indivíduo, o que corresponderia a uma subversão do sentido da própria cultura e da educação, sobretudo sob a perspectiva de seus contemporâneos.

O tema das "falsas aparências" nada tem de original naquele período. A denúncia da hipocrisia e da bajulação perpassa todos os âmbitos da vida social e se expressa amplamente em todos os setores da vida cultural, nas ciências, nas artes, na imprensa. Mas é somente em Rousseau que essa dicotomia entre ser e parecer se desdobra em uma série de oposições (o bem e o mal, natureza e sociedade, natural e artificial, indivíduo e sociedade, dentre outras), as quais compõem o alicerce do próprio sistema e têm em comum uma mesma fronteira a separá-las: a *representação*, motivo pelo qual está sempre presente a ideia de inacessibilidade, de obstáculo, de impossibilidade da comunicação humana. Introduzida no texto por meio da antítese aparência e essência, a crítica à civilização empreendida aqui pelo filósofo não se funda em uma relação de causa e efeito entre a corrupção dos costumes e o desenvolvimento das ciências e as artes. A sutileza da estratégia de Rousseau reside em se restringir à constatação de uma interdependência entre os dois fenômenos que permite medir

15 J. Starobinski, *A transparência e o obstáculo*. São Paulo: Companhia das Letras, 1991, p. 15.

a decadência dos costumes: "onde não existe nenhum efeito não há nenhuma causa a procurar; nesse ponto, porém, o efeito é certo, a depravação é real, e nossas almas se corromperam à medida que nossas ciências e nossas artes avançaram no sentido da perfeição".[16] E, a partir desse ponto, nosso filósofo inicia sua viagem retórica pela paisagem da Antiguidade clássica.

Bento Prado Júnior mostrou que, no primeiro Discurso, não se tratava de criticar a natureza do saber, e sim uma figura histórica do conhecimento.[17] Nem as ciências, nem as artes são recusadas, como lemos em suas *Observações* (*OC*, t. III, p. 36); seria preciso renunciar ao bom senso para dizer o contrário. Filósofos como Bacon, Descartes, Newton são citados por seu "vasto gênio" como "preceptores do gênero humano" e recomendados aos governantes como bons conselheiros. Nas belas artes, Rousseau se refere a Voltaire – o "célebre Arouet" – e outros "homens extraordinários por seus talentos" os quais puderam preservar-se – segundo ele – da influência nefasta que a "dissolução dos costumes, e, consequentemente a "corrupção do gosto" poderiam exercer sobre a arte. Um texto do *Prefácio a Narciso* parece reforçar essa ideia:

> *Concedo que existem alguns gênios sublimes que sabem penetrar através dos véus com os quais se cobre a verdade, algumas almas privilegiadas, capazes de resistir à idiotice da vaidade, ao ciúme baixo e às outras paixões geradas no gosto das letras. Constitui a luz e a honra do gênero humano o pequeno número daqueles que têm a felicidade de reunir essas qualidades. Somente a eles convém, para o bem de todos trabalhar no estudo e essa mesma exceção confirma a regra, pois se todos os*

16 J.-J. Rousseau, *op. cit.*, nota 18, p. 337.

17 B. Prado Junior, *A retórica de Rousseau*. São Paulo: Cosac & Naify, p. 27.

> *homens fossem Sócrates, a ciência não lhes seria danosa, mas também não teriam nenhuma necessidade dela.*[18]

Reforce-se: não se trata de criticar a *natureza* do saber, o que está sendo visado é uma *figura histórica* do conhecimento. O ataque de Rousseau não se dirige à civilização enquanto lugar dos gênios criadores, mas à civilização corrompida por seus pretensos imitadores. Formulado nesses termos, o problema revela o objeto da crítica do filósofo: é contra o "subproduto" da cultura que Rousseau se posiciona. Seria talvez um lampejo daquilo que, duzentos anos mais tarde, será conhecido como a expressão privilegiada da sociedade de massas: a indústria cultural? Seja como for, é por vislumbrar os riscos apresentados pela atuação daqueles "imitadores" que Rousseau não guarda nenhuma complacência: eles aparecem aqui sob as denominações mais desprezíveis: "*gens de lettres*" "multidão de escritores obscuros e letrados ociosos",[19] "vãos e fúteis declamadores",[20] ou ainda, "multidão de autores secundários"[21] e "compiladores de obras".[22]

Pode-se indagar se o ataque aos "compiladores de obras" e a "populaça indigna de se aproximar do santuário das ciências" já não anuncia, com a vulgarização, a cultura de massa. Em que medida o objeto da crítica de Rousseau poderia ser identificado como subproduto cultural daquela sociedade, que faria dela uma versão ancestral da sociedade de massas? Segundo Goldschmidt, é preciso distinguir aqui duas diferentes perspectivas. Em primeiro lugar, sem a integração total da população, que é precisamente o que se passava no *Antigo Regime*, não há "sociedade de massas", de modo que não

18 J.-J. Rousseau, "Prefácio a Narciso ou O amante de si mesmo", In: Os *Pensadores*. São Paulo: Abril, 1974, p. 425.

19 J.-J. Rousseau, Discurso sobre as Ciências e as Artes", in *op. cit.*, p. 344.

20 *Ibidem*, p. 344.

21 *Ibidem*, p. 350.

22 *Ibidem*, p. 351.

se pode dizer que Rousseau a estaria criticando. A argumentação desenvolvida por Goldschmidt é no sentido de mostrar que não se pode atribuir a Rousseau uma previsão precisa da cultura de massa. Segundo ele, as constantes referências em toda sua obra à *pólis* grega e sua reivindicação de igualdade indicariam, ao contrário, que ele conclama à participação, à integração total da população, ainda que não pudesse prever sob que forma isso se daria. Em segundo lugar, a civilização de massa, suscitada pela sociedade de massa, justificaria o ataque dirigido pelo filósofo à civilização de sua época, uma civilização com fortes traços burgueses, mas que se quer aristocrática.[23] Nesse sentido, creio poder afirmar que a crítica se dirigiria muito mais à "aparência" (ou *imagem*, no sentido que lhe atribui Guy Debord, mas isso é tema a ser desenvolvido em outra ocasião) dessa sociedade que se pretende mostrar por aquilo que não é. O que Rousseau tem em mira em sua crítica do primeiro *Discurso* é o *simulacro* das ciências e das artes, assim como os seus promotores.

Essa figura histórica que corresponde ao caráter inautêntico das ciências e das artes e a atuação daqueles que as promovem traz à tona o problema da transformação de objetos culturais em objetos de consumo. Essa transformação é precisamente um dos traços que define a cultura de massa, segundo a interpretação de Hannah Arendt, assim como a substituição da cultura, propriamente dita, pelos "lazeres" ou entretenimento. Uma identificação entre lazer e ociosidade também aparece em Rousseau e é corroborada por d'Alembert, quando coloca a ociosidade na esfera das atividades culturais.[24] Nos *Essais sur les éléments de philosophie*, lemos: "Esses estudos são então reservados aos cidadãos de uma monarquia, que a constituição do governo obri-

23 Cf. V. Godschmidt, *Op.Cit.*

24 V. Godschmidt, "Le probleme de la civilization chez Rousseau", in *Op. cit.*, p. 115.

ga que ali sejam úteis, e *para adoçar sua ociosidade com ocupações sem consequência*".[25]

A dificuldade agora é a distinção entre objetos culturais e objetos de consumo. Goldschmidt pensa que, por mais satisfatória que se mostre no plano conceitual, em sua aplicação concreta essa distinção parece difícil de ser empregada,[26] como ilustra o exemplo do mecenato, tal como Rousseau o apresenta. O poder (financeiro) de determinar que se produza determinada obra artística – ainda que ela resulte em uma obra prima – já não configuraria o poder sobre objetos de consumo? No primeiro *Discurso*, o mecenato torna-se uma questão particularmente intrincada porque o que está em jogo não é a simples difusão do saber, mas o risco de contaminação do *gênio* pela mediocridade dos "*gens de lettres*" e sua pretensão em figurar como "agentes de cultura".[27] No entanto, concluir com base nisso que, no primeiro *Discurso*, Rousseau esteja defendendo uma civilização aristocrática configuraria clara oposição às ideias centrais de todo o seu pensamento e não apenas ao seu igualitarismo.

Baczko mostrou que, ao sentimento de solidariedade humana universal, implícito no sentimento de *pitié*[28] são acrescentados conteúdos "plebeus" quando Rousseau "identifica a humanidade com o povo e associa a piedade com a solidariedade dos pobres e oprimidos".[29] Esta passagem da obra de Rousseau exprime o seu pensamento acerca dessa identificação: "O gênero humano – afirma Rousseau – é composto pelo povo; o que não é povo é tão pouca coisa que não vale a pena contá-lo. O homem é o mesmo em todos os

25 D'Alembert, *Essai sur les élements de philosophie*, p. 230, grifo nosso.

26 V. Godschmidt, *op. cit.* p. 115.

27 *Ibidem*, p. 115.

28 A piedade é a paixão natural que o "primeiro sentimento relativo, que toca o coração humano, conforme a ordem da natureza", In: J.J. Rousseau, *Emílio ou da educação*. São Paulo: Martins Fontes, 1995, p. 289.

29 B. Baczko, *op. cit.*, p. 218.

estados; se for assim, os estados mais numerosos são os que merecem maior respeito."[30] Portanto, se povo e humanidade aparecem identificados, não se sustenta a tese de uma civilização aristocrática, e ganha força a ideia de que a distância que separa o povo do "santuário das ciências" deve ser suprimida.

Esse debate introduz o problema da responsabilidade das ciências e das artes – ou de seu *simulacro* – na formação da mentalidade dos povos. Quando se pensa em desigualdade, é importante considerar o acesso à cultura e à educação. A questão é que, ainda que tal acesso seja possível, de que servirão elas se apenas puderem se configurar como um reforço da alienação? Nesse caso, a questão da superação da desigualdade jamais poderia ser enfrentada, em vista da inacessibilidade à consciência de si e à consciência das reais condições de sua existência objetiva estaria definitivamente excluído.

Nas análises acerca dos problemas da desintegração da personalidade do indivíduo evidencia-se que os conteúdos e valores humanos universais enriquecem a consciência individual enquanto a personalidade humana desintegra-se. As paixões conduzem o homem à busca incessante de satisfação. Ele passa a agir segundo as imposições sociais, em função do desejo de prestígio, tornando opressiva a experiência da consciência de si. Nisso consiste a crise moral apontada por Rousseau. Ela se traduz no desacordo entre o sentimento "de ser ele mesmo" e sua existência social. As contradições e os conflitos sociais, isolando uns dos outros, dividem a sociedade. As relações sociais deixam de ser laços pessoais e o indivíduo já não se reconhece em nenhuma comunidade, nem em si mesmo. Nas descrições e análises de Rousseau que inauguram a dimensão histórica da existência do homem "alienado de si" e de sua própria atividade social, essa experiência é sentida como perda de identidade

30 J.-J. Rousseau, *op. cit.* p. 293.

e autenticidade: tornar-se estranho a si mesmo é não se reconhecer em um mundo que se tornou uma totalidade despojada de sentido.

Em meados da metade do século XX, a literatura sobre a obra de Rousseau viu crescer o interesse de prestigiados intérpretes sobre os problemas da alienação: V. Goldschmidt, B. Baczko, J. Starobinski, P. Burguelin, B. Groetuysen, Lapassade, M. Raymond e B. Gagnebin, dentre outros. As causas do interesse pela problemática da alienação em Rousseau àquela altura talvez estivessem vinculadas aos anseios de compreender muito mais a nossa época do que o próprio Século das Luzes. Uma das razões para se recorrer à noção de alienação para elucidar o problema da desigualdade social em nossos dias é a estreita relação entre processos de despersonalização descritos por Rousseau e os mecanismos de dilaceramento do "Eu" nas sociedades contemporâneas com a desintegração de pequenas comunidades, a maior mobilidade social, a crescente urbanização e, consequentemente, a dependência mútua dela decorrente.

Os fenômenos da alienação denunciados por Rousseau podem ser examinados sob duas diferentes perspectivas. A primeira diz respeito às realidades sociais relacionadas ao "mundo das aparências" e à desintegração da personalidade do indivíduo, ilustradas nas célebres cartas da *Nova Heloísa* escritas por Saint-Preux em Paris. Nessas descrições, o mundo se corporifica numa sociedade de indivíduos isolados cuja ação é determinada por interesses que levam ao conflito e à desordem social. Nele, não se cumpre nem o ideal de relação imediata com os objetos, nem o de relação direta de consciência a consciência. A relação qualitativa do homem à coisa é suprimida, e as aspirações e metas da ação humana se traduzem em cifras e grandezas abstratas. Tais fenômenos se associam diretamente ao tema do dinheiro sob os mais diferentes aspectos, sendo o "mais sintomático da economia monetária e mercantil: a reificação das relações entre os homens e o desdobramento das coisas em seu valor de uso e em seu valor de troca".[31] Todas essas questões evidenciam um novo tipo de relações sociais e apontam para o tema da grande metrópole.

Quanto ao tema da solidão, é preciso dizer que cada um vivendo separado dos demais pela barreira de seus interesses particulares torna-se um solitário ainda que vivendo em meio à multidão. O indivíduo experimenta um sentimento de constante ameaça em virtude do caráter anônimo dos laços sociais, que resultam da complexa rede de relações estabelecidas em função do desenvolvimento da economia mercantil. O mundo passa a ser percebido como particularmente hostil. Esse isolamento impede ainda o desenvolvimento de ações coletivas de interesse de todos e mantém intacta a estrutura desigual e hierárquica dessa sociedade.

A descrição do processo de perda da pura sensibilidade até o desenvolvimento do raciocínio no *Discurso sobre a origem e os fundamentos da desigualdade entre os homens* é articulada por um encadeamento de momentos que se condicionam uns aos outros, marcados pelo confronto com os obstáculos naturais e pela luta para superá-los. Nesse processo, o trabalho e o fazer instrumental precedem a irrupção do juízo e da reflexão.[32] A cada novo obstáculo, novas ferramentas cada vez mais artificiais vão se sucedendo e aumentando a

31 B. Baczko, *op. cit.*, p. 25.

32 J.-J. Rousseau, "Discurso sobre a origem e os fundamentos da desigualdade entre os homens" In: *Os Pensadores*. São Paulo: Abril, 1974, p. 260, onde se lê: "Essa foi a condição do homem nascente; essa foi a vida de um animal limitado inicialmente às sensações puras (...) Mas logo surgiram dificuldades e impôs-se aprender a vencê-las; a altura das árvores, que o impedia de alcançar os frutos, a concorrência dos animais, (...) a ferocidade daqueles que procuravam nutrir-se deles, tudo o obrigou a entregar-se aos exercícios do corpo; foi preciso tornar-se ágil, rápido na carreira, vigoroso no combate. As armas naturais que são os galhos de árvores, e as pedras logo se encontraram sob sua mão. Ele aprendeu a superar os obstáculos da natureza, a combater, se necessário, os outros animais, a disputar sua subsistência com os

distância entre a natureza e o homem.[33] A luta contra os obstáculos naturais é vencida pelo trabalho e pelo fazer instrumental, que por sua vez, provocam no homem modificações psicológicas: a faculdade de comparar o torna capaz de uma reflexão rudimentar: ele passa a "perceber certas relações" entre os objetos e as "novas luzes, que resultaram desse desenvolvimento, aumentaram sua superioridade sobre os demais animais, dando-lhe consciência dela (...). Assim, o primeiro olhar que lançou sobre si mesmo produziu-lhe o primeiro movimento de orgulho...". [34] Com a irrupção do *orgulho* estão dadas as condições para o início da separação de sua própria natureza interior. O equilíbrio do ser primitivo está definitivamente comprometido. A partir daí começa a separação entre o "Eu" e o "Outro". O *amor de si* se degenera em *amor-próprio*, surgem os vícios e a sociedade se constitui.

Starobinski enfatiza o ingresso no mundo da aparência como *consequência* e *causa* das transformações econômicas e a profunda ligação do problema moral e o problema econômico: "E, enquanto a razão se aperfeiçoa, a propriedade e a desigualdade se introduzem entre os homens, o meu e o teu se separam sempre mais. A ruptura entre ser e parecer passa a marcar o triunfo do 'factício', a distância cada vez maior que nos afasta não apenas da natureza exterior, mas de nossa natureza interior".[35] Submetido à tirania da *opinião pública*, e pautando suas ações pelo "olhar" do outro, acelera-se o processo de afastamento de sua natureza interior e ele passa a existir em

---

próprios homens, ou a compensar-se daquilo que era preciso ceder ao mais forte".

33 J.-J. Rousseau, *op. cit.*, p. 260: "Anos estéreis, invernos longos e rudes, verões ardentes que consomem tudo exigiram deles uma nova indústria. Ao longo do mar e dos rios eles inventaram a linha e o anzol, e tornam-se pescadores e ictiófagos. Nas florestas fabricaram arcos e flechas".

34 *Ibidem*, p. 261.

35 J. Starobinski, *op. cit.*, p. 39.

uma nova dimensão, a dimensão da existência fora de si: "...o selvagem vive em si mesmo; o homem sociável, sempre fora de si, só sabe viver baseando-se na opinião dos demais e chega ao sentimento de sua própria existência quase que somente pelo julgamento destes".[36]

Mas se, no plano moral, a solução parece apontar para a permanência em si, enquanto garantia de autonomia e liberdade, menos fácil será constatar se sua crítica implica necessariamente uma ação ou um engajamento político diretos. A razão para isso é que, no conjunto da obra, verificam-se tanto modelos de sociedade em que a participação política é sublimada em ações coletivas – como as "vindimas" da sociedade autárquica da *Nova Heloísa* –, quanto passagens em que se sugere a ampla participação do cidadão na vida política – como nas *Considerações do governo da Polônia*. O tema levou, ao longo dos anos, a profícuos debates acerca de passagens do segundo *Discurso* interpretadas como uma invocação à revolução, ou ainda, como uma espécie de presságio:[37]

> o déspota só é senhor enquanto é o mais forte e, assim que se pode expulsá-lo, absolutamente não lhe cabe reclamar contra a violência. A rebelião que finalmente degola ou destrona um sultão é um ato tão jurídico quanto aqueles pelos quais ele, na véspera, dispunha das vidas e dos bens de seus súditos. Só a força o mantinha, só a força o derruba; todas as coisas se passam assim, segundo a ordem natural, e seja qual

36 *Ibidem*, p. 281.

37 *Ibidem*, "Isso não significa que, a exemplo de algumas doenças que transtornam a cabeça dos homens e lhes arrancam a recordação do passado, não haja certas vezes, no decurso da vida dos Estados, épocas violentas nas quais as revoluções fazem sobre os povos o que algumas crises determinam nos indivíduos, fazendo com que o horror do passado dê lugar ao esquecimento e o Estado abrasado, por guerras civis, renasça por assim dizer, das próprias cinzas, retomando o vigor da juventude e escapando dos braços da morte".

> for o resultado dessas revoluções breves e freqüentes, ninguém pode lamentar-se da injustiça de outrem, mas unicamente de sua própria imprudência ou de sua infelicidade.[38]

Essa passagem foi lida frequentemente como um apelo à revolução, ou ainda como "uma das maiores contribuições ao espírito revolucionário em formação, rebaixando o rei à sua condição de homem falível e, sobretudo, de criminoso punível".[39] Mas outra leitura é possível. As descrições de eventos do passado projetadas sobre uma situação nova suprimem o contexto específico em que o texto se insere: a chegada do homem ao último estágio da desigualdade, o "ponto extremo que fecha o círculo", isto é, o momento em que "todos os particulares se tornam iguais, porque nada são", já que a lei do mais forte passa a predominar, caracterizando então "um novo estado de natureza", o ápice da desigualdade. O que se tem agora é a volta à barbárie, na qual todos tornam-se novamente "iguais", não mais pela autossuficiência e autonomia desfrutada no estado de natureza, mas pela completo esfacelamento do corpo social. As "revoluções breves e frequentes" ou as revoltas não implicariam aqui a construção de uma sociedade justa, mas instaurariam as condições de existência na qual "ninguém pode lamentar-se da injustiça de outrem, mas unicamente de sua própria imprudência".[40] Inaugura-se assim, um tempo de insegurança generalizada, em que a única lei volta a ser a do mais forte, entendendo-se por "força" aquilo que consiste no móbil social, seja o dinheiro, o militarismo, uma população numerosa. Portanto o que Rousseau traz à tona é um estágio político caracterizado pela completa debilidade das instituições, no qual voltou a vigorar tão somente a lei do mais forte.

---

38 *Ibidem*, p. 280.

39 *Ibidem*, nota 120, p. 280.

40 *Ibidem*, p. 280.

A questão do apelo à revolução no segundo *Discurso* supõe também que se considere o importante papel atribuído à educação política, em inúmeras passagens ao longo de toda sua obra, particularmente no *Emílio*. Nessa obra, a educação política adquire um papel essencial: sem conhecer os "deveres e direitos dos cidadãos", sem saber "o que é a pátria" e sem considerar as relações civis entre os cidadãos, a educação do Emílio não estará terminada. A participação do indivíduo na coletividade implica o conhecimento das relações sociais e políticas que a definem. Se Emílio tem o direito de escolher seu país, mesmo não pertencendo à coletividade, é porque pode inserir-se nela a partir do assentimento dos princípios sobre os quais ela se funda.

Ao confrontar os dois modelos, aquele implícito no Emílio,no qual se confere à educação política a função de garantir a participação qualitativa do indivíduo na coletividade, e o ideal de sociedade autárquica de Clarens da Nova Heloísa, no qual se dá a subjetivação dos conflitos sociais pela intervenção das "belas-almas", verifica-se, no primeiro caso, a ampliação do espaço político na vida do indivíduo, ao passo que no outro, sua supressão pura e simples. É preciso determinar se o problema encontra sua solução na educação política ou na subjetivação dos conflitos sociais pela intervenção da "bela-alma". É possível conciliar, no plano da história, esses polos antagônicos?

Para colocar em relevo a síntese da ambivalência do modelo de Rousseau, pode-se invocar o exemplo sugerido por Baczko. O jovem Robespierre, na época de seus estudos em Paris e início de sua carreira, inspirava-se no modelo da "bela alma". Nesse modelo, a inércia no âmbito da participação política contrasta com a percepção e sensibilidade das injustiças e das desigualdades derivadas dos privilégios sociais. A valorização da amizade e do amor aparece associada ao ideal da vida virtuosa do homem simples, enquanto o apego à vida solitária e natural está ligado ao anseio de reforma dos costumes. A leitura de Rousseau que inspira Robespierre reflete esse ideal de alma sensível. É somente com a convocação dos Estados gerais, quando os debates políticos se acirram, que as aspirações à ação política se sobrepõem ao estado de espírito da "bela alma". A *Dedicatória* a Rousseau mostra esse movimento interior. A interiorização e a subjetivação dos conflitos sociais operadas pela "bela alma", ao favorecer a sublimação desses conflitos em todos os âmbitos da vida social, surge – nesse caso – como um estágio anterior que, não estimulando a ação política diante de conflitos, que o homem naquele momento não podia superar em escala individual, irá prepará-lo para a intervenção política consciente. Os valores culturais aliados à educação são um fator preponderante para a articulação interna da qual irá resultar a decisão sobre a nova forma de inserir-se no mundo. O sentimento da gravidade da crise torna-se "um elemento de cristalização da consciência social e política das classes e dos grupos sociais (...) essa tomada de consciência se faz no curso da confrontação da realidade com uma 'necessidade interior', com um imperativo moral e com os valores morais e culturais".[41] De fato, os conflitos que essa realidade comporta no plano social, político e econômico e sua contradição em relação a um ideal de sociedade desencadeiam a crise que se apodera da consciência individual.[42] A insatisfação do indivíduo em diferentes aspectos de sua existência social associada à alienação "do homem que se põe em contradição consigo mesmo", faz com que essa existência seja experimentada como algo intolerável. E é precisamente por se tornar intolerável que há recusa de identificação

41 B. Baczko, *op. cit.* p. 298.

42 "*As Confissões* narram o esforço heróico empreendido por Jean-Jacques para desprender-se da alienação da opinião e do julgamento de outrem, mas o relato apologético da 'reforma pessoal' que lhe confere também o sentido de uma alienação sofrida. Embriaguez, loucura, fogo celeste, má sorte: ele foi impelido para fora de si mesmo no próprio ímpeto em que pretendia redescobrir-se e fundar sua unidade", *in* J. Starobinski, *op. cit., p. 61.*

com essa existência que lhe é imposta. Embora a resistência em se identificar com esta forma de existência possa levar ao isolamento social, ela pode também conduzir a uma efetiva participação política.

O problema adquire um novo perfil quando os indivíduos passam a se identificar com a existência que lhes é imposta, daí resultando até mesmo satisfação. Isso é o que se verifica quando as formas de controle social tornam-se "tecnológicas". A apreciação da conexão entre o estado da tecnologia contemporânea e tal identificação supõe a distinção entre dois tipos de razão antagônicos: a razão instrumental e aquela que pode ser denominada "razão sensitiva", como queria Rousseau.[43]

É somente no século das Luzes que se explicita o conflito entre os dois tipos de razão. Em nossos dias, esse conflito apresenta nova configuração, já que a "tecnologia e política são os caminhos que a razão encontrou para dar plena expressão ao conflito que vinha se armando desde séculos. Digamos, então, que a razão se extroverte, se realiza, se objetiva, em termos de revolução tecnológica e de revolução política".[44] Em sua análise sobre a questão, Heidegger demonstra que a técnica atual já não pode ser explicada como a técnica tradicional,

43 Cf. G. Borheim, "Reflexões sobre o meio-ambiente, tecnologia e política", in Ernildo stein, Luis A. de boni (orgs.), *Dialética e liberdade: Festschrift em homenagem a Carlos Roberto Cierne Lima*. Petrópolis/Porto Alegre: Vozes/Editora da UFRS, 1993, p. 164-168; "de um lado encontramos a razão instrumental, elaborada no percursos Galileu-Descartes-Newton e que constitui a base científica da futura revolução tecnológica, e, de outro lado, a linha que começa com Montaigne e se estende a Rousseau e Goethe (a teoria goethiana das cores, oposta como se sabe ao matematismo newtoniano). Se a cultura burguesa a partir de seus inícios desenvolve dois tipos de razão concomitantes e se essas diferentes noções entram em conflito sem qualquer possibilidade de síntese superadora fica fácil perceber como se instaura uma certa consciência maniqueísta que joga as duas formas de razão uma contra a outra".

44 G. Borheim, *op. cit.*, p. 166.

a qual se traduzia objetivamente como "extensão do corpo humano", como um *instrumentum*. Como o instrumento é construído pelo homem subordinando-se ao domínio manipulador do sujeito, o espaço em que eles se movem fica reduzido à intimidade da dicotomia sujeito-objeto, na qual o instrumento subordina-se ao domínio manipulador do sujeito. Com a tecnologia atual, as coisas ocorrem de maneira diferente, pois a máquina tecnológica adquire autonomia e desprende-se da dicotomia sujeito-objeto, a ponto de tornar-se a forma predominante de controle social, a qual, precisamente por ser tecnológica, mostra-se cada vez mais eficiente em função do aperfeiçoamento constante. Essas formas de controle social são tecnológicas também pela conexão que se estabelece entre elas e a razão. Enquanto a estrutura e "eficiência técnicas do aparato produtivo e destrutivo" no período moderno permitiam sujeitar a população à divisão social do trabalho por meio de formas de coação como o desemprego, a política, forças armadas etc., agora, na época contemporânea os controles tecnológicos surgem como a "personificação" da *razão "para o bem de todos os grupos e interesses sociais – a tal ponto que toda contradição parece irracional e toda ação contrária parece impossível"*[45].

Marcuse mostra que até mesmo os setores "mais desenvolvidos" das sociedades atuais não conseguem escapar e os "controles sociais" são introjetados afetando até mesmo a resistência individual. O aspecto sociopsicológico que marca o período contemporâneo diz respeito a um processo de individualização e tomada de consciência que já não se realiza da mesma forma como no período anterior. É importante aqui retomar a definição do conceito de *introjeção* sob a nova configuração que adquire: "*Introjeção* não mais descreve o modo pelo qual o indivíduo reproduz e perpetua os controles externos exercidos pela sociedade. *Introjeção* sugere uma variedade de

45 H. Marcuse, *A ideologia da sociedade industrial*. Rio de Janeiro: Zahar Editores, 1973, p. 30.

processos relativamente espontâneos pelos quais o Eu (Ego) transfere do "exterior" para o "interior". Assim, *introjeção subentende a existência de uma dimensão interior, distinta e até antagônica às exigências externas – uma consciência individual e um inconsciente individual separados da opinião e do comportamento públicos*". Até aqui o conceito de introjeção se explicita na ideia de "liberdade interior", tão cara a Rousseau, ao designar uma dimensão capaz de assegurar ao indivíduo a manutenção de sua própria autenticidade; Marcuse fala em "permanecer ele mesmo". O problema é que agora o conceito passa a designar um espaço invadido pela máquina tecnológica. Como a produção e distribuição em massa reivindicam o indivíduo "inteiro", a psicologia industrial, não mais restrita aos limites das fábricas, mas movendo-se em todos os âmbitos da vida social, atua mediante múltiplos processos que "parecem ossificados em reações quase mecânicas". O resultado é a mimese: "uma identificação imediata do indivíduo com a sua sociedade e, através dela, com a sociedade em seu todo".[46] O problema da desintegração da personalidade ou cisão interior do indivíduo nas sociedades ocidentais já havia sido explorado por Rousseau. Contudo, a complexidade dos múltiplos processos de controle social da sociedade tecnológica extrapola em muito a versão de controle social, a chamada "opinião pública". Se a metáfora do "olhar" parecia antecipar a dimensão que podem adquirir os controles sociais, naquele contexto – social, político e econômico – não se poderia ainda prever o potencial da revolução tecnológica quanto a isso. Observemos ainda que a descrição do processo de perda do espaço interior – que aqui se faz pela "invasão" das instâncias externas no âmbito do mundo interior –, naquela concepção, é a própria dimensão interior que se exterioriza como o outro de si mesmo. Essa diferença é essencial quanto à possibilidade de um retorno a si, pois o homem da concepção rousseauniana

46 H. Marcuse, *op. cit.*, p. 30-31.

pode – pelo menos em tese – ter novamente um acesso à consciência moral que poderá livrá-lo daquela sujeição. Já em Marcuse, a identificação – nessa etapa das análises – se dá de forma plena, a alienação não se realiza no âmbito da aparência, mas ela é real. Diz Marcuse: "Essa identificação não é uma ilusão, mas uma realidade. Contudo, a realidade constitui uma etapa mais progressiva da alienação. Esta se tornou inteiramente objetiva. O sujeito que é alienado é engolfado por sua existência alienada. Há apenas uma dimensão, que está em toda parte e tem todas as formas."[47]

Assim se pode formular o problema da superação das desigualdades sociais: como dar o passo decisivo para a transformação das sociedades, nas quais as desigualdades são mais acentuadas, se a realidade torna-se cada vez mais "uma forma mais progressiva de 'alienação'"? No processo de inserção do homem no mundo, a dimensão "interior" da mente, na qual poderia se enraizar a oposição e recusa do *status quo*, é inteiramente invadida? E se os controles sociais são introjetados a ponto de "sufocarem" a consciência individual?

> A perda dessa dimensão, na qual o poder de pensamento negativo – o poder crítico da Razão – está à vontade, é a contrapartida ideológica do próprio processo material no qual a sociedade industrial desenvolvida silencia e reconcilia a oposição. O impacto do progresso transforma a Razão em *submissão aos fatos da vida* e à capacidade dinâmica de produzir mais e maiores fatos do mesmo tipo de vida. A eficiência do sistema embota o reconhecimento individual de que ela não contém fato algum que não comunique o poder repressivo do todo. Se os indivíduos se encontram nas coisas que moldam a vida deles, não o

47 H. Marcuse, *op. cit.*, p. 31.

fazem ditando, mas aceitando a lei das coisas – não a lei da Física, mas a lei da sociedade.[48]

Referências bibliográficas

ROUSSEAU, J.-J. *Oeuvres Complètes*. Paris: Gallimard, Bibliothèque de la Pléiade, v. I (1959), v. II (1961), v. III (1964), v. IV (1969), v. V (1995).

ROUSSEAU, J.-J. *Os Pensadores*. São Paulo: Abril, 1978.

ROUSSEAU, J.-J. *Emílio ou Da Educação*. São Paulo: Martins Fontes, 1995.

ROUSSEAU, J.-J. "Prefácio a Narciso ou O amante de si mesmo". In: ___. *Os Pensadores*. São Paulo: Abril, 1978.

BACZKO, B. *Solitude et communauté*. Paris: La Haye, 1978.

BECKER, E. "Natureza, ética e sociedade em Rousseau". In: *Cadernos de Ética e Filosofia Política* (USP), v. 21, 2012, p. 31-42.

BORHEIM, G. "Reflexões sobre o meio-ambiente, tecnologia e política". In: STEIN, Ernildo, BONI, Luis A. de (orgs.). *Dialética e Liberdade: Festschrift em homenagem a Carlos Roberto Cierne Lima*. Petrópolis/Porto Alegre: Vozes/Ed. UFRS, 1993.

GOLDSCHMIDT, Victor. *Antropologie et politique – les principes du système de Rousseau*. Paris: J. Vrin, 1974.

___. "Le problème de la civilization chez Rousseau". In: *Manuscrito*, vol. III, nº 2, 1980.abril, p. 93-126.

MARCUSE, H. *A ideologia da sociedade industrial* (trad. do original *One-dimensional man – studies in the ideology of advanced industrial society*) Tradução Giasone Rebuá. 4ª. ed. Rio de Janeiro: Zahar Editores, 1973.

MARQUES, José Oscar de Almeida (org.). *Reflexos de Rousseau*. São Paulo: Associação Editorial Humanitas, 2007.

---

48 H. Marcuse, *op. cit.*, p. 31, grifo nosso.

PRADO JÚNIOR, B. A *retórica de Rousseau*. São Paulo: Cosac & Naify, 2008.

SOUZA, Maria das Graças. *Ilustração e História*. São Paulo: Discurso Editorial, 2001.

STAROBINSKI, J. *A transparência e o obstáculo*. São Paulo: Companhia das Letras, 1991.

República, liberdade e corrupção política em Montesquieu

Vital Francisco Celestino Alves[1]

A república e a virtude política

Em suas obras *Considerações sobre as causas da grandeza dos romanos e da sua decadência* e *O espírito das leis*, Montesquieu[2] contribuiu de forma significativa à formação do pensamento republicano no âmbito teórico[3]. A análise exposta pelo filósofo francês – em

---

1 Doutor em Filosofia - UFG.

2 No exame que será realizado sobre a contribuição de Montesquieu a reflexão republicana, nossa exposição e comentários terão como base, sobretudo, os trabalhos de Céline Spector (2004), Judith Shklar (1998), Eric Nelson (2004), Antônio Carlos dos Santos (2002), Fernando Figueiras (2008) e Newton Bignotto (2010).

3 Newton Bignotto (2010) defende que a posição teórica de Montesquieu deve ser vista separadamente de sua convicção pessoal, uma vez que esta tinha como objetivo estabelecer uma crítica ao absolutismo, e não propriamente um desejo seu de modificar as instituições políticas francesas. M.Doringny (1990) sublinha que a origem da prudência de Montesquieu em criticar Luís XVI deve-se ao fato do autor francês ter bens e família que dependiam dele. Mas, essa atitude não o desvaloriza, posto que, o pensador de Bordeaux não temia confrontar os excessos da autoridade e os problemas do governo. Antônio Carlos dos Santos (2002) aponta que ao longo da década de 1780 o nome do

ambos os escritos, no tocante à vida civil e às ordenações políticas, confirma o notável liame existente entre a sua reflexão política e a tradição do Humanismo Cívico[4] e do republicanismo. Na leitura de Céline Spector (2004), a tese da República exposta por Montesquieu

---

autor do Barão de La Brède se tornou uma referência fundamental nas instâncias da vida política e literária da França em função da sua defesa da autonomia dos parlamentos e de sua tolerância e moderação com as diferentes convicções religiosas e políticas. Starobinski (1990), por sua vez, ressalta que a prudência de Montesquieu não constituiu um obstáculo para a popularização de sua obra e o seu uso como ferramenta válida no combate às diversas expressões de despotismos. Devido a esse motivo, Montesquieu se associou de maneira decisiva à história do pensamento republicano.

4 No século XV, um grupo de intelectuais de Florença que defendia a valorização do homem e da natureza, em detrimento do divino e do sobrenatural, resgatou o pensamento oriundo da Antiguidade e abraçou o republicanismo. Este grupo ficou conhecido como "Humanistas Cívicos". Tais estudiosos aos quais nos referimos promoviam debates políticos em que se discutiam os fundamentos das instituições romanas e das ações honrosas de Tito Lívio, Cícero e Plutarco. A busca dessas referências antigas encontrava-se ligada a um desejo de ação. A posição ocupada pela República Romana no pensamento desses intelectuais revela um anseio pelo retorno ao modelo político da Antiguidade, e, com ele, o resgate dos exemplos romanos, naquele período já esquecidos. Os humanistas cívicos tinham uma relação singular com a imagem de Roma, especialmente no que dizia respeito à sua grandeza e frequente capacidade de renovação. O regresso às ideias republicanas, realizado pelos humanistas, e o surgimento de um republicanismo renascentista, representou um marco transitório no qual se notam: um retorno às concepções primordiais da tradição republicana antiga e, simultaneamente, a preparação de um esboço para a construção de um republicanismo moderno. Nas interpretações de Pococok (1975) e Skinner (1996) e Spector (2004), não só Maquiavel sofreu uma importante influência dos Humanistas Cívicos, como também Montesquieu.

em sua explicação acerca das diversas formas de governo repousa em vários argumentos empregados na defesa da vida cívica desde os tempos que antecederam o Renascimento em Florença. Nessa direção, as instituições e a investigação a respeito da natureza da democracia comprovam a prevalência do legado aristotélico e ciceroniano, em especial, quando o pensador de Bordeaux acentua a relevância dos grandes legisladores em cercear as inclinações anárquicas atinentes à democracia, de modo a estimular o poder deliberativo e judiciário ao povo e por não circunscrever o governo a uma elite. Além disso, em relação à questão dos costumes, Montesquieu toma emprestado de Maquiavel e do humanismo cívico a concepção de que a natureza e o princípio do governo estão associados em uma junção que une bons costumes e boas leis. Sendo assim, corrobora o pressuposto de que a conservação das instituições republicanas pode ser realizada mediante os sentimentos patrióticos, isto é, com a primazia do princípio ou da paixão dominante que sustenta a natureza do governo, consubstanciada a bons costumes e a boas leis. Montesquieu imputa às leis a função de suscitar costumes virtuosos. Em sua percepção, embora as leis e os costumes sejam coisas distintas, elas mantêm uma relação dialética íntima, não apenas no sentido de que as leis contribuem para fomentar os costumes, mas também porque, conforme complementa Céline Spector (2004), os costumes podem reforçar a internalização da obediência às leis e o respeito à ordem social. Nas palavras de Montesquieu:

> Os costumes e as maneiras são práticas que as leis não estabeleceram, ou não puderam, ou não quiseram estabelecer. Há esta diferença entre as leis e os costumes: as leis regem mais as ações do cidadão, e os costumes regem mais as ações do homem. Há está diferença entre os costumes e as maneiras: as primeiras concernem mais à conduta interior e as outras à exterior (MONTESQUIEU, 1997, 367).[5]

5 *O Espírito das leis*, XVI, cap. XXVI.

Portanto, a igualdade e a frugalidade são condições básicas em uma República, mas que só estarão asseguradas se existirem instituições eficazes, hábeis em educar e bem orientar os costumes. O regime republicano instala uma esfera de organização do poder que tem como ponto de partida a distribuição do poder soberano e o destaque na virtude dos cidadãos. A República é um regime cuja isonomia encontra-se calcada na igualdade de participação no poder político edificado em uma ordem política saudável. Na República, em oposição aos outros regimes, não se busca a vantagem de um ou de poucos, mas sim o benefício para o coletivo. Aqui, o bem comum é o bem público e é nesse cenário que se insere a noção de pátria. Desse modo, não se pode conceber uma República sem pátria. Esta é o espaço comum e público – oposto ao que é privado e, ao mesmo tempo, pode ser considerada um afeto. A pátria envolve amor, identidade, pertencimento. Haja vista a necessidade de cidadãos virtuosos, comprometidos com a República, que visem o bem da sociedade política de forma integral.

As ligações de Montesquieu com a linhagem republicana foram fixadas, antes de tudo, por sua primorosa análise sobre a história antiga, segundo Newton Bignotto (2010). Pode-se fazer essa constatação mediante a leitura de suas *Considerações sobre as causas da grandeza dos romanos e da sua decadência* . O estudo da história de Roma foi, até meados do século XVIII, o viés mais convencional para se atingir a questão da República. Vê-se na reflexão política de Montesquieu, na análise de Judith Shkalar (1998), que em sua obra sobre a antiguidade clássica, *Considerações*, ele sinaliza que em Roma os homens estavam sempre no *trabalho* ou na *praça pública*, o que significa que eles também se ocupavam de assuntos particulares. Com isso, o filósofo de Bordeaux pretende ressaltar que Roma era, em seus primórdios, bem precária em se tratando de estrutura urbana, pois servia como espaço para armazenar os espólios de guerra de um povo frequentemente em conflito com os vizinhos.

O *Espírito das Leis* nos convida a perceber as metamorfoses pelas quais a Europa passou, em decorrência das grandes navegações e a maneira como esse fato a distanciou assombrosamente do ideário republicano antigo. Com as navegações irromperam novas direções, diálogos, descobertas, novas riquezas e, sobretudo, um novo tipo de poder. O resultado, julga Montesquieu, foi que alguns príncipes passaram a querer impor o modelo monárquico para o mundo, como o Império Romano o fez. O imperialismo entrou na ordem do dia do mundo europeu e Montesquieu atesta o erigir dessa mentalidade como um fenômeno desalentador. Judith Shklar (1998) sublinha, além disso, que o império romano serviu a Europa como um exemplo terrível. A República, que o precedeu, não ganhou as bonitas cores que merecia. Não deveríamos nunca esquecer, como alerta o próprio pensador de Bordeaux, da peculiaridade beligerante dos romanos, uma vez que o Império Romano teve como únicas paixões a guerra e a conquista. A intérprete grifa também que Montesquieu compreende a história romana como um acontecimento implacável, pois assim o narra em seus últimos acontecimentos. Mas, no alvorecer desse empreendimento, o filósofo francês percorre todos os caminhos até o instante derradeiro. A sua visão política o aproxima da história o guiando a discorre acerca do heroísmo dos personagens romanos dotados de grande virtude e que foram decisivos para a grandeza da cidade. Basta ver nas *Considerações* e em *O espírito das leis*, que o Barão de La Brède realiza diversas correlações entre os povos antigos e os modernos.[6] Montesquieu usa a história romana buscando entende-la olhando além da superfície dos eventos, a fim

6 Por exemplo, entre Roma e a Inglaterra nos capítulos 1 e 8 das Considerações, bem como no terceiro capítulo do livro 3 d'O Espírito das leis, em que lemos: "Os políticos gregos, que viviam no governo popular, não reconheciam outra força que pudesse sustenta-los além da força da virtude. Os de hoje só nos falam de manufaturas, de comércio, de finanças, de riquezas e mesmo de luxo". p. 60.

de descobrir as causas mais amplas e profundas que produziram tanto a grandeza quanto a decadência de Roma.

O fascínio de Montesquieu no que diz respeito ao período republicano de Roma refere-se em particular às instituições republicanas e sua eficiência em se expandir. No entanto, ele também sabia de suas fraquezas e deficiências. Reconhecia, a título de amostra, que a potência romana destruíra os sustentáculos de sua liberdade e desencadeara a corrupção do corpo político. É interessante notar que o autor de Bordeaux demonstra como os romanos valorizavam os costumes que lhe eram pertinentes e ultrajavam os costumes de outros povos. Igualmente demarca como a conquista do território de Roma se deu a partir do esfacelamento de inúmeras outras culturas.

O objetivo de Montesquieu ao versar sobre Roma Antiga era, por um lado, desvendar quais foram os motivos que conduziram aquele povo tão poderoso e extraordinário ao declínio. A tese sustentada por ele ao longo das *Considerações* foi a de que a união entre a potência militar e a ambição desmedida de crescimento territorial acabou levando os romanos a cavarem a sua própria sepultura. De acordo com Montesquieu se, por um lado, é justamente na junção desses aspectos que se oculta a explicação que nos possibilita compreender o declínio da República romana; por outro lado, o Barão de La Brède se empenhou em investigar quais circunstâncias tornaram exequível o advento de uma República capaz de produzir tantas façanhas e paralelamente perdurar durante tanto tempo. Ele advoga que o ponto nevrálgico para se entender a grandeza romana encontra sua raiz no elemento institucional e, particularmente, na virtude. Os romanos eram virtuosos e amavam a igualdade. Assim, mesmo mergulhados em imbróglios e ganâncias em seu interior, os romanos tiveram destreza em balancear essas pressões por meio de um intrincado arranjo de instituições que conseguia manter o equilíbrio tornando a República esplêndida, visto que, desde seu nascimento, afirma Montesquieu, a constituição romana demonstrou uma desenvoltura irrefutável para reparar os abusos de poder, seja à custa do espírito do povo, da robustez do Senado ou pela autoridade dos magistrados.

Montesquieu define o governo republicano como aquele no qual o povo, integralmente, ou apenas uma parte dele, detém o poder soberano. Além de definir o governo republicano nesses moldes, o autor francês divide a República em duas possibilidades: democrática (o povo como o todo possui o poder soberano e é ao mesmo tempo monarca e súdito) e aristocrática (quando o poder soberano encontra-se nas mãos de uma parcela do povo). A Monarquia é o regime no qual apenas um governa, mas se orienta por leis estabelecidas; ao passo que no Despotismo um único homem - sem leis e normas – manda e desmanda conforme sua vontade arbitrária.[7] Da natureza[8], que caracteriza cada regime, se originam as leis fundamentais ou, precisamente, a constituição política.

Certificamo-nos que Montesquieu utiliza o termo República para designar o governo republicano. A acepção de República segue a tradução etimológica convencional do latim: *res publica* ou coisa pública. Quando o autor utiliza o termo República para indicar a forma de governo, ele está se referindo ao governo republicano que, pode

7 Para um estudo aprofundado das formas de governo em Montesquieu, sugerimos ver mais em Catherine Larrère (1979) e Paul Vernière (1977).

8 Eric Nelson (2004) alerta que no *Espírito das Leis* Montesquieu emprega o termo "natural" em dois significados diferentes: o primeiro concerne às leis naturais, relativas à natureza das coisas que governa o mundo material. E o segundo diz respeito às leis morais embutidas na natureza; Montesquieu reforça essa segunda perspectiva nas *Cartas Persas*.

ter a forma de democracia[9] (popular) ou aristocracia.[10] Observa-se no Livro quarto da Primeira parte d' *O Espírito das Leis*, que Montesquieu explica que a República é o regime da virtude política e frisa que ela pode ser compreendida como amor pelas leis e pela pátria . E esse amor exige sempre a preponderância do interesse público sobre o interesse particular, forjando as demais virtudes individuais, que nada

9 Segundo Albert Sorel (1887), Montesquieu preconiza que o governo democrático tem como marca a liberdade e é aquele no qual o povo é o soberano. Os exemplos de Repúblicas sob a forma democrática para ele são Atenas, Esparta e Roma. Uma República assim constituída comporta um pequeno território; os cidadãos se ocupam da política e o seu espírito tem como base a frugalidade, a moderação, o trabalho, a tranquilidade e a ordem. Em tal arranjo político, o corpo do povo ou a assembleia dos cidadãos elaboram as leis e desempenham o poder soberano; eles escolhem quem serão os magistrados e praticam a verdadeira igualdade que consiste em obedecer e comandar os seus iguais. Nesse regime político, se fixa um profundo sentimento de solidariedade social; se desenvolve a ideia de interesse comum e das necessidades da sociedade; o desenvolvimento igual de toda coisa pública possibilita formular instituições políticas que divergem da insubordinação, do egoísmo e concupiscência que todo homem traz consigo. Tais condições peculiares à República democrática engendram a sua razão de ser. É, em função disso, que Montesquieu conclui que os fundamentos desse modelo são a igualdade e a liberdade e o seu princípio a virtude política.

10 Para Albert Sorel (1887) em Montesquieu verificamos que a virtude política não seria um princípio importante no caso de uma República aristocrática, isto é, o modelo no qual a soberania reside nas mãos apenas de alguns. De acordo com o pensador de Bordeaux, Veneza e Polônia se configuravam em exemplos desse formato político que ainda não havia desaparecido naquela época. No entanto, ele assevera que essas repúblicas eram imperfeitas devido à quantidade de privilégios dos nobres e o profundo desequilíbrio entre os poderes, além disso, possuíam uma enorme debilidade em seu direito público, o qual ninguém respeitava.

mais são do que essa primazia. O amor ao qual o Barão de La Brède menciona é uma peculiaridade das formas democráticas. Apenas nesse modelo político cada cidadão é depositário do governo e a preservação dele deriva desse amor, que deve inspirar os cidadãos.

Em seguida – no Livro quinto –, Montesquieu declara que a virtude em uma República é um afeto singelo: o amor pela República, que refere-se a um sentimento e não a uma afluência de conhecimentos. Ele requer costumes genuínos e essa pureza fomenta o amor pela pátria. Aquele que menos atender as suas paixões particulares, mais habilidade terá de se confiar aos interesses gerais. Em Montesquieu, a virtude não é o objetivo da República, e sim o princípio (paixão) que deve movimentá-la. Como ele enfatiza em *O espirito das leis*[11], além do objetivo geral de se manter, cada República pode ter um objetivo específico que lhe é próprio; o de Esparta era a guerra e o de Roma era a expansão.

Segundo Thomas L. Pangle (1973), para Montesquieu a virtude é o "princípio", a "alma" da vida republicana. Pois se a República exige que todos governem e que nenhum de seus membros explore outro, cada cidadão individualmente deve ter maestria suficiente para reconhecer o seu próprio bem no bem de todos. Convém a cada cidadão converter seu desejo de liberdade pessoal ou autogoverno em um desejo de autogoverno de todos. Destarte, todo desejo pessoal que comprometa a liberdade do outro deve ser rejeitado. Embora todo cidadão, como defende Montesquieu, tenha que abrir mão de si próprio, deve ter uma contínua preferência pelo interesse público ao invés do seu interesse próprio, ou seja, pelo próprio interesse ser capaz de compartilhar o interesse público com todos. A satisfação dos interesses ou desejos acontece no seio da vida pública e se consagra com a lei. Na elaboração e execução da lei, o cidadão deve buscar alcançar o seu próprio bem ambicionando que seja ou esteja em

11 O Espírito das leis, XI, cap. V.

conformidade com o bem geral na expressão da lei, ou então fazer com que ele se torne o objetivo de todos.

Paul Rahe (2001) sustenta que quando Montesquieu discute acerca da virtude ele tem como intuito demonstrar que a paixão pela igualdade constitui um traço da virtude política que deve existir nas repúblicas. Considerando a possibilidade de ser interpretado de maneira equivocada, isto é, que a noção de virtude a qual está se referindo fosse lida como um princípio moral, cristão ou mesmo filosófico; o autor *d'O Espírito das Leis* ressalta persistentemente que a virtude se define como amor às leis e à pátria e indica que a virtude política apenas pode ser vista como virtude moral no sentido de ser uma ponte para chegar ao bem geral. Montesquieu tem a convicção de que a virtude política é a qualidade que incentiva nos homens o amor ao bem comum sendo a virtude mais importante e útil para a República. Eric Nelson (2004), por sua vez, adverte que, de acordo com Montesquieu, a virtude no contexto republicano é entendida como amor à pátria e não deve ser confundida com uma virtude moral ou cristã.

Quando Montesquieu pensa o conceito de virtude, também considera o mesmo significado do termo "virtude" utilizada por Cícero, oriundo da noção de virilidade ou potência. Em suas palavras:

> Mas o Romano, cada um mais robusto e aguerrido que seu inimigo, contava sempre era consigo. Ele tinha uma coragem natural, quer dizer, essa virtude que é a consciência da própria força (MONTESQUIEU, 2005, p. 103).[12]

A saber: na nossa competência para agir com as forças que nos são intrínsecas, de manifestar as nossas próprias convicções, de conquistar o nosso próprio destino. Leo Strauss (1992) alega que a virtude sintetiza o bem da sociedade, o bem de todos. Depreende-se com

12 *Considerações, cap.* 2.

isso que a virtude orienta a vida em sociedade. O que nos leva a perguntar: por quais razões os homens renunciariam seus interesses particulares em nome da vida coletiva? Ou como questiona Leo Strauss, quais seriam os objetivos válidos o suficiente para que os homens se preocupassem com os outros, na percepção de Montesquieu? De acordo com o intérprete, valeria a pena agir em prol do bem comum em nome da liberdade, da estabilidade política e da segurança. Por tal finalidade, os homens se inclinam a agirem de modo virtuoso. Além do mais, a virtude é o princípio da República, porque ressalta o elo passional dos cidadãos com o corpo político guiando-os a atuarem em sintonia com seus afetos. Logo, não estamos diante de um desfecho a partir de uma reflexão que fatalmente poderia conduzir o cidadão a avaliar ações diferentes dos seus interesses.

Pela maneira como a virtude política foi definida por Montesquieu, é possível entendermos a sua aplicabilidade em uma República que tem como forma política a democracia, que é o governo republicano *par excellence*, nos seguintes termos: "O amor pela República, numa democracia, é o amor pela democracia; o amor pela democracia é o amor pela igualdade" (MONTESQUIEU, 1997, p. 84).[13] Nesse sentido, a virtude política demanda que os cidadãos amem a pátria bem como a igualdade e as leis. Eles devem amar a igualdade e ter em vista que o corpo político pode estabelecer a distinção[14] e a possibilidade de conflitos entre seus membros fazem

13 O Espírito das Leis, V, cap. II.

14 A distinção entre os cidadãos e à possibilidade de conflito entre eles remete a uma questão de extrema relevância não só para a compreensão de Montesquieu concernente a liberdade republicana, mas também para a de Maquiavel. Nas *Considerações*, especialmente nos capítulos 8 e 9, o autor fala das divisões que sempre existiram em Roma e da guerra oculta que era travada entre os grupos que a compunham – patrícios X plebeus nos primeiros séculos, nobreza X populacho (*bas peuple*) posteriormente –, as quais eram absolutamente necessárias

parte da dinâmica política. A seguir, vamos examinar a igualdade e sua relação com a liberdade na República.

A liberdade

Na reflexão republicana apresentada por Montesquieu as noções de igualdade e de liberdade se destacam. O amor pela igualdade é um protótipo de virtude que pressupõe – em nome de sua realização – o empenho dos participantes para ser consumada. No entanto, a República carece da produção de condições prévias que asseverem a igualdade. Somente desse modo ela poderá ser viável e capaz de fornecer um ambiente propício para o cultivo do amor pela igualdade. Se para Montesquieu o amor pela democracia é o amor pela igualdade, o amor pela democracia é, ao mesmo tempo, o amor pela frugalidade. Em um regime assim constituído, todos os partícipes devem usufruir de igual felicidade e direitos, desfrutar dos mesmos prazeres e nutrir esperanças equivalentes. Mas só se pode imaginar esse nível de igualdade onde haja uma frugalidade geral.

Para Montesquieu, o amor pela igualdade em uma República democrática restringe a ambição à felicidade de um cidadão conceder maiores serviços à pátria do que os seus concidadãos. É certo que todos não podem fornecer serviços na mesma proporção, porém todos devem estar dispostos a oferecê-los. Nesse modelo político, "as distinções nascem do princípio da igualdade, mesmo quando essa parece destruída por serviços excepcionais ou por talentos superiores" (MONTESQUIEU, 1997, p. 84).[15] A predominância do amor pela frugalidade faz com que um cidadão entenda que ele não pode

---

para a liberdade política da cidade. Em seus próprios termos, Montesquieu se aproxima da tese maquiaveliana sobre a importância dos tumultos em Roma – os quais eram motivados, segundo o secretário florentino, pela oposição dos humores dos grandes e do povo – como causa da liberdade da República.

15 *O Espírito das Leis*, V, cap. III

se favorecer de determinadas riquezas para não lesar a igualdade e porque elas estão em discordância com a igualdade. As democracias bem ordenadas se iniciam firmando a frugalidade no âmbito doméstico para torná-la possível na esfera pública, sua grandiosidade e opulência se originam no âmago específico da frugalidade.

As leis devem, portanto, refletir costumes simples e o bom senso, pois a felicidade dos componentes da República democrática respalda-se na moderação ou mediania de suas habilidades e de seus bens materiais. Na percepção do autor de Bordeaux, em uma República na qual as leis consigam se constituir na *mediocridade*[16] de seus membros e conduzir-se por indivíduos sábios, teremos um governo com sabedoria. Em tal conjuntura, as leis estabelecerão a igualdade e a frugalidade e aguçarão o cultivo delas pelos cidadãos. O amor à igualdade e a frugalidade exigem dos cidadãos que eles as exercitem e as vivenciem. Onde existe a inveja ou fascínio pelo luxo dos outros não haverá espaço para a igualdade e tampouco para frugalidade. O amor a ambas encontra-se pré-condicionado a leis que as tenham fixado.

Eric Nelson (2004) enfatiza que quando a frugalidade reina em uma República, os cidadãos gozam da mesma felicidade, vantagens e prazeres, todas as diferenciações derivam do princípio da igualdade, que serão aceitas no sentido de mais virtude, não de mais riqueza. Em uma República onde reside a igualdade e a frugalidade, os cidadãos e os magistrados serão as provas que as legitimarão. Renato Moscateli (2010) ressalta que Montesquieu buscou demonstrar qual seria a espécie de igualdade que deve imperar entre os cidadãos membros de uma República no que concerne às autoridades. Para o Sr. de La Brède, a igualdade não consiste em fazer com que todo

16 Termo utilizado por Montesquieu, mas que não deve se compreendido pela conotação pejorativa que usualmente se emprega nos nossos dias. Com o termo, o Barão de La Brède designa a mediania ou moderação.

mundo mande, ou que ninguém seja mandado, mas em sujeitar-se e, concomitantemente, em comandar os seus pares. Não se trata, dessa maneira, de não ter nenhum tipo de senhor, mas sim de ter os seus concidadãos como senhores.

Mas, para termos uma compreensão mais pontual sobre a igualdade e a frugalidade devemos reportar as duas referências de modelos republicanos que Montesquieu tem em mente. E quem ajuda-nos nessa reminiscência é a intérprete Judith Shklar (1998). Segundo ela, na análise sobre o governo republicano em d'*O Espírito das Leis*, Montesquieu, ao considerar a virtude como o amor à igualdade evidencia a necessidade de se fabricar essa igualdade para coibir a implantação de uma provável anarquia. Sendo essa a característica mais positiva da República, tem em vista como primeiro tipo a República comerciante , forma que ele identifica em Atenas, que diverge de Esparta, que era uma República militar. Ele expressa uma clara predileção por Atenas por ver no comércio um manancial de civilização. O segundo tipo, o pensador francês denomina de repúblicas militares, são modelos que servem de referência não apenas sobre como assegurar as repúblicas de pequena[17] extensão geográfica, mas também nos permite pensar na exequibilidade de uma República em uma área extensa. Judith Shklar realça ainda que Montesquieu está pensando justamente nesses modelos políticos quando trata da República democrática. Assim, não podemos negligenciá-los, pois eles apontam para as imagens que Montesquieu tinha ao refletir, em seu ambiente, sobre a República democrática. Então, devemos

17 "Numa república pequena, o bem comum é bem mais percebido, mais bem conhecido, mais próximo de cada cidadão; os abusos são menos amplos e, consequentemente, menos protegidos. O que fez a Lacedemônia subsistir tanto tempo foi que, após todas as guerras, ela continuou sempre com seu território. O único objetivo da Lacedemônia era a liberdade; a única vantagem de sua liberdade era a glória". *O Espírito das Leis*, Livro VIII, Cap. XVI, pág. 164.

agora nos dedicar a examinar a liberdade política dos cidadãos na República, a pedra fundamental desse regime.

Montesquieu dedica o Livro décimo primeiro d' *O Espírito das Leis* para discutir a questão da liberdade. Ele inicia explicitando as controvérsias em torno do termo "liberdade política", o qual já havia recebido diversos significados. Alguns povos o usaram para destituir uma tirania, outros para escolherem quem deveria governar, houve ainda aqueles que utilizaram o termo para justificar o uso da força e da violência, assim como outros o impingiram para argumentar a favor de serem governados por apenas um homem. E, enfim, povos que identificaram a liberdade com a possibilidade de governar-se pelas leis que eles mesmos produziriam. Esses últimos associaram essa concepção de liberdade a um regime político, o governo republicano.

Nessa forma de governo as leis desempenham uma função de importância central, e o povo, aparentemente, ou quase sempre, faz o que deseja. De tanto se vincular a liberdade à forma republicana democrática, passou-se a consubstanciar o poder que o povo detém com a sua liberdade. Montesquieu acautela, contudo, que mesmo parecendo que nas democracias o povo faz o que deseja, a liberdade política não se baseia exatamente nisso. Nas palavras do autor:

> Num Estado, isto é, numa sociedade em que há leis, a liberdade não pode consistir senão em poder fazer o que se deve querer e em não ser constrangido a fazer o que não se deve desejar. Deve-se ter sempre em mente o que é independência e o que é liberdade. A liberdade é o direito de fazer tudo o que as leis permitem; se um cidadão pudesse fazer tudo o que elas proíbem, não teria mais liberdade, porque os outros também teriam tal poder. (MONTESQUIEU, 1997, p.200).[18]

18 *Espírito das Leis*, XI, cap. III.

Com essa afirmação, julgamos que Montesquieu busca sinalizar a existência da liberdade como um direito decorrente das leis, isto é,

> A liberdade consiste principalmente em não poder ser forçado a fazer uma coisa que a lei não ordena; e só estamos neste estado porque somos governados por leis civis: portanto, nós somos livres porque vivemos sob leis civis. (MONTESQUIEU, 1997, 183).[19]

Com efeito, pode-se dizer que existe liberdade quando há respeito. Esse pode ser constatado em ordenamentos políticos capazes de incitar a liberdade dos cidadãos e a liberdade da Constituição, ou seja, onde haja uma Constituição livre. Por conseguinte, a liberdade política prevalece em um tipo de constituição que se conserva na nação de corpos intermediários e na separação dos poderes. O autor de Bordeaux inscreve a liberdade[20] no centro desse modelo constitucional, a qual fornece abertura para a participação ativa dos mais distintos segmentos da sociedade na vida pública.

Dito de outra forma, para Montesquieu a liberdade política encontra sustentáculo em uma constituição de leis, capaz de fazer com que nenhum cidadão seja obrigado a realizar coisas que a lei não prescreva e a não perpetrar as que a lei não consente. A liberdade sobrevém não somente sobre como as leis são elaboradas e desempenhadas comumente, mas também sobre como a autoridade do governo é executada e a maneira que ela repercute nos indivíduos. A constituição política tem uma influência direta sobre a liberdade. Porém, ela não é a única influência. A liberdade, além disso, como enfatiza o filósofo francês, é o resultado de aspectos morais, mode-

---

19 *O Espírito das leis*, livro 26, capítulo 20. (*Os pensadores*).

20 Para ver mais sobre a distinção entre liberdade e independência em Montesquieu, sugere-se: *Rousseau frente ao legado de Montesquieu: História e teoria política no Século das Luzes*, Renato Moscateli (2010).

los exemplares e leis civis. Podendo serem encontradas nos Estados moderados, como nas repúblicas antigas e na constituição inglesa.[21] A liberdade política, todavia, só existe nesses Estados quando não há abuso de poder, mas Montesquieu alerta que "a experiência eterna mostra que todo homem que tem poder é tentado a abusar dele; vai até onde encontra limites" (MONTESQUIEU, 1997, p. 200).[22]

Constata-se em Montesquieu que a liberdade política consiste na segurança. Essa se baseia na total ausência de temor, de inquietação, de receio ou preocupação. Nessa perspectiva, a liberdade tem como sinônimo o termo "tranquilidade", alicerçada na falta de perigo. Um cidadão goza da liberdade quando não teme, ameaça ou é alvo de aviltamento por outrem. Mas, habitualmente, a segurança é golpeada pelas querelas públicas ou particulares. O que significa dizer que a liberdade do cidadão repousa especialmente na flexibilidade das leis criminais.[23] Thomas L. Pangle (1973) assinala que

21 Na visão de Montesquieu, a Constituição da Inglaterra tem como objetivo frontal a liberdade política. Ela se divide em três poderes: "o poder legislativo, o poder executivo das coisas que dependem do direito das gentes, e o executivo das que dependem do direito civil". E define suas funções da seguinte maneira: "pelo primeiro, o príncipe ou magistrado faz leis por certo tempo (...), pelo segundo, faz a paz ou a guerra (...), pelo terceiro, pune os crimes (...) o poder de julgar" (*O Espírito das Leis*, XI, Cap. VI). Nesse arranjo, observamos que a liberdade política de um cidadão se configura na tranquilidade de espírito oriunda da segurança. Esta liberdade só é possível quando o governo cria um ambiente no qual um cidadão não tema seu concidadão.

22 *Do Espírito das Leis*, XI, cap. IV.

23 Montesquieu sustenta que as leis criminais precisam ser aperfeiçoadas. Essa ausência de aperfeiçoamento pode ser atestada em lugares nos quais procuramos a liberdade e não a encontramos. Ele acredita que os conhecimentos que apreendemos a respeito de alguns países e que absorveremos de outros acerca das normas mais adequadas a serem perpetradas nos julgamentos criminais são de fundamental im-

a forma como uma lei é imposta não segue necessariamente o seu modelo político, visto que, como declara Montesquieu "o cidadão pode ser livre e a constituição não ser" (MONTESQUIEU, 1997, p. 233). Nesse campo elementar da vida política, o Barão de La Brède demonstra ser um contundente defensor de uma reforma sem comprometer a estabilidade dos regimes.

Em *Do Espírito das Leis* expressa sensível interesse a respeito dos regimes políticos contemporâneos. Paralelamente, ele o incrementa na modernidade, uma vez que o conhecimento ao qual ele faz apologia é um conhecimento moderno que exigirá séculos para ser aprimorado. Tal conhecimento advém de um debate decisivo de Montesquieu que resvala no espírito da República que exige a renúncia individual em prol da comunidade política.

Pela análise realizada, compreende-se que a liberdade política pressupõe, para Montesquieu, primeiramente, que todo cidadão tenha um conhecimento exato de seus deveres e direitos para obstruir os decretos discricionários. Em segundo lugar, que o cidadão desfrute de segurança contra eventuais violências e, em terceiro, que a assegure o equilíbrio entre eles de tal maneira que se torne inviável o abuso contra os mesmos. Admite-se também que a liberdade encontra amparo em um arcabouço institucional embasado nas leis e integra os diversos interesses que formam a ordem política. Montesquieu evidencia clara preocupação em relação à manutenção da liberdade, por isso ressalta a necessidade de criar mecanismos que atenuem a natureza ambiciosa do homem. A liberdade política, a seu ver, somente pode ser assegurada pelo princípio da moderação.[24] Assim, o

portância para os seres humanos. Pois é somente na aplicabilidade desses conhecimentos que a liberdade pode ser baseada.

24 Montesquieu afirma isso porque a virtude, princípio republicano, já não existia mais em sua época, como havia mostrado o exemplo dos ingleses na revolução que instaurou a malograda República de Oliver Cromwell no século XVII. Ver mais em *O espírito das leis*, livro 3, cap.

balanço ou a distribuição do poder são primordiais para proteger a constituição e os cidadãos dos abusos de poder arbitrários e do fenômeno da corrupção política. Na sequência, nos deteremos em analisar o referido fenômeno.

A corrupção política

Montesquieu também forneceu uma importante quota para se refletir a respeito do problema da corrupção política na República. A sua teoria política busca reunir o antigo com o moderno[25], produzindo uma filosofia que baliza seus fundamentos em uma análise de paradigmas políticos reais. Atesta-se que ao se ocupar com o antigo ou tradicional, Montesquieu elaborou uma reflexão sobre as formas de governo com nítido influxo aristotélico,[26] no qual se percebe uma hegemonia de um aspecto normativo. Um "dever ser" que estabelece as maneiras de pensar e agir na vida política. Quanto ao moderno, ele revela apreensão sobre a realidade política, examinando as causas palpáveis dos episódios históricos, engendrando um arcabouço teórico consistente e uma abordagem sobre a questão da política que perscruta as naturezas e os princípios de cada forma de governo.

Ao servir-se originalmente do termo "natureza" para designar a estrutura ou o modo de ser ou modelo de governo e ao imprimir a expressão "princípio" com objetivo de demarcar a paixão motora ou aquilo que faz um governo agir, Montesquieu, como resultado, incorporou temas e problemas primordiais da reflexão política antiga e renascentista pontuando, assim, o seu local na história do pensamento político, como um protagonista que opera à passagem

---

III. Para um amplo aprofundamento da presença do republicanismo na Inglaterra, recomendamos: *Republicanismo inglês: uma teoria da liberdade*, de Alberto Ribeiro G. Barros (2015).

25 Como bem destacou Newton Bignotto (2010).

26 Assim sublinhou Thomas L. Pange (1973).

do antigo para o moderno. A retomada dos princípios adequados aos tipos de governo possibilitou o autor francês compor uma gramática política arrojada para se pensar o tema da corrupção na República, inerente ao contexto da modernidade, enfatizando o aspecto moral no que diz respeito à imagem do eu a partir dos seus interesses. Montesquieu produz uma análise encorpada acerca do fenômeno da corrupção. Em Montesquieu verifica-se que a corrupção é fabricada pelos homens ao longo da história, por intermédio de sua própria ambição[27], que os fazem se distanciarem do princípio que administra o modelo político visando somente seu interesse particular e desconsiderando o bem público.

Na interpretação de Hirschman (1979), a moralização dos interesses granjeou uma transformação epistêmica e explicativa da política, que instalou a dilacerante justaposição do Estado sobre a República. Com a modernidade, a mentalidade dos interesses busca enlaçar os desejos e inspecioná-lo, de maneira tal que fomente uma constituição política que negligencie a relevância das virtudes para o corpo político ou a necessidade da moralidade da ação política nos espaços públicos. A formação da boa ordenação política distancia-se da República e passa a se fundar no Estado, considerando a natureza da representação dos interesses e a guarda do Estado,

27 Cabe frisar, que para Montesquieu, a ambição e a busca por interesses particulares são nocivas nas repúblicas, mas não nas monarquias, como lemos no capítulo 7, do livro 3, pág.64, d'O *espírito das leis*, quando o escritor francês afirma: "A honra movimenta todas as partes do corpo político; liga-se por sua própria ação, fazendo com que cada uma caminhe para o bem comum acreditando ir em direção de seus interesses particulares". Porém, isso não é apresentado pelo autor como corrupção, e sim como sendo o funcionamento normal dos regimes monárquicos, os quais se corrompem pela concentração dos poderes nas mãos dos governantes que acabam com as ordens intermediárias capazes de limitá-los, tornando-se déspotas em vez de monarcas.

a despeito do sistema econômico de produção que se enrobustecia na modernidade.

Nesse novo cenário, a liberdade política em Montesquieu também, engloba os conflitos e independente do tipo de governo, ele corrompe-se a partir do momento em que sua natureza prescritiva adultera-se. Tendo em vista essa premissa, no Livro oitavo de *O espírito das Leis* o Sr. de La Brède afirma: "a corrupção de cada governo começa quase sempre pela dos princípios" (MONTESQUIEU, 1997, p. 153).[28] Com isso, o filósofo de Bordeaux parece nos dizer que a corrupção do governo eclode na ocasião em que o móbil propulsor das condutas políticas deixa de exercer suas incumbências. Assim, o governo corrompido é aquele no qual os princípios são metamorfoseados, isto é, quando os governos republicanos e monárquicos se corrompem, eles perdem seus princípios originais – respectivamente a virtude e a honra - e adotam o princípio do governo despótico, que é o medo. Logo, na corrupção há o predomínio do princípio que move o despotismo.

A República democrática se corrompe quando os homens passam a agir em nome dos interesses particulares em oposição à virtude política. Quando cada cidadão repele a autoridade legítima da República e passa a empregar suas ações somente em conveniência com suas convicções e interesses pessoais. Corrompe-se o espírito da democracia, escreve Montesquieu, não apenas quando a igualdade é aniquilada, mas também quando ela é colocada em uma posição extremista, quando cada membro da República busca ser igual ao que eles escolheram para dirigir a ordem republicana. Destarte, o povo, não conseguindo admitir o poder que ele mesmo elegeu, passa a agir considerando apenas a si mesmo. Sintetizando, vai desejar deliberar em nome do Senado, desempenhar o poder executivo no lugar dos magistrados e exonerar os juízes. Diante desse cenário estarrecedor,

---

28 *Do Espírito das Leis*, VIII, cap. I.

a República democrática tende a caminhar para o despotismo de um só, o esfacelamento da dedicação ao coletivo transforma-se em libertinagem, a virtude política desaparece quando é dada prioridade aos interesses particulares sobre o bem comum.

Em se tratando da República aristocrática, a corrupção se instaura a partir do momento em que os nobiliários da ordem política deixam de guiar sua conduta pelo espírito público, passando a atuar prioritariamente de maneira autoritária, impondo a servidão particularizada aos súditos e convertendo a aristocracia em uma oligarquia. Montesquieu adverte que o aspecto preponderante da corrupção desse tipo de governo é sua inclinação à hereditariedade. Em decorrência dela, aparece o desinteresse pela *res publica* e o descompromisso com a comunidade política, o que inexoravelmente a conduz à bancarrota.

Lemos em Montesquieu que a lei se refere à materialização dos costumes, ela enuncia as deliberações políticas e reflete os anseios coletivos. Por essa perspectiva, a corrupção pode ser entendida como a violação da lei com a finalidade de se adquirir vantagem particular em detrimento do interesse público. A corrupção política, por esse viés, pode ser depreendida, nos moldes pelos quais ela é tão propagada atualmente, isto é, como o assalto aos cofres públicos.[29] Mas aqui a corrupção não pode ser reduzida a essa peculiaridade contemporânea, deve ser ampliada ao depauperamento dos valores que exprimem os afetos que gravitam sobre a coisa pública. Por conseguinte, ela acha-se frontalmente ligada aos costumes. Provavelmente, a esse respeito, o Barão de La Brède, inicia o livro VIII, *O Espírito das Leis* declarando que a corrupção começa pelos princípios, pela engrenagem moral que impulsiona as ordens políticas.

Em uma República, a corrupção ganha fôlego quando os indivíduos orientam suas ações impelidos exclusivamente pelos in-

29 Como bem assinalou Antônio Carlos dos Santos (2002).

teresses próprios. Em tal circunstância, o regime político se torna bastante vulnerável, dado que as autoridades e instituições políticas perdem o prestígio e os indivíduos passam a atuar na esfera pública como se ela fosse o âmbito privado. Por consequência, o sentimento de virtude política é amputado. Montesquieu destaca que quando a corrupção emerge na República, notabiliza-se o descumprimento às leis, os costumes que contribuem para a manutenção do regime político sofrem vicissitudes e a ação dos indivíduos passa a ser dominada pelo desejo de autopreservação, o que desencadeia no corruptor uma avidez colossal que tem por finalidade afanar o dinheiro público. Nas palavras do autor francês:

> A corrupção aumentará entre os corruptos e também entre os que já estão corrompidos. O povo distribuirá entre si toda fazenda pública e, como terá unido a gestão dos negócios à sua preguiça, desejará reunir à sua pobreza os divertimentos do luxo. Mas, com sua preguiça e seu luxo, terá como objetivo apenas o tesouro público. Ninguém deverá se espantar se os votos forem comprados à dinheiro. (MONTESQUIEU, 1997).[30]

Percebe-se assim porque Montesquieu concatena a corrupção – no caso da República – à perda da virtude política. A não conservação da paixão republicana faz com que o regime se transforme em um despotismo de um único comandante e a partir daí fatalmente se testemunhará todo tipo de despropósito em nome do poder. Agora que diagnosticamos quando é possível observar que a corrupção penetrou na República, é pertinente indagar: quais são as causas da corrupção política na República, segundo Montesquieu?

Para começarmos a pensar acerca das possíveis causas, convém reportar às *Considerações*. Nessa obra, Montesquieu afirma que

---

30 *Do Espírito das Leis, VIII, cap. II.*

Roma antiga começou como uma República aristocrática, mas logo se tornou um Estado popular na medida em que o amor pela liberdade fez com que os plebeus desejassem participar das magistraturas, e os patrícios acabaram pouco a pouco por lhe ceder esse direito. Segundo o filósofo de Bordeaux, os ambiciosos , munidos pelas riquezas oriundas do Oriente foram paulatinamente afastando o povo das decisões políticas centrais e trapaceando nas deliberações públicas, utilizando até mesmo o voto dos estrangeiros para alcançarem seus objetivos. A cupidez da aristocracia foi se alargando com o passar do tempo e aos soldados e aos cidadãos não eram mais auferidas terras. As riquezas provenientes das terras e de outras fontes acarretaram a construção de imensas fortunas dos Senadores. Como resultado, houve uma concentração de poder político, econômico e militar.

O crescimento do Estado romano ecoou no aumento das fortunas particulares. Considerando que a ostentação deriva dos costumes, e não necessariamente das riquezas, defende Montesquieu, as riquezas dos romanos, que costumavam ter seus limites bem delineados geraram um luxo e um desperdício incomensurável. Fazendo com que aqueles que a princípio se corromperam pelas riquezas passassem por uma situação equivalente, mas, ao revés, à custa da própria condição de pobreza. Diante desse recrudescimento, no qual os bens materiais tomaram uma proporção alarmante e ocuparam uma posição acima da condição de um particular, tornou-se árduo ser um bom cidadão e se comprometer com o bem público. Em suma, Montesquieu fornece dois exemplos que colaboraram para o surgimento da corrupção no mundo romano: a desonestidade[31] de alguns Senadores e Cônsules e a expansão do Estado, que reverberou na dilatação das fortunas pessoais, ambos os fenômenos deram o seu quinhão para que a República submergisse em uma crise sem precedentes.

31 Seguindo a tese de Cícero.

Para entender a genealogia da corrupção na República aos olhos de Montesquieu, é preciso regressar ao que mina e assola o núcleo dos costumes de uma determinada sociedade afetando suas leis, instituições políticas e comprometendo a liberdade. O pensador francês argumenta que esse cerne é o luxo, uma riqueza que não é investida e tampouco dividida na sociedade, mas sim empregada no consumo desnecessário pelo qual os particulares buscam ganhar visibilidade a expensas do bem público, fomentando desigualdades sociais e nutrindo regalias políticas.

Em Montesquieu, identificamos que o luxo é a trilha pela qual os mais variados tipos de infortúnio transitam até conseguir atingir a República. O luxo é sinônimo de excesso e esbanjamento. O pensador francês perscruta esse problema no livro VII d *O Espírito das Leis* e a corrupção no VIII. A sequência escolhida, porém, não parece aleatória, segundo Antônio Carlos dos Santos (2002), mas um estratagema pelo qual o autor almeja explicitar como o princípio do governo republicano resulta frontalmente sobre o luxo e como esse elemento de ostentação imiscui-se no encadeamento da corrupção do princípio do governo.

Para Montesquieu, o luxo corresponde, impreterivelmente, ao grau de desigualdade das fortunas. Se as riquezas forem divididas de maneira uniforme não existirá luxo, uma vez que ele apoia-se apenas nos lucros logrados com o trabalho alheio. Se uma República desejar que as riquezas sigam sendo partilhadas identicamente, será necessário que a lei determine a cada pessoa o indispensável em termos materiais para viver com dignidade. Caso ultrapasse o necessário, alguns gastarão mais, outros ganharão mais e assim fatalmente a desigualdade se introduzirá na ordem republicana. O luxo se expressa independente do Estado no nível de desigualdade das fortunas existentes entre os cidadãos. O Barão de La Brède sinaliza que o luxo é equivalente à desigualdade de riquezas dos particulares e da quantidade de homens que juntam em certos locais. Aliás, conforme a desigualdade esteja obviamente visível entre homens aglomerados, mais frívolos eles serão e darão vazão a um desejo mesquinho de se distinguir por coisas[32] irrelevantes.

Antônio Carlos dos Santos (2002) destaca que o luxo é um comportamento que se relaciona com a vaidade. Tal paixão faz com que o homem passe a acreditar que algumas pessoas são excepcionais e melhores do que outras em função da abundância de riqueza. Esse deslumbramento fútil aguça o desejo de auto-suficiência e o desprezo pelo outro. Logo, a partir do momento em que um homem corrupto percebe que o luxo o faz mais influente, em pouco tempo se torna inimigo das leis da República. De acordo com Montesquieu:

> À medida que o luxo se estabelece numa república, o espírito volta-se para o interesse particular. Para as pessoas a quem o necessário é suficiente, só resta desejar a glória da pátria e a sua própria. Porém, uma alma corrompida pelo luxo possui muitos outros desejos: cedo se torna inimiga das leis que a constrangem. (MONTESQUIEU, 1997).[33]

Portanto, a existência do luxo atiça nos indivíduos o desejo de tudo ambicionar de maneira disforme. Postura essa que diverge completamente do espírito de moderação exigido pelo regime republicano. Montesquieu resgata a história de Roma para revelar como a República perdeu a virtude política exatamente por ter se rendido aos caprichos do luxo. Estudando o mundo antigo certifica-se que o

32 Montesquieu, em nota (Livro VII, cap. II, pág. 138, nota 1) reverencia Mandeville nesse aspecto e o cita no *Espirito das Leis*. Em sua *Fábula das abelhas*, Mandeville diz: "veste-se acima de sua qualidade para ser mais estimado pela multidão. É um prazer para um espírito fraco, quase tão grande como o prazer da realização de seus desejos" (t. 1, pg. 133).

33 *Do Espírito das Leis*, VII, cap. II.

luxo incita uma alteração dos costumes, pois a desigualdade escancara as disparidades sociais e a República apregoa o reverso, ou seja, que não exista discrepâncias imoderadas entre as riquezas.

Em uma República, verifica-se uma ligação intrínseca entre o luxo e a corrupção. Avaliando a corrupção como a apropriação e o uso daquilo que é público com objetivos particulares e o luxo como a concentração de riqueza com o intuito de ser admirado, conclui-se daí que a República estará fadada à decadência. Quando Montesquieu assinala que o lema romano era dividir, demonstra também que a corrupção se configura na aglutinação sobre qualquer espécie de interesses privados e o desdém pelo bem comum. No regime republicano, a corrupção se inicia visivelmente pela particularização[34] dos interesses. Trata-se de um fenômeno que abocanha o que é público com propósitos particulares e se estende às várias instâncias da política, perverte os costumes e as leis, mergulhando a política num mar de instabilidade no qual se rejeita sua grandeza pública fundamental.

Vimos com Montesquieu que a República tem como alicerces a igualdade, a liberdade, a frugalidade e o bem comum. Esses fundamentos delineiam a conduta dos cidadãos e almejam asseverar a durabilidade do regime político ao longo do tempo. Simultaneamente, reconhece-se em sua filosofia política, que a corrupção representa uma ameaça declarada à República e aos poucos vai perfurando as suas bases de sustentação. O pensador de Bordeaux produz uma consistente reflexão concernente à constituição da República e inova ao recorrer a fontes históricas antigas e compará-las com as experiências políticas do seu tempo. Suas análises a respeito dos modelos políticos antigos, bem como do ilustre modelo inglês, são tecidas com maestria. Nota-se, além disso, como o autor apresenta aspectos louváveis, bem como as limitações e os problemas-chave de cada regime. Ele demonstra também com clareza, que o luxo acentua a desigualdade

34 Como ressaltou Antônio Carlos dos Santos (2002).

e encontra-se intimamente ligado a corrupção, fenômenos que levam os indivíduos ao descompromisso com os valores republicanos, o que tem como consequência a extinção da igualdade e de uma maneira frugal de vida, a perda da liberdade, a particularização do bem público, conduzindo à República irremediavelmente a falência.

Bibliografia

BARROS, Alberto Ribeiro G. de. *Republicanismo inglês: uma teoria da liberdade*. São Paulo: Discurso editorial, 2015.

BIGNOTTO, Newton. *As aventuras da virtude: as ideias republicanas na França do século XVIII.* Companhia das Letras: São Paulo, 2010.

CÍCERO, Marco Túlio. *La République*. Paris: Gallimard, 1994.

DIDEU, Joseph. *As ideias políticas e morais de Montesquieu*. In: QUIRINO, C. G., SOUZA, Maria T. S. R. de (Org.). O pensamento político clássico. São Paulo: T. A. Queiroz, 1980. P. 249-289.

DORIGNY, M. *Montesquieu dans la Révolution française*. Paris-Genebra: EDHIS-Slakine, 1990.

DUBOUCHET, Paul. *De Montesquieu le moderne à Rousseau l'ancien: la démocratie et la republique em question*. Paris: L'Harmattan, 2005.

FILGUEIRAS, F. *Corrupção, democracia e legitimidade.* Belo Horizonte: UFMG, 2008.

HIRSCHMA, Albert. *As paixões e os interesses*. Rio de Janeiro: Paz e Terra, 1979.

LARRÈRE, Catherine. *Les typologies des gouvernements chez Montesquieu*. Études sur le XVIII siecle, Université de Clermont II, Faculté des Lettres et Sciences Humaines, nº 3, 1979.

MANDEVILE, B. *La fable des abeilles*. 3ª ed. Paris: Libraire Philosophique J. Vrin, 1991.

MAQUIAVEL, N. *Discurso sobre a primeira década de Tito Lívio*. São Paulo: Martins Fontes, 2007.

MONTESQUIEU. *Considerações sobre as causas da grandeza dos romanos e da sua decadência*. São Paulo: Editora Saraiva, 2005.

____________. *O Espírito das Leis*. São Paulo: Nova Cultural, 1997 (Os Pensadores).

MOSCATELI, Renato. *Rousseau frente ao legado de Montesquieu: história e teoria política no Século das Luzes*. Porto Alegre: EdiPUCRS, 2010.

NELSON, Eric. *The greek tradition in republican thought*. Cambridge University Press: New York, 2004.

PANGLE, Thomas L. *Montesquieu's philosophy of liberalism: a commentary on The Spirit of Laws*. Chicago: The University od Chicago Press, 1998.

POCOCK, J.G.A. *The machiavellian moment*. Princeton University Press: New Jersey, 1975.

RAHE, Paul A. *Situating Machiavelli*. In Renaissance Civic Humanism – reappraisals and reflections. Edited by SKINNER, Q., DASTON, L., ROSS, D., TULLY, J. Nova Iorque: Cambridge University Press. New York, 2000.

ROUSSEAU, J.-J. *Do contrato social*. São Paulo: Nova Cultural, 1997 (Os Pensadores).

SANTOS, Antônio Carlos dos. A *política negada: poder e corrupção em Montesquieu*. São Cristóvão: Editora UFS; Aracaju: Fundação Oviêdo Teixeira, 2002.

SHKLAR, Judith N. *Political Thought and Political Thinkers*. London: The University of Chicago and London, 1998.

SOREL, Albert. *Montesquieu*. Paris: Librairie Hachette et Cie., 1887.

SPECTOR, Céline. *Montesquieu: Critique of Republicanism?* In *Republicanism: history, theory and practice*. Editors: WEINSTOCK, D. and NADEAU, C. University of Montreal and London. Abingdon-on-Thames: 2004.

SKINNER, Quentin. *As fundações do pensamento político moderno*. São Paulo, Companhia das letras, 1996.

STAROBINSKI, Jean. *Montesquieu*. São Paulo: Companhia das letras, 1990.

STRAUSS, Leo. *Qu'est-ce que la philosophie politique?* Paris: P.U.F., 1992.

VERNIÈRE, Paul. *Deux plans et deux lecteures*, in *Montesquieu et l'espirit des lois ou la raison impure*. Paris: Société d'Edition d'Enseignement Supérieur, 1977.

ENGAJAMENTOS

Falar e agir: duas dimensões da política

Helena Esser dos Reis[1]

Entendendo a liberdade como a capacidade de cada um pensar, julgar e agir por si mesmo em um espaço público de convivência, Tocqueville dedicou seus esforços como escritor e como deputado à denúncia de formas sociais e políticas opressivas e à discussão acerca das condições de possibilidade de construção de relações democráticas. Suas obras, seus discursos, sua atuação política está comprometida com a emulação de seus concidadãos à ação política, pois entende que, integrando os indivíduos às suas comunidades, fazendo-os participarem da vida política, eles se tornam capazes de dirigir o vir-a-ser da igualdade de condições. Sua atuação é reveladora do seu grande temor: o enclausuramento das pessoas em suas próprias individualidades decorrente da condição social que a todos aproxima sem, ao mesmo tempo, vinculá-los e comprometê-los uns com os outros. No fechamento de cada pessoa sobre si mesma, Tocqueville observa a principal dificuldade da atividade política nos estados democráticos, a qual dá margem ao aparecimento de formas autoritárias de governo.

1 Professora UFG, Pesquisadora CNPq.

Já no século xix, denuncia a massificação e/ou o individualismo[2] dos cidadãos como males ou vícios característicos do que ele chama de "tempos democráticos". A preocupação dominante com os interesses individuais e cotidianos faz com que os cidadãos tornem-se descomprometidos com a vida política. A política passa a ser mero instrumento para realizar benefícios privados; o agir conjunto degrada-se em violência e opressão. O diagnóstico de Tocqueville mostra-se, na história recente dos estados democráticos, bastante acertada e reverbera no pensamento de Hannah Arendt, que afirma termos perdido a clareza acerca da especificidade própria da política e, com isso, o seu significado.

A análise destes autores instiga-nos a repensar a política a partir daquelas ações que a caracterizam: o falar e o agir uns com os outros. Nesta perspectiva encontro um ponto de convergência entre o pensamento de Tocqueville e de Arendt. A tarefa da política é sublime, distante de nossas preocupações comezinhas e prosaicas, vincula-se àquilo que caracteriza profundamente a vida humana: a capacidade de pensar, falar e agir por si mesmo, de modo singular, dirigindo-se às outras pessoas com as quais convive e que reconhece como iguais. Interessa-nos aqui, portanto, investigar as razões pelas quais a perspectiva estreita e imediata dos interesses e dos afazeres cotidianos toma de assalto a vida pública, a fim de discutir acerca da

---

2 Tocqueville considera a massificação e o individualismo como males que afetam os cidadãos dos estados democráticos em decorrência de um erro de julgamento, que faz cada um perceber-se como desprezível face à maioria de um povo ou como auto-suficiente face a cada um demais cidadãos. Tais erros de julgamento tem como consequência seja a massificação seja o individualismo, que estão na base de formas opressivas de governo – Tirania da Maioria e Governo Tutelar, cf. Alexis de Tocqueville, *A democracia na América*. Tomo I, parte II, capítulo VII; tomo II, parte II, capítulo III e parte IV, capítulo VI.

responsabilidade dos cidadãos na construção da democracia, a partir do pensamento de Tocqueville e Arendt.

As análises sociais e políticas de Tocqueville frequentemente confrontam a aristocracia com a democracia marcando as diferenças entre ambas. Entende, contudo, tanto no Estado aristocrático quanto no Estado democrático, a política como o *locus* próprio à palavra e à ação do cidadão junto com seus iguais. Não importa aqui se cidadãos são apenas alguns ou se são todos, as diferentes formas de estado fundamentam sua organização em diferentes princípios sociais e políticos. Importa é que os cidadãos, por si mesmos, sem qualquer submissão ao arbítrio de outrem, determinem as regras de ação comuns e as coloquem em prática junto com os demais. O diálogo e a ação conjunta entre iguais no espaço público caracterizam a concepção tocquevilliana de liberdade e conferem sentido à política.[3]

Ciente de que a Revolução Francesa rompeu para sempre com o Antigo Regime, Alexis de Tocqueville comprometeu-se com os novos tempos. Em seus livros e artigos teóricos, assim como nos seus discursos e ações como deputado, a palavra e a ação – de cada um junto com seus iguais – aparecem como condições necessária para construção do espaço político e democrático. Em sua vida, no ir e vir da palavra à ação e da teoria à prática da política, observamos o constante favorecimento da diversidade e do diálogo, como marca de sua crença no esforço de analisar as questões comuns, de estabelecer as regras de ação e pô-las em prática junto com os demais. Repudiando a massificação e o individualismo que sujeitam cada um ao poder tirânico da maioria ou ao poder tutelar de um governo representativo, Tocqueville esforçou-se para promover ocasiões de manifestação da singularidade

3 Embora Tocqueville afirme que não quer julgar uma forma social e política pela outra, ele admite que a democracia é mais justa do que a aristocracia porque estende a liberdade para todas as pessoas, cf. *ibidem*, tomo II, parte IV, capítulo VIII.

de cada um dos membros do corpo coletivo – encontrando aí mesmo (na possibilidade de manifestação) a manutenção da democracia –, ou seja, de manutenção da igualdade e da liberdade das pessoas.

Se Tocqueville jamais aceita que uma elite política, ou que uma vanguarda revolucionária, tome para si a tarefa de dirigir o povo à democracia, é porque os próprios cidadãos não podem ser alijados da participação ou submetidos a um consenso irrefutável, mesmo que esse consenso decorra da maioria de um povo. Do seu ponto de vista, o âmbito da política está muito distante da fala especializada, sábia, irrefutável – tal como a fala especialista que discorre de modo irretorquível e superior sobre um assunto, uma fala que não compõe, mas impõe. Pelo contrário, afastando qualquer verdade do âmbito político, Tocqueville instiga seus concidadãos a manifestarem a si mesmos, a organizarem-se e participarem do processo contínuo de construção de condições sociais e políticas baseadas na igualdade e na liberdade.

A política deve ser entendida, consequentemente, não apenas como um modo de viver com as demais pessoas, mas como um modo sublime, posto que faculta o desenvolvimento daquilo que caracteriza propriamente a humanidade da pessoa: sua liberdade. Ser livre, como dissemos, se manifesta como a capacidade de sentir, falar e agir por si mesmo em um espaço público de convivência; um espaço de manifestação de cada um e de compartilhamento que integra pessoas livres, cuja convivência as faz capazes de desenvolver e renovar sentimentos e ideias.[4] Tocqueville não se compadece daquelas que, por apatia ou negligência, afastam-se de seus compromissos políticos mantendo apenas a aparência pela encenação. É neste sentido que ele critica o sistema eleitoral praticado nas democracias nascentes:

4 Tocqueville afirma que: "Os sentimentos e as idéias não se renovam, o coração não cresce e o espírito não se desenvolve a não ser pela ação recíproca dos homens uns sobre os outros". (A Democracia na América. Tomo II, Parte II, cap. V, p. 393)

> Nesse sistema, os cidadãos por um momento abandonam a dependência, para indicar o seu senhor, e depois voltam a ela. Hoje em dia, há muitas pessoas que se acomodam muito facilmente a essa espécie de compromisso entre o despotismo administrativo e a soberania do povo, e que pensam ter garantido suficientemente a liberdade, quando é ao poder nacional que a entregam. Mas isso não me basta. A natureza do senhor importa muito menos que a obediência.[5]

Para Tocqueville, assim como para Arendt, não há propriamente política sem liberdade. Pode haver estado, pode haver espaço coletivo habitado por indivíduos isolados ou mesmo por membros de uma sociedade massificada e homogênea, mas há violência e opressão. Neste caso, a independência para cada um pensar e julgar por si mesmo e a participação nas tomadas de decisões e ações comuns, que caracterizam a liberdade, já não se manifestam.

A liberdade, portanto, não é considerada como inerente à natureza humana, Tocqueville e Arendt a concebem como constitutiva da existência humana no convívio com os seus semelhantes. Exatamente por isso a liberdade não prescinde da fala e das ações humanas, pelo contrário as pessoas se fazem livres na medida em que falam e agem umas com as outras. Eis porque liberdade não é um atributo do indivíduo isolado dos demais, mas, necessariamente, de cada pessoa que, integrada à sua comunidade, é capaz de pensar, julgar de acordo consigo e de participar, agir em conjunto com os demais.

Tocqueville, um aristocrata de nascimento, aderiu aos novos tempos, "converteu-se"[6] à democracia, não por qualquer temor ou

---

5 Alexis de Tocqueville, *A democracia na América*. Belo Horizonte; São Paulo: Itatiaia; Edusp, 1977, p. 532.

6 Françoise Melonio utiliza a palavra "conversão" para afirmar que a adesão de Tocqueville à democracia deve-se a uma convicção de ordem

devoção ao povo francês, mas por considerar que esta forma social e política estende a liberdade para todas as pessoas. O desmoronamento da aristocracia e o desenvolvimento de condições sociais de igualdade, em decorrência da Revolução Francesa, favoreceram a supressão de posições hierárquicas e fixas que caracterizavam o Antigo Regime e abriram a possibilidade para que as desigualdades econômicas, legais e políticas fossem alteradas. Ainda que as reivindicações sociais tenham ganhado grande importância no decorrer do processo revolucionário, pouco a pouco, os antigos súditos conquistaram a posição de cidadão. A palavra 'conquistar' precisa ser evidenciada, pois tratou-se (e ainda se trata) efetivamente de conquista, não de dádiva ou doação.

Sensível aos graves problemas sociais e políticos que comprometiam o estabelecimento de um estado democrático na França pós-revolucionária, Tocqueville, deputado da Assembléia Legislativa Francesa, fez um discurso inflamado, no início do fatídico ano de 1848, denunciando que, embora a Revolução Francesa tenha abolido todos os privilégios e direitos exclusivos da nobreza, fez do direito à propriedade a origem e o fundamento de quase todos os outros direitos. Argumentava que assentar sobre a propriedade privada – quando esta é privilégio de uma pequena elite econômica travestido em direito universal – o gozo de inúmeros direitos políticos e sociais significava alijar a maior parte das pessoas da condição necessária para o exercício da cidadania e criar, assim, uma nova aristocracia.

Sua compreensão de que privilégios privados são danosos à constituição de um espaço público baseado na igualdade e na liberdade dos cidadãos não decorre de qualquer acaso circunstancial. Quando de sua viagem à Inglaterra e à Irlanda, em 1835, depois de observar a

moral, na medida em que considera que este estado social e político é melhor para o gênero humano do que o Antigo Regime, cf. Françoise Melonio, *Tocqueville et les français*. Paris: Aubier, 1993, p. 29-39.

imensa desigualdade que transparece nas diferentes condições de vida dos industriais e de seus empregados, Tocqueville conclui:

> É no meio desta cloaca infecta que o maior rio da indústria humana tem sua origem e vai fecundar o universo. Deste esgoto imundo escoa ouro puro. É lá que o espirito humano se aperfeiçoa e se embrutece, que a civilização produz suas maravilhas e que o homem civilizado torna-se quase selvagem.[7]

A dicotomia que a desigualdade cria na sociedade eleva alguns a posições sociais, econômicas e políticas privilegiadas, ao mesmo tempo em que condena outros à miséria e à exclusão dos direitos políticos. Atrevidamente, Tocqueville, nas suas notas de viagens à Inglaterra e Irlanda, faz uma lista de cargos e posições e mesmo de direitos civis para os quais a riqueza tornou-se indispensável. Afirma[8] que é preciso ser rico para ser ministro, para ser juiz de paz, prefeito, para ser membro dos Comuns, para ser advogado, juiz e eclesiástico e mesmo para ser litigante, pois sempre é preciso dispor de dinheiro para arcar com os custos da representação, das eleições, da educação e para sustentar um processo nas cortes de justiça.

Apesar de seu apreço à democracia existente nos Estados Unidos, as dificuldades sociais e econômicas dos cidadãos não lhe passam despercebidas. No segundo volume de *A democracia na América*, publicado em 1840, encontramos um capítulo intitulado "Como a aristocracia poderia nascer da indústria". Tocqueville observa que a divisão de trabalho na indústria nascente produz não apenas objetos mais perfeitos e menos caros para saciar a demanda crescente dos povos cujas condições sociais se tornam mais iguais, como também cria duas classes sociais antagônicas: "Ao passo que o

---

7 Alexis de Tocqueville, "Voyage en Anglaterre et en Irlanda de 1835". In: ____. *Oeuvres*. Tomo I. Paris: Gallimard, 1991, p. 504, tradução nossa.

8 *Ibidem*, p. 478-479.

trabalhador cada vez mais conduz sua inteligência ao estudo de um só detalhe, o senhor passeia cada dia os olhares sobre um conjunto mais vasto e seu espírito se estende em proporção ao do outro que se reduz".[9] Industrial e operário nada mais têm que os assemelhe, apenas uma dependência "contínua, estreita e necessária"[10], na qual um parece ter nascido para comandar e outro para obedecer. Nessas sociedades desiguais, marcadas pela pobreza e pela opressão política, cada um devota-se unicamente ao seu próprio interesse e bem-estar à revelia de toda consideração acerca de compromissos mútuos e interesses compartilháveis.

Se a subordinação política existente no Antigo Regime foi revogada tornando todos legalmente cidadãos, as condições econômicas reais mantiveram a hierarquia social encarregando-se, mais uma vez, de promover a desigualdade entre as pessoas. Ainda que formalmente o rico e o pobre sejam cidadãos, a discrepância de suas condições sociais reais os coloca como senhor e servo revogando os princípios democráticos de igualdade social e liberdade política. Se Tocqueville denuncia a formação de uma classe aristocrática, rica e dominante, engendrada no seio da democracia na medida em que a desigualdade real não é suprimida pelo Estado, é porque duvida que pessoas dependentes e submetidas social e economicamente gozem de liberdade no âmbito político.

Fiel à concepção apresentada em 1835, na "Introdução" ao primeiro tomo de *A democracia na América*, de que as condições sociais são o "fato gerador"[11] de tudo o mais (opiniões, sentimentos, costumes, leis, governo), Tocqueville opõe-se à desigualdade social porque ela

---

9 *Idem*, *A democracia na América*, *op. cit.*, p. 425.

10 *Ibidem*.

11 *Idem*, "De la démocratie en Amérique. In:____. *Oeuvres*. Tomo II. Édition publiée sous la direction d'André Jardin. Paris: Gallimard, 1992, p. 3. A tradução brasileira utiliza "fato essencial"; preferimos "fato gerador", a fim de não trair o espírito do texto francês.

corrói a independência de pensamento e inviabiliza a participação nas decisões e ações que dizem respeito à coletividade. A degradação econômica e social redunda em degradação moral e política; pois, considera, onde os cidadãos não se reconhecem como efetivamente iguais, o compromisso mútuo e o espírito cívico não se desenvolvem.

O necessário entrelaçamento entre igualdade e liberdade depende de relações sociais e políticas que se determinam mutuamente. Neste sentido, Tocqueville considera a inclusão social como um suposto necessário para a igual participação política. Seja a fúria da massa de miseráveis tomando o espaço público para exigir condições mínimas de garantia da vida, seja o individualismo dos cidadãos voltados exclusivamente para seus interesses individuais e imediatos, ambas as situações rompem com o equilíbrio necessário entre as condições sociais de igualdade e as condições políticas de liberdade. Sucumbir à massa tirânica ou submeter-se a um governo tutelar, apesar do apaziguamento das tensões que estas formas de governo possam propiciar, são formas opressivas de governo, os quais – apesar de guardarem certos procedimentos democráticos – já não são democráticos. Pois, quando a opinião da majoritária impede a manifestação das divergências, a Tirania da Maioria toma o lugar da democracia; assim como, sempre que os cidadãos retiram-se aos seus domínios privados e deixam para os representantes do povo a tarefa política, o poder instituído torna-se Governo Tutelar que penetra em todos os espaços dominando de modo absoluto.

A possibilidade de as próprias instituições do Estado democrático engendrar formas opressivas de governo é tematizada de modo contundente por Tocqueville. Sua análise crítica transpõe o tempo e o aproxima de Arendt. Nascido na França em 1805, Tocqueville, pela observação da nascente democracia contemporânea, compreendeu que tanto a massificação quanto o individualismo eram fenômenos que irrompiam do seio da sociedade igualitária fragilizando a vida política, na medida em que impediam cada cidadão de pensar, julgar e agir por si mesmo junto com seus concidadãos. Arendt, nascida na Alemanha em 1906, viveu e pensou sobre as duras conseqüências do esvaziamento ou da perda de sentido que caracteriza a política desde o início do século xx. Ampliando, talvez, a crítica de Tocqueville à busca desenfreada por interesses privados, Arendt afirma que "onde a vida está em jogo, toda ação se encontra, por definição, sob o jugo da necessidade",[12] pois o espaço para o diálogo e para a ação conjunta é tomado de assalto pelas preocupações com as necessidades vitais. Segundo Arendt, liberando os indivíduos para o desenvolvimento das forças produtivas, a concepção política que norteou os "tempos modernos" tornou o Estado uma função da sociedade e a liberdade foi separada da política. Essa, a política, entendida agora como meio para garantia da vida, perdeu seu sentido original de – por meio do falar e do agir uns com os outros – criar o mundo humano:

> Quando um povo perde a liberdade estatal, perde sua realidade política, mesmo que consiga sobreviver fisicamente. O que sucumbe aqui é um mundo de relações humanas, surgido não por meio do produzir, mas sim do agir e do falar, que em si jamais chega a um fim.[13]

A aniquilação da política, segundo as análises de Arendt, transparece na ascensão de regimes totalitários, cuja pretensão de subordinar todas as esferas da vida à sua decisão, desconhecendo, consequentemente, as diferenças e singularidades de cada um, torna o falar e o agir uns com os outros desnecessário. Transparece também na privatização dos indivíduos pela restrição da liberdade ao âmbito do privado e pela transformação da política em administração, que

12 Hannah Arendt, "O que é liberdade?" In: *Entre o passado e o futuro*. São Paulo: Perspectiva, 1972, p.202.

13 *Idem, O que é política?* Rio de Janeiro: Bertrand Brasil, 2002, p.94.

caracteriza formas liberais de governo.[14] Em ambos os casos, denuncia Arendt, não há mais mundo comum.

Tocqueville e Arendt opõem-se, fortemente, a uma concepção da política fundada seja na massificação, seja no individualismo, posto que – em ambas as situações – tem-se a substituição do espaço público de compartilhamento pela violência e opressão. Seja na forma de um Governo Tutelar ou da Tirania da Maioria, seja na forma de um Estado Totalitário ou de uma Sociedade de Consumidores, Tocqueville e Arendt compreenderam que a opressão emerge quando a pessoa emudece e paralisa-se. Neste caso, o mundo de relações entre as pessoas é aniquilado, ainda que estejam todas lado a lado convivendo no mesmo espaço "cada uma delas, afastada das demais, é como um estranho ao destino de toda as outras".[15]

Como escritor e deputado, Tocqueville procurou divulgar ideias, apresentar argumentos, investigar problemas. Por meio de sua fala e de sua ação auxiliou no reconhecimento de interesses compartilháveis, na construção de consensos aceitáveis, de possibilidades cooperativas. Arendt, professora, escritora e mesmo jornalista foi sempre crítica a toda forma de opressão. Denunciando os crimes cometidos pelo nazismo não como algo circunstancial, mas como algo que se abate sobre toda a humanidade, estendeu a responsabilidade da construção de relações políticas baseadas na liberdade para o conjunto de homens e mulheres do tempo presente.

---

14 Ainda que, em *Origens do Totalitarismo* e em A *condição humana*, Arendt dedique-se a um cuidadoso estudo acerca do totalitarismo e da sociedade de consumidores que surge no seio do estado liberal respectivamente, podemos encontrar ao longo de sua obra inúmeras críticas ao totalitarismo e ao liberalismo como formas de aniquilação da política. Remeto, portanto, no âmbito deste artigo, ao seu texto O *que é liberdade?* In: *Entre o passado e o futuro*. São Paulo: Perspectiva, 1972, p. 195, 202.

15 Alexis de Tocqueville, A *democracia na América*, *op. cit.*, p.531.

Apesar das dificuldades inerentes à política, as análises críticas de Tocqueville e Arendt não condenam a humanidade à servidão. Encontramos nestes autores a lucidez do engajamento comprometido com a denúncia e a com a construção do mundo humano. Arendt, ao final do terceiro fragmento de *O que é política?*, no qual pergunta se a política ainda tem algum sentido, conclui que "esperar um milagre" em face às dificuldades do mundo contemporâneo "não nos remete, de modo nenhum, para fora do âmbito político original"[16] e explica que tal esperança decorre do sentido da política ser liberdade. Posto que liberdade radica na capacidade de as pessoas falarem e agirem umas com as outras em um espaço público de convivência: "os homens, enquanto puderem agir, estão em condições de fazer o improvável e o incalculável e, saibam eles ou não, estão sempre fazendo".[17]

Do mesmo modo, ao final de *A democracia na América*, depois de bem caracterizar as formas despóticas de governo que podem surgir no seio do estado social baseado na igualdade de condições, Tocqueville não deixa de instigar seus leitores a dirigir o vir-a-ser do estado democrático:

> As nações de nossos dias não poderiam fazer com que as condições não fossem iguais em seu seio; mas depende delas que a igualdade as conduza à servidão ou à liberdade, às luzes ou à barbárie, à prosperidade ou às misérias.[18]

Tocqueville e Arendt concordam que mesmo nos tempos mais sombrios, há algo de insondável, de inusitado, que depende das próprias pessoas que falam e agem em um espaço compartilhado, junto com quem quer que seja. A consequência do falar e do agir de cada um é o desencadeamento de novas falas e ações que se entrelaçam e

---

16 Hannah Arendt, *O que é política?*, *op. cit.*, p. 44.

17 *Ibidem*.

18 Alexis de Tocqueville, *A democracia na América*, *op. cit.*, p.542.

desencadeiam ainda novas falas e ações, abrindo sempre novos horizontes, novas possibilidades. É neste sentido que compreendemos a relação proposta por Arendt entre o recém-nascido e a possibilidade de começar algo novo:

> No nascimento de cada homem esse começo inicial é reafirmado, pois em cada caso vem ao mundo já existente alguma coisa nova que continuará a existir depois da morte de cada indivíduo. Porque é um começo, o homem pode começar.[19]

Apesar das dificuldades vividas, nosso destino não está traçado. A possibilidade do começar, de introduzir o novo é, ela mesma, liberdade.

A tarefa é árdua, como bem afirma Tocqueville quando diz que "nada existe de mais fecundo em maravilhas do que a arte de ser livre; mas nada há de mais difícil do que o aprendizado da liberdade".[20] A construção do espaço político é tarefa que concerne a cada um, a cada recém-nascido ou a cada desconforme, que falando e agindo por si mesmos se apresentam uns aos outros desencadeando o novo. O falar e o agir são sempre provisórios, inacabados, mas tais característica não significam carência; pelo contrário, significam a possibilidade de uns com os outros responsabilizarem-se pelo vir-a-ser do mundo humano.

Referências bibliográficas

ARENDT, Hannah. Hannah Arendt, A *condição humana*. Rio de Janeiro: Forense-Universitária, 1983.

___. *Da revolução*. São Paulo: Ática: Brasília: UnB, 1988.

___. "O que é liberdade?" In: *Entre o passado e o futuro*. São Paulo: Perspectiva, 1972.

19 Hannah Arendt, "O que é liberdade?", *op. cit.*, p.216.

20 Alexis de Tocqueville, *op. cit.*, p.185.

___. Hannah Arendt, *O que é política?* Rio de Janeiro: Bertrand Brasil, 2002.

___. Hannah Arendt, *Origens do totalitarismo.* São Paulo: Cia das Letras, 1998.

BOESCHE, Roger. *The strange liberalism of Alexis de Tocqueville.* Ithaca: Cornell University Press, 1987.

DUARTE, André. *O pensamento à sombra da ruptura: política e filosofia em Hannah Arendt.* São Paulo: Paz e Terra, 2000.

FELÍCIO, Carmelita B. F. "É possível reabilitar o sentido da política? Em torno do legado de Hannah Arendt". *Fragmentos de Cultura*, vol. 13, especial, out.2003.

GOLDSTEIN, Doris. "Alexis de Tocqueville's concept of citizenship". *Proceedings of the American Philosophical society*. n. 108, p. 39 – 53, 1964.

JASMIN, Marcelo. "História, política e modernidade: das relações entre Arendt e Tocqueville". In: Moraes, E. J., Bignotto, N. (orgs.). *Hannah Arendt: diálogos, reflexões, memórias.* Belo Horizonte: UFMG, 2001.

KESLASSY, Eric. *Le liberalisme de Tocqueville à l'épreuve du paupe-risme*. Paris: L'Harmattann, 2000.

MELONIO, Françoise. *Tocqueville et les français.* Paris: Aubier, 1993.

TOCQUEVILLE, Alexis de. *L'ancien regime et la revolution*. Paris: Robert Laffont, 1986.

___. *A democracia na América*. Belo Horizonte; São Paulo: Itatiaia; Edusp, 1977.

___. "De la démocratie en Amérique. In:____. *Oeuvres*. Tomo II. Édition publiée sous la direction d'André Jardin. Paris: Gallimard, 1992.

___. "Écrits et discours politiques. In: ____. *Oeuvres Complètes.* Tomo III, vol. 2, Paris: Gallimard, 1985.

___. *Etat social et politique de la France avant et depuis 1789*. Paris: Robert Laffont, 1986.

___. *Textes économiques. Anthologie critique par Benoît et Keslassy*. Paris: Pocket, 2005

___. "Voyage en Anglaterre et en Irlanda de 1835". In: ____. *Oeuvres*. Tomo I. Paris: Gallimard, 1991.

Intersubjetividade, liberdade e história

Thiago Martins[1]

Fecundo, porém bruscamente interrompido, o pensamento de Merleau-Ponty propõe uma nova abordagem em relação à subjetividade, através de uma encarnação do espírito, que leva até a necessidade da interssubjetividade, abandonando entraves recorrentes na história da filosofia.[2] Sem dúvida, essa relação inter-humana apresenta-se na linguagem verbal e encontra nela, senão um paradigma, ao menos um espaço privilegiado de sua manifestação.

A história, então, adquire caracteres novos e novas perpectivas para a ação política. Tendo seu sentido estabelecido pela coexistencia social dos indivíduos, verdade histórica e sentido da história se tornam a mesma coisa: a história é o palco de expressão da liberdade humana e de sua autodeterminação.

Para chegarmos a tal, as reflexões sobre a constituição do sujeito, feitas por Merleau-Ponty n'A *prosa do mundo*, que indicam na verdade uma intersubjetividade constituinte, serão fundamentais; ao mesmo tempo que, no campo histórico e político, esta mesma intersubjetividade de alcance coletivo doa sentido à história. Noutro

---

1 Graduado em Filosofia na Universidade Federal de São Paulo.

2 Dispensaremos as referências explícitas aos interlocutores de Merleau-Ponty, por motivos de economia expositiva.

momento, agora baseados na *Fenomenologia da percepção*,[3] veremos a intersubjetividade enfeixar-se em considerações sobre a história, na ideia de uma revolução social, os aspectos que foram antes tratados participando cada um para construir este acontecimento. É nele que, para Merleau-Ponty, os homens exercerão mormente sua liberdade.

Linguagem e sentido

Fala-se de coisas quando está se demostrando verdades matemáticas: o papel do sujeito é somente deixar-se levar pelas palavras, a fim de que vá do que sabe ao que deve aprender. Os números, ou melhor, os algoritmos, tem-se como signos puros que não exigem do sujeito pensante nada que não sua instrumentalização. Porém, as operações com esse tipo de signo se dão a partir de sua transformação externa, o que nos mostra a existência, no sujeito, de estruturas, perspectivas com as quais novas significações são extraídas, engendradas desses mesmos signos. Ora, o mesmo se dá com o conhecimento linguístico: todos os devires já estão contidos em si mesmos, assim como "a literatura francesa está contida na língua francesa, ou as obras futuras de um escritor, em seu estilo".[4]

Ao contrário do algoritmo, porém, as significações na fala não trilham signo por signo, mas tem o poder de dizer mais do que está dito termo por termo, ou ainda, me lançar rumo ao que não sei ou o que meu interlocutor não sabe. Essa operação, seja com os algoritmos seja com o signo linguístico, se faz pela fala, que se manifesta com todo o seu poder no diálogo.

Durante um diálogo estamos em contato com o outro. Porém, quão estranho é para mim compreender a coexistência de uma cons-

---

3 Maurice Merleau-Ponty, "A liberdade". In: ___. *Fenomenologia da percepção*. São Paulo: Editora WMF Martins Fontes, 2011, p. 581.

4 Maurice Merleau-Ponty, *A prosa do mundo*. São Paulo: Cosac & Naify, 2012, p. 215.

ciência que não seja a minha! Entretanto, como veremos adiante, a relação entre essas consciências pode ser menos incompreensível e até mesmo essencial. Por ora, pensemos assim: creio que sou coexistivo com tudo o que vejo, ouço, cheiro etc. Mas de onde viria então esse outro olhar, sentir, cheirar? Como é possível que o "eu penso" se realize fora de mim? Ou ainda, como posso ver algo que também vê?

Pensando assim nunca compreenderemos a alteridade: minha consciência é total sobre o meu mundo. Para minha consciência tudo o que não sou "eu" é um objeto, externo. Mas, talvez, essa mesma experiência do outro como um outro eu seja a chave para uma outra relação com a alteridade: com minha totalidade no mundo tenho o poder de inserir novos seres nele, pelo motivo de que "tudo o que pode valer como Ser a meus olhos só ocorre tendo acesso, diretamente ou não, a meu campo, aparecendo em minha experiência, entrando em meu mundo, o que quer dizer que tudo o que é verdadeiro é meu".[5]

Usemos de uma ilustração para explorarmos mais essa introdução do outro em meu mundo: vejo um homem dormindo. Subitamente, aquele corpo, antes imóvel, acorda e passa recolher seus pertences. Relaciona-se com esses objetos como eu me relacionaria. Esse mesmo homem protege-se da luz do sol com eu também o faria: ou seja ele, se relaciona com o meu mundo como eu o faria. Passo a crer realmente que é o mesmo mundo que habitamos. Mas onde no mundo ele está? Nas coisas não, já que as manipula. Em meu corpo não, não posso concordar com isso. Onde, então, está esse ser que não é nem objeto, nem meu corpo, nem eu?

A resposta pode ser formulada assim: minha relação com o mundo é uma relação generalizada, isso que dizer que minha experiência de conquista do mundo me permite reconhecer uma outra conquista e um outro "eu-mesmo". A partir do momento em que ex-

5 *Ibidem*, p. 222.

perimento o mundo, ele não existe apenas para mim, mas em tudo o que interage com ele: "Percebo comportamentos imersos no mesmo mundo que eu, por que o mundo que percebo arrasta ainda consigo minha corporeidade, por que minha percepção do mundo é impacto do mundo sobre mim e influência de meus gestos sobre ele".[6]

Vale dizer, porém, que nunca vi os outros como puros objetos, eles são variantes da minha relação com o mundo, já que estão em meu campo. Mas o que viria a ser exatamente esse campo? O campo é a solução para a relação conflituosa entre duas consciências absolutas já que "um campo não exclui um outro campo da mesma forma que um ato de consciência absoluta exclui um outro, porque é a abertura pela qual, como corpo, sou 'exposto' ao mundo, porque não tem essa absoluta densidade que torna impossível [...] outra consciência".[7]

Eis o que permite a experiência do outro: o corpo. Sem um corpo não haveria para mim nem outros, nem espíritos; e nem para o outro, já que ele não teria acesso ao meu mundo e não poderia adentrar em meu campo e intervir nele de forma que se mostrasse a mim no mesmo mundo que eu.

Esse adentramento se dá, todavia, lateralmente: face a face não poderíamos não objetificá-lo. O corpo inaugura um lugar comum: é possível agora que vivamos e experimentemos o mesmo mundo. O mesmo mundo cultural, já que damos significação a esse exterior através da mesma língua que temos: a cultura é essa instituição significadora.

Uma outra instituição cultural é a racionalidade. Longe de relativismos culturalistas:

> a racionalidade, a concordância dos espíritos não exigem que cheguemos todos à mesma ideia pelo mesmo caminho,

6 *Ibidem*, p. 224.

7 *Ibidem*, p. 225.

> ou que as significações possam ser encerradas numa definição, ela exige apenas que toda experiência comporte pontos de abertura a todas as ideias e que as "ideias" tenham um configuração. Essa dupla postulação é a de um mundo.[8]

Aqui há então uma necessidade: a do convencimento, ou melhor, da instauração de um novo sentido. Mas isso não se dá como de uma consciência a outra, já que "uma consciência só saberia encontrar em si senão o que nela pôs".[9] Mas, sim, como fala: sou fala e o outro também o é; é isso o que permite superar a rivalidade entre as consciências.

Quando falo não sou somente ativo e nem quando ouço sou passivo: a fala pressupõe que falo enquanto ouço e ouço enquanto falo. O meu interlocutor e eu sabemos disso e nos baseamos nisso para o ato discursivo.

A primeira fala inaugurou um só ato: todos os atos de fala participam, na verdade, do mesmo e único esforço comunicativo da espécie. Dizemos comumente que a verdade sempre foi verdadeira, mas isso é um modo confuso de dizer que todas as expressões anteriores revivem e recebem seu lugar no agora. "O fundamento da verdade não está fora do tempo, está na abertura de cada momento do conhecimento aos que retornarão e transformarão seu sentido".[10]

A fala proporciona esse retorno por que nunca diz somente o que quis: sempre há uma abundância de significação, um excesso mesmo. O artista almeja criar a obra perfeita, aquela que diria tudo e que encerraria a angustia criativa. Marllamé fascina-se pela folha em branco, porque ela seria O Livro; nada mais precisaria ser dito após ele. Pois todo o ato criativo busca encerrar esse mesmo ato: todo

8 *Ibidem*, p. 233.

9 *Ibidem*.

10 *Ibidem*, p. 234.

artista ao criar, almeja que essa obra seja A Obra, isto é, após ela nada mais precisaria ser feito.

Porém, dada a natureza dos signos, sempre há um excesso de significação, que dá escopo aos outros artistas, e a esse mesmo, para continuarem a criar.

A fala é o que permite a relação entre duas totalidades rivais:

> não porque ela nos faça entrar em nós mesmos e reencontrar em nós mesmos algum espírito único do qual participaríamos, mas porque nos arrebata, nos transforma no outro e ele em nós porque ela abole os limites do meu e não meu.[11]

Liberdade e história

Estes sujeitos, ou antes intersubjetividades, se encontram na história e na sociedade. E sua relação com os outros, o fluxo histórico, as instituições nos levam a perguntar se eles são realmente livres. Porém, o que vem a ser liberdade?

Nada que venha do exterior pode determinar uma consciência, diz Merleau-Ponty, já que assim eu seria uma coisa, "portanto, não há nada que possa limitar minha liberdade, senão aquilo que ela mesma determinou como limite de suas iniciativas".[12] Eu pretendo concretizar um projeto, mas há obstáculos: essa montanha que me impede a passagem, esta ou aquela situação etc., portanto não sou livre nesses momentos. A isso responde radicalmente o filósofo: "a liberdade que faz aparecer os obstáculos à liberdade".[13] Como se esta liberdade não quisesse realmente aquilo que dizia e se põe obstáculos que passem por motivo de sua desistência.

---

11 *Ibidem*, p. 236.

12 Maurice Merleau-Ponty. *Fenomenologia da percepção, op.cit.*, p 584.

13 *Ibidem*, p. 588.

A montanha possui realmente esta altura, não é uma ilusão ou delírio; meu corpo valoriza espontaneamente minha circunvizinhança, dá-lhe sentidos não decisórios, mas não "podemos distinguir a qualidade de 'obstáculo' e o próprio obstáculo, reportar uma à liberdade e o outro ao mundo em si".[14] O esforço aqui é mostrar que, sem nossas valorações, o mundo seria amorfo e inominável, devolvendo à liberdade a criação dos seus limites. Mesmo em momentos em que sinto cansaço, ou qualquer adversidade, não estou sendo tolhido em minha liberdade? "Minha fadiga me detém porque não gosto dela, porque escolhi de outra maneira meu modo de viver no mundo".[15] Agora, as tentativas de encontrar limites e obstáculos à consciência externos a ela se mostraram falhos, resta ela própria encontrar dentro de si essas barreiras.

Ora, então a liberdade é total indeterminação ou não há liberdade, a consciência deve atingir tudo o quer para ser verdadeiramente livre, nada pode impedir que isso se realize ou não há liberdade. Merleau-Ponty rebate essas ideias quando diz que a liberdade não está baseada no nada, que os próprios indivíduos não estão em um lugar deslocado do mundo, e a liberdade não é destruir nossa situação, mas é porque estamos nela e ela é aberta, além de nos reclamar modos privilegiados de resolução, que podemos exercer nossa liberdade, já que o mundo é impotente para isso.

Mas essa discussão, quanto à determinação ou indeterminação, ainda está abstrata; por isso o problema da liberdade na história adquire aspectos novos na fomulação merleaupontyana. Se se considera o que foi dito sobre a liberdade dos sujeitos, o sentido do mundo, então se chega à ideia de que "a história não tem sentido, ela tem aquele sentido que nós lhe damos por nossa vontade".[16] Merleau-Ponty inicia

14 *Ibidem*.

15 *Ibidem*, p. 591.

16 *Ibidem*, p.593. Para as citações a seguir, *ibidem*, *et passim*.

uma discussão sobre a revolução, em que surge a questão da tomada de consciência de classe: o que faz com que alguém a tome?

Primeiramente, a ideia de que as condições objetivas determinam essa tomada, tem as mesmas respostas em relação às anteriores: não há determinações externas à consciência, a não ser que ela se torne coisa. Então, essa tomada é completamente intelectual, decido que a partir de hoje vejo a história pela luta de classes, tomando assim consciência? De modo algum, afirma Merleau-Ponty:

> Em primeiro lugar 'eu existo operário' ou 'existo burguês', e é este modo de comunicação com o mundo e com a sociedade que motiva ao mesmo tempo meus projetos revolucionários ou conservadores e meus juízos explícitos 'sou operário', 'sou burguês'.

A tomada de consciência de classe merleaupontiana é uma conversão, no sentido mais forte da palavra. Mas, com se dá a passagem à revolução, se é preciso que esse milagre aconteça?

Em um belo exemplo, Merleau-Ponty ilustra todas as vicissitudes de um movimento de operários em greve e a relação com o resto dos trabalhadores, e conclui que é na vida comum, não nas representações ideológicas, mas na vida concreta que cada corpo na sociedade vive, quando percebido como vida em comum, e o mais importante, com um obstáculo comum – aqui principia o movimento revolucionário que "como o trabalho do artista, é uma invenção que cria ela mesma seus instrumentos e seus meios de expressão". Por isso mesmo, não é preciso que haja uma representação na cabeça dos revolucionários sobre ela própria, a revolução, o que virá etc., basta que queiram que algo tem de mudar. Enfim, a revolução é um projeto existencial, em que o indivíduo mobiliza-se inteiramente para sua realização.

Retomada a questão do que seja a liberdade, Merleau-Ponty afirma: "nascer é ao mesmo tempo nascer do mundo e nascer no mundo. O mundo está já constituído, mas também não está nunca completamente constituído. [...] nunca há determinismo e nunca há escolha absoluta, nunca sou coisa e nunca sou consciência nua". A liberdade está, então, sempre disponível e é um exercício contínuo de liberdade fazer ou não a revolução, ou qualquer outro projeto. A própria filosofia, para o filósofo francês, realiza-se quando se destrói como filosofia separada do mundo, da história.

Uma revolução social é também uma revolução na linguagem.

Referências bibliográficas

MAURICE Merleau-Ponty. In: ___. *Fenomenologia da percepção.* São Paulo: Editora WMF Martins Fontes, 2011. p 581.

___. *A prosa do mundo.* São Paulo: Cosac & Naify, 2012.

O espírito libertino e a crítica dos devaneios

Lucas Bertolo[1]

Tu discernes no primeiro signo o que vai se realizar
E levantas voo, espírito ousado, como as águias que
Precedem a tempestade,
Voando na vanguarda dos deuses que virão

Friedrich Hölderlin, *Rousseau*.

O discurso dos leitores vulgares por vezes tende a reduzir a significação da palavra *libertinagem* às suas determinações mais superficiais. Presentes, tais leitores estabelecem a linguagem de seu tempo, determinam o ritmo de pulsação das sentenças e dão à sua conveniência os sentidos às palavras. Nebrija, quando na redação da primeira Gramática em castelhano, escrevera: "a língua é instrumento do Império". Cúmplices dos seus regimes, portanto, os leitores vulgares vêm a ser o avesso do leitor imaginado por Rousseau: o leitor ausente, mas possível em um horizonte ainda opaco. Trata-se de uma visada paradoxal, como muitas outras que percorrem o organismo vivo constituinte da obra do filósofo, visto que àqueles a quem se pode dizer não é necessário dizê-lo. Formula-se então o problema: a quem, ou melhor, a quê se dirige a obra de Rousseau?

1 Tradutor

O discurso do libertino, por sua vez, é o discurso do livre-pensar às margens das determinações da linguagem de seu tempo: é o contra-dizer do discurso dominante. Pode-se dizer que o libertino, enquanto figura excêntrica, e muitas vezes presente no interior das monarquias absolutistas, é a prefiguração de um espírito crítico que viria brilhar no fim do Século das Luzes. O espírito libertino apresenta-se a nós como a pré-história do espírito revolucionário ou, se quisermos, como potência de instauração da catástrofe na sociedade. Tal passagem é a transformação efetiva da reflexão política em ação política: vai-se da crítica do discurso do século à destruição do dispositivo social que fazia uso de tal discurso. Cabe ressaltar não só o caráter negativo da crítica libertina, mas o positivo que, no desenvolvimento dos seus conceitos, apresenta-nos um processo agitado em duas vias: negativamente, destrói conceitos constitutivos da estrutura de dominação, das engrenagens que orientam a história da servidão, como já vimos; positivamente, formula novos conceitos que possibilitam pensar o curso da história sob outra orientação, a partir de categorias totalmente novas.

Voltemos agora ao nosso problema: a quem ou a quê se dirige a obra de Rousseau? No limiar entre a autodissolução do espírito libertino e a origem do espírito revolucionário, entre a temporada de Sade na Bastilha e a sua respectiva tomada, é possível vislumbrar a formação duma racionalidade analítica revolucionária que, estruturada pela dinâmica da dominação e da "servidão voluntária",[2] viria dinamitar a ponte que outrora parecia ligar a reflexão política da Filosofia das Luzes com a ação política dos revolucionários. E que teor crítico teria esta dinâmica na reflexão de Rousseau? Em primeiro lugar, na filo-

---

2 Aqui, nos referimos ao *Discurso da servidão voluntária*, de La Boétie, obra essencial para se pensar a questão da servidão no Antigo Regime.

sofia política de Rousseau, como bem assinalou Bento Prado Junior,[3] operam-se passagens fundamentais que se tornam as condições para a crítica: vai-se da esfera do saber para a do poder, da razão para a da paixão e, por fim, do discurso para a da força. Com isto, a dinâmica da dominação e da servidão voluntária assume o caráter de econômica da desigualdade entre os homens, onde o que importa não é a revolução como mudança da ordem social, mas como supressão da diferença social. Neste sentido é que começam a se esboçar as diferenças capitais entre Rousseau e seus contemporâneos.

O instinto desta racionalidade analítica revolucionária encontra-se, acreditamos, apenas nos pensamentos políticos de Rousseau e de Sade, frente à massa de *philosophes* e de libertinos eruditos, que mais pareciam flertar com concepções reformistas, diante da exigência de se pensar novos sentidos para a moralidade e a política modernas. Nossos próximos,[4] por sua vez, já aspiravam a uma autêntica ruptura com os essencialmente depravados modos de se pensar e de se fazer política – tratava-se de transgredir no discurso o discurso tirânico e, no mesmo passo, desarmar o discurso da reforma.

Em Rousseau, não se pensa na restauração da deveras corrompida estrutura da sociedade, mas se pensa no desenho dos dispositivos que poderiam impedir, de forma efetiva, a consolidação das instituições capazes de produzir a desigualdade entre os homens, seja via discurso, seja via violência. No quadro da aniquilação das desigualdades provocadas pela vida em sociedade, pode-se dizer que a crítica da ideologia do Iluminismo é o movimento fundamental de recusa da corrupção trajada de esclarecimento – movimento este que, no interior do próprio pensamento iluminista, denuncia a con-

---

3 Cf. Bento Prado Junior. A *Retórica de Rousseau*. São Paulo: Cosac & Naify, 2008.

4 Cf. Pierre Klossowski, *Sade meu próximo*. Trad. Armando Ribeiro. São Paulo: Brasiliense, 1985.

tradição da qual faz parte – sendo, por sua vez, a recusa da vida em sociedade o seu termo último, em vista de um retorno a um modo de viver primitivo, onde os homens, livres de posses, não almejariam tê-las novamente.

Em Sade, o título nobre de marquês, justaposto à sua condição material nos anos em que viveu encarcerado, forneceu uma posição única para a reflexão sobre a situação política e moral do seu século. Na esfera reflexiva teológica do marquês, o horizonte a ser desvelado como resultado da crítica à moralidade cristã é a própria substância do espírito libertino: a liberdade frente à servidão dos homens, seja a um Deus, seja a uma Igreja. Ao mesmo tempo, na esfera da reflexão política, a crítica das instituições do Antigo Regime incita a liberdade dos homens diante da servidão à Coroa. O acabamento da crítica, em ambas as esferas, foi se conceber na relação do espírito libertino consigo mesmo, na *implosão* dos valores de sujeição no seio da vida privada dos retratados – é como se cada um dos personagens de Sade, nos círculos sociais em que viviam, e que diziam pouco sobre a realidade da vida social do povo francês de seu tempo, tivessem realizado revoluções dentro deles mesmos, através de uma educação iluminista às avessas: nas *escolas de libertinagem*.[5] Frente ao projeto de esclarecimento, pedra fundamental da ideologia iluminista, a educação crítica-libertina parece disputar em pé de igualdade os sentidos da liberdade.

O leitor anacrônico projetará na reflexão sobre novos sentidos de se fazer política e de pensar a moralidade um ensaio da Revolução, ou ainda pior, um chamado para o levante. O que pôde se conceber como a filosofia que sonhou a Revolução não é senão a filosofia que, com seus conceitos revolucionários, *animou* as massas, dando-lhe forma onde só havia um conjunto de insatisfações infor-

5 Referência a mais célebre obra do Marquês, *120 dias de Sodoma ou* A *escola de libertinagem*, escrita no cárcere da Bastilha em 1785.

mes; nomeando-lhe o horizonte quando tudo à frente parecia opaco. Rousseau, nos seus devaneios, não sonha a dissolução do discurso do seu tempo *na* sociedade, mas a dissolução, na interioridade, dos efeitos deste discurso na vida íntima de cada um. Groethuysen entendeu bem a operação desenvolvida na reflexão do genebrino: "Ele estaria à frente de seu tempo, teria completado em si mesmo, apenas em si, a transformação que só mais tarde se fez por meio de um esforço coletivo".[6] Muito antes de Sade dizer aos franceses "mais um esforço, se quiserem ser republicanos",[7] nosso filósofo já se dizia *cidadão*.[8]

Em *Os devaneios do caminhante solitário*, a reflexão política adentra a esfera da imaginação, onde a autonomia parece possível. Na terceira caminhada, vemos o projeto de crítica tornar-se, da negação da filosofia das Luzes, uma filosofia mais afim ao modo de filosofar dos antigos. Da filosofia douta, porém estranha, dos contemporâneos, passa-se à filosofia cujo estudo se traduz em sabedoria para si mesmo, livre de implicações com uma linguagem que só sabe expressar a diferença social. Este estranhamento diante da filosofia do seu tempo resulta em um bom encontro com a sabedoria antiga: distanciar-se dos círculos dos letrados, tidos como imersos na corrupção social, é o recurso que visa devolver ao pensador, em sua vida íntima, a palavra livre das determinações morais e políticas da sociedade. Palavra que é condição mínima para a efetiva crítica social. No movimento de distanciar-se da sociedade, Rousseau parece realizar o projeto de supressão da crise entre vida política, objetiva ou exterior, onde opera a vontade na esfera da ação, e vida moral, subjetiva ou interior, onde opera a inteligência na esfera da reflexão. Rousseau, ao se deixar conduzir pelo arco e

---

6 Bernard Groethuysen, *Jean-Jacques Rousseau*. Paris: Gallimard, 1949, p. 222.

7 D. A. F. Sade, *A filosofia na alcova*. São Paulo: Iluminuras, 2003.

8 Cf. Jean-Jacques Rousseau, *Confissões*.

lira antiguíssimos, decide por uma vida virtuosa onde as ações têm correspondência com os pensamentos, livre das dissonâncias entre agir e sentir, no repouso da satisfação imediata das necessidades reais, no refúgio em terras não mapeadas, sem posses.

Quanto ao lugar de inscrição desta crítica, que é, positivamente, projeto de "reforma intelectual e moral", escreve Rousseau: "E se a propriedade está baseada apenas na utilidade, onde não há utilidade possível, não pode haver propriedade".[9] Em que forma discursiva, para Rousseau, a utilidade não se faz presente? No romance, a ficção livre de moralidade, pelo menos como um fim necessário. Nesta concepção, o romance aparece como expressão linguística que não reproduz os males da diferença social em sua essência. Distanciado, sem compromisso com o que acontece na realidade da sociedade, o romance é a primeira condição formal da crítica social que nosso filósofo realizou. Escrito para os povos corrompidos, o romance ilustra a negação da história que, para Rousseau, é a história da corrupção da humanidade. Pode-se dizer que uma importante parte da obra de Rousseau dirige-se para a sociedade, contra a sociedade – no *Emílio*, por sua vez, a pedagogia dirige-se para o indivíduo em formação, em vias de educá-lo não para uma suposta ascensão social, através de um saber tornado útil, mas para uma suspensão do fator social. É no limite da prosa que a crítica da prosa do mundo virá se cumprir, sob a forma moderna do romance – distinta daquela utilizada por Petrônio, já portadora da decadência romana. Para além desta forma, entre o silêncio das origens e o silêncio da servidão, o *cidadão* exilado, conduzido pelo fluxo contínuo da reflexão livre de qualquer objetividade, devaneia. E será neste novo gênero literário que a crítica social do filósofo tomará sua forma mais sublime.

9 *Idem, Os devaneios do caminhante solitário*. Trad. de Júlia da Rosa Simões. Floresta: L&PM, 2008, cf. terceira caminhada.

O devaneio fala, mas ousa falar de outra forma: a meditação solitária vem tomar o lugar do discurso filosófico, dirigido a um leitor pretendido universal, vem desdobrar os sentidos do romance, e realiza na prosa nutrida de lembranças, sempre da vida íntima do filósofo, uma crítica social que não seria possível nos moldes de um discurso sustentado sobre investigações puramente racionais e históricas. O olhar distanciado do caminhante solitário, suspenso, aparece como a condição mesma da proximidade do seu pensamento com a realidade social de seu tempo. Entre o *Segundo Discurso*, de onde se podiam ouvir, no silêncio da servidão, os últimos ecos de uma natureza para sempre perdida, e os *Devaneios*, de onde se pôde ouvir, nas redondezas de uma *floresta*, o metálico som dos grilhões, há uma inegável transformação de forma e de linguagem que, de certo modo, fornece outras condições para a reflexão dum mesmo assunto. Prestes a se tornar devaneio, a prosa desvela um limiar onde a crítica da sociedade sob um discurso libertino ainda se faz possível, sob outra forma, em outro plano, por assim dizer. Em sua realização, o devaneio, imerso na tranquilidade do conceito do *estado de pura natureza*, a *floresta* (no *Segundo Discurso*) ou a *ilha* (nos *Devaneios*), só deseja silenciar-se, num gozo "de nada exterior a si mesmo".

Na Ilha de Saint-Pierre, o filósofo teria a vivência e a experiência do conceito de *floresta*, surgido como hipótese de lugar fora do tempo no *Segundo Discurso*. Para Althusser, a *floresta* é a própria realização da existência do *estado de pura natureza*, como veremos a seguir:

> Esta natureza é então a floresta. Creio que se pode argumentar que a floresta em Rousseau, no *Segundo Discurso*, é um conceito, e não um objeto. A floresta é a verdade do estado de natureza, é o conceito do estado de pura natureza, é a condição de realização de tal solidão, a condição de realização da não-sociedade, que define o homem. Floresta acolhedora, protetora, plena, pois oferece aos homens tudo o que desejam, num instante, imediatamente, sem traba-

> lho, mas ao mesmo tempo vazia e, sobretudo vazia, pois ela é um espaço sem lugar. Ela é o espaço infinito e vazio da dispersão e do simples encontro sem amanhã. A floresta é um espaço sem lugar, sem topos. Este espaço da floresta é, de uma vez, sempre presente, na nutrição e no refúgio, e sempre ausente: é a realização da existência do estado de pura natureza.[10]

Presente ou ausente, o *estado de pura natureza* é condição de realização da solidão e, ao mesmo tempo, do silêncio. Na *ilha* ou na *floresta* a não-sociedade que constitui o *estado* aparece como espaço sem lugar, sem *topos*. Rousseau, no fluxo contínuo do "sentimento de existência desprovido de qualquer afeto", propõe, para que o devaneio se realize na solidão, a hipótese do completo esquecimento da sociedade: neste momento, a crítica só poderá se realizar sob a forma de autocrítica – o *estado de pura natureza*, em sua transparência absoluta, invoca, no seu interior acabado, o seu nada, a sociedade, que se dá agora na mesma condição que a natureza se dava no *Segundo Discurso*: sob o signo da perda.

Contudo, haveria naquilo sobre o que o devaneio silencia uma possibilidade de se realizar a crítica da história da sociedade sem comprometer a pura atividade reflexiva do devaneio? Ou então, não seria o próprio silêncio sobre o avesso da natureza a crítica interior que faz do devaneio uma meditação autônoma? Poderíamos inferir desta forma: Rousseau, em toda a sua obra, parece buscar o seu próprio silêncio, no fim da inquietude que faz pulsar seu coração. Nestes termos, a obra procuraria a sua própria autodissolução. Afinal, quando o sentimento de si repousa no silêncio das origens, onde não há nada a ser dito, a escrita deveria cessar. Porém, enquanto o silêncio na meditação reclusa ainda se assemelhar ao silêncio da es-

---

10 Louis Althusser, *Cours sur Rousseau*. Paris: Les Temps des Cerises, 2012, p. 115.

cravidão, a escrita precisa continuar. O risco que a escrita corre aqui, entre outros, é a apropriação do próprio discurso pela linguagem da opinião pública, que produz, por sua vez, ou a inversão da crítica ou a sua neutralização. Rousseau teria no devaneio a forma limiar que poderia conduzi-lo a um estado de silêncio absoluto, forma esta que, ao ocultar sua crítica, a defenderia de sua depravação no meio social.

Em seu *Segundo Discurso*, o filósofo já esboça o espaço onde a vida contemplativa e ociosa poderá se realizar: o *estado de pura natureza*, que surge, no entanto, como hipótese histórica, pensado no tempo e para além dele mesmo. Importante será entender de que forma tal *estado* se dá, sob quais reações se forma, quais reflexões serão possíveis engendrar sobre o conceito mesmo e quais chaves o mesmo fornece para a leitura de problemas concretos da história da civilização. Para tanto, será necessário recorrer de novo ao *Cours sur Rousseau*, dado por Louis Althusser, onde o *estado de pura natureza* aparece sob a forma de um *novo objeto filosófico não existente*:

> Dito de outra forma, a diferença que trabalha o conceito de origem e que distingue, em Rousseau, a falsa origem da verdadeira, abre um novo espaço para um novo objeto filosófico. Numa palavra, nesta separação que Rousseau opera sob nossos olhos e que parece concernente unicamente aos objetos existentes aparece um objeto que não existe.[11]

Os "efeitos teóricos", por assim dizer, da não existência do *estado de pura natureza*, deslocam o conceito de origem para a margem do espaço e do tempo em que fora pensado: ante uma história da sociedade suspensa enquanto lugar da corrupção dos homens, emerge o seu nada – a hipótese daquela idade em que o tempo não é histórico, do espaço onde não há propriedade e, consequentemente, não há desigualdade. Correlativamente podemos agora precisar a nossa

11 *Ibidem*, p. 100.

hipótese: desde a suspensão da desigualdade – o mal corruptor desencadeado pela propriedade – até o aniquilamento da inquietude (e da obra), é possível enxergar um percurso de reações feito pelo romancista de Genebra, *citoyen* que, na plenitude do sentimento de si, poderá desenvolver uma prosa peculiar e poética: nela, a ausência de assuntos, de leitores e de um método filosófico de escrita, formará o devaneio autônomo, ponto final da escrita rumo ao silêncio original.

Uma filosofia do sentimento de si na disputa política do Século das Luzes produz uma reviravolta na maneira de se conceber o conceito nuclear do pensamento iluminista – a razão. Em um *front*, a crítica da primazia da razão desvela o que há de irracional na superfície do discurso que a eleva a tal posto: opera-se a desmistificação, via análise dos princípios básicos do discurso racionalista, como a noção de estado de natureza segundo Hobbes, da ideologia do Iluminismo que, para Rousseau, não faz senão projetar nas origens naturais ideias encontradas na sociedade – neste caso, nos referimos a Hobbes para citarmos uma das correntes filosóficas que mais influenciaram a filosofia das Luzes. Na operação descrita, varre-se o substrato místico, que secreta o real do discurso iluminista, baseado em ideias fora do lugar. Poderíamos dizer que tal operação, ao retirar o véu que encobria o discurso iluminista, traz à reflexão política a percepção de outra forma de se interpretar as categorias do pensamento iluminista: tal como a noção de história, tida por Rousseau como um processo descontínuo, movida por contradições, e não como *desenvolvimento linear contínuo*. Para o filósofo genebrino, a ruína da espécie humana é fruto da história do progresso da civilização – é o processo histórico de *desnaturação* de toda a espécie humana na vida em sociedade.

Em outro *front*, na sucessão da crítica de Rousseau, enxerga-se o surgimento do horizonte utópico na rememoração das origens míticas – o conceito de estado de pura natureza é requalificado, tornado fio-condutor da filosofia de Rousseau. Na quarta caminhada d'*Os devaneios*, vemos o filósofo buscar, para além das contradições dos princípios morais dos livros, resolver as questões morais por princípios próprios. E escreve, no parágrafo seguinte: "A verdade geral e abstrata é o mais precioso de todos os bens. Sem ela o homem é cego; ela é o olho da razão. É através dela que o homem aprende a se conduzir, a ser aquilo que ele deve ser, a fazer aquilo que ele deve fazer, e a atingir o seu verdadeiro fim". No *Segundo Discurso*, os conceitos abstratos e gerais que determinam o estado pré-reflexivo, pré-moral e pré-histórico dos homens são os conceitos condutores da filosofia de Rousseau, tanto no âmbito da reflexão moral, quanto na política.

Lá, na Ilha de Saint Pierre, Rousseau agarrou o momento. Circunscreveu-se a si mesmo em solitária contemplação; na embriaguez, refugiado, pareceu ter reencontrado a natureza perdida. Tranquilo, no abrigo dos arvoredos sombreados, repousou no silêncio de todas as paixões e, sobre um barco, a conduzir nas águas calmas um caminhante, teve seus mil deliciosos e confusos devaneios, "que sem terem algum objeto bem determinado ou constante não deixavam de ser, em minha opinião, cem vezes preferíveis a tudo que se encontrara de mais doce nos chamados prazeres da vida".

Rousseau traduz para uma prosa poética a figura do devaneio enquanto experiência do sentimento de si – no deleite de uma interioridade autêntica, o sentimento, e de uma forma perfeita, devaneio enquanto gênero literário, a imaginação cria o significado: das impressões oníricas, passa-se às figuras: entre a *atopia* do lugar rememorado, a inscrever na memória o *estado de pura natureza*, acessível a qualquer momento, a *utopia* do lugar vivenciado, a invocar a *distopia* do lugar pressentido, e o *topoi* literário do *locus amoenus*, o devaneio se apresenta como germe de uma crítica literário-filosófica moderna que, dirigida a ninguém, direcionada para o nada, concerne a toda a sociedade.

Referências bibliográficas

ALTHUSSER, Louis. *Cours sur Rousseau*. Paris: Le Temps des Cerises, 2012.

GROETHUYSEN, Bernard. *Jean-Jacques Rousseau*. Gallimard: Paris, 1949.

KLOSSOWSKI, Pierre. *Sade meu próximo*. Trad. Armando Ribeiro. São Paulo: Brasiliense, 1985.

PRADO JUNIOR., Bento. *A retórica de Rousseau*. São Paulo: Cosac & Naify, 2008.

ROUSSEAU, Jean-Jacques. *Os devaneios do caminhante solitário*. Trad. de Júlia da Rosa Simões. Floresta: L&PM, 2008.

___. *Les rêveries du promeneur solitaire*. Paris: Flammarion, 2012.

Cuba no mercado de arte global: *Realidad Ciudad Brasil-Cuba*, 2012

Marcelo Mari[1]

Celia-Yunior, Dienteperro, 2008-2017, exposição de série de 08 fotografias, com impressão digital, de piscina de hotel em Havana.

CELIA-YUNIOR. Habana 15 segundos [video]. gonzález, Celia, aguiar, Yunior (prod., dir.). 2.07min; color; stereo; 4: 3; NTSC, 2008.

---

1 Professor adjunto do Departamento de Artes Visuais, Universidade de Brasília.

Aconteceu no Rio de Janeiro, mais precisamente no Espaço Furnas Cultural, que fica no bairro de Botafogo, a exposição *Realidad Ciudad Brasil-Cuba*, em novembro de 2012. A exposição coletiva foi realizada a partir de parceria curatorial entre a cubana Dayalís González Perdomo e o brasileiro Enock Sacramento. Essa exposição foi resultado quase que direto da investigação sobre o tema das cidades contemporâneas, seus destinos e desafios no século xxi, iniciada por Enock Sacramento em sua curadoria prévia na exposição *Sete Vezes Cidade*, realizada no Espaço Cultural da Caixa Econômica Federal, conhecido por *Galeria Vitrine da Paulista*, em comemoração ao aniversário da cidade de São Paulo, de 19 de janeiro a 04 de março de 2012. Ambas as exposições foram financiadas por editais de concorrência do referido Banco. Tanto *Sete Vezes Cidade* como *Realidad Ciudad* trazem a abordagem de temas candentes: a solidão nas metrópoles, a cidade insone e a cidade sonora, as multidões anônimas e os elementos insólitos urbanos.

Pode-se dizer que, embora os problemas das metrópoles sejam comuns em todas as partes do mundo globalizado, a maneira de encará-los no Brasil e em Cuba tem diferenças sensíveis, pois são regimes políticos e econômicos distintos. Do ponto de vista social, as contradições no capitalismo são mais abissais e violentas em países periféricos, como o Brasil, do que nos centros capitalistas, muito embora hoje a realidade se revista de uma aparência *soft* e mui enganosamente agradável em toda parte. Isso marca o ponto principal de diferenciação entre a dita perspectiva brasileira e a cubana tanto na sociedade como na política das artes, por mais que se diga haver tantas ou mais contradições na situação cubana do que na brasileira. É justamente dessa diferença cubana em relação à produção brasileira de que falaremos.

Os artistas brasileiros, da exposição *Realidad Ciudad*, foram: Fernando Ekman, G. Fogaça, Laura Michelino e José César, todos eles, pintores e/ou gravadores. Aliás, esse é o ponto de destaque da produção brasileira em oposição à representação cubana que se configurou pela introdução de outra linguagem para além das tradicionais, a saber, a vídeo-arte. No caso dos brasileiros, tanto as obras de Laura Michelino como as de José César têm destaque na relação que estabelecem entre si. Trata-se de uma aproximação entre linguagens e obras, entre gravura e pintura.

Invariavelmente, os trabalhos de Laura Michelino expostos, que são feitos na técnica denominada pela própria artista de *aquagravura*, têm como tema as megacidades contemporâneas (São Paulo, Paris, Nova York) e seu geometrismo incongruente parece muita vez forçado. A artista trabalha em suas gravuras com elementos repetitivos e seriados da geometria inscrita na arquitetura urbana e tenta mostrar suas incongruências na totalidade da observação do espaço figurado. A impressão que se tem com os trabalhos de Michelino é de que ela tenta compreender pelo desenho e pela incisão os elementos de ordem e de desordem inerentes às cidades e à infraestrutura urbana racionalizada delas. Michelino com seu olhar ordenador tenta encontrar a geometria possível das grandes metrópoles do mundo na tentativa de apreendê-las visualmente pelo elemento ordenador que é a racionalidade do espaço onde o caos traz cegueira.

Laura Michelino e José César não têm apenas em comum o fato de serem considerados gravuristas acima de tudo, eles também partilham – com as obras presentes – de um senso construtivo de ordenação espacial que serve de baliza para sua definição negativa na proliferação geométrica recalcitrante. O ritmo de seu geometrismo obedece à lei do impulso excessivo ou da obsessão pela ordem que se reverte no seu contrário. É justamente como se o excesso de ordem produzisse seu contrário. Trata-se da proliferação de uma geometria teimosa, que não obedece a regras racionais de ordenação espacial. José César Teatini de Souza Clímaco reside em Goiânia e talvez venha daí, da luz local, a vivacidade e a beleza harmoniosa das cores nessas obras, que são tecnicamente definidas como resultado de pinturas e incisões sobre papelão. Há alguma coisa de precário nesses trabalhos, que se revela inclusive na apropriação inusitada do papelão. De fato, o uso comedido ou a ausência da cor na gravura foram postos à parte e a cor predominou em sua exuberância, em tons abertos.

Realidad Ciudad foi uma tentativa de investigar e mapear os olhares sobre a cidade, sobre os fenômenos das territorialidades urbanas e dos limites do vivido na contemporaneidade. Tarefa nada fácil, reunir tantos olhares sobre o foco da cidade, pois os trabalhos ali reunidos são a prova mais convincente possível de que as percepções, técnicas utilizadas e linguagens decantadas por cada artista ali inscrito não tem as mesmas predileções artísticas e nem ainda conseguem partilhar a mesma experiência de cidade. Essa fragmentariedade atual da experiência social e artística nos leva a pensar nas cidades contemporâneas como resultado do dinamismo entre a precariedade do vivido e a orientação da lógica mercadológica no mundo neoliberal, que no controle, fragmenta o espaço urbano e atomiza os indivíduos.

A novidade da exposição *Realidad Ciudad Brasil-Cuba* foi justamente a diversificação do meio expressivo – frente à predominância quase absoluta da pintura e da gravura – trazida pela dupla cubana Celia Irina e Yunior Aguiar, com três vídeos: *Dienteperro*, *Sin Título* e *Bojeo*. Esses vídeos assinalam diferenças de concepções curatoriais entre o brasileiro Enock Sacramento e a cubana Dayalís González Perdomo. Ora, o curador brasileiro fez uma seleção, por assim dizer, mais conservadora de arte e escolheu apenas aquilo que é aceito com muita facilidade no circuito artístico brasileiro. Trata-se do apelo de mercado dado às linguagens bidimensionais, a pintura e a gravura, independentemente dos suportes utilizados (papel, papelão, tela). Os editais e seus processos seletivos de concorrência pública apoiam com mais facilidade: a) aqueles que já ganharam editais anteriores; b) aquilo que já se consolidou como produção artística estabelecida (artistas e obras de determinado período); c) tudo aquilo que tem boa aceitação pelo mercado de arte.

No caso de Enock Sacramento, de curadores, de críticos de arte e de pesquisadores, que entram em disputa e pretensa livre-concorrência pelos editais de financiamento da cultura, existe um comportamento generalizado de adotar aquilo que se tornou em certa medida consensual e sacramentado pelo circuito das artes visuais e seus agentes. Isso nada mais é do que assumir uma posição sobre as artes em termos de menor risco e de maior aceitabilidade. A aceitabilidade da arte é garantia de sucesso da proposta. O efeito desse pensamento único na produção artística e no mundo da cultura em geral é retardado e contemporaneamente nocivo, o que envereda para o colapso da multiplicidade de experiências na mediocridade unitária balizada pelo Deus-mercado.

De modo geral, esse sistema parte do processo seletivo de outras vias de manifestação da experiência artística para além daquilo que já é de certa forma consolidado. A essa postura conservadora acresce-se o fato de o nome e mais que isso a credibilidade (dar crédito de expectativa) de determinado curador pode aumentar (como ações na bolsa de valores), caso ele seja responsável pela exposição de um artista considerado de importância notória nas artes brasileiras. É o caso da última exposição curada por Sacramento em Brasília, na Galeria Vitrine da Caixa Cultural, no Setor Bancário Sul, de 14 de agosto a 20 de outubro de 2013. Exposição essa dedicada a Clóvis Graciano. Um nome forte da arte moderna, mas que ainda aguarda sua maior cotação no circuito brasileiro. A tentativa de consagrá-lo reverte-se em sagração do próprio nome do curador, mas pode ocorrer também o contrário, isto é, a vinculação de um artista ao nome de um determinado crítico de arte ou então de um curador importante no circuito.

Quando falamos da realidade brasileira, o que não se pode esquecer é que esse sistema excludente da suposta premiação dos melhores, ou a assim chamada prática consolidada do lançamento de editais de concorrência pública e premiação dos ditos melhores, sinaliza a verdade crua de que o direito à cultura na competição não é universal, é sempre uma exceção em que a aniquilação do suposto *loser* é a evidencia que faltava para comprovar que o sistema funciona; o *loser* ou o competidor bem intencionado que não entendeu as regras da arte na sociedade de mercado. A restrição e o funcionamento tosco do circuito das artes visuais no Brasil empalidecem aqueles que tiveram a possibilidade de vislumbrar o funcionamento de circuitos alternativos de arte e sistemas alternativos de manifestação do vivido. Tal como o lema que se escuta há anos no Fórum Social Mundial, podemos dizer: "Outro mundo é possível".

Ora, a curadoria da cubana Dayalís González Perdomo situa-se nesse lugar privilegiado de observador que pode tanto como opinar com certa liberdade quanto como ver qual o resultado do alarido produzido pela forma de funcionamento do circuito internacional das artes no Brasil. De fato, a falta de determinações de mercado no circuito artístico cubano possibilitou autonomia em relação à subserviência do campo das artes aos ditames de expectativas de mercado, que orientam a produção atual brasileira como fator, se não único, pelo menos decisivo. Desse mal não sofreu Perdomo, muito ao contrário disso, sua posição transitou de modo muito mais livre e descomprometido entre as principais iniciativas da arte cubana hoje. É preciso enfatizar também que, dos três artistas cubanos, apenas um era pintor e os outros dois vídeo-artistas (que veiculam sua produção artística na rede sem cobrar nada por isso!): Ernesto Sargénton, Celia Irina González Álvarez e Yunior Aguiar Perdomo.

O trabalho de Sargentón situa-se no fulcro da problemática sobre a liberdade na arte defendida pelo surrealismo que assentou bases nas Américas a partir do final da década de 1930. É possível identificar um interesse especial dos artistas cubanos pela arte surrealista, principalmente pelo que ela significou em termos de primazia na formação de consciência social em franca oposição ao dirigismo funcional dos realismos. Embora sempre houvesse desconfianças e dúvidas sobre o dirigismo cultural cubano nas artes visuais, ele, se existiu, não foi efetivo. Basta lembrar que o Surrealismo sempre foi identificado, nas Américas, como a arte ligada ao Manifesto por uma arte revolucionária independente de Breton e Trotsky. Esse último considerado o grande inimigo da Revolução Russa, mesmo ainda nos tempos de abertura política de Khrushchev. De fato, o realismo teve seus adeptos em Cuba. É o que comentava Marta Traba em texto intitulado "A década da entrega 1960-70" e escrito nos idos da década de 1970. Para Traba, não havia condições objetivas para imposição de uma única tendência na cena cubana de artes visuais nas duas décadas que se seguiram à Revolução Cubana de 1958-59. As artes visuais em Cuba formavam um ambiente conhecido internacionalmente e muito rico em expressões de várias linguagens, que iam do Surrealismo à Arte Pop. Diz Traba:

> A situação de servidão (Traba falava da pressão da arte norte-americana sobre a arte porto-riquenha), se exemplifica dolorosamente em Porto Rico e se acentua ao compará-la com o processo cubano. (...) A década de 60-70 coincide em Cuba, quase exatamente, com a Revolução triunfante em 1958. Desde cedo, neste momento final da década de 1950, a Revolução não faz os artistas, apenas os recebe. Em 1959, salões e exposições de Havana não só marcam uma forte atividade pictórica mas também confrontam duas gerações de talentos (que iam de pinturas eróticas de Agustín Fernandes até arte geométrica com Mario Carreño e surrealismo com Felipe Ornado.[2]

Ainda que Traba admirasse a Revolução Cubana, ela via na crescente convivência de linhas dispares na arte cubana, com os apoiadores do realismo e os defensores da linguagem moderna, um

2 M. Traba. *Dos décadas vulnerables en las artes plásticas latino-americanas, 1950-1970*. Buenos Aires: Siglo XXI, 2005, p.175.

possível endurecimento do regime e adoção do Realismo Socialista. Apoiada em Antonio Rodriguez, continua Traba: "Ao se produzir a revolução – dizia Rodrigues – a ilha possuía já uma pintura de qualidade, mundialmente reconhecida, que dificilmente poderia se menosprezada pelo novo regime. (...) Ao contrário disso – afirmava Rodrigues –, a revolução abriu inteligentemente os braços aos artistas, sem exigir-lhes que deixassem de ser o que até então tinham sido, para passar a ser outra coisa."[3]

De fato, houve indiferença em Cuba com relação ao discurso de Khrushchev sobre as artes; note-se que a revista *Cuba Socialista*, dirigida por Fidel Castro, publicara texto de Fernando Claudín no qual considerava a arte condenada na URSS, isto é, a arte moderna, como "Uma revolução pictórica" (*sic*). Isso entretanto marcava para Traba nada mais que um situação transitória das artes, onde a dicotomia era expressa em termos de Guerra Fria como a oposição cultural e artística entre a arte norte-americana representada pela Arte Pop versus o Realismo acadêmico do Século xix da URSS:

> à linha branda da célebre frase de Fidel Castro substitui-se a linha da arte programada na ortodoxia revolucionária, ou seja uma linha já vivida e experimentada em outros países socialistas, cuja desastrosa ineficácia está à vista. Assim a arte cubana, longe de representar uma nova proposta, representa um dilema que deixa o partido nas tabelas; por um lado ganha terreno a invasão norte-americana propugnando uma arte sem sentido, por outro lado ganha terreno a pressão soviética impondo sua esterelizante retórica revolucionária. (...) Uma terceira estética se vê como uma ínfima luz ao fim do túnel.[4]

---

3 M. Traba. *Dos décadas vulnerables en las artes plásticas latino-americanas*, 1950-1970. Buenos Aires: Siglo XXI, 2005, p.176.

4 *Ibidem*, p.181.

Malgrado o tom de pessimismo, ressalta-se a síntese exclusiva da experiência cubana entre revolução da arte moderna e revolução social. Pode-se dizer: ainda que essa terceira estética cubana, em meio à guerra fria, tenha sobrevivido aos ataques de ambos os lados da política cultural imperialista no mundo, certamente hoje a produção artística cubana e suas condições de produção apresentam-se como lugar privilegiado de observação das falhas do sistema artístico vitalmente atrelado às sociedades capitalistas. Se a revolução nas artes visuais, promovida por Cuba, não se concretizou em síntese social mais ampla entre o campo da estética e da vida reformulada, pelo menos ofereceu um novo caminho para a arte, um caminho alternativo. Cuba e sua política das artes legaram um lugar legítimo de crítica e de outra existência possível para o funcionamento do circuito das artes na contemporaneidade.

Esse espaço de liberdade e de crítica nas artes visuais se deu sempre imerso em basicamente duas contradições: de um lado, a atividade de censura, nos anos de 1970 e de 1980, do governo e, de outro lado, a pressão e o interesse do mercado mundial pela arte cubana. De fato, as manifestações artísticas foram censuradas em alguns casos específicos, mas no geral a atitude política do governo cubano em relação à arte sempre foi de liberalidade, pois não se julgava que as artes visuais tivessem importância decisiva na formação ideológica das massas. Depois de um breve período de atenção com as artes visuais nos anos de 1970, perspectiva logo abandonada, o aparelho oficial do Estado entendeu que as artes visuais poderiam ser consideradas extravagantes, mas inofensivas já que não poderiam ir além das ambiguidades da produção formal, baseada na forma e na cor.

Para Zoya Kocur, a censura oficial em Havana parecia não ter ideia de que as artes visuais tinham incorporado outras expressões para além do campo da pura visualidade, com o uso do som, de texto, de ações, de espaços públicos etc. Ora, isso gerou, segundo a autora, um espaço de atuação dos artistas, considerado um campo efetivo de liberdade para além dos marcos estabelecidos pelo espaço sancionado para as artes visuais. Kocur diz que esses artistas formaram coletivos e se beneficiaram do relaxamento do aparelho de censura do governo nos anos de 1980 para produzir uma série de manifestações interessantes, pois distanciadas da lógica mercantil, que conquistaram os espaços públicos e a interação com o público. Entre os coletivos mais conhecidos dessa época estão: Grupo Puré, ArteCalle, Art-De, Grupo Provisional, entre outros.

Sobre o Grupo Puré, a autora aponta suas influências e sua posição enfaticamente política:

> (O) Grupo Puré, formado por estudantes do Instituto de Artes, realizou sua primeira mostra em 1986 na Galeria L da Universidade de Havana. Eles sentiram a necessidade de responder às novas condições sociais e políticas, explicando em seu catálogo que em seus trabalhos usavam "formas contemporâneas e meios para expressar uma visão crítica e judiciosa da sociedade e do tempo". Seus trabalhos foram influenciados pela cultura popular, pelos *cartoons* de humor, e por trabalhos de artistas como Jonathan Bosfory, Francesco Clemente, Sigmar Polke e David Salle. Com suas instalações caóticas e confusas, Puré jogou com a fronteira entre indivíduo e grupo. Puré interessado em 'dissolver a individualidade de seus membros na criação de uma força coletiva, ao mesmo tempo em que punha em prática estratégias para inserção social de seus trabalhos'.[5]

No geral, a posição de Kocur oscila entre a descrição objetivas das determinações que influenciam as artes visuais cubanas com a

5 KOCUR, Zoya. Evolution within the Revolution: The Afro-Cuban Cultural Movement and Cuban Art Collectives, 1975 to 2000, *In*: HARRIS, J. *Globalization and contemporary art*. New Jersey: John Wiley & Sons, 2013, p. 128.

posição oposicionista dos artistas que se posicionaram contra o regime cubano. Eis que sua análise falha quando se refere à produção artística como essencialmente oposicionista frente ao regime social de Cuba. Isso é uma confusão grave. Por mais que os coletivos de arte estejam ligados à subversão dos valores sociais, não se pode dizer que a atitude desses grupos deva ser identificada com a crítica do regime social de Cuba. Aliás, muitos desses movimentos têm posição anticapitalista, negam tanto a posição de autoria e de produção individualista como o mito da genialidade romântica.

Se a crítica desses grupos ao capitalismo não se transformou em defesa aberta do socialismo, pelo menos uma coisa é certa: eles trafegam por valores outros. É justamente isso que Kocur não consegue identificar na atitude política desses grupos, mas é preciso frisar que a tendência anticapitalista foi muito bem apontada quando a autora mostra a ênfase desses coletivos em produções antivalor, a saber: vídeos divulgados na internet; fotografias e vídeos produzidos com equipamentos de baixa qualidade de imagem; performances em espaços públicos com ou sem registros etc. Todos esses meios artísticos seguem lógica diferenciada, se comparados aos objetos tradicionais de arte (pintura, escultura e menos gravura) na valorização pelos mercados de arte.

A análise de Kocur é eficiente quando ela se volta para o problema de configuração histórica da crise vivenciada pelo regime de Cuba depois da crise do socialismo na União Soviética no início dos anos de 1990. Nesses anos, Fidel Castro toma uma série de medidas de austeridade e racionamento. Também parte da economia se dolarizou e investimentos estrangeiros foram feitos para exploração do turismo na Ilha; com o turismo e a má situação financeira, muitos cubanos se voltam para o exercício de atividades ilegais: contrabando, prostituição etc. Diz a autora:

> Artistas cubanos começaram a entrar para o mercado global em um momento em que crescia a escassez, a dificuldade e

> a insatisfação com o governo. Por seu turno, o governo pela primeira vez encorajou seus artistas a vender seus trabalhos no exterior e serem competitivos. O estímulo à demanda de arte cubana ocorreu, em 1991, com a legalização da importação e venda da arte cubana nos Estados Unidos, a legalização do dólar em Cuba em 1993, e uma política mais liberal de viagem para cidadãos americanos, colecionadores, proprietários de galerias, curadores, e pesquisadores que quisessem viajar a Cuba para ver a Bienal de Cuba e outros eventos culturais e educacionais.[6]

Bem entendido o nó da contradição, no momento mesmo em que o governo precisa e apoia desesperadamente a mercantilização da arte cubana – pois país nenhum consegue viver apenas da produção de charutos e do turismo! – como uma forma de fazer dividendos e suprir a base de investimentos necessários para o País, a arte assume no cenário nacional e internacional uma posição radicalmente crítica do mercado e de suas mazelas em frentes de batalha denominadas anticapitalistas e anti-imperialistas. Na exposição *Realidad Ciudad* estavam representados os dois tipos de arte existentes hoje em Cuba. Se as telas de Sargénton situam-se entre a revolução surrealista e a pintura metafísica e são mais bem aceitas no mercado internacional de arte, os vídeos de Celia-Yunior seguem o caminho anticapitalista por excelência, pois, ao contrário da tônica da mostra *Realidad Ciudad Brasil-Cuba*, não guardam fetiche pelo objeto, encontram-se na internet e são replicáveis por todos aqueles que os querem compartilhar e justamente por isso seu valor venal é muito questionável. Isso ocorre a expensas da falsa atitude dos artistas que laboram no

6 KOCUR, Zoya. Evolution within the Revolution: The Afro-Cuban Cultural Movement and Cuban Art Collectives, 1975 to 2000, *In*: HARRIS, J. *Globalization and contemporary art*. New Jersey: John Wiley & Sons, 2013, p. 131.

sistema capitalista, pois, ainda que mantenham até mesmo discurso de crítica do funcionamento da sociedade contemporânea, isso só se reverte em mais valorização de seus trabalhos artísticos. Os cubanos Celia-Yunior seguem com coerência a mensagem da arte em um país socialista que é a de apoiar a crença no que há de humano na realização da uma utopia de vida que fuja das amarras e constrangimentos da sociedade capitalista atual.

Trata-se de arte verdadeiramente democrática e reproduzida tecnicamente para benefício de todos. A arte de Celia-Yunior é gratuita e disseminada na rede. Funciona como contrapropaganda da ideologia dominante e hegemônica veiculada pelas quatro partes do globo, que diz ser Cuba um país de censura ferrenha às artes. País estigmatizado pela ideologia norte-americana e pela geração Y (de uma só blogueira). Não há dúvida de que, para além das ideologias veiculadas pelo pensamento único atualmente em crise, Cuba apresenta-se (com todas suas contradições) como lugar de exercício da democracia para e nas artes, muito mais do que em países cujo mercado tornou-se o elemento hegemônico na cena atual.

Temas candentes são debatidos em vídeos tais como *Sin Título*. Nesse o vídeo, os artistas Celia-Yunior comentam a situação legal de cidadãos cubanos, que, depois de saírem do País, regressam e passam a não existir mais legalmente, são invisibilizados pelo governo cubano; pode-se dizer que a força artística da exposição está nesse vídeo de 2006, que apresenta a narrativa através de legendas, sem imagem e sem som. Em *Habana*, a dupla de videoartistas apresenta pelo buraco na parede do ar condicionado a permanência da realidade cubana quando a tecnologia russa é substituída pela tecnologia chinesa; a realidade parece apresentar-se como uma continuação do que já existira antes; a troca do ar condicionado aponta a continuidade de algo presente na vida da cidade e nesse fervilhar da cidade. A falta de mudança é apenas aparente. O aparelho de ar indica uma mudança efetiva da realidade e de seu movimento que não deve ser desprezada, pois não é efêmera.

Em *Dienteperro*, a dupla se filma em descanso muito confortável nos escombros de um hotel de turistas em funcionamento na ilha antes da Revolução.

Trata-se de um meditar sobre escombros em posturas possíveis de projeção e de manifestação do vivido.

Referências bibliográficas

ADES, D. *Arte na América Latina: a era moderna*. São Paulo: Cosac & Naify, 1997.

BELUZZO, Ana Maria de Moraes (org.). *Modernidade: vanguardas artísticas na América Latina*. São Paulo: Memorial; Ed. da UNESP, 1990.

CELIA-YUNIOR. *Habana* 15 segundos [video]. gonzález, Celia, aguiar, Yunior (prod., dir.). 2.07min; color; stereo; 4: 3; NTSC, 2008.

CELIA-YUNIOR. *Dienteperro* [video]. gonzález, Celia, aguiar, Yunior (prod., dir.). 3.21 min; color; stereo; 4: 3; NTSC, 2010, In: http://celiayunior.wix.com/celiayunior (acesso em 14.junho.2014).

HARRIS, J. *Globalization and contemporary art*. New Jersey: John Wiley & Sons, 2013.

PROJETO CONSTRUTIVO BRASILEIRO NA ARTE (1950-1962). Aracy Amaral (*org*). Rio de Janeiro: Museu de Arte Moderna; São Paulo, Pinacoteca do Estado, 1977.

PEDROSA, M. *Arte, necessidade vital*. Rio de Janeiro: Casa dos Estudantes, 1949.

SCHWARZ, R. *Cultura e política*. São Paulo: Editora Paz e Terra, 2009.

SCHWARTZ, J. *Vanguardas Latino-americanas: polêmicas, manifestos e textos críticos*. São Paulo: Edusp; Iluminuras; FAPESP, 1995.

TRABA, M. *Dos décadas vulnerables en las artes plásticas latino-americanas, 1950-1970*. Buenos Aires: Siglo XXI, 2005.

Dramaturgia e militância em Lessing: o papel político do teatro iluminista

Walquiria Pereira Batista[1]

Na experiência artística do Século das Luzes, o teatro se inspira no signo da razão, com vistas a promover uma reflexão crítica, valendo-se para tanto da conscientização de seu espectador. Com relação à arte teatral desse contexto, diz Ismail Xavier, em seu livro *O olhar e a cena*: "Na perspectiva dos filósofos da ilustração, o teatro tem um fundamento pedagógico e ajusta-se bem à condição de fórum de debates, tem direta relação com o político e os rituais da civilidade que marcam a vida urbana".[2] Sobre esse aspecto, a pensadora Hannah Arendt, no ensaio introdutório de *Homens em tempos sombrios*, discursa sobre a importância política da amizade na arte de Lessing.[3] Segundo a filósofa, a maneira própria de o dramaturgo

1 Mestre em Filosofia pela Universidade Federal de Goiás. Professora da EMAC-UFG.

2 Ismail Xavier, "O lugar do crime: a noção de representação e a teoria do espetáculo, de Griffith a Hitchcock". In: *O olhar e a cena – melodrama, Hollywood, Cinema Novo, Nelson Rodrigues*. São Paulo: Cosac & Naify, 2003, p. 67.

3 Estudaremos as ideias de Lessing tendo como ponto de partida sua *Dramaturgia de Hamburgo* [*Hamburgische Dramaturgie*]. "Trata-se de uma coletânea de 104 partes ou pequenos ensaios, fruto de sua contratação como conselheiro, comentarista, crítico, ou talvez seja

se manter comprometido com o mundo é radicalmente crítica, não vinculada a resultados.[4] A seu ver, a busca da verdade poderia significar a solução final de problemas, um fim ao movimento do pensar, o que seria estranho para o autor da peça *Natã, o sábio*.

Para Hannah Arendt, a preocupação central de Lessing era a liberdade, cuja mentalidade nunca poderia originar uma visão definida, imune a experiências posteriores;[5] o pensamento de Lessing não é a manifestação de um indivíduo, isto é, de um eu. "Antes, o

---

melhor dizer dramaturgista, pelo grupo de burgueses que criou o Teatro Nacional de Hamburgo, o primeiro teatro permanente, ou não-ambulante, alemão, isto é, uma companhia de teatro com local e atores fixos" (Roberto Machado, *O nascimento do trágico: de Schiller a Nietzsche*. Rio de Janeiro: Jorge Zahar Ed., 2006, p. 38). Utilizaremos duas traduções parciais da referida obra, a espanhola, de Feliu Formosa (Lessing, *Dramaturgia de Hamburgo*, 2ªed. Madrid: Asociación de directores de escena de España, 2004), e a brasileira, de J. Guinsburg (Lessing, *De teatro e literatura*. Introd. e notas de Anatol Rosenfeld. São Paulo: Herder, 1964). Quando não detalharmos qual a edição usada, trata-se de menções de seus estudiosos e comentadores.

4 A respeito da postura de Lessing, comenta Hannah Arendt: "Sua atitude em relação ao mundo não era positiva nem negativa, mas radicalmente crítica, e quanto ao âmbito público de sua época, totalmente revolucionária" (Hannah Arendt, "Sobre a humanidade em tempos sombrios: reflexões sobre Lessing". In: *Homens em tempos sombrios*. São Paulo: Companhia das Letras, 1987, p. 15).

5 "A grandeza de Lessing não consiste meramente na percepção teórica de que não pode existir uma verdade única no mundo humano, mas sim na sua alegria de que realmente ela não exista e, portanto, enquanto os homens existirem, o discurso interminável entre eles nunca cessará. Uma única verdade absoluta, se pudesse existir, seria a morte de todas aquelas discussões onde esse ancestral e mestre de todo o polemismo em língua alemã se sentia tão à vontade e sempre tomava partido com a máxima clareza e definição. E isso teria significado o fim da humanidade" (Hannah Arendt, *op. cit.*, p. 33).

indivíduo – que Lessing diria criado para a ação, não para o raciocínio – escolhe tal pensamento porque descobre no pensar um outro modo de se mover em liberdade no mundo".[6] Ademais, a ideia de amizade em Lessing se volta para uma abertura aos outros, que é, no exame arendtiano, uma precondição para que exista a humanidade.

> Como Lessing era uma pessoa totalmente política, insistia que a verdade só pode existir onde é humanizada pelo discurso, onde cada homem diz não o que acaba de lhe ocorrer naquele momento, mas o que 'acha que é verdade'. No entanto, essa frase é praticamente impossível na solidão; ela pertence a uma área onde existem muitas vozes e onde a comunicação daquilo que cada um 'acha o que é verdade' tanto une como separa os homens, de fato estabelecendo aquelas distâncias entre os homens que, juntas, compreendem o mundo.[7]

Com essa explanação, Arendt alude ao conceito aristotélico de *philia*, isto é, de amizade entre os cidadãos, como um dos requisitos básicos para o bem-estar cívico.[8] Segundo a cientista política, a despeito da conceituação moderna, a amizade entre os gregos consistia no discurso, na troca frequente de conversas e opiniões entre os cidadãos da *polis*[9] e, desse modo, se manifestava a característica

6 *Ibidem*, p. 18.

7 *Ibidem*, p. 35-36.

8 "Os gregos chamavam essa qualidade humana que se realiza no discurso da amizade de *philanthropia*, 'amor dos homens', pois se manifesta numa presteza em partilhar o mundo com outros homens" (*ibidem*, p. 31).

9 "Quando, por exemplo, lemos em Aristóteles que a *philia*, a amizade entre os cidadãos, é um dos requisitos fundamentais para o bem-estar da Cidade, tendemos a achar que ele se referia apenas à ausência de facções e guerra civil. Mas, para os gregos, a essência da amizade con-

intrinsecamente humana da amizade, sua relevância política. "Pois o mundo não é humano simplesmente por ser feito por seres humanos, e nem se torna humano simplesmente porque a voz humana nele ressoa, mas apenas quando se tornou objeto de discurso".[10] Na recepção da arte dramática, Lessing "[...] preocupava-se com o efeito sobre o espectador que, por assim dizer, representa o mundo, ou melhor, aquele espaço mundano que surgiu entre o artista ou o escritor e seus companheiros humanos, como um mundo comum a eles".[11] Sob essa ótica, o que se propõe no teatro é um encontro entre o mundo da realidade e o da representação, para se discutirem questões consoantes à tragédia grega na visão de Vernant e Vidal-Naquet:

---

sistia no discurso. Sustentavam que apenas o intercâmbio constante de conversas unia os cidadãos numa *polis*. No discurso, tornavam-se manifestas a importância política da amizade e a qualidade humana própria a ela" (*ibidem*, p. 31).

10 *Ibidem*, p. 31. *Natã, o sábio*, de Lessing é considerado por Arendt como o "drama clássico da amizade": "que qualidade humana deve ser sóbria e serena, ao invés de sentimental; que a humanidade se exemplifica não na fraternidade, mas na amizade; que a amizade não é intimamente pessoal, mas faz exigências políticas e preserva a referência ao mundo – tudo isso nos parece ser tão exclusivamente característico da antiguidade grega que até nos surpreendemos ao encontrar traços absolutamente análogos em *Nathan, o Sábio* – que, moderno como é, poderia com alguma justiça ser considerado o drama clássico da amizade" (*ibidem*, p. 31-32).

11 *Ibidem*, p. 16. A propósito, a tragédia é para Arendt um processo de reconhecimento: "menciono deliberadamente a tragédia porque, mais que as outras formas literárias, representa um processo de reconhecimento. O herói trágico se torna cognoscível por reexperimentar o que se fez sob o sofrimento, e nesse *pathos*, ao novamente sofrer o passado, a rede de atos individuais se transforma num acontecimento, num todo significativo" (*ibidem*, p. 27).

> [...] no plano da experiência humana, com o advento de que se pode chamar de consciência trágica, o homem e sua ação perfilam-se, na perspectiva própria da tragédia, não como realidades estáveis que poderiam ser delimitadas, definidas e julgadas, mas como problemas, questões sem resposta, enigmas cujo duplo sentido continua à espera de ser decifrado.[12]

A propósito, em sua obra *A condição humana*, Hannah Arendt localiza a revelação do agente no discurso e na ação, enquanto fatores que expressam a pluralidade entre os homens. "É com palavras e atos que nos inserimos no mundo humano, e essa inserção é como um segundo nascimento, no qual confirmamos e assumimos o fato simples do nosso aparecimento físico original".[13] Em alusão a

---

12 Jean-Pierre Vernant, Pierre Vidal-Naquet. *Mito e tragédia na Grécia antiga II*. São Paulo: Brasiliense, 1991, p. 24. Fátima Saadi assim relaciona a estrutura trágica da peça de Lessing *Emília Galotti* e as concepções dos autores de *Mito e tragédia na Grécia antiga*: "A tragédia, segundo a análise aristotélica, mostra, numa ação una e completa, o embate do protagonista com forças que o transcendem. Esse embate é propriamente o cerne da ação trágica, lançada, como explicitam Vernant e Vidal-Naquet, num jogo de linguagem em que o passado mítico e o presente cívico se confrontam, sob os olhares do coro, marca da origem histórica do teatro e de sua inserção no presente da pólis" (Fátima Saadi, "Emília Galotti, *ein Trauerspiel*". In: Gotthold Ephraim Lessing. *Emília Galotti*. São Paulo: Peixoto Neto, 2007, p. 25). A propósito, cabe transcrever outro trecho dos referidos comentadores em questão afim ao pensamento de Lessing: "Através do jogo dos diálogos, do confronto dos protagonistas com o coro, das inversões da situação durante o drama, o herói lendário, cuja glória era cantada pela epopéia, torna-se, no palco do teatro, o objeto de um debate (Jean-Pierre Vernant, Pierre Vidal-Naquet, *op. cit.*, p. 24-25).

13 Hannah Arendt, "Ação". In: *A condição humana*. 11. ed. Rio de Janeiro: Forense Universitária, 2010, p. 221.

Aristóteles, a filósofa assevera que a representação teatral "é na verdade uma imitação da ação",[14] pois trata das ações humanas, sua boa ou má sorte. Em vista disso, o teatro é a arte política por excelência: "somente no teatro a esfera política da vida humana é transposta para a arte. Pelo mesmo motivo, é a única arte cujo assunto é, exclusivamente, o homem em sua relação com os outros homens".[15]

Estudando minuciosamente os efeitos da tragédia de acordo com Aristóteles, Lessing (1964; 2004) defende que as concepções do Estagirita foram erroneamente traduzidas e interpretadas e refuta os aspectos formais dos franceses, em nome da *Poética* aristotélica. Sua luta pela emancipação dirige-se contra Gottsched, por este representar um teatro alheio, um símbolo do espírito absolutista francês que impedia a eclosão das virtualidades nacionais.[16] "No que

---

14 *Ibidem*, p. 234.

15 *Ibidem*, p. 235.

16 "O diálogo de Lessing com a tragédia grega, mais explicitamente com a sistematização feita por Aristóteles na *Poética*, precisa ser contextualizado no âmbito de uma luta contra a leitura que o classicismo francês pretendeu impor ao mundo das belas-letras, a partir do século xvii, e que, segundo Lessing, respeitava mais a letra que o espírito da tragédia antiga" (Fátima Saadi, 2007, p. 12). O alvo alemão das críticas de Lessing é Gottsched, cuja aspiração era o teatro literário. "O fulcro e a meta da 'Dramaturgia de Hamburgo' é a luta por um teatro nacional e um teatro burguês, por um teatro que participasse dos problemas da burguesia a que se ligava, então, indissolùvelmente, o progresso da nação; luta pela emancipação que, na situação concreta, forçosamente tinha de dirigir-se contra o classicismo francês (e contra Gottsched, seu expoente alemão), por êste representar então um teatro alheio, que impedia a eclosão das virtualidades nacionais, e simbolizar, sobretudo, o espírito do absolutismo" (Anatol Rosenfeld, "Introdução". In: Lessing. *De teatro e literatura* São Paulo: Herder, 1964, p. 17); o presente texto segue a nova reforma ortográfica da língua portuguesa, mas a transcrição das citações mantem a grafia original.

concerne, por último, ao fim moral que Aristóteles atribui à tragédia, e que acredita dever incluir na explicação da mesma, é conhecido até que ponto se discutiu sôbre isso, particularmente nos tempos modernos".[17] À imitação mecânica de regras, Lessing (1964; 2004) visa sobrepor a função essencial da tragédia no efeito da catarse, que é reinterpretada por ele.

Na compreensão lessingniana, a tragédia deve suscitar compaixão e medo, não compaixão e terror. O temor é, a seu ver, a compaixão aplicada a si mesmo, isto é, uma afecção em que se é afetado por si tal como se é afetado pelos outros. Nesse aspecto, Fátima Saadi,[18] uma tradutora de Lessing, atribui ao contexto político e social de Lessing a substituição do vocábulo terror por temor. Sua hipótese é a de que, enquanto o primeiro apresenta um caráter súbito e inesperado, inerente à vida cortesã e a sua urdidura arbitrária dos fatos, o segundo resulta do encadeamento lógico destes, típico da racionalidade burguesa:

> A rejeição da palavra 'terror' pode ser compreendida do ponto de vista sociológico como a repulsa do burguês, que acredita no trabalho e na racionalidade produtiva, em relação ao caráter intempestivo da vida do cortesão, sempre sujeito aos caprichos do monarca. A valorização da compaixão como paixão trágica por excelência se relaciona à importância atribuída por Lessing à fraternidade, no plano das relações interpessoais, do exercício da vida política.[19]

De acordo com Lessing (1964; 2004), o efeito da tragédia só é alcançado em plenitude quando as emoções da compaixão e do

17 Lessing, *op. cit.*, p. 69.

18 Prefaciadora e tradutora brasileira da peça *Emília Galotti*, de Lessing, editora da revista *Folhetim* e da coleção Folhetim/Ensaios. Trabalha como dramaturgista na Companhia Teatro do Pequeno Gesto.

19 Fátima Saadi, *op. cit.*, p. 23.

medo são despertadas conjuntamente. Pela etimologia da primeira, nos deparamos com o compadecer do espectador ante o sofrimento imerecido; a personagem deve tender antes para o bem para poder suscitar a comoção do espectador, o qual se torna coparticipante de uma dor, de um destino, de uma desdita vivida pelo herói trágico. O medo, a seu turno, nasce da empatia com o sofrimento de personagens semelhantes ao espectador: é a compaixão referida a ele mesmo, por sua semelhança com o herói. Por conseguinte, os sentimentos a serem despertados pela tragédia são vistos por Lessing (1964; 2004) de forma integrada: só é compassível o que é temível. Dito de outro modo: o espectador se condói de um infortúnio, porque teme que este o acometa, ao se supor no lugar do herói[20] – "[...] é temível o que, acontecendo a outro, desperta nossa compaixão; é digno de compaixão tudo o que tememos, se nos ameaça – o que exige a semelhança entre o espectador e o herói".[21]

Nesse sentido, Albin Lesky sustenta que o que devemos sentir como trágico significa a queda de um mundo de segurança e felicidade para o abismo da desgraça. O herói deve se precipitar na queda, movendo-se em um enredo de intenso dinamismo. Destaca o teórico austríaco dois fatores para a ocorrência do trágico, a saber: a possibilidade de relação com o nosso próprio mundo, pois o caso "deve in-

---

20 Sobre o medo em Lessing, Hannah Arendt afirma que se a estética de Lessing "considera até o medo como uma variante da piedade, a piedade que sentimos por nós mesmos, isso talvez ocorra porque Lessing está tentando despir o medo de seu caráter escapista, a fim de salvá-lo como paixão, isto é, como uma afecção em que somos afetados por nós mesmos, tal como somos afetados no mundo por outras pessoas. Intimamente ligado a isso está o fato de que, para Lessing, a essência da poesia era a ação [...]" (Hannah Arendt, "Sobre a humanidade em tempos sombrios: reflexões sobre Lessing". In: *Homens em tempos sombrios*. São Paulo: Companhia das Letras, 1987, p. 16).

21 Roberto Machado, *op. cit.*, p. 40.

teressar-nos, afetar-nos, comover-nos";[22] e a consciência trágica, por meio da qual o herói deve ter ciência de tudo o que sofre, e expressar "em palavras os motivos de suas ações, as dificuldades de suas decisões e os poderes que as cercam".[23] Esta consciência possibilitaria ao espectador ver-se, reconhecer-se, se autoconhecer.

Consoante a essa ideia, Lessing (1964; 2004) entende que é fundamental o processo de identificação do espectador com a personagem sofredora. Ou seja, o público assiste a circunstâncias que se assemelham às suas, transportando-se para o mundo da cena.[24] Daí o dramaturgista[25] defender a presença de personagens burguesas, tendo em mira um espectador que não se identificaria com reis recitando em alexandrinos, como no palco aristocrático.[26] Em sua

---

22 *Ibidem*, p. 33.

23 *Ibidem*, p. 34.

24 Lessing (1964; 2004) defendia, inclusive, o palco ilusionista como forma de o espectador se identificar e, por consequência, se comover frente à situação encenada. Consoante a esse ideal, veja-se a seguinte recomendação de Diderot, tanto para o dramaturgo como para o ator: "Assim, quer compondo, quer representando, fazei de conta que o espectador não existe e não penseis nele em nenhum dos casos. Imaginai no proscênio uma grande parede que vos separa da platéia e representai como se a cortina estivesse aberta" (Denis Diderot. *Discurso sobre a poesia dramática*. São Paulo: Brasiliense, 1986, p. 78-79).

25 Do alemão *Dramaturg*: "espécie de conselheiro artístico que deveria participar da escolha do repertório, fazer traduções e adaptações de peças, auxiliar na criação de uma estratégia que permitisse cativar público suficiente para garantir a sobrevivência da empreitada e escrever críticas sobre as atividades do Teatro" (Fátima Saadi, *op. cit.*, p. 17).

26 "Los nombres de príncipes y héroes pueden dar pompa y majestad a una pieza teatral; pero en nada contribuyen a la emoción. La adversidad de aquellos cuyas circunstancias tienem con las nuestras la mayor afinidad, debe penetrar logicamente en nuestras almas con la máxima profundidad; y si sentimos compasión por lós reyes, la sentimos porque son seres humanos y no por el hecho de ser reyes. Si su condición

interpretação de Aristóteles, Lessing (1964; 2004) afirma que a obra trágica é capaz de alcançar grande verossimilhança quando o autor deixa o infortunado agir e pensar como nós, ou ao menos como supomos que iríamos agir e pensar. Nas palavras de Lessing, o poeta deve pintar o infortunado precisamente com o "nosso feitio e estofo".[27]

> Dessa similitude, origina-se, segundo Aristóteles, o mêdo de que o nosso destino possa vir a ser fácilmente tão similar ao do infeliz quanto nós mesmos nos sentimos semelhantes a êle: e seria êsse o mêdo que leva à compaixão, por assim dizer, ao amadurecimento.[28]

Fundamental ao efeito de identificação é também o fato de o drama presentificar ações: na octagésima sessão de sua *Dramaturgia*, Lessing (1964; 2004) assevera que a forma dramática é a única que pode suscitar a compaixão e o medo, porque se dá no instante pre-

---

confiere a menudo más importância a sus contratiempos, no por ello los hace más interesantes. Es cierto que pueden involucrar a pueblos enteros; nuestra simpatía reclama, no obstante, un objeto único, y un Estado es un concepto excessivamente abstracto para nuestros sentimientos". "Os nomes de príncipes e heróis podem dar pompa e majestade a uma peça teatral; mas em nada contribuem com a emoção. A adversidade daqueles cujas circunstâncias têm com as nossas a maior afinidade, deve penetrar logicamente em nossas almas com a máxima profundidade; e se sentirmos compaixão pelos reis, é porque são seres humanos e não pelo fato de serem reis. Se sua condição confere com frequência mais importância a seus contratempos, não é isso que os torna mais interessantes. É verdade que podem envolver a povos inteiros; nossa simpatia reclama, no entanto, um objeto único e um Estado é um conceito excessivamente abstrato para nossos sentimentos" (Lessing, *Dramaturgia de Hamburgo*, 2ªed. Madrid: Asociación de directores de escena de España, 2004, p. 138).

27 Cf. *idem*, *De teatro e literatura*. São Paulo: Herder, 1964, p. 59.

28 *Ibidem*, p. 59.

sente. Na leitura de Lessing (2004), Aristóteles observa que a compaixão exige um mal presente,[29] ou seja, não é possível se compadecer por um mal há muito decorrido ou que se anuncia em um futuro longínquo. Daí a defesa de que se imite a ação como forma dramática, diferentemente do que ocorre na epopeia. Nesse sentido, Rosenfeld sustenta que a ação dramática acontece no agora, e que o futuro brota do evolver atual da ação que, em cada representação, se origina pela primeira vez:

> Pois a ação dramática, na sua expressão mais pura, se apresenta sempre 'pela primeira vez'. Não é a representação secundária de algo primário. Origina-se, cada vez, em cada representação, 'pela primeira vez'; não acontece 'novamente' o que já aconteceu, mas, o que acontece, acontece agora, tem a sua origem agora; a ação é 'original', *cada réplica nasce agora*, não é citação ou variação de algo dito há muito tempo.[30]

---

29 "Pero hace ya mucho tiempo que Aristóteles decidió hasta que punto el poeta trágico debe preocupar-se de la verdad histórica; debe hacerlo solo en la medida en que dicha verdad es parecida a un argumento (Fabel) bien combinado, al que el artista pude ajustar sus intenciones. De ahí que no necesite una historia por el hecho de que haya ocurrido realmente, sino porque há ocurrido de tal modo que difícilmente podría idear otra que se adaptase mejor a sus fines presentes". "Mas, já faz muito tempo que Aristóteles decidiu até que ponto o poeta trágico deve se preocupar da verdade histórica; deve fazê-lo só à medida que a mencionada verdade for parecida a um argumento (Fabel) bem combinado, ao que o artista pode ajustar suas intenções. Daí que não precise de uma história pelo fato de que tenha ocorrido realmente, mas porque ocorreu de tal modo que dificilmente poderia idealizar outra que se adaptasse melhor a seus fins presentes" (*Idem*, *Dramaturgia de Hamburgo*, *Op.Cit.*, p. 162).

30 Anatol Rosenfeld, "O gênero dramático e seus traços estilísticos fundamentais". In: *O teatro épico*. 4 ed. São Paulo: Perspectiva, 2004, p. 31, grifos do ator.

O espectador de Lessing (1964; 2004) não experimenta uma purgação das paixões vividas pelas personagens, como dizia o expoente do classicismo francês Pierre Corneille,[31] mas como que uma purificação da compaixão e do medo suscitados pelo sofrimento delas. "Pois compaixão e mêdo são as paixões que, na tragédia, nós sentimos, mas não as personagens atuantes; são as paixões mediante as quais as personagens nos comovem, mas não aquelas mediante as quais atraem sôbre si as desventuras".[32] Quer dizer, ciúme, ambição, cólera, esperança, inveja, amor, cada uma das emoções vividas pelas personagens resulta em sofrimentos que, então, suscitam aqueles afetos em quem assiste.[33]

Na visão de Lessing (1964), o efeito da catarse não se relaciona a uma descarga ou eliminação, mas a uma espécie de sublimação do medo e da compaixão, ou seja, a uma forma de adaptação dessas paixões ao mundo civilizado do burguês. Dessa perspectiva, não se trata de expulsar afetos, mas de moderar os seus excessos, educá-los dentro de uma ética que exalta o termo médio, que é a ponderação no indivíduo. Assim, uma purificação trágica em Lessing (1964) não implica arrancar afetos, mas transformá-los em destreza virtuosa, visto que "esta purificação não consiste em nada mais do que na trans-

---

31 "Pensado como paixão amorosa, o *pathos* aristotélico torna-se em Corneille desregramento, uma paixão irracional perigosa ou imoral na medida em que ofusca a razão. [...] não se trata mais de purificar as paixões, mas de se purificar ou, para usar seu termo, se purgar das paixões" (Roberto Machado, *op. cit.*, p. 33).

32 Lessing, *op. cit.*, p. 72.

33 "Êles fazem Aristóteles dizer 'que a tragédia deve purificar-nos, por meio do terror e da compaixão, dos defeitos das paixões representadas'. Das representadas? Quando o herói, por curiosidade, ou ambição, ou amor, ou ira, se torna infeliz, é então a nossa curiosidade, a nossa ambição, o nosso amor, ou a nossa ira que a tragédia deve purificar? Isso jamais ocorreu a Aristóteles" (*ibidem*, p. 69).

formação das paixões em qualidades virtuosas, havendo, porém, em cada virtude, segundo o nosso filósofo, de um lado e de outro, um extremo entre o qual esta virtude se situa".[34]

Desse modo, aos olhos de Lessing (1964; 2004), a tragédia aprofunda a nossa compreensão da existência como seres morais, permitindo que nos libertemos de sentimentos extremos e provoca, no espectador, uma meditação sobre o homem e suas vicissitudes. Para o crítico de Hamburgo, essa arte estimularia, no apreciador, uma gradual libertação moral, conforme, nos elucida o seu prefaciador Rosenfeld:

> A comoção produzida pela tragédia, a profunda compaixão pelo outro, reflui sôbre nós mesmos como mêdo, ante a humana condição e suas vicissitudes. Êsse mêdo é, ao mesmo tempo, suscitado e moderado. Assim, a tragédia amplia, aprofunda e elucida a compreensão da nossa existência de sêres morais e faz com que, ao mesmo tempo, vivamos emocionalmente a nossa própria condição. Produzindo em nós a ilusão (da realidade) e concomitante identificação com o mundo representado – conforme as teses fundamentais de Aristóteles – a tragédia contribui para o nosso amadurecimento e libertação moral.[35]

Tradutor de Denis Diderot (1986),[36] e defensor de suas ideias na Alemanha, Lessing (2004) concebe o teatro enquanto escola

34 *Ibidem*, p. 75.

35 Anatol Rosenfeld, "Introdução". In: Lessing, *op. cit.*, p. 21.

36 Célebre enciclopedista do Iluminismo, Diderot (1986), em suas incursões dramáticas, criticou as rígidas convenções do teatro clássico francês a favor de uma arte que estabelecesse um contato mais verdadeiro com o seu público. É em sua obra *Discurso sobre a poesia dramática* que vamos saber como ele concebe cada convenção teatral, com o intuito ético/estético de fazer do poeta dramático um filósofo no cultivo da virtude. Sobre a influência do filósofo francês na

moral,[37] e o dramaturgo, como um filósofo no cultivo da virtude.[38] Para o dramaturgista, todos aqueles que se declararam contra a finalidade moral da tragédia não compreenderam a *Poética* de Aristóteles; com esse pensamento, ele defende categoricamente que todos os gêneros de poesia devem nos melhorar, mas cada um com a sua

Alemanha, Lessing (1964) afirma que ele "parece ter exercido muito maior influência sôbre o teatro alemão do que sôbre o de seu próprio povo. Outrossim, a transformação que desejava suscitar no teatro francês era, na prática, muito mais árdua de produzir do que o bem que proporcionou de passagem ao teatro alemão. As peças francesas, que eram encenadas em nosso teatro, representavam exclusivamente costumes estranhos; e costumes estranhos, em que não reconhecemos nem a natureza humana em geral, nem a nossa natureza de povo em particular, vêem-se logo eliminados" (*ibidem*, p. 104).

37 Em Lessing, "el teatro debe ser la escuela del mundo moral. Los móviles de cada decisión, de cada alteración de las ideas y opiniones más mínimas, de conformidad con el carácter previamente dado, deben ser sopesados y equilibrados con exactitud, y jamás deberán producir más que lo que puden producir de acuerdo con la verdad más rigurosa". Em Lessing, "o teatro deve ser a escola do mundo moral. Os motivos de cada decisão, de cada alteração das ideias e opiniões mais mínimas, de conformidade com o caráter previamente dado, devem ser ponderados e equilibrados com exatidão e jamais deverão produzir mais daquilo que podem produzir de acordo com a verdade mais rigorosa" (*Ibidem*, p. 83).

38 "Segundo Diderot, o efeito maior do espetáculo teatral é o de permitir que o homem contemple a bondade da natureza humana e, desse modo, se reconcilie com sua espécie. Para o Século das Luzes, nada mais filosófico do que esta missão. Mas o teatro não é filosofia e, se ele quiser estar à altura da tarefa, deverá preservar intransigentemente a sua própria identidade: é esta uma das acepções maiores da reflexão de Diderot sobre a arte dramática" (Franklin de Matos, "Filosofia e teatro em Diderot". In: Diderot, *op. cit.*, p. 23).

especificidade:[39] "o que cada um pode fazer, da forma mais perfeita, sem que aí nenhum outro gênero se lhe possa equiparar, isso sòmente constitui sua meta essencial".[40] A esse respeito, esclarece Rosenfeld:

> Que a poesia deve melhorar-nos era manifesto para a maioria dos expoentes da Ilustração. Para Lessing, era inconcebível uma arte que não tivesse uma função moral e social, por mais mediana que fôsse. Embora atribuísse à arte função mesmo didática, não pensava pròpriamente numa meta 'moralizante', mas num efeito mais indireto: na intensificação da consciência da realidade própria do apreciador. Numa carta expõe que as excitações estéticas fazem com que nos tornemos conscientes 'de um grau maior da nossa realidade'.[41]

Note-se que a finalidade da arte em Lessing não se subordina à aplicação de uma moral, mas à sua discussão em cena, conforme discerne Fátima Saadi, no prefácio à peça *Emília Galotti*.[42] Segundo a autora, o Iluminismo pensa em cena, fato que, por si, já descarta uma leitura maniqueísta que secciona o mundo entre bons e maus, vícios e virtudes. Não há uma mensagem a ser levada, ou panfleto a se defender, mas questões a serem tocadas, perguntas a serem feitas, referentes ao drama da responsabilidade pessoal. Assim, o empenho do pensador

---

39 "Todos os gêneros de poesia nos devem melhorar; é deplorável quando se faz mister demonstrá-lo; todavia, mais deplorável ainda é quando há poetas que até disso duvidam. Mas todos os gêneros não devem melhorar tudo; pelo menos não uma coisa tão bem quanto a outra" (Lessing, *op. cit.*, p. 70).

40 *Ibidem*, p. 70.

41 Anatol Rosenfeld. In: Lessing, *op. cit.*, p. 70-71, n. 21.

42 "É a discussão moral que afasta *Emília Galotti* de uma leitura em chave melodramática. No melodrama, não há discussão moral, há aplicação de uma moral *prêt-à-porter*, que divide o mundo entre bons e maus, heróis e vilões" (Fátima Saadi, *op. cit.*, p. 30).

alemão é se voltar para os conflitos de seu tempo, dialogar sobre a sua realidade humana e social, e fazer ressoar diferentes vozes, admitindo no palco a pluralidade da opinião humana.[43] É nesse sentido que reconhecemos o papel político do teatro na era das Luzes.

Referências bibliográficas

ARENDT, Hannah. "Ação". *In*: *A condição humana.* 11. ed. Trad. Roberto Raposo. Rev. téc. Adriano Correia. Rio de Janeiro: Forense Universitária, 2010. p. 219-308.

___. "Sobre a humanidade em tempos sombrios: reflexões sobre Lessing". *In*: *Homens em tempos sombrios.* Trad. Denise Bottmann. São Paulo: Companhia das Letras, 1987, p. 13-36.

DIDEROT, Denis. *Discurso sobre a poesia dramática.* Trad., apresentação e notas L. F. Franklin De Matos. São Paulo: Brasiliense, 1986.

LESKY, Albin. *A tragédia grega.* 4 ed. Trad. J. Guinsburg, Geraldo Gerson de Souza e Alberto Guzik. São Paulo: Perspectiva, 2006.

LESSING, Gotthold Ephraim. *De teatro e literatura.* Trad. J. Guinsburg. Introd. e notas Anatol Rosenfeld. São Paulo: Editora Herder, 1964.

___. *Dramaturgia de Hamburgo.* 2 ed. Trad. Feliu Formosa. Madrid: Asociación de directores de escena de España, 2004.

MACHADO, Roberto. *O nascimento do trágico: de Schiller a Nietzsche.* Rio de Janeiro: Jorge Zahar Ed., 2006.

---

43 "Lessing tinha opiniões altamente não ortodoxas a respeito da verdade. Recusava-se a aceitar quaisquer verdades, mesmo as presumivelmente enviadas pela Providência, e nunca se sentiu compelido pela verdade, fosse ela imposta pelos processos de raciocínio seus ou de outras pessoas" (Hannah Arendt, "Sobre a humanidade em tempos sombrios: reflexões sobre Lessing", *op.cit.*, p. 32).

ROSENFELD, Anatol. "O gênero dramático e seus traços estilísticos fundamentais". In: *O teatro épico*. 4 ed. São Paulo: Perspectiva, 2004, p. 27-36.

SAADI, Fátima. "Emília Galotti, *ein Trauerspiel*". In: lessing, Gotthold Ephraim. *Emília Galotti*. Trad. Fátima Saadi. São Paulo: Editora Peixoto Neto, 2007, p. 11-31.

VERNANT, Jean-Pierre, vidal-naquet, Pierre. *Mito e tragédia na Grécia antiga II*. Trad. Bertha Halpem Gurovitz. São Paulo: Brasiliense, 1991.

XAVIER, Ismail. "O lugar do crime: a noção de representação e a teoria do espetáculo, de Griffith a Hitchcock". In: *O olhar e a cena: melodrama, Hollywood, Cinema Novo, Nelson Rodrigues*. São Paulo: Cosac & Naify, 2003, p. 59-84.

Do engajamento literário ao engajamento político: desafios a partir do pensamento sartriano

Thana Mara de Souza[1]

A noção de engajamento, no pensamento sartriano, esteve voltada de forma mais forte e específica à literatura. É isso que seu ensaio de 1948, *Que é a literatura?*, mostra enfaticamente: que a prosa é, por excelência, a arte engajada, já que apenas por meio da palavra como signo o mundo e as atitudes seriam revelados aos leitores; e diante dessa revelação não se poderia mais ignorar o que foi anteriormente dito. É porque a palavra na prosa é ação que o engajamento do artista, do romance e do leitor aparecem: "*La parole est un certain moment particulier de l'action et ne se comprend pas en dehors d'elle*"[2] – e isso se daria justamente porque a prosa se serve das palavras, modo distinto de como a poesia as utiliza e de como as outras artes lidam com seu objeto ou instrumento.

No entanto, embora tenha sido escrito para especificar o que é a prosa e porque ela é engajada; o ensaio deixa perceber outra noção de engajamento, a qual estaria presente em todas as artes e não exclu-

1 Doutora em Filosofia pela USP, Prof.ª Dr.ª do Departamento e do PPGFIL da Universidade Federal do Espírito Santo.

2 "A palavra é um certo momento particular da ação e não se compreende fora dela." J.-P. Sartre, *Qu'est-ce que la littérature?* Paris: Gallimard, 2004, p. 26.

sivamente na prosa. É o que a primeira frase do primeiro capítulo nos autoriza a pensar: "Non, nous ne voulons pas 'engager aussi' peinture, sculpture et musique, ou, du moins, pas de la même manière".[3]

Ao dizer que o engajamento não se dá nas outras artes, ao menos não da mesma maneira, Sartre abre a possibilidade de encontrarmos, em outro sentido, uma noção de engajamento mais ampla, que já aparece no próprio livro *Que é a literatura?* a partir do segundo capítulo, e que diria respeito a uma relação intersubjetiva que, por intermédio da obra de arte, se construiria com o reconhecimento mútuo de liberdades.

Mesmo que sem precisar este sentido no ensaio de 48, Sartre abre essa possibilidade de outra interpretação da noção de engajamento – a qual pretendemos enfatizar aqui, já que é justamente ela que permanecerá nas obras e pensamento do filósofo francês na década de 60, quando a esperança na palavra como ação já não mais existia.

Para compreender melhor essa ampliação do sentido de engajamento – já anunciado em *Que é a literatura?* – vejamos primeiro o que torna a prosa, na visão de Sartre de 1948, a arte engajada por excelência.

Essa questão aparece principalmente no primeiro capítulo, quando o filósofo distingue as artes não significantes da significante, sendo que as primeiras não operam com a linguagem no sentido tradicional de signo – significado, mas sim por meio do sentido, que seria basicamente quando "*une émotion qui s'est fait chair*".[4] Diferente do signo, o sentido seria mais intrínseco: na própria cor amarela do céu de Gólgota de Tintoretto a angústia estaria. Não é que o amarelo representa ou significa angústia; mas é a própria angústia que se torna céu amarelo.

---

3 "Não, nós não queremos 'engajar também' a pintura, a escultura e a música, ao menos não da mesma maneira." *Ibidem*, p. 13.

4 "uma emoção que se fez carne." *Ibidem*, p. 17.

Embora as palavras utilizadas por Sartre sejam bastante fortes em inúmeros momentos[5] – como ao perguntar-se retoricamente se "le massacre de Guernica, ce chef-d'oeuvre, croit-on qu'il a gagné un seul coeur à la causa espagnole?"[6] –, há ao mesmo tempo outras frases nas quais essa ênfase é diminuída e tenta-se mostrar de forma mais clara o sentido do texto. É exatamente o que ocorre nesse momento no texto *Que é a literatura?*: logo após declarar que é óbvio que o quadro (obra não significante) não foi capaz de fazer ninguém seguir a causa espanhola, Sartre continua com o essencial:[7] "Et pourtant quelque chose est dit qu'on ne peut jamais tout à fait entendre et qu'il faudrait une infinité des mots pour exprimer".[8]

O que Picasso faz sentir por meio do quadro é algo que infinidades de palavras mal conseguiriam expressar. Assim, se não é "engajada" como a prosa, se não está imersa na linguagem, referindo-se diretamente ao real, a pintura, por outro lado, é capaz de fazer a própria emoção tornar-se carne, de tornar a angústia cor amarela – algo que a prosa, por utilizar a linguagem, não consegue realizar.

E o mesmo ocorreria com a poesia: embora com palavras, tal como a prosa, difere-se desta porque "les poètes sont des hommes qui refusent d'utiliser le langage".[9] Aqui a palavra se torna coisa, e o poeta a trabalha do mesmo modo como o pintor trabalha com a cor:

5 E isso não aparece apenas em *Que é a literatura?*, mas em quase todas suas obras teóricas vemos frases fortes e/ou muito literárias que dão margem a inúmeras interpretações.

6 "o massacre de Guernica, essa obra-prima, alguém acredita que ela tenha conquistado um só coração à causa espanhola?" *Ibidem*, p. 17.

7 O que muitos comentadores, levados talvez pelo impacto da frase anterior, parecem esquecer.

8 "E no entanto, alguma coisa foi dita que não poderemos jamais compreender e que precisaria de uma infinidade de palavras para expressar". *Ibidem*, p. 17.

9 *Ibidem*, p. 18.

de forma a fazer com que a própria emoção se junte confusa, mas fortemente às palavras.

Deste modo, não haveria como exigir um engajamento dessas artes, já que elas não nomeiam, não significam, não são – ao menos em um primeiro momento e de forma explícita – designações de objetos. E será justamente por utilizar a palavra como signo que a prosa aparecerá como arte para Sartre.

Na prosa estaríamos diante de uma arte significante, que opera dentro da linguagem, da relação signo-significado, e, portanto, com uma relação mais extrínseca das palavras ao mundo. Aqui algo é dito para significar outra coisa. Embora no registro artístico (logo, no âmbito do imaginário e com estilo, distinguindo-se da prosa cotidiana), a prosa utiliza a palavra como signo. E é esse uso que tornará a prosa engajada para Sartre.

Isso porque a palavra como signo é ação, desvela o outro ao mundo, e ao fazê-lo, tudo se modifica:

> Parler c'est agir: toute chose qu'on nomme n'est déjà plus tout à fait la même, elle a perdu son innocence. Si vou nommez la conduite d'un individu vous la lui révélez: il se voit. Et comme vous la nommez, en même temps, à tous les autres, il se sait vu dans le moment qu'il se voit; son geste furtif, qu'il oubliait en le faisant, se met à exister énormément, à exister pour tous, il s'intègre à l'esprit objectif, il prend des dimensions nouvelles, il est récupéré. Après cela comment voulez-vous qu'il agisse de la même manière? Ou bien il persévérera dans sa conduite par obstination et en connaissance de cause, ou bien il l'abandonnera.[10]

10 "Falar é agir: uma coisa que nomeamos já não é mais totalmente a mesma, perdeu sua inocência. Se você nomeia a conduta de um indivíduo, você a revela a ele: ele se vê. E como você a nomeia ao mesmo tempo a todos os outros, ele se sabe visto no momento em que se vê; seu gesto furtivo, que ele esquecia ao fazer, passa a existir enormemen-

De todo modo, perde-se o fingir que se ignora o que aconteceu. E ao não mais ignorar, um posicionamento é cobrado. Isso é chamado por Sartre de "ação por desvendamento" e o "l'écrivain 'engagé' sait que la parole est action: il sait que dévoiler c'est changer et qu'on ne peut dévolier qu'en projetant de changer".[11]

Mas esse compromisso do escritor não deve ser, porém, confundido com um posicionamento político. Já em *Que é a literatura?* Sartre deixa claro que a prosa não deve servir a nenhum partido: "Que si l'on demande à présent si l'écrivain, pour atteindre les masses, doit offrir ses services au parti communiste je réponds que non; la politique du communisme stalinien est incompatible avec l'exercice honnête du métier littéraire".[12] O sentido, portanto, do engajamento na prosa está longe de ser partidário, mas está ligado à palavra como nomeação do mundo, e assim, também modificação dele.

O engajamento da literatura – da prosa – vem então desse uso da palavra como signo. É porque o escritor fala, porque se insere na linguagem, que deve ser responsabilizado pelo que desvela e modifica. Por isso a prosa adquire, aqui em 1948, um papel bastante forte: sendo a palavra ação, ela "atira", ela desvenda a situação e o homem. E ao fazer isso, ninguém mais pode fingir que ignora o que foi mostrado.

Esse engajamento é, assim, específico da prosa e não das outras artes. Mas esse engajamento da palavra como ação por ser signo, que

---

te, a existir para todos, integra-se ao espírito objetivo e toma dimensões novas, é recuperado. Depois disso, como você quer que ele aja da mesma maneira? Ou ele perseverá em sua conduta por obstinação e com conhecimento de causa, ou a abandonará." *Ibidem*, p. 27-28.

11 "o escritor engajado sabe que a palavra é ação: ele sabe que desvelar é mudar e que não podemos desvelar senão projetando uma mudança". *Ibidem*, p. 28.

12 "Caso se pergunte hoje se o escritor deve oferecer seus serviços ao partido comunista para atingir as massas, eu respondo que não; a política do comunismo stalinista é incompatível com o exercício honesto do ofício literário". *Ibidem*, p. 254.

desvela o mundo e o homem aos outros homens, é de certa forma abandonada por Sartre na década de 60 em *Situações IX* e também depois em *As palavras*, como mostram as duas seguintes citações:

> J'ai perdu bien des illusions littéraires: que la littérature ait une valeur absolue, qu'elle puisse sauver un homme ou simplement changer des hommes (sauf en des circonstances spéciales), tout cela me paraît aujourd'hui périmé: l'écrivain continue à écrire, une fois ces illusions perdues, parce qu'il a, comme disent les psychanalystes, tout investi dans l'écriture (...). Mais il me reste une conviction, une seule, dont je ne démordrai pas: écrire est un besoin pour chacun. C'est la forme la plus haute du besoin de communication.[13]

E mais:

> J'ai désinvesti mais je n'ai pas défroqué: j'écris toujours. Que faire d'autre? C'est mon habitude et puis c'est mon métier. Longtemps j'ai pris ma plume pour une épée, à présent je connais notre impuissance. N'importe: je fais, je ferai des livres; il en faut; cela sert tout de même. La culture ne sauve rien ni personne, elle ne justifie pas. Mais c'est un

---

13 "Eu perdi as ilusões literárias: que a literatura tenha um valor absoluto, que ela possa salvar um homem ou simplesmente transformar os homens (exceto em circunstâncias especiais), tudo isso me parece hoje obsoleto: o escritor continua a escrever, tendo perdido suas ilusões, porque, como dizem os psicanalistas, ele tudo investiu na escrita (...). Mas me resta uma convicção, apenas uma, que não abandonarei: escrever é uma necessidade para cada um. É a forma mais alta da necessidade de comunicação." *Idem*, "Les écrivains en personne". In: *Situations IX*. Paris: Gallimard, 1972, p. 38.

> produit de l'homme: il s'y projette, s'y reconnaît, seul, ce miroir critique lui offre son image.[14]

No entanto, como indicado no início do texto, se esse sentido de engajamento como nomeação, desvelamento e modificação do mundo é abandonado por Sartre a partir da década de 60 – como essas citações acima mostram –, permanece ainda um outro sentido, anunciado explicitamente só nessa década, mas que já podia ser visto no segundo capítulo de *Que é a literatura?* e que abrange não só a prosa mas todas as outras artes. E é este sentido que queremos enfatizar, mesmo porque ele permanecerá não apenas na arte, mas também no aspecto político.

Na segunda parte de *Que é a literatura?* Sartre se propõe a explicar "por que escrever", mas já adianta, na primeira nota do capítulo, que embora falando da prosa, "il en est de même à de degrés divers pour l'attitude du spectateur en face des autres oeuvres d'art (tableaux, symphonies, statues, etc.)".[15] Trata-se, então, de um mesmo processo de criação e relação entre artista e espectador, ao menos no sentido do motivo pelo qual o artista deseja criar.[16]

---

14 "Eu deixei de investir mas não abandonei: escrevo sempre. Que outra coisa posso fazer? É meu hábito e além disso, é meu ofício. Por muito tempo eu tomei a pena por espada, e agora eu conheço nossa impotência. Não importa: eu faço e farei livros; é preciso, ao menos isso serve para algo. A cultura não salva nada e ninguém, ela não justifica. Mas é um produto humano: e nela ele se projeta, se reconhece; sozinho, esse espelho crítico lhe oferece sua imagem." *Idem*, *Les Mots*. Disponível em http://www.bacdefrancais.net/les-mots-sartre-texte.pdf, acessado em 24/02/2014, p. 216.

15 "ocorre o mesmo, em graus diversos, com a atitude do espectador em face de outras obras de arte (quadros, sinfonias, estátuas, etc.)" *Idem*, *Qu'est-ce que la littérature?*, *op. cit.*, p. 73.

16 Cada arte lida com seu objeto de forma diferente, mas aqui a ênfase é dada ao desejo comum e geral que faz com que o artista se torne um artista.

Para Sartre, o artista é aquele que se projeta como devendo ao mesmo tempo desvendar e criar o mundo. No real, por meio da percepção – que significa, no pensamento de Sartre, colocar algo como presente e existente, observamos e desvendamos o mundo, fazendo as relações e dando sentido; mas não somos os criadores, os responsáveis pela existência do mundo (afinal, quer eu olhe ou não esta árvore, ela não deixará de existir, já que "il n'y a personne d'assez fou pour croire qu'il va s'anéantir").[17] E o artista será aquele que colocará como falta à sua completude[18] a necessidade de ser essencial à existência de um mundo. Mesmo que cada um crie à sua maneira, esse é um projeto comum a todos os artistas:

> un des principaux motifs de la création artistique est certainement le besoin de nous sentir essentiels par rapport au monde, Cet aspect des champs ou de la mer, cet air de visage que j'ai dévoilés, si je les fixe sur une toile, dans un écrit, en resserrant les rapports, en introduisant de l'ordre là où il ne s'en trouvait pas, en imposant l'unité de l'esprit à la diversité de la chose, j'ai conscience de les produires, c'est-à-dire que je me sens essentiel par rapport à ma création.[19]

17 "não há ninguém suficientemente louco para acreditar que ela desaparecerá". *Ibidem*, p. 46.

18 Ser Para-si é ser falta de ser, é buscar por uma completude – projeção essa realizada por cada um. E aqui em *Que é a literatura?* o artista aparece como aquele que projeta seu ser Em-si-Para-si como sendo o ser que percebe, desvela e ao mesmo tempo cria, deseja ser responsável pela existência de um mundo (por meio do imaginário).

19 "um dos motivos principais da criação artística é certamente a necessidade de nos sentirmos essenciais em relação ao mundo. Este aspecto do campo ou do mar, este ar de um rosto que desvelo, se os fixo sobre uma tela ou em um texto, estreitando as relações, introduzindo ordem onde não havia nenhuma, impondo a unidade do espirito à diversidade da coisa; eu tenho consciência de produzi-los - ou seja, eu me sinto essencial em relação à minha criação." *Ibidem*, p. 46.

Mas – e é esse segundo momento que é essencial – a partir do momento em que cria seu mundo, é responsável pela existência de um mundo inventado; o artista perde a capacidade de perceber o que inventou, de ler o que escreveu, de ver o que pintou, de ouvir o que compôs. Já que o processo criativo é extremamente subjetivo e não segue regra alguma que não seja dada pelo próprio sujeito, ao perceber a obra o artista encontra sua subjetividade e não é capaz de colocar a obra como obra, a obra como "objeto de arte". O processo de criação é tão subjetivo que o artista encontra a si mesmo na obra e não consegue, então, desvendá-la, olhá-la como um objeto, transformá-la em "objeto imaginário e concreto" que é a obra de arte.

Assim, o artista precisa apelar a outra pessoa para que ela realize o movimento de ler, ouvir, ver e, desse modo, eleve a criação do artista à obra de arte:

> L'opération d'écrire implique celle de lire comme son corrélatif dialectique et ces deux actes connexes nécessitent deux agents distincts. C'est l'effort conjugué de l'auteur et du lecteur qui fera surgir cet objet concret et imaginaire qu'est l'ouvrage de l'esprit. Il n'y a d'art que pour et par autrui.[20]

E é aqui que aparece a outra noção de engajamento, presente em todas as artes: o artista, para fazer com que sua obra exista como obra de arte, como objeto artístico, precisa fazer um apelo ao espectador, leitor, para que ele o ajude na construção da arte. "Tout ouvrage littéraire est un appel. Écrire, c'est faire appel au lecteur pour qu'il fasse passer à l'existence objective le dévoilement que j'ai entrepris par

---

20 "A operação de escrever implica a de ler como seu correlativo dialético e esses dois atos conexos necessitam de dois agentes distintos. É o esforço conjugado do autor e do leitor que fará surgir esse objeto concreto e imaginário que é a obra do espírito. Só existe arte por e para outrem". *Ibidem*, p. 50.

le moyen du langage (...) Ainsi l'écrivain en appelle à la liberté du lecteur pour qu'elle collabore à la production de son ouvrage".[21]

É necessário que o espectador se doe todo para a construção da obra do artista. Então este solicita, apela à liberdade do outro, reconhecendo-a como fundamental para que seu mundo imaginado se torne objeto artístico. Por sua vez. o espectador, guiado pelas balizas colocadas pelo artista, mas não determinado por elas,[22] consente livremente em doar-se para que o livro, a música, o quadro existam. É com a doação generosa de todos seus sentimentos e atenção que o espectador constrói, junto do artista, a obra de arte.

Desse modo, o artista reconhece a liberdade do leitor e a solicita, do mesmo modo que o espectador, por sua vez, também reconhece a liberdade criadora do artista e a exige para sua própria atividade:

> Ainsi l'auteur écrit pour s'adresser à la liberté des lecteurs et il la requiert de faire exister son oeuvre. Mais il ne se borne pas là et il exige en outre qu'ils lui retournent cette confiance qu'il leur a donnée, qu'ils reconnaissent sa liberté créatrice et qu'ils la sollicitent à leur tour par un appel symétrique et inverse. Ici apparaît en effet l'autre paradoxe dialectique de la lecture: plus nous éprouvons notre liberté, plus nous reconnaissons celle de l'autre; plus il exige de nous et plus nous exigeons de lui.[23]

---

21 "Toda obra literária é um apelo. Escrever é fazer apelo ao leitor para que ele faça passar à existência objetiva o desvelamento que empreendi por meio da linguagem. (...) Assim, o escritor apela à liberdade do leitor para que ela colabore na produção de sua obra". *Ibidem*, p. 53.

22 Para isso, cf. T. Souza, "Liberdade e determinação na filosofia sartriana". *Revista Kinesis*, vol. I II, n. 03, 2010.abr, p. 13-27.

23 "Assim, o autor escreve para se endereçar à liberdade dos leitores e a requer para fazer existir sua obra. Mas não se limita a isso e exige que eles retornem essa confiança que ele lhes deu, que eles reconheçam sua liberdade criadora e que a solicitem, por sua vez, por um apelo si-

A obra de arte aparece como "pacte de générosité entre l'auteur et le lecteur; chacun fait confiance à l'autre, chacun compte sur l'autre, exige de l'autre autant qu'il exige de lui-même".[24]

Nesse momento, Sartre faz a relação entre arte e moral no ensaio de 1948. Embora cada uma seja diferente da outra, por trás do imperativo estético encontra-se o imperativo moral,[25] já que a obra de arte só existe enquanto criação livre do artista, que precisa, reconhece e solicita a doação da liberdade do espectador; que, por sua vez, também reconhece e exige a liberdade do artista. Desse modo, a arte só existe como reconhecimento e exigência de liberdades, ligando-se, assim, ao imperativo moral de reconhecimento de liberdade e mesmo ao regime político democrático, já que "on n'écrit pas pour des esclaves. L'art de la prose est solidaire du seul régime où la prose garde un sens: la démocratie".[26]

Esse engajamento como reconhecimento e solicitação mútua de liberdade, além de estar presente em todas as artes e não apenas na prosa, permanece ao longo do pensamento sartriano, e torna-se mesmo a pedra de toque quando outra questão surge como essencial,

---

métrico e inverso. Aqui aparece com efeito o outro paradoxo dialético da leitura: quanto mais experimentamos nossa liberdade, mais reconhecemos a do outro; quanto mais ele exige de nós, mais exigimos dele". J.-P. Sartre, *op. cit.*, p. 58.

24 "pacto de generosidade entre autor e leitor; cada um confia no outro; conta com o outro, exige do outro tanto quanto exige de si mesmo". *Ibidem*, p. 62.

25 "Bien que la littérature soit une chose et la morale une tout autre chose, au fond de l'impératif esthétique nous discernons l'impératif moral" "Embora literatura seja uma coisa e a moral seja outra coisa bem diferente, no fundo do imperativo estético nós discernimos o imperativo moral" (*ibidem*, p. 69).

26 "Não se escreve para escravos. A arte da prosa é solidária ao único regime no qual a prosa mantém um sentido: a democracia" *Ibidem*, p. 71-72.

que é: como sair da relação de conflito com o outro? Como sair da relação de má-fé conosco mesmo e com os outros?

Aqui chegamos à última parte do texto.

Em *O ser e o nada*, tanto a relação conosco quanto com o Outro (embora seja impossível separar essas duas instâncias, já que eu sou a partir de outro que me olha) são colocadas a partir da má-fé e do conflito, e quase parece impossível superar esses momentos – o que, no entanto é ao menos indicado por Sartre ainda no ensaio de ontologia fenomenológica em uma nota de rodapé:

> S'il est indifférent d'être de bonne ou de mauvaise foi, parce que la mauvaise foi ressaisit la bonne foi et se glisse à l'origine même de son projet, cela ne veut pas dire qu'on ne puisse échapper radicalement à la mauvaise foi. Mais cela suppose une reprise de l'être pourri par lui-même, que nous nommerons authenticité et dont la description n'a pas place ici.[27]

É possível então sair da má-fé (que tanta mascarar o fato de sermos Para-si e, portanto, com o desejo fracassado de ser em-si--para-si); e essa autenticidade também modificaria a relação com o Outro, saindo da relação infernal tal como apontada na famosa frase de Huis Clos: "o inferno são os outros", ou na frase de *O ser e o nada*: "le conflit est le sens original de l'être-pour-autrui".[28] Mas aqui essa conversão só é indicada, sendo sua discussão mais aprofundada prometida para outro livro, começado mas nunca terminado.

---

27 "Embora seja indiferente ser de boa ou má-fé, porque a má-fé alcança a boa-fé e desliza pela própria origem de seu projeto, isso não significa que não se possa escapar radicalmente da má-fé. Mas isso pressupõe uma reassunção do ser deteriorado por si mesmo, reassunção que denominaremos autenticidade e cuja descrição não cabe aqui". *Idem, L'être et le néant*. Paris: Gallimard, 2006, p. 106.

28 "O conflito é o sentido original do ser-para-outro" *Ibidem*, p. 404.

Esta obra é precisamente os *Cadernos para uma moral*, livro publicado apenas postumamente. Nele, embora de forma muito segmentada, podemos verificar em vários momentos a tentativa de falar da conversão, da saída da má-fé para a autenticidade, e como isso só seria possível junto aos outros: "il va de soi qu'une conversion est possible en théorie mais elle impliquera non seulement un changement intérieur de moi mais un changement réel de l'autre En l'absence de ce changement historique, il n'y a pas de conversion morale absolue".[29]

Na autenticidade, muda-se o modo de ser a si mesmo, na medida em que o projeto de ser em-si-para-si persiste, mas agora com o desejo de seu fracasso. Se na má-fé havia a ilusão da conquista de uma identidade, após a conversão o desejo continua sem a ilusão, como consciência e desejo do fracasso do desejo de ser. É quando o ser é substituído pelo fazer: "L'authenticité découvre que le seul projet valable est celui de faire (et non d'être) et que le projet de faire ne peut lui non plus être universel sans tomber dans l'abstrait (...). Le projet valable est celui d'agir sur une situation concrète et de la modifier dans un certain sens".[30]

E se a relação consigo mesmo é modificada, o mesmo ocorre com o modo de ser para-outro, já que passo a reconhecer, por meio de um esforço, que o outro também é um Para-si que, livre e em vão, projeta sua completude. Nessa conversão permanente a liberdade é reconhecida por cada um, mesmo que sem alcançar o paraíso das

---

29 "É evidente que uma conversão é possível em teoria, mas ela implicará não apenas uma modificação interior de mim mesmo, mas uma modificação real do outro. Na ausência dessa mudança histórica, não há conversão moral absoluta" *Idem*, *Cahiers pour une morale*. Paris: Gallimard, 1983, p. 16.

30 "A autenticidade descobre que o único projeto válido é o de fazer (e não o de ser) e que este projeto não pode ser universal sem cair no abstrato (...). O projeto válido é o de agir sobre uma situação concreta e de modificá-la em um certo sentido" *Ibidem*, p. 491.

relações intersubjetivas, em que todo mundo se reconheceria como sujeito o tempo todo e nunca como objeto.[31]

Portanto é por meio da conversão moral que podemos alcançar a autenticidade e uma relação menos infernal com o outro. E a possibilidade de convivermos, reconhecermos e exigirmos concretamente a liberdade do outro deve vir, para Sartre, do modelo que é a obra de arte:

> L'oeuvre d'art, par exemple, exige d'être reconnue matériellement dans son contenu par la liberté d'un publique concret. Elle est don et exigence à la fois et n'exige que dans la mesure où elle donne. Elle ne réclame pas sentiments généraux qu'elle transforme. Elle est donc tout autre chose que le droit; elle est moyen d'atteindre directement une liberté qualifiée. C'est sur ce modèle que doivent être les rapports des hommes si les hommes veulent exister comme liberté les uns pour les autres.[32]

Neste e em vários outros momentos a obra de arte aparece como o modelo de relações humanas que se reconhecem como liberdade, e isso ocorre porque, como já vimos em *Que é a Literatura?*, o artista precisa reconhecer a liberdade de seu público para que sua criação passe a não ser mais apenas uma criação imaginária subjetiva, mas uma obra passível de diversos desvendamentos; e por outro lado, o

---

31 Em uma referência ao "inferno das paixões" que era *O ser e o nada*. Para isso, cf. *idem*, *Cahiers pour une morale*, *op. cit.*, *p. 515*.

32 "A obra de arte, por exemplo, exige ser reconhecida materialmente em seu conteúdo pela liberdade de um público concreto. Ela é doação e exigência ao mesmo tempo e só exige na exata medida em que se doa. Ela é, assim, muito diferente do direito; ela é um meio de atingir diretamente uma liberdade qualificada. É sobre esse modelo que devem ser as relações dos homens se os homens querem existir como liberdade uns para os outros". *Ibidem*, p. 149.

público, ao doar todos seus sentimentos para a construção conjunta da obra, reconhece que ela é fruto da liberdade do artista. "L'oeuvre d'art se présente à moi comme fin absolue, exigence et appel. Elle s'adresse à ma pure liberté et par là me révèle la pure liberté de l'Autre".[33]

Trata-se então de pensar em uma moral do apelo, da exigência e reconhecimento de liberdades concretas e históricas para a construção conjunta de algo. Ao mesmo tempo em que há o reconhecimento da diversidade (sem que um imponha ao outro seu próprio fim), há também generosidade na medida em que um ajuda o outro a alcançar sua finalidade. Sem abandonar minha própria projeção e sem forçar o outro a fazer de minha projeção a dele, convivo com o outro reconhecendo seus próprios fins livremente projetados. É o que ocorre no processo de criação da obra de arte: o reconhecimento mútuo de liberdades. Mas é necessário que essa relação intersubjetiva entre liberdade não fique restrita ao momento da arte e passe também para o mundo cotidiano e político.

É o que aparece de um modo poético demais no único exemplo em *Cadernos para uma moral* que não passa pela obra de arte: no homem que corre para pegar o ônibus[34] e que eu vejo, do ponto de ônibus. Posso, segundo Sartre, ter três atitudes em relação a ele: a primeira é não reconhecer nem compreender a finalidade do outro, fixando e objetivando, assim, sua liberdade – ou melhor, nem mesmo colocando em causa o Outro como sujeito. Torno-me indiferente a ele. Já na segunda atitude eu roubo a finalidade do outro, entro no ônibus que não era o meu, e ignoro também o outro em sua finalidade; já que eu não permito que ele mesmo alcance o que se propôs. Ambas são formas inautênticas de se relacionar com o outro.

---

33 "A obra de arte se apresente a mim como um fim absoluto, exigência e apelo. Ela se endereça à minha pura liberdade e por esse modo me revela a pura liberdade do Outro". *Ibidem*, p. 516.

34 *Ibidem*, p. 288 a 292.

> A forma autêntica dessa relação seria "vouloir que la fin soit réalisée par l'autre. Et vouloir consiste ici à s'engager dans l'opération. Mais non pour l'accomplir soi-même: pour modifier la situation de telle sorte que l'autre puisse opérer".[35]

Eu conservo a autonomia do outro, compreendo a finalidade projetada livremente por ele e o ajudo a realizar seu fim, não abandonando meu próprio fim, mas modificando a situação de tal forma que o outro se realize como sujeito – por exemplo, pedindo ao motorista que ele espere ou ajudando o outro a pular para dentro do ônibus, segurando sua mão.

Nesse movimento, um não deixa de objetivar o outro (não saímos tão facilmente do inferno para o paraíso), mas no conflito ambos se esforçam para compreender o fim projetado por outro e um ajuda ao outro. O futuro do homem que corre para pegar o ônibus passa a importar para o outro, e este, ao realizar o gesto, tem também sua liberdade reconhecida por aquele que corre. Tal como o leitor de um romance (ou o público de qualquer obra de arte), o homem parado se faz livremente passivo para que o outro realize, por si próprio, o que projetou. Mas é apenas um instante, um breve e efêmero momento em que esses olhares se olham como olhares.[36]

A conversão moral permanente levaria, assim, ao reconhecimento mútuo de liberdade empenhadas na construção de um mundo, seja imaginário ou real. "Si donc je saisis l'oeuvre de l'autre (il importe peu qu'elle soit d'art) comme exigence absolue requérant

---

35 "querer que o fim seja realizado pelo outro. E querer consiste aqui em se engajar na operação. Não para completá-la por si mesmo, mas para modificá-la de tal modo que o outro possa agir". *Ibidem*, p. 290.

36 Referência a *O ser e o nada*, livro no qual Sartre mostra como percebo sempre os olhos e não o olhar do Outro. Para isso, cf. *O ser e o nada*, parte 3.

mon approbation et mon concours, je saisis l'homme en train de la faire comme liberté".[37] Mas como fazer isso politicamente?

A essa pergunta Sartre não responde diretamente, mas pelo que já foi escrito podemos ao menos indicar alguns pontos principais: a saída da má-fé e do conflito infernal com o outro não podem ser realizadas de forma solitária. É preciso fazer o esforço de compreensão e reconhecimento do outro não só como objeto, mas como aquele que também projeta sua própria completude que, sem ser idêntica à minha, não me é indiferente. A autenticidade exige que eu reconheça a livre projeção do outro e a doação de minha liberdade para ajudá-lo nessa realização, mas em uma doação que não significa o esquecimento de mim mesmo – Sartre aponta aqui para um equilíbrio instável no qual não nos tornamos indiferentes ao fim do outro e ao mesmo tempo não nos desviamos de nosso próprio fim; possibilitando, assim, uma convivência entre duas liberdades que se reconhecem como tais.

Esse esforço coletivo se faz concreta e historicamente, em situações bastante precisas. Tanto a conversão que nos leva a nos compreendermos como liberdade (sem determinismos), projeção e angústia quanto o esforço pelo reconhecimento do Outro como um Para-si que também se projeta livremente ocorrem sempre no cenário da história e nunca de forma abstrata.

E foi justamente esse aprendizado que começou a ocorrer em junho de 2013 no Brasil, no início das manifestações que até hoje continuam – mesmo que de formas bastante diferentes.

37 "Então, se eu apreendo a obra de arte (pouco importa que ela seja de arte) como exigência absoluta que requer minha aprovação e minha ajuda, eu apreendo o homem se fazendo como liberdade". *Idem*, *Cahiers pour une morale*, *op. cit.*, p. 516.

Se o início do "movimento"[38] foi concentrado em São Paulo e no Rio de Janeiro, na demanda pelo não aumento da passagem do transporte público, depois, com a absurda violência policial em algumas manifestações, o Brasil todo "acordou". Mas com isso, tornou-se mais complexa a análise do que ocorria, já que cada cidade teve suas especificações[39] e havia tantas direções que não era possível apontar algo único nem para uma mesma cidade.

Assim, concentrarei minhas observações – ainda muito gerais – no que ocorreu na cidade de Vitória (ES), na qual acompanhei o "acordar dos gigantes". E o início da jornada de junho em Vitória foi assustador em vários sentidos: além de não haver finalidades comuns entre os manifestantes para além do que abstratamente todo mundo concordaria (contra violência, pela liberdade de expressão etc.), não havia também o reconhecimento do Outro como aquele que projeta sua finalidade e apela para que os outros o ajudem nessa realização – o que aparecia até mesmo na recusa de qualquer pauta para o movimento. O que havia era, entre os próprios manifestantes, uma indiferença em relação ao fim projetado pelo outro – o que podia ser visto em inúmeras falas nas primeiras assembleias realizadas na UFES (Universidade Federal do Espírito Santo), que insistiam na "festa" da rua, no fato de que cada um deveria pedir o que quisesse e que não havia necessidade de me comprometer com o desejo do outro. No lugar da formação de um grupo, de uma intersubjetividade que reconhece e apela à liberdade do outro para a construção

38 É complicado falar em movimento, já que não se trata exatamente de uma organização ou entidade que planejou as manifestações. Há nessas manifestações muitas semelhanças com o que Zizek observou em seu livro *O ano em que sonhamos perigosamente*. Para isso, cf. S. Zizek. *O ano em que sonhamos perigosamente*. São Paulo: Boitempo, 2012.

39 Em São Paulo, por exemplo, com a forte presença do MPL (Movimento Passe Livre), houve um direcionamento maior, enquanto em outras cidades, como em Vitória, o início foi bastante abstrato.

conjunta de algo, havia um "eu" em excesso, indiferente aos outros "eus" – enfim, um grupo formado por solipsistas...

E se reinava a indiferença em relação aos outros "gigantes", que acordavam sonolentos ainda, eram a ignorância e a violência que apareciam em relação aos que nunca dormiram. No início ao menos houve uma recusa radical em aceitar como companheiros aqueles que lutavam há muito tempo e com outra organização. Além de aceitar o outro gigante de forma indiferente, recusava-se quem não se colocava como tal, ignorava-se aquele que vinha com bandeiras lutando lutas mais antigas e tão urgentes quanto.[40] Esse outro era ou ignorado ou violentado – de toda forma, não reconhecido como sujeito que, mesmo que de modo distinto, também tentava construir uma obra política e um diálogo. Mas isso não era inicialmente possível porque os "gigantes" "patentearam" um movimento e ninguém nele poderia entrar sem "pagar direitos autorais", ou seja, sem aceitar o novo modelo imposto de falas individuais sem representantes e sem interesse no outro.

Aliás, a própria expressão "o gigante acordou" denunciava o perigo do início: embora em uma clara referência irônica ao Hino Nacional, esse colocar-se como gigante que dormia e agora acordava era colocar-se acima dos outros que não dormiram nunca; era colocar-se como aquele que confortavelmente dormia e tinha a opção de, em certas épocas, não se comprometer, alienar-se em sua abstração. Era como se a história só começasse no momento em que os "gigantes" resolveram acordar, como se tudo que ocorrera antes não tivesse sido forte e importante o suficiente para fazer a terra tremer e o "gigante" levantar-se de seu quase eterno sono.

---

40 Não nos cabe aqui analisar os motivos dessas reações, mas talvez essas bandeiras "agrediam" porque, para além das questões da proposta de uma nova forma horizontal e sem representações que o movimento trazia e por isso recusava formas antigas, também serviam para mostrar aos "gigantes" que eles bem dormiam enquanto outros sofriam.

Mas com o passar dos meses o "movimento" em Vitória começou a ter outro aspecto – e isso ocorreu justamente porque houve, por parte dos manifestantes, o aprendizado da concretude e intersubjetividade de qualquer luta. Principalmente – a meu ver – a partir do momento em que as reivindicações deixaram de ser por valores universais e abstratos e passaram a se dirigir a problemas mais concretos e localizados, como a ainda existência – ilegal – de um pedágio na ponte que liga a cidade de Vitória a Vila Velha, as manifestações se modificaram e os que realmente se achavam gigantes voltaram a dormir em "berço esplêndido".

Os que continuaram acordados desceram do pedestal, da abstração dos valores universais e, ao se despirem da arrogância dos "gigantes", iniciaram um esforço de diálogo, de reconhecimento do Outro como liberdade e de compreensão de que é preciso responder ao apelo do Outro para que a construção de algo se concretize. E foi então que a luta tornou-se mais concreta e efetiva.

Isso se deu conjuntamente com a "descoberta" da concretude das ações, da impossibilidade de continuar em um discurso apolítico quando se quer fazer política. Intersubjetividade, no sentido do esforço do reconhecimento mútuo de liberdade, ocorre conjuntamente com a historicidade, e vice-versa. Não é possível, a partir do pensamento sartriano, separar as relações intersubjetivas da concretude histórica; e é esse movimento de construção conjunta de uma obra política que Vitória começou a aprender depois de junho de 2013.

Mas tudo isso, se é um início de um novo horizonte, ainda é pouco – filosófica e politicamente falando. É preciso, filosoficamente, buscar mais elementos para pensarmos um engajamento político que não ignora o conflito, mas que, ao mesmo tempo, um e outro se reconheçam no processo de construção conjunta de uma obra, tal como artista e espectador se encontram no desejo de criar o objeto estético. E esse passo Sartre não realiza.

E politicamente ainda é preciso o aprendizado – que só pode ocorrer no próprio processo – de que a destruição, se necessária, é um passo que deveria levar à construção de algo; e que essa construção não se deveria fazer na ignorância do outro. E se é certo que essa construção tem de ser construída conjuntamente no andamento das manifestações, e portanto nunca de forma *a priori* e imediata, é essencial também que se evite o perigo de, no desenrolar da história, permitir que o contrário surja e ocupe o espaço ainda não preenchido.[41]

E esse longo caminho a ser percorrido na filosofia e na política deve ser feito na convivência necessária e tensa entre teoria e prática que, nunca idênticas, não deveriam sobreviver isoladamente.

Referências bibliográficas:

SARTRE, Jean-Paul. *Qu'est-ce que la littérature?* Paris: Gallimard, 2004.

___. "Les écrivain en personne". In: *Situations IX*. Paris: Gallimard, 1972

___. *Les Mots*. Disponível em <http://www.bacdefrancais.net/les-mots-sartre-texte.pdf>. Acessado em 24 fev. 2014.

___. *L'être et le néant*. Paris: Gallimard, 2006.

___. *Cahiers pour une morale*. Paris: Gallimard, 1983.

SOUZA, Thana Mara de. "Liberdade e determinação na filosofia sartriana". *Revista Kinesis*, vol. III, n. 03, abr. 2010.

ZIZEK, S. *O ano em que sonhamos perigosamente*. São Paulo: Boitempo, 2012.

41 Espaço esse que as extremas direitas tentam ocupar.

Os engajamentos de Michel Onfray: o ateísmo como ultraluzes

Paulo Jonas de Lima Piva[1]

Autobiografia e hedonismo: um corpo que se engaja

Michel Onfray não esquece, nem nunca esqueceu ao longo dos seus quase cem livros, de que ele é e sempre foi, antes de tudo, um corpo. Não um conceito de corpo ou um corpo como uma especulação ou universalidade abstrata, mas um corpo como carne, materialidade, individualidade, singularidade, presença, afetos, pensamentos e experiências únicos, vividos de maneira particular num tempo e espaço efetivos. Nesse sentido, Onfray é um pensador antípoda de Platão, Agostinho, Descartes, Pascal, Kant e de toda a estirpe idealista da história da filosofia. A concepção de filosofia resultante dessa ontologia materialista nominalista radical, de absoluta imanência, lembra, num primeiro momento, os pirrônicos – mas só num primeiro momento e num ponto muito específico, vale ressaltar –, os quais, segundo Sexto Empírico, nas suas *Hipotiposes Pirrônicas*, falam do mundo à maneira de um cronista, isto é, de um ponto de vista absolutamente pessoal e até idiossincrático;[2] lembra também Montaigne nos seus *Ensaios* ao atribuir a si mesmo a matéria-prima

1 Professor da Universidade Federal do ABC (UFABC).

2 Em *Hipotiposes pirrônicas*, Livro I, no final do capítulo I, lemos que o cético pirrônico registra "como um cronista" cada coisa tal como lhe

do que pensa e escreve;[3] por fim, remete-nos a uma das suas principais referências teóricas: Friedrich Nietzsche; o filósofo faz questão de explicitar que é um nietzschiano, filiando-se, inclusive, ao que ele próprio denomina "nietzschianismo de esquerda"; trata-se, nesse sentido, de entender a filosofia como expressão de uma determinada e única pessoa, que não é nada mais do que o seu próprio corpo, específico e efetivo; a filosofia como interpretação e confissão corporal, como lemos, por exemplo, em *A gaia ciência*, de 1882:

> O inconsciente disfarce de necessidades fisiológicas sob o manto da objetividade, da ideia, da pura espiritualidade, vai tão longe que assusta e frequentemente me perguntei se até hoje a filosofia, de modo geral, não teria sido apenas uma interpretação do corpo e uma má-compreensão do corpo.[4]

Nesse sentido, em última instância, filosofia é autobiografia, como arremata Onfray em *A potência de existir: manifesto hedonista*, de 2010:

> Na vida de um filósofo, o corpo desempenha um papel maior, portanto. Tudo a esse respeito se encontra no prefácio de Gaia ciência, escrito por um Nietzsche que sabe do que fala, logo ele, que só conhecia enxaquecas, oftalmias, náuseas, vômitos e outras coleções de doenças diversas. Ele lança as bases de uma leitura filosófica digna desse nome ao

---

aparece no momento. Cf. Sexto Empírico. "Hipotiposes pirrônicas". *O que nos faz pensar*, Rio de Janeiro (PUC), nº12, set.1997, p. 115.

3 "Assim, leitor, sou eu mesmo a matéria de meu livro (...)" (Montaigne, Michel. *Ensaios*: *Livro I*. São Paulo: Martins Fontes, 2002, p. 4).

4 F.W. Nietzsche, "Prólogo". In: *A gaia ciência*. São Paulo: Companhia da Letras, 2001, p. 11.

> afirmar que toda filosofia se reduz à confissão de um corpo, à autobiografia de um ser que sofre.[5]

Assim sendo, a principal confissão do ser, o principal sintoma de saúde da substância de Onfray, que é o seu corpo na sua plenitude e limite da matéria, é a defesa entusiasta do hedonismo, esta uma postura ética de valorização calculada das paixões, dos prazeres e dos sentidos, bem como do reconhecimento do outro como fonte imprescindível de gozo e alegria. Na máxima de Onfray emprestada de Chamfort, um imperativo categórico que não expressa nenhum egoísmo, pelo contrário: "frua e faça fruir, sem fazer mal nem a você nem a ninguém: eis toda a moral".[6] Nesse hedonismo de genealogia epicurista, em que a amizade e seus derivados, como a gentileza e a solidariedade, por exemplo, são causas de prazer, o uso da razão é fundamental no desfrute desse gozo a fim de evitar os dissabores da desmedida. Portanto, sejamos hedonistas, convida-nos Onfray, engajemos nosso corpo nessa postura ética e existencial, entregando-nos inteiros ao "puro prazer de existir".[7]

Luzes para todos: a universidade popular como engajamento

Se filosofia é autobiografia, recorramos então à biografia de Onfray para entendermos melhor o seu implacável pensamento. Ele mesmo a evoca, em partes, na abertura dos seus principais livros, como em A *arte de gozar: por um materialismo hedonista* (1991), A *política do rebelde: tratado de insubmissão e resistência* (1997) e, sobretudo, em A *potência de existir*, para fundamentar suas polêmicas posições. Dirijamo-nos ao momento em que a filosofia passou a ter presença e relevância em sua vida.

---

5 Michel Onfray, *op. cit.*, p. 15.

6 *Ibidem*, p. 28.

7 Cf. *ibidem*, p. 11.

Nascido numa casa sem chuveiro nem sanitário no seu interior, de um pai camponês pobre e de uma mãe empregada doméstica humilhada por patrões e abandonada pelos pais, e que fez o mesmo com Onfray ao matriculá-lo com dez anos de idade num orfanato salesiano durante um período de quatro anos à mercê de todas as estupidezes e taras que um ambiente que odeia o corpo e a inteligência pode nutrir em homens de batina, o autor do *Tratado de ateologia: física da metafísica* (2005) conseguiu chegar à universidade com dezessete anos. Onfray nunca havia imaginado que, numa França socialmente tão desigual, um filho de camponês e de uma empregada doméstica pudesse um dia fazer um curso universitário de filosofia. Até então o projeto do adolescente Onfray era ser maquinista de trem.

Na Universidade de Caen, Onfray foi aluno regular do curso de filosofia. Sob orientação da professora Simone Goyard-Fabre desenvolveu uma pesquisa sobre pessimismo e ética envolvendo Schopenhauer e Spengler. Com o doutorado concluído, recebeu convites para permanecer na academia, mais exatamente, para lecionar em Ottawa e em Fribourg, mas os recusou, como relata em entrevista a Sébastien Charles:

> Recusei a carreira universitária que me propunha minha orientadora de tese (especialmente um posto em Ottawa, depois um outro em Fribourg) por princípio, *pois não se vem a ser filósofo na universidade* (grifo nosso). Apenas professor de filosofia, exegeta, comentador, glosador, anatomista do texto dos outros, leitor. Nada é mais antinômico que a instituição e a liberdade de pensar ou de escrever.[8]

8 *Idem*, "Entrevistas". In: Sébastien Charles, *Comte-Sponville, Conche, Ferry, Lipovetsky, Onfray, Rosset: é possível viver o que eles pensam?* São Paulo: Barcarolla, 2006, p. 180.

Como se vê, o que Onfray mais almejava era pensar e escrever sem as amarras e as obrigações mediocrizantes da burocrática vida universitária. Onfray pegou o seu título de doutor como quem agarra uma carta de alforria. A filosofia universitária não era o seu habitat, estava longe de ser o melhor dos mundos para o seu projeto intelectual. Considera a academia uma atmosfera tacanha, estagnada e desestimulante, marcada pelo conformismo, pela erudição pedante e vazia, pela mecânica reprodução intelectual e social da ordem, pelo compadrio, pela feudalidade e pela mesquinha e inescrupulosa luta por posições. Nas suas próprias palavras, trata-se de uma "câmara estéril que fabrica professores que por sua vez fabricam professores e confinam a filosofia que, por mim, espero que saia da instituição para produzir efeitos na vida cotidiana e na rua".[9]

Nesta direção Onfray vai mais longe em sua crítica. Por detrás dessa filosofia desencarnada e alienada estariam seus ideólogos, os professores. Onfray não perdoa os mestres que teve, em especial, os do último ano do secundário ao término do doutorado. Não poupa pejorativos para classificá-los. Incompetentes, incultos, simplórios, charlatães, carreiristas bajuladores e subservientes, "intratáveis vadios reciclando há décadas" apontamentos para livros e teses que nunca escreveram ou que jamais escreverão.[10] São esses mesmos "intratáveis vadios" e esses mesmos exegetas e historiadores da filosofia que não vingaram como filósofos que empobrecem, burocratizam e domesticam a filosofia na universidade, tornando-a inofensiva, insípida, triste e inútil, afastada do cotidiano e das reais necessidades das pessoas. Em suma, para Onfray, não existe filosofia no mundo universitário oficial. Em contrapartida, encontrar esse lugar da filosofia, construir esse ambiente favorável à reflexão radical, libertária e hedonista será

9 *Ibidem*.

10 Cf. Sébastien Charles, "Michel Onfray, o tom libertário". In: Sébastien Charles, *op. cit.*, p. 171.

parte fundamental do seu engajamento filosófico, na prática, do seu engajamento ideológico e político.

De 1983 a 2002, Onfray lecionou como professor num liceu técnico no interior da França. Encontrou no convívio com os estudantes adolescentes um clima mais favorável ao filosofar do que no adulto mundo universitário. Com o sucesso editorial dos seus livros veio o dinheiro e com ele o pensador materialista e hedonista pôde colocar em prática o seu ambicioso projeto de uma universidade alternativa, mais exatamente de um curso de filosofia que fosse o oposto de todos os cursos oficiais que havia experimentado. Em outubro de 2002, em reação à onda fascista das eleições presidenciais daquele ano, Onfray protagoniza então a criação da Universidade Popular de Caen, mais conhecida pela sigla UPC. Nada de inscrições valendo diploma, nada de listas de presença, avaliações, tampouco mensalidades; alguma isenção fiscal no início, mas depois a conquista da independência financeira. Enfim, uma universidade totalmente aberta e de espírito público a quem se mostrar interessado.

Contudo, Onfray deixa claro: trata-se de uma universidade popular e não de uma universidade proletária na acepção empregada pela esquerda marxista tradicional. Ou seja, frequentam a Universidade Popular de Caen pessoas de todos os gêneros, idades, culturas, religiões, ideologias, profissões e classes sociais. Professores, camponeses, burgueses, católicos, policiais, médicos, gente de esquerda e de direita. Por se tratar de uma instituição libertária, participa da universidade popular quem quiser e se identificar com a proposta do projeto.[11]

11 Olivier L. Brunet produziu em 2006 um documentário de 52 minutos sobre o surgimento e a experiência das universidades populares criadas por Onfray na França. Trata-se de *Le plaisir d'exister: Michel Onfray et les universités populaires.*

Em 2006, motivado pelos resultados positivos da aventura filosófica, ideológica e política de Caen, Onfray expande sua universidade popular; cria desta vez a Universidade Popular do Gosto, em Argentan, um projeto hedonista voltado à instrução e à cultura gastronômica para o grande público, afinal, de todos os cinco sentidos, o paladar sempre foi o mais menosprezado pela filosofia. Mais uma vez nada de diplomas, mensalidades ou folha de pagamento de palestrantes. A fórmula é a mesma da universidade popular pioneira: a solidariedade e o entusiasmo dos simpatizantes da iniciativa.

Por fim, em 2013, evidenciando mais uma vez toda a sua descrença nas instituições educacionais oficiais e o sucesso do empreendimento, Onfray inaugura outra universidade popular e libertária, agora totalmente voltada para as artes cênicas: a Universidade Popular do Teatro.

A contra-história da filosofia como engajamento

Na libertária Universidade Popular de Caen, Onfray pôde finalmente colocar em prática outro dos seus arrojados projetos, na verdade, abrir uma de suas trincheiras estratégicas: além de ampliar o público das suas Luzes, expor e disseminar a sua contra-história da filosofia. Em vez da narrativa da velha história da filosofia oficial, de inspiração platônica, cristã e idealista, que fez de Sócrates, Platão, Aristóteles, Descartes e Kant os seus protagonistas, vencedores e cabeças bem-sucedidas do pensamento ocidental, e dos sofistas, cínicos, cirenaicos e materialistas franceses perdedores condenados às notas de rodapé, uma história contada na contramão, da perspectiva dos brutalmente marginalizados pelos manuais e programas universitários. Não mais os sofistas da versão caricata da tradição platônica; não mais os iluministas franceses diminuídos diante da *Aufklärung* de um Kant. Em vez de um Kant paradigma de iluminista, por exemplo, visão esta hegemônica nas cátedras, um Kant misógino, racista, elitista, provinciano e etnocêntrico – bem pouco iluminista, portanto –, como mostra Onfray na sua *Contra-história da filosofia 4: os ultra das Luzes*. Quem é o público do esclarecimento do "paragão das Luzes" e "calvário dos estudantes",[12] pergunta Onfray:

> Kant refina sua ideia: dirige-se, é claro, aos que podem pensar. Não às mulheres, como já vimos, certamente não ao negro ou ao samoiedo, falemos sério, provavelmente tampouco ao camponês ou ao doméstico, ao empregado ou a todos os cidadãos passivos. Não misturemos trapos populares e guardanapos filosóficos. As Luzes são uma prebenda para quem as merece. Não a ralé, claro, mas a elite esclarecida, capaz de propagar a boa-nova luminosa.[13]

As luzes de Onfray são outras, seu público também, a história da filosofia que ele conta idem. Nos cursos que ministra na Universidade Popular de Caen, Demócrito, Diógenes, Jean Meslier, Max Stirner, Albert Camus e Georges Politzer ganham uma relevância jamais dada pela história da filosofia ensinada nas universidades oficiais e mecanicamente reproduzida pelos seus formados, segundo Onfray, a historiografia platônica e idealista.[14]

Todos os cursos de Onfray sobre contra-história da filosofia acabaram virando livros e até CDs, com grande sucesso, o que mostra que seu público foi muito além do público acadêmico, como ele queria. Até o momento são onze tomos intitulados Contra-história da filosofia, sendo que seis deles já foram publicados no Brasil pela WMF Martins Fontes. Dito de outro modo, Onfray frisa que não há história da filosofia neutra, isenta, imparcial e desinteressada. A

12 Michel Onfray, *Contra-história da filosofia 4: os ultras das Luzes*. São Paulo: WMF Martins Fontes, 2012, p. 19.

13 *Ibidem*, p. 23.

14 *Idem*, *Contra-história da filosofia 1: as sabedorias antigas*. São Paulo: WMF Martins Fontes, 2008, p. 11, 14.

história da filosofia que aprendemos e reproduzimos para os nossos alunos é em grande medida enviesada e foi ditada por interesses ideológicos. Portanto, uma outra história da filosofia deve ser contada. Nesse sentido, a contra-história da filosofia também deve ser entendida e praticada como uma forma de engajamento ideológico.

As ultraluzes ou O iluminismo engajado

Em meio aos marginalizados e às correntes de pensamento estigmatizadas pela história da filosofia vencedora e ainda dominante, Onfray destaca, na sua contra-história da filosofia, o ateísmo. No seu *Tratado de ateologia*, o filósofo denuncia e critica a negligência com que essa corrente do pensamento foi tratada pela história da filosofia dominante. "A bibliografia da questão ateia é indigente", reclama;[15] sua historiografia é "rara, parcimoniosa e bastante ruim", completa.[16] Portanto, uma história rigorosa e densa do ateísmo é mais do que necessária, conclui e reivindica Onfray, ainda mais em tempos como o nosso, em que o obscurantismo religioso ressuscitou com força no Ocidente. E o ponto de partida dessa história ainda por fazer o filósofo localiza nas Luzes francesas, mais precisamente nas ideias de Jean Meslier, um padre materialista, anticristão, comunista e ateu, cujo perfil filosófico pode ser resumido no seu afã libertário, expresso numa metáfora bastante contundente, de enforcar o último rei com as tripas do último padre. Com Meslier, escreve Onfray, "a história do verdadeiro ateísmo começa...".[17]

Dito de outro modo, é no interior das Luzes francesas que o ateísmo propriamente dito surge. E o que seria o ateísmo *stricto sensu* senão a radicalização do uso da razão, as luzes tornadas radicais

15 *Idem*, *Tratado de ateologia: física da metafísica*. São Paulo: WMF Martins Fontes, 2007, p. 191.

16 *Ibidem*, p. 13.

17 *Ibidem*, p. 19.

no seu projeto de combater o obscurantismo e na sua finalidade de promover o esclarecimento e, por conseguinte, a emancipação dos homens? O ateísmo, portanto, seria, no vocabulário de Onfray, as "Luzes radicais", o esclarecimento levado às suas últimas consequências. Seus difusores Onfray os denomina "ultras das Luzes", isto é, todos aqueles que "não reconhecem nem Deus, nem senhor, nem papa, nem rei".[18] Ou seja, além dos ateus, também os materialistas, os hedonistas e os revolucionários.[19]

E aqui a contra-história da filosofia do filósofo nietzschiano de esquerda se faz mais uma vez martelo e estratégica de combate. Onfray sustenta que a versão das Luzes francesas que preponderou nos manuais e nos programas dos cursos oficiais de filosofia foi a das "Luzes pálidas", isto é, a do iluminismo moderado de Rousseau, Voltaire e Diderot – Kant no caso das Luzes alemãs –, em detrimento das outras luzes, mais exatamente das ultraluzes, das quais Meslier, La Mettrie, Holbach, Helvétius e Sade seriam os seus representantes mais significativos. Em outras palavras, dentro da narrativa da história da filosofia dominante encontraríamos uma narrativa dominante específica da história da Ilustração francesa, que faz do deísmo de Voltaire, da defesa do despotismo esclarecido presente em Diderot ou da filosofia política de Rousseau os fatos mais importantes desse período. Essa história da filosofia das *Lumières* minimiza ou descarta, por exemplo, o materialismo de La Mettrie, o ateísmo de Holbach e a proposta de uma sociedade comunista de Meslier.

E com que objetivo, consciente ou inconsciente, essa arbitrariedade teria sido cometida?

Ora, tornar protagonista o iluminismo de Rousseau na França, o iluminismo de Kant na Alemanha ou as luzes de David Hume no pensamento britânico do século xviii, pelo fato de esses pensadores

18 Cf. *idem*, *Contra-história da filosofia 4: os ultras das Luzes*, *op. cit.*, p. 21.

19 Cf. *ibidem*, p. 34.

terem manifestado posições moderadas, advogado o reformismo religioso e político, e tentar aniquilar da memória do movimento das Luzes as obras e autores que tiveram posições metafísicas e éticas radicais, como o ateísmo, o materialismo e o hedonismo, e as retóricas políticas de rupturas, como a ideia de Revolução e a utopia do comunismo, como tentaram fazer com Meslier e seus pares, é sem dúvida bastante conveniente para uma história da filosofia ideologicamente conservadora, comprometida com o fortalecimento de certas instituições e com a manutenção de certa ordem social. Assim poderíamos concluir com base na perspectiva da contra-história da filosofia de Onfray.

Ultraluzes e democracia: o ateísmo no espaço público

No ano de 2005, com muito estrondo na grande mídia europeia e em meio a reações veementes, Onfray lança o seu *Tratado de ateologia: física da metafísica*, por meio do qual revela outra faceta do seu engajamento e da sua militância materialista, hedonista e libertária. Rapidamente tornou-se *best seller* na França. Uma das razões desse sucesso de venda e de mídia é seu ataque fulminante não só às religiões com seus livros sagrados e suas promessas paradisíacas, mas sobretudo à própria ideia de divindade. Judaísmo, islamismo e cristianismo, os três monoteísmos mais em voga no planeta, são esquadrinhados de forma implacável pelo autor. Além disso, Onfray faz um esboço de uma história rigorosa do ateísmo a ser desenvolvida e uma reflexão sobre a necessidade sim de discutir não só religião, mas principalmente as consequências ideológicas e políticas da fé. Trata-se, sem dúvida, de um grandiloquente, contundente e instigante manifesto em defesa de um ateísmo engajado e militante, daquele que encontramos, por exemplo, nos textos e nos posicionamentos dos ultras das Luzes.

Ao contrário de Karl Marx na sua introdução à *Contribuição à crítica da filosofia do direito de Hegel*, de 1843/44, que logo no primeiro parágrafo afirma que, embora a crítica da religião seja o pressuposto de toda crítica, "na Alemanha a crítica da religião está essencialmente concluída", e também ao contrário do Nietzsche que anuncia a morte de Deus no célebre aforismo "O homem louco", de *A gaia ciência*, Onfray insiste que a crítica da religião e, sobretudo, a crítica à religião, ainda são mais do que pertinentes e necessárias do ponto de vista do esclarecimento, da preservação de direitos e dos avanços civilizatórios obtidos e da emancipação da humanidade.

Onfray discorda veementemente do seu mestre Nietzsche. No seu entender, "Deus ainda respira", o anúncio da sua morte, embora tonitruante, é falso,[20] enfim, que "estamos a anos-luz de um tal progresso ontológico".[21] Na verdade, Deus continua vivo, muito vivo como fábula, subterfúgio, referência e muleta psicológica nas imaginações, nos desesperos e na vontade de ilusão e mentira da maior parte dos seres humanos. Nas últimas décadas, no Brasil, por exemplo, o crescimento dos evangélicos foi bastante significativo, com reflexos diretos na sua representação política. É por isso que, para Onfray, religião se discute sim e é fundamental que ela seja cada vez mais debatida nos espaços públicos para que excessos e distorções não coloquem em risco o Estado laico e democrático.

Até aí se trata de um direito dos religiosos garantido pelas constituições das democracias ocidentais. O problema, no entender de Onfray, estaria no fato das posturas intolerantes e antidemocráticas de muitas dessas religiões, em particular nos parlamentos, obstaculizando por meio das suas bancadas aprovações de leis que ampliem direitos de grupos específicos de cidadãos. Quase todas as vertentes do cristianismo se opõem de forma intransigente aos direitos civis da comunidade LGBT e também a direitos reivindicados historicamente pelas mulheres, como o aborto. Em países como o Brasil, igrejas

20 Cf. Michel Onfray, *Tratado de ateologia*, *op. cit.*, p. 3.

21 *Ibidem*, p. 5.

com esses princípios possuem bancadas bastante influentes e chantageadoras nos parlamentos de todas as esferas políticas; seus fiéis são eleitores leais de pastores que, eleitos por seus seguidores, tornam-se vereadores, deputados e até senadores. O projeto de uma "jesuscracia" aparece com frequência nas entrelinhas dos discursos de muitos parlamentares e líderes evangélicos brasileiros. O poder dessa fé corporativista também é percebido na quantidade preocupante de emissoras de rádio e tevê que tais igrejas vêm acumulando ao longo da democracia brasileira.

São fatos como esses, de ataques aos direitos individuais e de perigo à integridade do Estado laico e democrático de direito, que fazem de Onfray um ateu engajado e militante. Entretanto, tal característica desse ateísmo não faz dele uma forma de fundamentalismo às avessas, como denunciam alguns dos seus adversários, em particular os mais carolas. Mesmo a realidade cultural e institucional da França sendo bastante diferente da do Brasil - aliás, em nenhum momento, pelo menos no Tratado de ateologia, Onfray faz menção à questão da religiosidade brasileira - , a preocupação maior de Onfray é com as consequências práticas e institucionais da fé religiosa. A fé religiosa em sim mesma, a fé religiosa restrita ao foro íntimo do crente, não é para ele um problema temerário e sim um direito de quem necessita crer. A fé religiosa requer maiores atenções dos libertários e democratas a partir do momento em que ela passa de foro íntimo para o exterior, quando ela transborda cega e entusiasticamente da esfera privada para a esfera pública. É quando o fiel se faz sacerdote, contaminando outros com a sua doença psicológica, no caso, a própria fé. É o que lemos na seguinte passagem do *Tratado de ateologia*:

> Meu ateísmo se ativa quando a crença privada torna-se assunto público e em nome de uma patologia mental pessoal organiza-se também para os outros o mundo que convém. Pois da angústia existencial pessoal à gestão do corpo e da

> alma dos outros há um mundo no qual se ativam, emboscados, os aproveitadores dessa miséria espiritual e mental.[22]

Onfray não titubeia. Para ele, a fé religiosa é um sintoma patológico, a religião uma "epidemia mental" movida por uma "pulsão de morte",[23] além de um visão infantil da realidade, de um "infantilismo mental"[24] mais precisamente. Lembrando, isso vale para os três monoteísmos hegemônicos no nosso planeta. Portanto, para um ultrailuminista como Onfray, a expressão "consciência religiosa" seria uma contradição em termos. A religião como neurose ou psicose coletiva transformadas em força política por lideranças obscurantistas pode colocar em risco um dos valores e um dos fatos mais sagrados da democracia: a tolerância.

Portanto, é em defesa do Estado laico e democrático de direito, é para evitar que uma jesuscracia ou qualquer outro projeto de regime teocrático seja implantado sobre os escombros dos nossos direitos individuais mais vitais, que o ateu, um iluminista radical, deve, segundo Onfray, sair do silêncio e da ruminação filosófica para ocupar um espaço e assumir uma posição de combate na esfera pública contra o obscurantismo religioso, seja esta esfera pública qual for. Em nome da tolerância, da liberdade de pensamento e de expressão, do direito de crença e de descrença, da dignidade das minorias, esse ateu deve se fazer uma consciência e uma sensibilidade engajadas e militantes. Nisso consistiria essencialmente o compromisso ético e político do ateu das ultraluzes.

Mas o que haveria de original nessa proposta de esclarecimento mediante um ateísmo engajado e militante? De original talvez nada. Outros ateus antes de Onfray foram militantes efetivos do ateísmo.

---

22 *Ibidem*, p. XXI.

23 *Ibidem*.

24 *Ibidem*, p. XIX.

Muitos anarquistas que antecederam o também anarquista Michel Onfray escreveram e panfletaram contra a Igreja, contra o cristianismo e contra Deus nos séculos xix e xx. Jovens hegelianos como David Strauss e Bruno Bauer acreditavam que a visão religiosa do mundo, uma alienação, deveria ser combatida com a difusão de textos que desmitificassem, sobretudo, o cristianismo e suas instituições. No mundo clandestino dos manuscritos do Antigo Regime não faltaram libelos contra as narrações e preceitos da Bíblia, bem como contra a pretensa origem e inspiração sobrenatural de figuras como Moisés, Jesus e Maomé. Não propriamente militantes, mas engajados na causa emancipadora do ateísmo, tivemos também, no século xviii francês, Holbach e Sade, além do próprio Meslier.

A relevância do ateísmo engajado e militante de Onfray exposto no *Tratado de ateologia* – razão pela qual vale a pena a elaboração de um ensaio acadêmico sobre este aspecto do seu pensamento – é o alerta que ele faz para a necessidade de, em pleno século xxi, época de grandes avanços científicos e tecnológicos, ainda refutarmos, com todos os argumentos fornecidos pelo pensamento crítico e pelas descobertas das ciências ao longo da história, a visão religiosa do mundo, denunciando-a e combatendo-a sempre, dentro das regras democráticas obviamente, como uma mitologia sem consciência de si, como um subterfúgio encantado para as consciências incapazes de aceitarem a existência tal como ela é, artifício psicológico este que Onfray define como “bovarismo”.[25] É para evitar consequências ideológicas, políticas e jurídicas nefastas à sociedade democrática e ao Estado laico que é necessário enfrentar ideologicamente o inimigo. Enquanto muitos intelectuais consideram o ateísmo hoje um debate sem sentido e inútil, excêntrico até, enquanto muitos deles menosprezam o crescimento da fé religiosa na sociedade e o poder que aos poucos essas igrejas estão adquirindo – especialmente o cres-

25 *Ibidem.*

cimento das seitas mais fundamentalistas e intolerantes –, Onfray faz do ateísmo a mais racional das armas para combater o obscurantismo religioso, frisando que Nietzsche errou redondamente ao anunciar que Deus está morto, logo, que é vital para a liberdade, a tolerância, a democracia e, sobretudo, para a lucidez e para a nossa emancipação, matá-lo definitivamente no imaginário e na pobreza psicológica das pessoas. Enquanto tal morte não ocorre, as ultraluzes do ateísmo de Onfray lamenta e se solidariza: "Não desprezo os crentes, não os acho ridículos nem lastimáveis, mas desespera-me que prefiram as ficções tranquilizadoras das crianças às certezas cruéis dos adultos".[26]

Referências bibliográficas

CHARLES, Sébastien. *Comte-Sponville, Conche, Ferry, Lipovetsky, Onfray, Rosset: é possível viver o que eles pensam?* São Paulo: Barcarolla, 2006.

MARX, Karl. *Contribuição à crítica da filosofia do direito de Hegel. Introdução*. São Paulo: Expressão Popular, 2010.

MONTAIGNE, Michel. *Ensaios*: *Livro I*. São Paulo: Martins Fontes, 2002.

NIETZSCHE, Friedrich Wilhelm. "Prólogo". A *gaia ciência*. São Paulo: Companhia da Letras, 2001

ONFRAY, MICHEL. "Entrevistas". In: *Comte-Sponville, Conche, Ferry, Lipovetsky, Onfray, Rosset: é possível viver o que eles pensam?* São Paulo: Barcarolla, 2006.

___. *Tratado de ateologia: física da metafísica*. São Paulo: WMF Martins Fontes, 2007.

___. *Contra-história da filosofia 1: as sabedorias antigas*. São Paulo: WMF Martins Fontes, 2008.

___. *A potência de existir: manifesto hedonista*. São Paulo: WMF Martins Fontes, 2010.

26 *Ibidem*.

___. *Contra-história da filosofia 4: os ultras das Luzes*. São Paulo: WMF Martins Fontes, 2012.

SEXTO EMPÍRICO. "Hipotiposes pirrônicas". *O que nos faz pensar*, Rio de Janeiro (PUC), nº12, set.1997.

O fracionamento da classe trabalhadora no mundo do capital globalizado

Rodrigo de Souza Dantas[1]

Durante o século xix e grande parte do século xx, a classe trabalhadora era composta, fundamentalmente, pela classe operária e pelo campesinato. Quando empregavam indistintamente os termos "classe trabalhadora" e "proletariado" para designarem todos que, expropriados e despossuídos dos meios de vida e de produção, viam-se forçados a alienar sua força de trabalho aos proprietários dos meios de produção, Marx e Engels se referiam a uma realidade histórica em que a classe trabalhadora era ainda relativamente homogênea, composta majoritariamente pela força de trabalho socialmente combinada e mobilizada no processo de produção do "conteúdo material da riqueza social" (Marx). Como sabemos, com o desenvolvimento científico e tecnológico da produção capitalista, a expansão imperialista do capital e sua transformação num sistema globalmente expandido e integrado, elementos determinantes para a formação de uma divisão do trabalho cada vez mais complexa, a classe trabalhadora foi se tornando cada vez mais heterogênea e diversificada no que diz respeito às funções que cada uma de suas frações, setores e grupos

---

1 Doutor em Filosofia pela UFRJ, Professor de Filosofia na UNIRIO e membro do Núcleo de Estudos do Brasil Contemporâneo e da Pós-Graduação em Direitos Humanos e Políticas Públicas do Centro de Estudos Multidisciplinares Avançados da UnB - CEAM-UnB.

exercem na divisão do trabalho, às condições concretas de sua existência e à natureza contraditória das relações que cada uma delas mantém entre si e com o capital.

A classe trabalhadora vive hoje nas fábricas e nas empresas *high tech*, no campo e na cidade, no asfalto e nas favelas, nos condomínios-fortaleza de classe média e nos conjuntos habitacionais das periferias das grandes cidades, nos shoppings centers e nas feiras populares e mercados de rua, no inferno das minas e nas repartições públicas, nos latifúndios que se nutrem de trabalho escravo e nos laboratórios da mais alta tecnologia, na barbárie dos canteiros de obras e no conforto dos escritórios, nas pequenas lojas, bares, biroscas, oficinas, negócios e empresas de todos os tipos e portes e nos ambientes luxuosamente artificiais dos grandes bancos e corporações transnacionais, desfilando a mais variada gama de contrastes, desigualdades e contradições que nos impedem de nos referirmos à classe trabalhadora hoje sem começar por reconhecer a crescente diversidade e heterogeneidade das condições de sua existência no mundo do capital globalizado. A classe trabalhadora abrange hoje não só a classe operária e o campesinato, mas a totalidade cada vez mais heterogênea dos trabalhadores assalariados que não são empregados na produção material da riqueza. Não só os que vendem sua força de trabalho, não só os que buscam a todo custo vendê-la, mas também os que já não veem como fazê-lo num mundo em que uma parte cada vez maior da força de trabalho socialmente disponível vem sendo expelida do processo global de produção e valorização do capital. Não só os diversos tipos de trabalho material e imaterial que se imbricam reciprocamente e se combinam socialmente no processo global de produção e valorização do capital, mas também uma massa de trabalhadores improdutivos de todos os tipos, cujas ocupações se desenvolvem à margem do processo de produção e valorização do capital. Seu conceito deve incluir não só a classe operária, não só trabalhadores intelectuais e trabalhadores assalariados de todos os tipos, não só os imensos batalhões de trabalhadores precarizados, mas também o exército industrial de reserva em todas as suas frações, os sem terra, o proletariado rural e o que ainda resta do campesinato e da pequena agricultura familiar. Se uma parte desta força social de trabalho é produtiva ou improdutivamente engajada no regime global do assalariamento, parte cada vez maior dela existe hoje como uma gigantesca reserva de força de trabalho cuja simples existência exerce um papel central na onda mundial de retirada de direitos, desregulamentação, das relações trabalhistas, precarização e desvalorização crônica da força de trabalho e recrudescimento dos padrões cada vez mais brutais da exploração capitalista. É este estado de coisas que nos impõe a necessidade concreta de desenvolver um conceito ampliado de classe trabalhadora, capaz de articular dialeticamente, do ponto de vista da totalidade histórica em desenvolvimento, as identidades, diferenças e relações recíprocas entre seus diversos setores, grupos e frações de classe, estejam elas mais próximas ou mais distantes da produção do conteúdo material da riqueza, mais próximas ou mais distantes das estruturas de comando do capital.

Com o desenvolvimento técnico e científico da produção capitalista, assim como a massa de capitais empregados na produção material da riqueza torna-se cada vez menor em relação ao capital social total, os contingentes empregados na produção material tornam-se também cada vez menores, seja em relação ao conjunto dos trabalhadores assalariados, seja em relação ao imenso exército industrial de reserva. Assim como a formação do proletariado urbano e industrial se nutriu dos imensos contingentes populacionais liberados pela penetração dos métodos e técnicas do capitalismo no campo, o crescimento de uma ampla camada de trabalhadores de todos os tipos se nutre hoje dos contingentes que têm sido sistematicamente expelidos da esfera da produção material da riqueza pelo desenvolvimento científico e tecnológico da produção capitalista. Avança assim o processo global de *"desproletarização relativa" da classe trabalhadora*, resultado da substituição do trabalho humano pelo emprego intensivo da maquinaria industrial e das tecnologias inteligentes da comunicação, da informação, da robótica, da telemática e da automação. Esse processo se expressa, de um lado, na redução cada vez maior do peso do operariado fabril, estável, profissionalizado, predominantemente masculino, sindicalmente organizado, típico das fases taylorista e fordista, concomitante ao crescimento do peso social dos trabalhadores intelectuais e dos mais variados tipos de trabalhadores assalariados não proletários no conjunto da força de trabalho socialmente combinada; de outro, na escalada devastadora de um amplo processo global de "*subproletarização*", em que o aumento constante do desemprego impulsiona a expansão do trabalho parcial, precário, terceirizado, temporário, privado dos direitos sociais conquistados pela classe trabalhadora, politicamente desarmado, em grande parte composto por mulheres, jovens, negros, migrantes e outros grupos socialmente oprimidos e vulneráveis. Em verdade, estamos muito longe do fim do proletariado, do fim da centralidade do trabalho proletário ou do fim do antagonismo social entre as classes. Para todos os efeitos, vivemos hoje num mundo em que a integração subalterna dos estratos superiores da classe trabalhadora à sociedade burguesa tem como sua contrapartida a desproletarização, a subproletarização e a escalada crescente do desemprego estrutural de massas num mundo em que, definitivamente, já não há nem poderá mais haver trabalho para todos na sociedade capitalista.

Se durante o século xix e parte do século xx a classe trabalhadora ainda podia ser caracterizada, sem maiores controvérsias, como a classe social composta pelos que "nada tinham a perder senão suas próprias correntes", segundo a célebre expressão empregada por Marx no *Manifesto Comunista*, hoje as coisas já não são mais assim. Em verdade, a transformação do capital num sistema globalmente expandido e integrado, que envolve todos os setores e dimensões da produção e reprodução social do gênero humano, se desenvolve na forma concreta de um processo de desenvolvimento desigual e combinado. De um lado, temos o aumento constante da produção e do consumo e a formação de classes médias cada vez mais expressivas tanto nos países imperialistas como nos países de industrialização intermediária, dependente e retardatária; de outro, o crescimento constante de uma população relativamente supérflua, que forma hoje uma ampla zona de vulnerabilidade e desfiliação social, base a partir da qual se desenvolve hoje o processo global de subproletarização sistemática da maior parte da classe trabalhadora mundial. De um lado, temos o trabalho intelectual, científico e tecnológico que opera uma máquina produtiva cada vez mais complexa; de outro, uma força de trabalho desqualificada, empregada aqui e acolá em todo tipo de ocupações aleatórias, contingentes e destituídas de sentido ou significado humano. De um lado, temos uma parcela do trabalho assalariado mobilizada pelos procedimentos cada vez mais sofisticados de envolvimento manipulatório dos trabalhadores na produção capitalista, força de trabalho qualificada que forma hoje um vasto estoque de "capital humano", que em larga medida tem internalizado as demandas e exigências que lhes são continuamente colocadas pelas condições concretas de sua integração social, econômica e profissional no mundo do capital globalizado; de outro, uma multidão de desempregados e despossuídos que vivem da mão para a boca, entre bicos, biscates e ocupações aleatórias de todos os tipos em sua luta cotidiana pela sobrevivência. De um lado, temos a redução constante do tempo de trabalho socialmente necessário e a exploração cada vez mais intensiva dos continentes aparentemente inesgotáveis da mais-valia relativa no contexto de uma produção cientificamente organizada em torno do sistema inteligente da maquinaria; de outro, o crescimento de um exército de reserva mundial que assegura hoje um abundante estoque de mão de obra barata à disposição do capital.

Do ponto de vista da totalidade histórica em desenvolvimento, podemos dizer que, com o desenvolvimento desigual e combinado da luta de classes, da economia e da sociedade capitalista, três grandes transformações históricas contribuíram, em sua unidade concreta e dialética, para a configuração histórica de uma nova composição social da classe trabalhadora e de uma nova estrutura de classes da sociedade:

a) o desenvolvimento científico e tecnológico da produção capitalista, ao levar à diminuição do peso relativo do campesinato e do proletariado, liberou os capitais necessários e a força de trabalho imprescindível para a expansão do capital em direção a todos os setores e dimensões do processo de produção e da reprodução social. Neste quadro, o crescimento da economia de serviços, das várias formas de trabalho intelectual e imaterial, da produção e circulação de uma vasta e diversificada oferta de bens simbólicos, culturais e imateriais, e dos mais variados tipos de trabalho socialmente combinados na esfera cada vez mais rica e complexa da reprodução social modificou substancialmente a composição social da classe trabalhadora e a estrutura de classes da sociedade burguesa, mas não dissolveu nem poderia ter dissolvido a existência do proletariado como força de trabalho coletiva e socialmente combinada que produz o conteúdo material da riqueza social. O peso crescente do trabalho intelectual e imaterial na força de trabalho socialmente combinada não eliminou o trabalho material, assim como o avanço sistemático da desproletarização e da subproletarização da classe trabalhadora não conduziu nem poderia jamais ter conduzido ao fim do proletariado. Em verdade, jamais existiu nem poderia jamais existir trabalho puramente material nem trabalho puramente imaterial; trabalho material e trabalho imaterial se articulam e se imbricam reciprocamente numa unidade concreta e dialética, e na verdade a tal ponto que na própria composição do valor de cada mercadoria encontramos sempre as mais variadas relações, combinações e proporções entre trabalho material e trabalho imaterial. O que diferencia nossa época de todas as outras não é, portanto, o fim do proletariado, o fim das classes sociais ou o fim da sociedade industrial, mas o desenvolvimento de uma situação mundial em que a unidade concreta e dialética entre a esfera do trabalho material e a esfera do trabalho imaterial transita hoje da predominância do trabalho material sobre o trabalho imaterial à predominância do trabalho imaterial sobre o trabalho material. É esta transição que está na própria base das grandes transformações históricas nas condições de existência do proletariado, na composição social da classe trabalhadora e na própria estrutura de classes da sociedade burguesa. É delas que trataremos a seguir.

b) o crescimento das classes médias, que Marx designou à sua época como as "classes de transição",[2] expressivo nos países imperialistas e em parte dos países de industrialização dependente e retardatária no pós-guerra, criou uma base social de apoio mais ampla para a sociedade burguesa do que em qualquer outra fase de sua história. As classes de transição são formadas hoje por camadas cada vez maiores, mais diversificadas e heterogêneas de trabalhadores qualificados para exercerem funções cada vez mais complexas no processo de produção e reprodução social. Em seu conjunto, eles desempenham um papel central na concepção, organização e operacionalização cada vez mais complexa dos processos produtivos, na produção intelectual, cultural, artística, técnica e científica, na esfera da reprodução social, na crescente economia de serviços, nas empresas privadas, mistas e estatais, nas repartições públicas, nos órgãos de Estado, nos partidos, nos sindicatos, no terceiro setor e em todas as principais instituições da sociedade burguesa.

No mundo do capital globalizado, as "classes de transição" são compostas por professores, médicos, psicólogos, assistentes sociais, cientistas, engenheiros, designers, programadores de computação,

2 Marx introduz o conceito de "classes de transição" em *18 brumário de Luís Bonaparte*, em que analisa a luta de classes na França entre os anos de 1848 e 1851.

publicitários, modelos, fotógrafos, jornalistas, escritores, músicos, artistas, profissionais liberais, funcionários públicos, trabalhadores autônomos prestadores de serviços qualificados e os diversos tipos de trabalhadores intelectuais com formação técnica, científica e profissional cada vez mais longa, mais complexa, mais especializada. Podem ser trabalhadores produtivos ou improdutivos, assalariados ou autônomos. Não exploram diretamente o trabalho alheio, não atuam como personificações da estrutura de comando e poder do capital ou do Estado nem possuem rendas e direitos de propriedade que de fato possam dispensá-los do trabalho; não são burgueses, portanto, mas na divisão social hierárquica do trabalho alienado vivem indiretamente da riqueza material socialmente criada pelo proletariado. Muitos possuem uma pequena poupança, ações na Bolsa de Valores, heranças ou rendas de aluguéis, o que faz com que vivam, ao menos em parte, da riqueza socialmente acumulada no processo de produção e reprodução ampliada do capital, e tenham, portanto, todo interesse no bom funcionamento da economia capitalista. Como buscaremos demonstrar, as classes de transição não fazem parte nem da burguesia nem da classe trabalhadora propriamente dita; vivem numa zona híbrida de trânsito, intersecção e circulação social entre a pequena burguesia, os estratos superiores do trabalho assalariado e a condição social de trabalhadores autônomos (trabalhadores proprietários) prestadores de serviços.

Parte das classes de transição vive de empregos estáveis e bem remunerados, que exigem densa formação técnica, cientifica e profissional. São trabalhadores que se acham mais ou menos próximos dos elevados escalões das estruturas de comando do capital e do Estado, sempre a alimentar esperanças de poderem alcançar posições superiores na divisão social hierárquica do trabalho, sempre ocupados em qualificar suas competências profissionais e suas capacidades produtivas e permanentemente pressionados pela competição com seus pares. Pertencem ao que se convencionou chamar de "*white collars*" (trabalhadores de colarinho branco), em oposição aos "*blue collars*" (trabalhadores manuais). Com direito a férias pagas, pensões, planos de saúde, benefícios empresariais, direitos sociais e trabalhistas, prêmios de produtividade, participações nos lucros etc., são trabalhadores estáveis, com identidade profissional definida e vínculos regulares e bem estabelecidos com as instituições e empresas que os empregam, em oposição à multidão de trabalhadores temporários, terceirizados e precarizados com quem convivem diariamente em seus locais de trabalho. Vivem do trabalho assalariado, possuem suas contradições (não antagônicas) com o capital e suas estruturas de comando político, mas suas funções no processo de produção e valorização do capital, seus padrões de vida e de consumo e sua proximidade relativa das estruturas de comando do sistema do capital faz com que seus interesses, de início e na maior parte das vezes, tendam a coincidir com os interesses dominantes.

Outra parte das classes de transição reproduz sua existência à margem das relações sociais de assalariamento e do processo de produção e valorização do capital: como prestadores de serviços imateriais, intelectuais, criativos, afetivos, administrativos, técnicos, científicos ou culturais que exigem o amplo domínio de competências, saberes e habilidades que tendem a se tornar cada vez mais complexos, reproduzem sua existência social por meio da comercialização direta dos bens e serviços produzidos por seu próprio trabalho. Estes podem se destinar ao consumo direto dos indivíduos, como valores de uso, ao consumo do capital, como valores de troca, ou ao consumo do Estado, como estrutura de gestão e comando político do sistema do capital. É o caso dos profissionais liberais, dos consultores, dos peritos, dos trabalhadores criativos de todos os tipos, dos artistas, dos quadros técnicos altamente especializados, dos grupos de pesquisa científica e tecnológica, dos trabalhadores autônomos que prestam serviços qualificados das mais variadas espécies e de todos que, de uma forma ou de outra, podem comercializar diretamente seus produtos, competências, saberes e capacidades em troca de rendimentos relativamente elevados. Esta comercialização pode se dar de forma direta e autônoma ou por meio de todo tipo de contratos temporários celebrados seja com o capital, seja com o Estado, seja com o terceiro setor e as demais instituições da sociedade burguesa. Isso os coloca à margem do regime clássico de assalariamento, os situando no interior do que Marx definiu genericamente como a "classe de serviços", ainda muito pouco desenvolvida em sua época. Não pertencem à classe trabalhadora porque não contribuem diretamente para o processo de produção e valorização do capital na condição de trabalhadores assalariados, não produzem o "conteúdo material da riqueza social" nem fazem parte do que Marx designou como o "trabalhador coletivo". É verdade que os vínculos que muitos trabalhadores "autônomos" subcontratados mantêm com o capital encobrem relações reais de assalariamento, disfarçadas nos modos formalmente legais da compra e da venda de serviços com o objetivo de burlar o fisco e as leis trabalhistas e suprimir direitos sociais, mas não é destes casos que estamos tratando aqui. De início e na maior parte das vezes, a comercialização direta e autônoma de bens e serviços tem como fim a satisfação das necessidades concretas dos seres sociais que os produzem. Nesta condição, eles não são nem personificações do trabalho assalariado e alienado nem personificações do capital. Mas é difícil que assim permaneçam por muito tempo. De um lado, as imensas dificuldades postas pela concorrência capitalista podem a qualquer momento reconduzi-los à condição social de trabalhadores assalariados, produtivos ou improdutivos; de outro, o desenvolvimento autônomo e bem sucedido de suas atividades criativas, de seus saberes práticos, de suas habilidades afetivas, de suas competências técnicas e científicas podem levá-los à criação de suas próprias empresas para vender bens e serviços, desenvolver projetos e prestar consultorias de todos os tipos numa época em que o desenvolvimento das tecnologias da comunicação e da informação tem aberto um vasto campo à produção e comercialização direta de uma variada gama de bens e serviços. Seja como trabalhadores autônomos ou pequenos "empreendedores", as condições sociais de suas atividades são diretamente dominadas pela lógica do mercado e da concorrência capitalista, o que faz com que o sucesso de suas atividades dependa do bom funcionamento da economia e seus interesses de classe coincidam, na maioria das vezes, com os interesses da burguesia. Neste quadro, podemos dizer que o crescimento da "classe de serviços" expressa o crescimento de uma zona híbrida de trânsito, intersecção e circulação entre a condição de trabalhador assalariado, a condição de trabalhador-proprietário e a condição de pequeno burguês. Não podem por isso ser considerados como parte da classe trabalhadora.

A terceira camada das classes de transição é formada pelos "trabalhadores assalariados intelectuais". Diferentemente dos demais setores das classes de transição, eles em geral não estão vinculados às empresas privadas, não participam diretamente do processo de valorização do capital, não estão ligados aos altos escalões da burocracia estatal, não fazem parte da classe de serviços, não são pequenos burgueses, não são proprietários de seus próprios instrumentos de trabalho nem ganham suas vidas na condição social de trabalhadores autônomos prestadores de serviços especializados. Em geral, fazem parte de categorias profissionais regulamentadas, com sua identidade profissional bem definida, grande parte delas atuando na esfera cada vez mais complexa da reprodução social: são professores, médicos, profissionais da saúde, assistentes sociais etc. Gozam de direitos sociais, previdenciários e trabalhistas, em geral são sindicalmente organizados e agem coletivamente como parte de uma corporação profissional capaz de lutar por seus direitos e se organizar para a defesa de seus próprios interesses comuns. Pela natureza de suas funções sociais e das relações que mantém com o capital e com o Estado, estão muitas vezes mais próximos da classe trabalhadora do que das estruturas hierárquicas de comando do capital ou do Estado; não raro se solidarizam com seus sofrimentos, suas lutas e manifestações políticas, intelectuais, artísticas e culturais e fornecem importantes quadros técnicos, científicos, intelectuais e políticos às organizações sindicais e políticas das classes subalternas. Nos países cientificamente mais desenvolvidos, os estratos superiores do proletariado industrial, tecnicamente capacitados para exercerem funções cada vez mais complexas na produção material, rodeados de uma multidão de trabalhadores precarizados e terceirizados, vivem hoje uma condição que em vários sentidos os coloca em posição relativamente similar a setores das classe médias, das classes de transição; ambos estão hoje, de uma forma ou de outra, subalternamente integrados na sociedade burguesa; mesmo que tenham suas contradições com o capital, mesmo que possam eventualmente assumir posições críticas em relação à sua ordem social de dominação, em geral adotam posições essencialmente reformistas, formando historicamente a principal base de apoio dos grandes partidos trabalhistas e socialdemocratas.

Como trabalhadores produtivos ou improdutivos, assalariados ou autônomos, as classes de transição possuem suas contradições com o capital, mas em geral suas funções na divisão social hierárquica do trabalho alienado, seu prestígio social, seus rendimentos e as condições sociais e econômicas de sua existência dependem fundamentalmente da estabilidade e da prosperidade da economia capitalista. Podem estar mais próximos ou mais distantes dos trabalhadores ou da estrutura social de comando do capital, mais próximos ou mais distantes da produção do conteúdo material da riqueza, mais próximos ou mais distantes dos círculos de poder, mas em geral exercem funções sociais que, de uma forma ou de outra, os colocam, na maioria das vezes, relativamente mais próximos dos núcleos de poder das estruturas sociais, econômicas e políticas de comando hierárquico do capital do que do proletariado e do conjunto multiforme da classe trabalhadora contemporânea. O fato concreto de que o cultivo e domínio de saberes, artes, técnicas, competências e habilidades criativas e altamente complexas possa eventualmente conduzi-los à condição social de pequenos burgueses – como no caso dos grandes consultórios de medicina ou psicologia, dos grandes escritórios de advocacia, contabilidade ou arquitetura, dos serviços oferecidos na esfera cada vez mais diversificada do lazer, do entretenimento, da mídia e da cultura, ou dos grupos de cientistas e pesquisadores que recebem financiamentos públicos ou privados para suas pesquisas, patentes e direitos de propriedade por suas descobertas e invenções e que muitas vezes se associam diretamente às empresas para desenvolverem seus projetos, pesquisas e novos produtos – demostra com clareza o caráter híbrido, móvel e transitório de sua condição social. Porque transitam entre a condição de trabalhador assalariado, de trabalhador autônomo ou de pequeno empresário, pertencem às classes de transição e não à classe trabalhadora propriamente dita.

De modo geral, as classes de transição são as que estão sempre mais expostas aos mecanismos da concorrência capitalista, à busca pelas fontes de prestígio, reconhecimento e autoridade, aos *dispositivos* e agenciamentos do discurso meritocrático e à necessidade de desenvolver permanentemente os atributos que definem sua força de trabalho como um "capital humano". E são antes de tudo elas que funcionam como caixas de ressonância social dos modos de vida, dos desejos, dos ideais, das aspirações e das formas da consciência socialmente determinada de fato predominantes na sociedade burguesa. Os liberais gostam de designar as classes de transição como "classes abertas ao talento", como "classes criativas"; segundo este tipo de discurso marcadamente ideológico, sua existência demonstraria por si só a eficácia dos mecanismos de mobilidade social na sociedade capitalista, onde os caminhos da prosperidade estariam abertos a todos dotados de criatividade, perseverança e disciplina para cultivar e desenvolver seus dons, talentos e capacidades criativas de todos os tipos. Independentemente das mistificações, intencionalidades e manipulações que distorcem este tipo de discurso, não é difícil constatar o apelo ideológico que ele exerce sobre a consciência socialmente determinada, particularmente sobre a consciência típica das classes de transição. À medida que são elas que fornecem os quadros técnicos, científicos, intelectuais, burocráticos e políticos do Estado, das empresas, das universidades, das instituições da sociedade civil, do terceiro setor e das organizações sindicais e políticas das classes subalternas, é de se esperar que as formas de sua consciência estejam, de uma forma ou de outra, em relativo acordo com as determinações fundamentais da sociedade burguesa. Em tempos de crise, suas contradições com o capital tendem a se aprofundar, parte das classes de transição pode se aproximar das classes subalternas, mas só caminham com elas até certo ponto, em geral apenas até a queda do governo de plantão; quando a crise se torna uma crise revolucionária, com o protagonismo social do proletariado e das demais classes subalternas, as classes de transição costumam se alinhar em bloco com a burguesia, como atesta recorrentemente a própria história moderna das revoluções e contrarrevoluções.

c) a redução constante do tempo de trabalho socialmente necessário, no marco das relações sociais de produção que constituem o sistema do capital, ao invés de propiciar a diminuição da jornada de trabalho e o aumento do tempo livre socialmente disponível, desencadeia o desemprego estrutural de massas e o crescimento explosivo do que Marx designou como o exército industrial de reserva, população relativamente supérflua cuja força de trabalho é tornada obsoleta, em escala cada vez maior, pelo desenvolvimento intelectual, científico e tecnológico da produção capitalista de mercadorias. Para Marx, a população relativamente supérflua divide-se nas seguintes frações:

1. O exército de reserva *flutuante*, composto pelos trabalhadores ora atraídos, ora repelidos pelas empresas;

2. O exército de reserva *latente*, composto pela juventude e por trabalhadores à espera de uma oportunidade para inserir-se no mercado de trabalho;

3. O exército de reserva *estagnado*, composto por multidões de desempregados, ambulantes, camelôs e indivíduos que vivem de bicos, biscates e toda espécie de ocupações aleatórias e mal pagas, sempre na insegurança da luta cotidiana pelo pão de cada dia;

4. A população *pauperizada* em crescimento, formada pela massa de indigentes, inválidos, doentes, acidentados ou incapacitados para o trabalho. Ao cair nas fileiras do pauperismo, esses trabalhadores não cumprem mais qualquer função relevante relacionada à exploração econômica de classe;

5. O *lumpemproletariado*, formado por toda sorte de vagabundos, criminosos, traficantes, rufiões, prostitutas, mercenários etc. Por meio dessa categoria, Marx explicita a degradação social que submete um número crescente de indivíduos, separando-os de suas classes originárias para transformá-los numa massa socialmente atomizada, extremamente vulnerável a movimentos reacionários de todos os tipos, essencialmente oportunista, onde a burguesia seleciona seus quadros para serviços "sujos", ilegais e clandestinos de todas as espécies. Com o crescimento do desemprego de massas e o processo de crescente mafialização da vida social, vivemos hoje o expressivo crescimento do lumpenproletariado, indissociável do crescimento de uma "lumpenburguesia" cujas atividades ilegais e clandestinas adquirem hoje um peso cada vez maior na composição do capital social total.

Num mundo em que a força de trabalho socialmente disponível torna-se cada vez maior do que a força de trabalho lucrativamente empregada no processo global de produção e valorização do capital e as válvulas de escape da migração de massas se tornam cada vez mais estreitas com a transformação do capital num sistema globalmente expandido e integrado, o crescimento contínuo de uma população supérflua está na base da formação histórica de novos padrões de acumulação de capital, de novos padrões nas relações sociais entre capital e trabalho, de novos padrões de assalariamento e exploração intensiva da força de trabalho socialmente combinada. A partir do crescimento exponencial desta população excedente, formou-se em nossa época uma ampla zona social de trânsito, intersecção e circulação entre o exército ativo e o exército de reserva, que forma hoje a base concreta da formação histórica do que autores das mais diversas orientações teóricas e políticas designam hoje como o "precariado", o maior dentre os segmentos que compõem a classe trabalhadora em nossa época.

A categoria de "precariado" nasceu na sociologia francesa dos anos 1980 para designar a emergência histórica, àquela altura bastante limitada, de camadas cada vez mais amplas de trabalhadores pobres, temporários, terceirizados, desqualificados, com baixos salários, sem os mesmos direitos e garantias que os demais segmentos da classe trabalhadora. Desde então esta categoria histórica vem sendo ampliada, enriquecida e desenvolvida à medida que o precariado cresce e passa a desempenhar um papel determinante na conformação global de padrões cada vez mais regressivos nas relações sociais entre capital e trabalho. Podemos definir o precariado como a fração da classe trabalhadora que abrange hoje, excluídos tanto o lumpemproletariado quanto a população pauperizada, todos os demais setores que compõem o que Marx veio a chamar de "exército industrial de reserva". Este exército de reserva exerce pressão crescente sobre o conjunto da classe trabalhadora num quadro em que a massa dos trabalhadores empregados de forma estável e regular no processo de produção se torna cada vez menor em relação à massa de desempregados e trabalhadores precarizados de todos os tipos. Esta força de trabalho vem sendo amplamente mobilizada pelo capital não só na economia de serviços, como se costuma enfatizar, mas também na indústria, na construção civil, na mineração, na agricultura, no comércio e em todos os demais setores da economia capitalista.

Do ponto de vista do capital, trata-se aqui e agora de formar um regime global de acumulação que elimine todas as mediações, barreiras e regulamentações legais que possam limitar as margens disponíveis para a máxima exploração da força de trabalho. A terceirização, os contratos temporários, o trabalho infantil, o trabalho escravo ou semiescravo, a exploração dos trabalhadores imigrantes legais e ilegais e o uso maciço de estagiários estão entre as práticas mais comuns que vêm sendo largamente utilizadas pelo capital para assegurar a mais ampla "liberdade" em suas relações despóticas com os trabalhadores. Trata-se de burlar as leis sindicais e trabalhistas, inibir a organização sindical, rebaixar os salários, suprimir direitos sociais conquistados e aumentar a margem de lucro do capital. Em verdade, não se trata propriamente do fim da sociedade salarial ou do proletariado; o crescimento exponencial do precariado, indissociável do crescimento de uma população relativamente supérflua e da nova correlação de forças entre as classes após o triunfo mundial da contrarrevolução burguesa, expressa, antes de tudo, uma reorganização regressiva das relações entre capital e trabalho. Considerada sob a ótica da luta de classes, essa reorganização joga hoje um papel crucial na divisão da classe trabalhadora entre regimes distintos de trabalho que convivem não só na sociedade considerada como um todo, mas no interior de suas empresas e unidades produtivas: de um lado, temos uma força de trabalho que goza de ampla segurança no trabalho, na profissão, nos rendimentos e no cultivo de suas capacidades produtivas e criativas, protegida por leis sociais, amparada por direitos trabalhistas e sindicais, cujos salários são mais elevados que o dos demais setores que compõem a classe trabalhadora; de outro, temos uma força de trabalho precarizada, socialmente vulnerável, com salários baixos, oscilando entre o emprego, o subemprego e o desemprego, sem identidade profissional, sem projetos nem horizontes que possam ir além dos empregos instáveis que caracterizam sua inserção na divisão do trabalho, uma força de trabalho relativamente descartável, indiferente ou mesmo hostil ao trabalho, embora não raro possua formação profissional que a qualificaria para empregos mais bem remunerados e estáveis. Para todos os efeitos, a divisão da classe trabalhadora entre regimes sociais distintos de trabalho, articulada com o crescimento da população supérflua, permite que o capital se ache em terreno fértil para estimular a concorrência entre os trabalhadores, desenvolver os mais sofisticados métodos de seleção, competição, hierarquização, divisão e controle manipulatório da força de trabalho, intensificar o ritmo de trabalho, aumentar sua produtividade, estender sua jornada e elevar consideravelmente as margens e padrões de extração de mais-valia tanto relativa como absoluta.

Se aqui não há espaço para expor a diversidade de regimes de trabalho e modos de vida que caracterizam o precariado como força de trabalho "flexibilizada" e ajustada às necessidades mutantes do capital, é preciso ao menos enunciar as quatro espécies distintas de relações de produção que se desenvolvem no seio do precariado:

1. Trabalho produtivo assalariado, proletário ou semiproletário;

2. Trabalho produtivo assalariado não proletário, que não participa do processo de produção do capital por meio da produção material da riqueza, mas se acha diretamente subordinado ao processo de valorização do capital na economia de serviços, que oferta a maior quantidade de postos de trabalho na economia;

3. Trabalho improdutivo assalariado não proletário, não submetido ao processo de valorização do capital, ocupado na prestação de serviços consumidos como valores de uso por quem os contrata (o que inclui as domésticas, motoristas, porteiros, cozinheiras, faxineiras, vigilantes e diaristas de todos os tipos);

4. Trabalho improdutivo não assalariado, composto por ambulantes, camelôs, trabalhadores autônomos, os que vivem de "bicos", biscates e serviços simples de todos os tipos e uma lista de múltiplas ocupações relativamente simples e das mais variadas espécies. Eventualmente, parte importante dos trabalhadores assalariados, da juventude, dos idosos e aposentados e de todos os setores do exército de reserva recorre a ocupações aleatórias dos mais diversos tipos para complementarem sua renda. Esta camada do precariado, mais do que as outras, vive sob um regime de incerteza, mobilidade e precariedade permanentes.

Estas quatro diferentes camadas sociais do moderno precariado formam uma ampla zona de trânsito, intersecção e circulação entre elas. Do ponto de vista da composição social da classe trabalhadora, seus regimes de vida e de trabalho e as condições concretas de sua inserção na divisão do trabalho são bastante distintas das camadas cada vez mais minoritárias da classe trabalhadora que constituem hoje a força de trabalho cada vez mais complexa, especializada e qualificada que compõe os estratos superiores da classe trabalhadora.

Mas isso não é tudo: as diversas frações e camadas sociais de que se compõe hoje a classe trabalhadora no mundo do capital globalizado inserem-se numa divisão social e internacional do trabalho que as distinguem e separam entre si:

a) dentro de um setor de trabalho, de uma empresa, das diversas empresas de um mesmo conglomerado empresarial, de um ramo de produção em particular e dos diversos elos das cadeias produtivas;

b) entre a força de trabalho de regiões e países diferentes e opostos uns aos outros na competição capitalista internacional, com a potencial colisão de seus interesses conflitantes e contraditórios na forma de golpes de Estado, ditaduras militares, intervenções imperialistas e guerras de todos os tipos. E entre a força de trabalho dos países imperialistas, com seus padrões de vida relativamente mais elevados no interior da divisão capitalista global do trabalho, embora cada vez mais pressionada pela concorrência dos baixos salários da força de trabalho dos países mais pobres para onde tem se transferido grande parte da produção no mundo do capital globalizado, em oposição à força de trabalho bem mais explorada dos países que concentram hoje cerca de 80% da população mundial.

c) entre o trabalho assalariado em regime estável e regular, separado e oposto aos interesses objetivamente diferentes, em geral desarticulados sindicalmente, politicamente e ideologicamente, dos não assalariados, dos terceirizados, dos precarizados, dos desempregados.

★

As considerações feitas até aqui demonstram até que ponto as diversas frações, setores e grupos que compõem a classe trabalhadora mundial não participam da mesma forma nem estão inseridos do mesmo modo na divisão socialmente hierárquica do trabalho alienado. Para todos os efeitos, a contradição estrutural entre capital e trabalho se desdobra de múltiplos modos nas diversas frações, setores e grupos que hoje integram a classe trabalhadora. Trabalho intelectual e trabalho proletário, trabalho produtivo e trabalho improdutivo, trabalho assalariado e trabalho autônomo, trabalho regulamentado e trabalho precarizado, exército ativo e exército de reserva representam toda uma série de categorias históricas cujas diferenças não podem ser simplesmente dissolvidas no conceito genérico de classe trabalhadora. Trabalhadores intelectuais de todos os tipos, trabalhadores em regimes de trabalho estáveis, gozando de direitos sociais, trabalhistas e previdenciários, a classe operária, o moderno precariado, os desempregados, os trabalhadores autônomos, os imigrantes, os sem terra, os camponeses, os povos e comunidades tradicionais, as mulheres, os negros, os setores da sociedade organizados nos mais variados movimentos de questão única, cada um deles expressa a seu modo a multiplicidade, diversidade e heterogeneidade das condições de existência dos diversos setores, grupos e frações de que se compõe hoje a classe trabalhadora, dos modos de sua inserção na divisão sexual, social e internacional do trabalho e de suas relações com o sistema global do capital e com os Estados nacionais. Cada um deles têm interesses distintos, práticas, formas de vida, de consciência e de ação distintas, que se traduzem em lutas distintas, em organizações distintas, em programas, concepções e estratégias políticas distintas num mundo em que a maioria da população mundial se acha hoje socialmente desorganizada e politicamente desarmada diante da ofensiva globalizada do capital pela supressão de todas as barreiras e limites à marcha cada vez mais acelerada de sua autorreprodução destrutiva.

É essa fragmentação concreta da classe trabalhadora que a impediu e até hoje continua a impedir que ela de fato se constitua como um sujeito coletivo, como um sujeito político, como um sujeito histórico. Não se trata de que a Era das Revoluções tenha acabado ou que a luta de classes tenha chegado ao fim; mas é inegável que a luta de classes assumiu, na etapa histórica que se abriu com o fechamento da situação revolucionária mundial dos anos 1960-70, o fim do primeiro século da revolução social e o triunfo da contrarrevolução burguesa nos anos 1980-90, um caráter eminentemente defensivo, parcial, pulverizado, em que o horizonte estratégico da revolução se acha ausente e a luta direta pelo poder já não pode ser travada nos estreitos limites da sociedade e do Estado nacional burguês. Os desfechos de todas as situações revolucionárias que se desenvolveram ao longo dos últimos quarenta anos refletem sintomaticamente uma etapa histórica contrarrevolucionária, em que a ausência flagrante de uma alternativa concreta ao sistema global do capital conforma hoje o mais fértil terreno para o acirramento inevitável de todas as contradições, antagonismos e limites estruturais do sistema do capital: entre guerras civis, golpes de Estado, ditaduras militares, conspirações, ocupações e intervenções imperialistas, a formação "consensual" de governos de unidade nacional, os mecanismos e estratégias astuciosas de reação democrática e a constituição de governos de frente popular, nenhuma das crises e situações revolucionárias dos últimos quarenta anos avançou ou se propôs a tarefa estratégica e o desafio histórico de avançar na direção da expropriação da burguesia e da ruptura com os pilares estruturais do sistema do capital.

Referências bibliográficas

ANTUNES, R. *Os sentidos do trabalho*. São Paulo: Boitempo, 2000.

BRAGA, R. *A política do precariado – do populismo à hegemonia lulista*. São Paulo: Boitempo, 2012.

CASTEL, Robert. *As metamorfoses da questão social*. Petrópolis: Vozes, 1998 [*Zero à Esquerda*].

ENGELS, F. *A situação da classe trabalhadora na Inglaterra*. São Paulo: Boitempo, 2007.

LESSA, S. *Trabalho e proletariado* São Paulo: Cortez, 2007.

MARX, K. *O Capital*. Rio de Janeiro: Civilização Brasileira, 2003.

___. *Grundrisse*. São Paulo: Boitempo, 2011.

___. *Para a crítica da economia política – manuscritos de 1861-63 – cadernos I a IV*. Belo Horizonte: Autêntica, 2010.

___. *O 18 brumário de Luís Bonaparte*. São Paulo: Abril, 1979 (Os Pensadores).

MÉSZÁROS, I. *Para além do capital*. São Paulo: Boitempo, 2002.

ROMERO, D. *Marx e a Técnica*. São Paulo: Expressão Popular, 2005.

SANTOS, V. O. *Trabalho imaterial – a teoria do valor em Marx*. São Paulo: Expressão Popular, 2013.

STANDING, G. *O precariado – a nova classe perigosa*. Lisboa: Presença, 2012.

THOMPSON, E.P. *A formação da classe operária inglesa*. São Paulo: Paz e Terra, 1987.

Filosofia e Engajamento: o exemplo de Pierre Bayle

Maria Cecília Pedreira de Almeida[1]

Tratar de filosofia e ação, do pensamento e da prática pode ser algo profundamente desafiador, instigante e inspirador. Mas não deixa de ser ao mesmo tempo uma missão extremamente ingrata, para não dizer quase impossível. A diversidade de registros e o rigor exigido para tratar de cada um deles costuma afastar os mais perfeccionistas, que preferem tratar exclusivamente do domínio do pensamento, tarefa dos filósofos especialmente devotados à metafísica, ou somente da dimensão prática, o que é em geral deixado a cargo dos versados em ciência política ou sociologia. Além disso, sob algumas perspectivas é lícito afirmar que filosofia e engajamento sejam termos antitéticos, o que dificultaria ainda mais o empreendimento de se meditar sobre a articulação entre eles.

Sob uma certa óptica, a filosofia é tida como um exercício de pensamento, uma busca pelo saber e ao mesmo tempo uma entrega desinteressada. Portanto, ao se tratar de filosofia, o engajamento, a participação, a dedicação a algo ou a alguma coisa, com o fito de promover algum tipo de transformação material, política ou social seria algo incompatível com sua natureza, ou, no mínimo, estaria fora de seu

1 Maria Cecília Pedreira de Almeida é professora de Ética e Filosofia Política da Universidade de Brasília.

escopo. A filosofia é um campo sempre aberto, e isso a distanciaria do campo da ação, movido por um *telos* ou uma finalidade.

Esta dicotomia entre filosofia e ação certamente inquietou diversos pensadores, e é claro, é um dos *leitmotiven* da filosofia marxista. Mas esta divisão vem de muito antes. Hannah Arendt mostra isso em seu tratamento já clássico da distinção entre *vita contemplativa* e *vita activa*. Esta divisão marca os destinos de um ramo da filosofia, justamente a "filosofia prática", e também a filosofia política. Com efeito, a cisão entre vida ativa e vida contemplativa se dá em um dos episódios mais emblemáticos da história da filosofia, o julgamento de Sócrates, no qual se explicita de maneira dramática o conflito entre o filósofo e a *polis*.[2]

Como Arendt expõe na *Condição humana*, até a Idade Média, a vida contemplativa gozava de relativa superioridade em relação à vida ativa. A *vida ativa* é a vida em que a maioria dos homens está engajada e a de que nenhum homem pode escapar completamente. No seu significado original, é a vida dedicada aos negócios públicos, ou seja, a vida dedicada à política. Por outro lado, a *vita contemplativa* é a vida da contemplação, compreendida no sentido do ócio, do tempo livre em que não se está assoberbado pelos afazeres comezinhos, mesquinhos, medíocres e ainda assim necessários na nossa vida de todos os dias. O modo contemplativo possui uma independência completa das necessidades da vida, e portanto, é o modo de vida livre por excelência[3] , é a vida dedicada à filosofia. Desse modo, sobretudo na Idade Média, há uma separação radical entre os dois estilos de vida, vida ativa e contemplativa, o que cinde também os domínios da política e os da filosofia.

Arendt lembra que é próprio da condição humana que a contemplação permaneça dependente de todos os tipos de atividade –

2 Cf. Arendt, A *condição humana*, p. 14.

3 Cf. Arendt, A *condição humana*, p. 16.

ela depende do trabalho para produzir tudo o que é necessário para manter vivo o organismo humano, depende da fabricação para criar tudo o que é preciso para abrigar o corpo humano, mas necessita também da ação para organizar a vida em comum dos muitos seres humanos de tal modo que a paz, a condição para a quietude da contemplação, esteja assegurada.

No entanto, ainda de acordo com Arendt, a *vita activa* sempre foi descrita por aqueles que seguiam eles próprios o modo contemplativo da vida. Por isso, a vida ativa sempre foi definida do ponto de vista da contemplação; comparados com a absoluta quietude da contemplação, todos os tipos de atividade humana pareciam ser semelhantes, na medida em que se caracterizavam pela *in-quietude*, por algo negativo; pela *a-skholia* ou pelo *nec-otium*, a negação do ócio, ou a ausência das condições que tornam possível a contemplação. Daí o caráter algo negativo que se apodera da dimensão da política e daqueles que a fazem.

Filosofia e engajamento se distanciam em muitas maneiras. Se o engajamento tem um propósito, uma causa, um fim último a ser alcançado, a filosofia tem por notória a sua inutilidade, pregada por alguns. Isso porque a filosofia não compartilha a fácil aceitação de crenças, a imediatez e rapidez com que se produzem resultados. Ela é, ao contrário, questionadora, cautelosa, vagarosa. Isso se contrapõe à urgência e busca de utilidade que é a marca dos homens de ação.

Daí a grande distância entre a vida ativa e a vida contemplativa. Segundo Arendt, esta divisão persiste até o início da Era Moderna e pode explicar porque em geral os homens de pensamento e os de ação tendem a se dissociar ao longo da história.[4]

Nesse sentido, a intenção aqui é destacar alguns apontamentos e reflexões entre filosofia e engajamento. Será possível perceber que de certo modo eles se aproximam e de muitas maneiras também

4 Cf. Arendt, *A condição humana*, p. 21.

se distanciam. O interesse é examinar como este imbricamento se deu em um acontecimento histórico determinado e do qual de certo modo todos nós somos mais ou menos devedores: a república das letras no século XVII, da qual Pierre Bayle foi um de seus personagens mais emblemáticos.

O acontecimento conhecido como *República das Letras* ocorreu ao longo dos séculos XVII e XVIII e que de algum modo urdiu uma aproximação entre contemplação e ação. A expressão República das Letras – proveniente do latim *Respublica litteraria* – é empregada largamente a partir do século XVI, para designar a comunidade de eruditos europeus que se corresponde ativamente, ultrapassando as barreiras confessionais, lingüísticas e nacionais. Coube a Bayle a popularização desta expressão,[5] ao fundar, dirigir e escrever, praticamente sozinho, as *Nouvelles de la République des Lettres (NRL)*, periódico que traz as novidades editadas nos mais variados campos do saber, especialmente na literatura, na ciência e na teologia. O *Nouvelles* é um dos primeiros jornais literários em língua francesa editado na Holanda e que conhece um grande sucesso.[6] A primeira edição data de março de 1684 e há uma circulação regular até 1687. Neste ano, Bayle é acometido de uma doença, segundo alguns historiadores em função de sua dedicação intensa ao periódico, o que provoca o seu afastamento.[7] O trabalho no jornal é continuado por

5 Cf. Laplanche, François. *L'écriture, le sacré et l'histoire*. Érudits et politiques protestants devant la Bible en France au XVIIe siècle. Amsterdam & Maarsen, 1986, p. 26.

6 Cf. Labrousse, E. Les coulisses du journal de Bayle, In : *Notes sur Bayle*. Paris: Vrin, 1987. p. 25 .

7 E. Labrousse sublinha a enorme atividade epistolar de Bayle até 1687, com diversos correspondentes na Europa, que o mantinham bem informado sobre os acontecimentos. O excesso de trabalho causou ao autor problemas de saúde que o forçaram a abandonar a empreitada. Cf. Labrousse, E. Les coulisses du journal de Bayle. In : *Notes sur Bay-*

Henri Basnage de Beauval, Daniel de Larroque, Jean Barrin e sobretudo Jean Le Clerc, até 1689.

O jornal de Bayle traz informações e exerce a crítica sobre os assuntos do momento, para uma comunidade especial, os letrados. A República das Letras exerce um papel emblemático quando se pensa no enclave entre filosofia e engajamento, uma vez que além de discutir temas religiosos, filosóficos e científicos, ele pretende também formar o público para o qual se dirige.. Além disso, a República das Letras, segundo Bayle, « o reino da liberdade e da verdade », e mesmo da fraternidade, configura de alguma forma a realização virtual de uma sociedade ideal crítica e tolerante. No entanto, tal comunidade contrasta fortemente com as características das repúblicas ou corpos políticos reais. É claro que se conhecia a separação entre o domínio fictício, onde a liberdade de pensamento impera, e os Estados reais, sujeitos à coerção e à limitação da liberdade. No entanto, essa comunidade de letrados guarda sua relevância justamente pelo modo como encara esta cisão : há de alguma forma a perspectiva de que não há um abismo incomensurável entre a realidade e a utopia. Embora nem sempre isso se dê sem algumas tintas de pessimismo, é possível afirmar que esta ficção é impulsionada e utilizada habilmente por Bayle e outros autores na defesa de certos ideais ainda distantes no século XVII como será o caso da noção de tolerância religiosa.

A expressão *respublica litteraria* aparece pela primeira vez em 1417, segundo Marc Fumaroli, em uma carta latina do humanista veneziano Francesco Barbaro endereçada a Poggio Bracciolini, para felicitá-lo pelas descobertas de manuscritos que este teria anunciado, especialmente a recuperação da *Institutio Oratoria* de

---

le, p. 31 e também Bots, H. Le réfugié Pierre Bayle dans sa recherche d'une nouvelle patrie : la République des Lettres. In : Mackenna, A. e Paganini, G (eds.). *Pierre Bayle dans la République des Lettres*, p. 26.

Quintiliano. Barbaro louva a ideia de uma comunidade de homens cultos que transcenderia as fronteiras e as gerações e que teriam para sempre uma dívida de reconhecimento para com Bracciolini. Algumas gerações depois, o nome *Respublica litteraria* seria adotado para denominar a rede de eruditos que assumiria como ideal o cultivo das letras (que inclui também as ciências) por meio de laços de colaboração e solidariedade.[8]

Fumaroli lembra que a expressão inédita é uma variação da fórmula muito mais antiga de *Respublica christiana*. É essa herança, que remonta à Cidade de Deus de Santo Agostinho, que explica o caráter "moral" desta sociedade. A Cidade de Deus representa a ideia de uma associação de seres racionais unidos por amor a certos bens de ordem divina. Na República das Letras a esta ideia da graça e de amor junta-se a noção de lei e de interesses comuns. O propósito da associação não será mais o alcance do que é divino, mas o saber e a erudição. O adjetivo *litteraria* remete ao secular e ao racional e supõe, ao mesmo tempo, a *eruditio*[9] dos cidadãos desta república, e a natureza do bem comum que os une em um mesmo amor. A *Respublica litteraria* se deriva indiretamente da *Respublica christiana*, mas não é contraposta a ela; ao contrário, faz ecoar a sua ideia

8 Cf. Fumaroli, Marc. La République des Lettres. *Diogène*, 143 (1988), p. 137-138.

9 Fumaroli esclarece o sentido desses termos. O adjetivo *litteraria* tem dois registros de sentidos, um pagão e antigo e outro cristão e medieval. A *littera* para os gramáticos antigos, é a notação escrita do menor segmento da voz articulada (*elementum*). O letrado é antes de tudo alguém que sabe ler e que está em condições de fazer discursos que são ditados, pois escrever é serviço dos escravos especializados. Ser iniciado às letras, é, pois, sair da fileira dos *rudes*, é *erudire*, erudir, instruir, podendo elevar-se à *humanitas*, caso em que o homem entra em contato com a verdadeira humanidade, quando se refina, quando é cultivado e virtuoso, e eventualmente à *urbanitas*, à civilidade. Cf. Fumaroli, Marc. La République des Lettres. *Diogène*, 143 (1988), p. 140.

fundamental, porém de modo essencialmente temporal e voltado à esfera literária. [10]

O movimento iluminista do século XVIII é em grande medida devedor da República das Letras. Com ela nasceu a cultura de múltiplos círculos que se comunicavam, discutiam e verificavam informações. Os termos douto ou culto, (em francês, *savant)* não se aplica apenas aos homens da ciência mas àqueles que cultivam o conjunto do saber ou de qualquer disciplina, especialmente as ciências físicas e naturais, a história, a teologia, o direito, ou seja, o conjunto das artes liberais, nas quais se incluem as humanidades e a filosofia. Os cidadãos desta sociedade se designam frequentemente pelos termos "culto", "douto", "erudito", ou "pessoa de letras". Diferentemente da acepção contemporânea, o erudito é apenas um homem de saber, e não necessariamente aquele que estuda textos ou fontes históricas. No entanto, trata-se de um saber especial, que remete às formas mais elevadas do conhecimento. É importante notar que no século XVII não há ainda saberes individualizados, e o conhecimento tem um caráter abrangente: a filosofia, a literatura, a teologia e a ciência são todos ramos de uma mesma árvore: as "ciências" fazem parte da física, que é um componente da filosofia, que é ela mesma um expoente das belas-letras.[11] As "letras" não se opõem à concepção de "ciência" e são essas ideias diversas que determinam o objetivo da república, que tem por princípio um caráter universalista.

Há um esforço imenso na direção do conhecimento: trata-se de controlar estritamente as informações (como por exemplo, a autenticidade de um documento ou o valor de uma edição dos antigos) e de ordenar esse grande volume de dados de todos os gêneros. Este esforço

10 Cf. Fumaroli, Marc. La République des Lettres. *Diogène*, 143 (1988), p. 138.

11 Cf. Laplanche, François. *L'écriture, le sacré et l'histoire*. Amsterdam & maarsen, 1986. p. 26.

levará, no fim do século e no século seguinte, à redação dos dicionários e das enciclopédias, que difundirão um saber já minimamente classificado. No entanto, foi preciso primeiro constituir essa gama de saberes, e aí se destaca a caça pela informação "curiosa", algo muito valorizado. Este empreendimento coletivo que mobilizou a maior parte dos *savants* europeus mostra-se tanto mais notável num tempo em que as comunicações, sobretudo cartas, são raras, caras, difíceis, expostas a acidentes (como as intempéries e as epidemias), e às perdas ocasionadas pelas pilhagens ou pela simples negligência dos portadores.[12]

Outra herança marcante da República das letras, e que denota claramente o seu caráter « engajado », é a disseminação do francês. Embora a língua corrente entre os eruditos fosse o latim, passa a haver pouco a pouco a difusão do francês acadêmico, que culminará no século XVIII como o "latim dos modernos".[13] Grande parte dos doutos refugiados na Holanda era de origem francesa, e Bayle desempenha um papel importante na difusão desta língua: grande parte de sua correspondência é escrita em francês, juntamente com suas obras e o periódico que editou.

A *Respublica litteraria* congrega uma multiplicidade de significações a partir de seu próprio nome. Ela designa ao mesmo tempo o conjunto de homens doutos, a comunidade de sábios, mas também um modo de pensar comum, uma "consciência" que se desenvolveu ao longo do século XVII e que unia os eruditos para além das fronteiras nacionais. Além disso, ela pode ser entendida no sentido especializado de academia e ainda como um coletivo que nomeia as pessoas que se interessam pelas letras.[14] Há uma duplicidade também na figura do "homem de letras": uma duplicidade moral, pois

12 Cf. Laplanche, François. *L'écriture, le sacré et l'histoire*, p. 27.

13 Fumaroli, Marc. La République des Lettres. *Diogène*, 143 (1988), p. 144.

14 Cf. Bots, Hans e Waquet, Françoise. *La République des Lettres*. Paris, Belin, 1997, p. 14.

cada membro é uma individualidade profissional, social, nacional, religiosa e ao mesmo tempo pertence a um "senado" invisível e homogêneo, no qual há uma grande liberdade de pensamento e de comportamento.[15]

Nessa sociedade ideal, ainda que haja requisitos aristocráticos para a seleção de seus membros, as relações são pautadas pelo critério da igualdade, como convém a uma república. Assim, pouco importa a nacionalidade ou a confissão religiosa de um associado, o que interessa é a sua relação com o saber. Bayle enfatiza este ponto, no prefácio de sua publicação, as *Nouvelles de la République des Lettres:*

> Não se trata aqui de Religião, trata-se de ciência. Deve-se combater todos os termos que dividem os homens em diferentes facções e considerar somente o ponto que os reúne, que é a qualidade de homem ilustre da República das Letras. Neste sentido, todos os eruditos devem se olhar como irmãos, ou de tão boa linhagem uns quanto os outros. Eles devem dizer
>
> *Somos todos iguais,*
> *Somos todos parentes,*
> *como filhos de Apolo.*[16]

15 Nesse contexto, os libertinos, no sentido intelectual, são também figuras desta república. Sérgio Paulo Rouanet ensina que o termo *libertino* no século XVII designava simplesmente o livre pensador, alguém emancipado de preconceitos religiosos. No século XVIII, o libertino poderia até ser uma pessoa moral, mas era definitivamente um incrédulo em relação à religião. Cf. *O desejo libertino entre o iluminismo e o contra-iluminismo*. In: Novaes, Adauto (Org.). *O desejo*. São Paulo: Companhia das Letras, 1990. p. 167.

16 "Il ne s'agit point ici de Religion; Il s'agit de Science: on doit donc mettre bas tous les termes qui divisent les hommes en différentes factions, & considérer seulement le point dans lequel Il se réunissent, qui est la qualité d'Homme illustre dans la République des Lettres. En ce

Enquanto membros da República das letras, os homens devem deixar de lado tudo o que não diga respeito à ciência. O que importa é a produção do conhecimento, os livros que são publicados, as reflexões que podem ser partilhadas, as descobertas propriamente científicas. Assim, nada menos importante do que a religião e mesmo a extração social dos *savants*[17]. Para que esta sociedade seja harmoniosa, todos devem ser tratados igualmente, como irmãos, e o que os destaca é unicamente a sua produção intelectual. Há, portanto, um princípio democrático que rege esta sociedade, que se pauta pela igualdade de condições e ainda pela liberdade, como Bayle lembra no verbete "Catius" do *Dicionário*:

> Esta república é um estado extremamente livre. Ela só reconhece o império da verdade e da razão, e, sob seus auspícios, faz-se a guerra inocentemente a quem quer que seja.[18]

A república das letras é guiada por uma autoridade diversa da dominante nas repúblicas reais. Na primeira, só a verdade e a razão são legisladoras e sob sua égide pode-se discutir livremente. É claro que o contraponto aqui são as violentas guerras de religião, altamente culpáveis nesse sentido. O combate intelectual tem critérios – ar-

---

sens-là tous les Sçavans se doivent regarder comme frères, ou comme daussi bonne maison les uns que les autres. Ils doivent dire, *nous sommes tous égaux, nous sommes tout parens comme enfans d'Apollon*". Bayle, *NRL*, prefácio. *OD* I[2], p. 2b.

17 É preciso notar que a República das Letras era essencialmente masculina. No entanto as mulheres publicaram, entre 1475 e 1700 cerca de 600 livros, 0,5 por cento do total. Embora os homens fossem maioria, havia uma atitude mais favorável em relação às mulheres nesta sociedade de eruditos. Cf. Bots, Hans e Waquet, Françoise. *La République des Lettres*, p. 96.

18 Bayle, *DHC*, "Catius", D.

gumentos, experiências, documentos irrefutáveis[19] –, diferentes dos utilizados nas guerras que envolvem as confissões de fé. Nestas, seria preciso tratar a fundo quem tem ou não razão, e como não há autoridade reconhecida por unanimidade "este debate é de grande fôlego, como se sabe, e não se vê jamais o seu fim"[20]. A guerra travada em nome da religião leva em última instância à ruína do próprio cristianismo, pois não há critérios para julgar quem tem razão e nem um juiz imparcial. Bayle destaca o ridículo desta situação quando afirma que tudo se reduz a um "belo princípio" em que não se saberia se as censuras caberiam ao lado vitorioso ou ao vencido: "eu tenho a verdade do meu lado, portanto minhas violências são boas obras. O outro erra, portanto suas violências são criminosas"[21]. A falta de critério para julgar as controvérsias leva ao uso da força, e quando esta é o último recurso, a violência instauraria uma guerra contínua e sangrenta:

> Ver-se-ia uma guerra contínua seja nas ruas das cidades, seja no campo, seja entre as nações de sentimento diferente, e o cristianismo seria apenas um inferno perpétuo para aqueles que amam a paz e para aqueles que se encontrassem sob o partido fraco.[22]

Contrariamente aos conflitos religiosos, em que não é possível atingir uma conclusão racional sobre quem tem razão, os conflitos intelectuais podem ser demonstrados, provados, ou ao menos examinados com argumentos coerentes e recorrem a uma autoridade reconhecida universalmente, a razão, que se impõe naturalmente a todos

---

19 Gros, J-M. La place de la République des Lettres dans l oeuvre de Bayle: de la correspondance au *Dictionnaire*. In: Delpla, Isabelle e Robert, Philipe de (Eds). *La raison corrosive*, p. 38.

20 Bayle, *CP*, I, X, p. 173.

21 Bayle, *CP*, I, X, p. 174.

22 Bayle, *CP*, I, X, p. 173.

os homens. Por isso a guerra praticada em seu nome é inocente. O combate de ideias pode ser perpetrado sem culpa, pois segue as leis da consciência, e esta, de acordo com as máximas de Bayle, quando de boa-fé é sempre inocente. Com o intuito de estabelecer a verdade, os membros dessa sociedade podem gozar de ampla liberdade:

> Cada um aí é conjuntamente soberano e jurisdicionado. As leis da sociedade não prejudicaram a independência do estado de natureza com relação ao erro e à ignorância: todos os particulares têm a este respeito o direito da espada e podem exercê-lo sem pedir permissão àqueles que governam.[23]

Há aqui a nítida distinção entre duas esferas: o Estado político e a República das Letras. No entanto, diferentemente do Estado civil nesta última não há poder central. Trata-se de um estado natural, onde cada membro é ao mesmo tempo soberano e súdito. Há jurisdição recíproca entre os participantes, pois todos têm o direito de indicar os erros a quem procura a verdade. Bayle usa a noção de estado de natureza para mostrar que mesmo no estado civil o erro e a ignorância devem ser combatidos, por todos, sem interferência do poder político. A única autoridade aí é a racionalidade. Suas regras são claras e conhecidas por todos, por isso a igualdade é atingida. É a mesma razão que confere os limites da liberdade, que é bastante ampla. Não se trata todavia de licenciosidade, e por isso o autor se preocupa em traçar os limites entre a "guerra inocente" travada entre membros justamente interessados no estabelecimento de uma verdade ou de um fato, e o abuso da liberdade, que é identificado na publicação de certos libelos difamatórios.

> É bem fácil conhecer porque o poder soberano teve que deixar a cada um o direito de escrever contra os autores que

23 Bayle, *DHC*, "Catius", D.

> se enganam, mas não o de publicar sátiras. É que as sátiras tendem a despojar um homem de sua honra, o que é uma espécie de homicídio civil, e por conseqüência, uma pena que só deve ser infligida pelo soberano. No entanto, a crítica de um livro apenas tende a mostrar que um autor não tem um determinado grau de esclarecimento. Ora, ao tornar conhecidos do público os erros que estão em um livro não se usurpa nada do que depende da majestade do Estado, pois o autor pode gozar de todos os direitos e de todos os privilégios da sociedade sem que sua reputação de homem honesto e de bom súdito da república receba a menor ofensa.[24]

A República das Letras comparativamente a uma república real se rege portanto por regras diferentes, seus combates utilizam diferentes armas e o tribunal que julga as controvérsias se rege por diferentes critérios. Bayle contrapõe de algum modo essa república ideal à política real, e mostra uma perspectiva de oposição irredutível entre elas. Pois, embora nos dois domínios o problema seja a solução de conflitos, a guerra "erudita" é feita em nome do interesse da verdade e das luzes, o que não se pode afirmar sobre as guerras reais. Feitas frequentemente em nome da religião e do poder, estas últimas não suportam a crítica, como afirma no artigo "Chrysippe": "a religião não suporta o espírito acadêmico: ela quer que se negue ou que se afirme".[25] No mundo dos conflitos intelectuais os debates são produtivos porque envolvem o consentimento do entendimento que pode levar à conciliação entre os litigantes sobre a melhor solução, no qual todos aprovam as normas e vias empregadas. Nos combates intelectuais não está em causa o indivíduo, ou o que pode levar à sua salvação, ou a sua dignidade moral, nem mesmo a sua integridade psíquica. A autoridade é a da prova, os critérios são racionais e o

24 Bayle, *DHC*, "Catius", D.

25 Bayle, DHC, "Chrysippe", G.

modo de solução de disputas é democrático: somente mediante esta sua via é que poderá se estabelecer uma verdade, que pode ser compartilhada por muitos, ou por todos, gerando o fim do conflito, algo que as guerras de religião sempre falharam em conquistar.

Parece indiscutível que Bayle confere contornos bastante modernos à república de letrados: os objetivos, o modo de sociabilidade, a democracia interna direta[26] que animam esta sociedade divergem em grande medida da maioria das sociedades existentes na época. A modernidade deste autor se reflete ainda no seu grande empreendimento, o lançamento de *Nouvelles de la République des Lettres*. Bayle conhece as dificuldades de obtenção da "cidadania" da República das Letras, condicionada a requisitos bastante rígidos, e percebe a necessidade de difundir um conhecimento que se restringe a um pequeno número de autores, que contrasta com uma classe numerosa de cidadãos "passivos", "puros consumidores" de livros, e que desejavam, senão ilustrar-se, ao menos conhecer as notícias literárias para guiar as escolhas de suas leituras. Este é o entendimento de alguns comentadores, dentre eles Elisabeth Labrousse:

> Os jornais – o de Bayle como o de Sallo – procuraram satisfazer aos deserdados e o sucesso que esta espécie de periódico encontrou mostra como era real e premente a necessidade que eles tentavam suprir.[27]

É difícil afirmar categoricamente que Bayle tenha a intenção de democratizar o acesso à República das Letras desde o início de seu trabalho. Todavia, também é difícil declarar o contrário, uma vez que

26 Cf. Gros, J-M. "La place de la République des Lettres dans l'uvre de Bayle: de la correspondance au *Dictionnaire*". In : Delpla. I. (Org). *La raison corrosive*, p. 35

27 Labrousse, E. Les coulisses du journal de Bayle. In : *Notes sur Bayle*, p. 31.

Bayle é ele mesmo um membro excluído e que teve dificuldades para fazer parte da sociedade de eruditos. Mas além desta explicação de ordem psicológica e por isso mesmo limitada, é preciso notar o gosto do autor pela disseminação do conhecimento, visto como um bem precioso e que deve ser multiplicado tanto quanto possível. O livre exame é algo desejável e que se impõe como um princípio universal:

> [É um] princípio que concerne universalmente a todos os homens, que é preciso aproveitar todas as ocasiões para ampliar nossos conhecimentos, pelo exame das razões que se podem propor contra nós ou pela opinião dos outros.[28]

O princípio do livre-exame é afirmado diretamente em várias passagens ao longo da obra bayliana, ao apresentar a importância do conhecimento, tendo por critério a luz natural ou ao rejeitar a ignorância e a superstição. Este princípio também é afirmado indiretamente pelo grande espaço que Bayle dedica à crítica ao longo de sua obra. A crítica é um método eficaz de propagação do conhecimento de uma obra, seja ele interno, isto é, pelo exame das razões e posterior estabelecimento de uma conclusão a respeito dela, ou externo, pois permite que vários – iniciados ou não – tenham acesso a esta ou aquela opinião, por meio dos escritos.

Uma visão eminentemente negativa do douto das Academias[29], combinada com a perspectiva positiva com relação às luzes da razão e da crítica leva a crer que a tese de Labrousse, segundo a qual Bayle teria percebido a necessidade de uma "democratização" da república das letras, não seja destituída de sentido. O alargamento das fronteiras desta sociedade, em direção a uma vasta classe de cida-

---

28 Bayle, *CP*, I, V, p. 121.

29 Vale conferir ainda o artigo no *DHC*, Accarisi (François) , A, no qual Bayle critica os professores doutores que nunca se fixam nos seus postos de origem.

dãos "curiosos" é congruente com o propósito da obra de Bayle, que é instruir, ensinar, mas também divertir. Trata-se de uma abordagem diferente do conhecimento, da relação com o outro e com a verdade, pois propõe a extensão de um diálogo erudito fora da universidade, fora do privilégio exclusivo dos especialistas, e ao alcance dos homens (e mulheres) excluídos até então do acesso ao saber, como laicos, artesãos ou comerciantes.[30]

Nesta "aristocracia republicana" na qual nem todos tinham direito à cidadania plena, a originalidade da posição de Bayle é justamente levar esse conhecimento de uma elite de produtores para um grande número de leigos, que fará o papel de "consumidores". [31] Como membro desta República Bayle é um dos poucos – senão o único – que tem a iniciativa de fundar um jornal não exclusivamente para o público *savant* mas para os curiosos, os diletantes. O prefácio das *Nouvelles de la République des Lettres* ilumina este ponto. Nele, Bayle justifica a sua empreitada afirmando a necessidade da elaboração de um jornal que informasse ao público sobre "o que se passa de curioso na República das Letras".[32] Já há na Holanda algumas publicações especializadas no ramo da física ou da química, e o *Mercure Savant*, que trata mais de religião e de política. Na França há o *Journal des Sçavants*, que versa sobre as publicações literárias e científicas. Este último é um dos modelos de Bayle, juntamente com os *Acta Eruditorum* de Leipzig e ainda os *Philosophical Transactions* de Londres.[33] No entanto, falta ainda na Holanda uma publicação imbuída do espírito generalista especialmente onde os editores po-

30 Cf. Fumaroli, Marc. La République des Lettres. *Diogène*, 143 (1988), p. 135.

31 Cf. Bots, Hans e Waquet, Françoise. *La République des Lettres*, p. 92.

32 Bayle, *NRL*, *OD* I, p. 1a.

33 Cf. Bost, Hubert. *Pierre Bayle historien, critique et moraliste*, p. 44

dem desfrutar de uma "liberdade de grande extensão", um privilégio raro, e que poderia ser divulgada em todos os lugares da Europa.

Assim como no *Dicionário* são os erros de Moréri que impulsionam Bayle à monumental empreitada de redigir um outro dicionário, com o fim de corrigir as falhas daquele, também nas *Nouvelles* Bayle aduz como uma de suas justificativas o conhecimento do *Mercure Sçavant*, e a constatação de que "nele faltavam muitas coisas".[34] O intuito é compartilhar as novidades, mas não cair nos erros das *Gazettes*, que se dedicavam aos acontecimentos da ordem do dia, mas que nem sempre narravam os fatos com fidelidade.

Talvez por isso Bayle tenha se voltado para o mundo dos livros. Nesse domínio, a honestidade da crítica sempre pode ser auferida. Como foi dito, diferentemente dos outros jornais, que tinham como público-alvo eruditos, o periódico de Bayle se endereça explicitamente a um outro tipo de leitores: "iniciei a compilação dessas *Nouvelles* somente para contribuir tanto quanto me fosse possível para a instrução e satisfação dos curiosos".[35] Ainda no prefácio das *Nouvelles* Bayle desculpa-se com o seu público e pede compreensão para com o seu primeiro número: "esperamos que os curiosos não negligenciem que o início desta obra não terá toda a força que seria necessária. Pedimos-lhes que desculpem esta falha".[36] Logo em seguida dirige-se para o público erudito, produtor direta ou indiretamente dos artigos. Durante os anos em que esteve na direção do jornal, na maior parte dos casos os artigos saíram da pena de Bayle, mas algumas vezes este reproduz como seu o texto de colaboradores que desejavam permanecer no anonimato, e frequentemente a escolha

34 Bayle, *NRL*, *OD* I, p. 1b.

35 Bayle, *NRL*, *OD* I, p. 101a. Vale a pena notar que Descartes também se refere aos *curiosos que não são doutos* para designar o público do *Discurso do método*. Cf. Bots, Hans e Waquet, Françoise. *La République des Lettres*, p. 13.

36 Bayle, *NRL*, *OD* I, p. 2a.

dos artigos é sugerida por correspondentes[37]: "esperamos também que as pessoas que têm a instrução em seus corações, e a satisfação pública das pessoas de letras, não nos recusem seu auxílio e as memórias de que temos necessidade para aperfeiçoar esta obra".[38] Essas evocações ao público produtor e leitor, (que muitas vezes se confundem) sugerem a pretensão do jornal de estabelecer uma conexão com este público, de envolvê-lo "na aventura das *Nouvelles*".[39]

O aperfeiçoamento da instrução pública passa pela crítica imparcial. Os artigos tratarão majoritariamente de livros, sendo grande a variedade de autores e assuntos. Apesar de ser essencialmente interdisciplinar, destacam-se nas *NRL* os temas consagrados às questões religiosas, à história, à filosofia, à literatura e às ciências. Dentre estes tópicos sem dúvida os artigos atinentes à matéria religiosa são maioria, perfazendo cerca de 47% do total de resenhas, segundo Hubert Bost.[40]

O saber não deve ser interdito aos "profanos", isto é, aos incultos ou aos curiosos. Em vários artigos de seu *Dicionário* Bayle descreve os deveres de um cidadão ideal da República das Letras e qual deve ser a conduta de um membro desta sociedade para com os outros. Este deve valorizar a transmissão do saber, pois um bom cidadão deve sempre se preocupar em transmitir seu saber a outros letrados. É nesse sentido que ele tece um elogio a Antésignan, "um dos maiores gramáticos do século XVI", ao dizer que este preferia dedicar-se a ensinar a juventude do que possuir a glória pela explicação das grandes dificuldades. Para Bayle, essas palavras, além de mostrar seu bom coração,

37 Cf. Labrousse, E. Les coulisses du journal de Bayle. In : *Notes sur Bayle*, p. 25.

38 Bayle, *NRL*, *OD* I, p. 2a.

39 Bost, Hubert. *Pierre Bayle, historien, critique et moraliste*, p. 44.

40 Cf. Bost, Hubert. Pierre Bayle journaliste. In : *Pierre Bayle dans la République des Lettres*, p. 85.

> Podem ser uma lição de moral aos espíritos soberbos que só pensam em merecer o aplauso de seus semelhantes, e que não dirigem suas pesquisas em proveito daqueles que tem mais necessidade de ser ensinados. [41]

Como em uma sociedade política, a República das Letras também tem princípios norteadores. A pluralidade dos pontos de vista é essencial a esta sociedade sem Estado que tem regras claras de funcionamento, como a prova factual, a demonstração e a razão crítica. A associação filosófica dos eruditos tal como idealizada por Bayle mostra que é possível a concretização das finalidades últimas da sociedade política: a ordem pública e a liberdade intelectual. Como afirma Fumaroli, a República das Letras é similar às "cidades utópicas da Renascença, de Thomas More à Campanella, em vista de um 'bem comum' teórico, mas também prático".[42]

Qual seria este bem comum prático? No caso de Bayle, como sempre guiado por um certo pragmatismo, ao empreender uma luta a favor do esclarecimento, contra a desinformação e ainda procurando alcançar um número cada vez maior de leitores, ele contribui também para criar as condições de surgimento de uma opinião pública capaz de exercer a crítica.[43] A República das Letras permite a criação de um espaço público que debate e questiona o poder eclesiástico e o poder político, por meio das discussões democráticas entre os seus cidadãos que partilham valores comuns como o bom senso, a boa-fé e a tolerância.[44]

Em conclusão, na tentativa de compreender a relação entre filosofia e engajamento, pareceu que seria oportuno lembrar esta in-

---

41 Bayle, *DHC*, *Antégsinam*, B.

42 Fumaroli, Marc. La République des Lettres. *Diogène*, 143 (1988), p. 141.

43 Cf. Bost, Hubert. *Pierre Bayle historien, critique et moraliste*, p. 200.

44 Cf. McKenna, A. *L ironie de Bayle et son statut dans l'écriture philosophique*, p. 5.

crível aventura vivida pelos homens da contemplação. A República das Letras foi um acontecimento fundamental, nesse sentido, pois, a partir da busca pelo saber desinteressado, constituiu-se pouco a pouco uma *milícia letrada (militia literarum*[45]*)*, cujos membros, por meio da arte da escrita proporão teses, criticarão dogmas, defenderão liberdades, atacarão privilégios. De certo modo, a República das Letras propiciou o surgimento uma comunidade eloquente e militante, da qual Voltaire será um dos representantes máximos.

Por fim, nesta república metafórica se desenha com efeito uma primeira materialização do sonho de harmonia e fraternidade tão buscadas pela humanidade. De fato, apesar de intensos debates, ocorreu uma aproximação de espíritos moderados e abertos que encontram ao menos alguma solidariedade e interesse comum na prática das belas-letras. [46]

Se no mundo real há pouco espaço para o debate aberto e menos ainda para a participação política, no mundo ideal da República das Letras o que se dá é radicalmente diferente. Como os integrantes participam de certo modo de uma democracia, todos podem agir, todos podem atuar e debater. E a atuação se dá precisamente por meio da escrita, atualizando o adágio latino *scribere est agere*.

O que acontece na república das letras é a união do útil e do honesto: é tornar a arte de escrever algo intimamente relacionado à arte de agir. É cultivar o ócio, mas ainda assim intervir, pela escrita, de modo direto ou indireto na arena política. Parece que já se examinou este exemplo tempo suficiente para aprendê-lo. Talvez valesse a pena imitá-lo.

---

45 Fumaroli, Marc. *La République des Lettres*. Diogène, 143 (1988), p. 149.

46 Cf. Labrousse, *Notes sur Bayle*. Paris : Vrin, 1987. p. 45.

Referências bibliográficas

ARENDT, H. *A condição humana*. São Paulo: Forense Universitária, 2008.

BAYLE, Pierre. *Dictionnaire historique et critique*. [Reprod. em fac-símile]. 5 ed. Amsterdam, Leyde, La Haye, Utrecht: [s.n.], 1740. (Disponível em: <http://www.lib.uchicago.edu/efts/ARTFL/projects/dicos/BAYLE/>.)

______. *Dictionnaire historique et critique*. Paris: Desoer Libraire, 1820.

_______. *Diccionario Histórico y Crítico*. Tradução Fernando Bahr. Buenos Aires: Facultad de Filosofia y Letras Universidad de Buenos Aires, 2003.

______. *Œuvres diverses*. 4 vol. in-fol. La Haye : Compagnie des librairies, 1737.

______. *De la tolérance: Commentaire philosophique sur ces paroles de Jésus-Christ «Contrains-les d'entrer»*. préf. et commentaires de Jean-Michel Gros. Paris, Presses pocket, 1992. (Agora, Les classiques, 113).

BOST, Hubert. Bayle et l'historiographie des guerres de religion. In : Berchtold, J. e Fragonard, Marie-Madeleine. *La mémoire des guerres de religion*. La concurrence des genres historiques – XVIe-XVIIIe siècles. Genève : Droz, 2007, pp. 307-323.

BOTS, Hans e Waquet, Françoise. *La République des Lettres*. Belin : De Boeck, 1997.

_________. Mckenna, A. (eds.) *Les "Éclaircissements" de Pierre Bayle*. Paris : Honoré Champion, 2010.

DELPLA, Isabelle e Robert, Philipe de (Eds). *La raison corrosive*. Études sur la pensée critique de Pierre Bayle. Paris, Honoré Champion, 2003.

FUMAROLI, Marc. La République des Lettres. *Diogène*, 143 (1988).

LABROUSSE, Elisabeth. Note à propos de la conception de la tolérance au XVIIIe siécle . In: *Notes sur Bayle*. Paris : Vrin, 1987.

__________. Obscurantisme et Lumières chez Pierre Bayle. In: *Notes sur Bayle.* Paris : Vrin, 1987.

__________. *Pierre Bayle. Hétérodoxie et Rigorisme.* Paris: Albin Michel, 1996.

LAPLANCHE, François. *L'écriture, le sacré et l'histoire.* Érudits et politiques protestants devant la Bible en France au XVIIe siècle. Amsterdam & Maarsen, 1986,

MACKENNA, Antony. *L'ironie de Bayle et son statut dans l'écriture philosophique.* (Disponível em <www.lett.unipmn.it/~mori/bayle/rtf/McK_ironie.rtf>. Acesso em 07.12.2011).

RIBEIRO, Renato Janine. "Filosofia, Ação e Filosofia Política". *Rev. bras. Ci. Soc.*, vol. 13 n. 36 São Paulo Feb. 1998. [Disponível em http://dx.doi.org/10.1590/S0102-69091998000100010]

ROUANET, S. P. "O desejo libertino entre o iluminismo e o contra-iluminismo". In: Novaes, Adauto (Org.). *O desejo.* São Paulo: Companhia das Letras, 1990.

Alameda nas redes sociais:
Site: www.alamedaeditorial.com.br
Facebook.com/alamedaeditorial/
Twitter.com/editoraalameda
Instagram.com/editora_alameda/

Esta obra foi impressa em São Paulo na primavera de 2019. No texto foi utilizada a fonte Minion Pro em corpo 10,25 e entrelinha de 15 pontos.

ALFABETIZAÇÃO:
LEITURA DO MUNDO, LEITURA DA PALAVRA

Tradução: Lólio Lourenço de Oliveira

6ª edição

PAZ & TERRA

Título original: *Literacy: reading the word and the world*

Editora Paz e Terra Ltda.
Rua Argentina, 171 – Rio de Janeiro, RJ – 20921-380 – Tel.: 2585-2000
www.pazeterra.com.br

Texto revisto pelo novo Acordo Ortográfico da Língua Portuguesa.

CIP-BRASIL. CATALOGAÇÃO NA FONTE
SINDICATO NACIONAL DOS EDITORES DE LIVROS, RJ

Freire, Paulo, 1921-1997
Alfabetização : leitura do mundo, leitura da palavra / Paulo Freire, Donaldo Macedo ; tradução Lólio Lourenço de Oliveira. 6ª ed. – Rio de Janeiro: Paz e Terra, 2013.

1. Alfabetização 2. Autodeterminação 3. Política e educação
I. Macedo, Donaldo II. Título.

Bibliografia
ISBN 978-85-7753-159-2

CDD-370.115

Índices para catálogo sistemático:
1. Alfabetização e política educacional 379
2. Educação e democracia 370.115

Sumário

Preâmbulo

A crise do analfabetismo tem sido, comumente, considerada um fenômeno adstrito aos países do Terceiro Mundo. Cada vez mais, porém, o analfabetismo ameaça a continuidade do desenvolvimento de países altamente industrializados. Um livro muito famoso de Jonathan Kozol, *Illiterate America* (1985), oferece uma análise sucinta da crise do analfabetismo nos Estados Unidos, onde mais de sessenta milhões de norte-americanos são analfabetos, ou funcionalmente analfabetos. As implicações desse nível tão alto de analfabetismo são de largo alcance e, no entanto, amplamente ignoradas. O analfabetismo não só ameaça a ordem econômica de uma sociedade, como também constitui profunda injustiça. Essa injustiça tem graves consequências, como a incapacidade dos analfabetos de tomarem decisões por si mesmos, ou de participarem do processo político. Desse modo, o analfabetismo ameaça o caráter mesmo da democracia. Solapa os princípios democráticos de uma sociedade.

A crise mundial do analfabetismo, se não combatida, exacerbará ainda mais a debilidade das instituições democráticas e as injustas relações assimétricas de poder que caracterizam a natureza contraditória das democracias contemporâneas. A contradição inerente à utilização hoje feita do termo "democracia" foi captada de maneira expressiva por Noam Chomsky (*On Power and Ideology* [1987]), em sua análise da sociedade dos Estados Unidos.

"Democracia", na retórica dos Estados Unidos, diz respeito a um sistema de governo em que elementos da elite, instalados na comunidade empresarial, controlam o Estado, graças a sua predominância na sociedade privada, enquanto a população observa silenciosamente. Assim entendida, a democracia é um sistema de decisão de elite e de ratificação pública, como se dá nos Estados Unidos. Em consequência disso, o envolvimento popular na formação das políticas públicas é considerado uma grave ameaça. Isso não constitui um passo em direção à democracia; antes representa uma "crise da democracia" que deve ser superada.

A fim de superar, pelo menos parcialmente, essa "crise da democracia", deve-se instituir uma campanha de alfabetização crítica. Deve ser uma campanha de alfabetização que transcenda o atual debate a respeito da crise da alfabetização — o qual tende a retomar velhos pressupostos e valores relativos ao significado e à utilidade da alfabetização —, ou seja, a ideia de que a alfabetização é simplesmente um processo mecânico que enfatiza excessivamente a aquisição técnica das habilidades de leitura e de escrita.

Em *Alfabetização: leitura do mundo, leitura da palavra*, acenamos com uma visão da alfabetização como uma forma de política cultural. Em nossa análise, a alfabetização torna-se um construto significativo na medida em que é encarada como um conjunto de práticas que funciona para *empower*,[1] ou para *disempower*, as pessoas. Em seu sentido

---

[1] O verbo *to empower* tem um significado muito rico: 1. dar poder a; 2. ativar a potencialidade criativa; 3. desenvolver a potencialidade criativa do sujeito; 4.

mais amplo, a alfabetização é analisada conforme funcione para reproduzir a formação social existente, ou como um conjunto de práticas culturais que promove a mudança democrática e emancipadora. Neste livro, valemo-nos de um conceito de alfabetização que transcende seu conteúdo etimológico. Isto é, a alfabetização não pode ser reduzida ao mero lidar com letras e palavras, como uma esfera puramente mecânica. Precisamos ir além dessa compreensão rígida da alfabetização e começar a encará-la como a relação entre os educandos e o mundo, mediada pela prática transformadora desse mundo, que tem lugar precisamente no ambiente em que se movem os educandos.

Alfabetização: leitura do mundo, leitura da palavra compõe-se de três partes: 1. capítulos que oferecem uma reconstrução teórica da alfabetização, como se discute nos diálogos; 2. capítulos que oferecem análises históricas concretas de campanhas de alfabetização em países como o Cabo Verde, São Tomé e Príncipe e a Guiné-Bissau; 3. capítulos animados por uma linguagem e um projeto do possível, que criticam os antigos modos de ver a alfabetização, ao mesmo tempo que traçam novos caminhos que apontam para alternativas novas.

Consideramos extremamente importante que os leitores comecem este livro lendo a Introdução de Henry Giroux. Giroux situa *Alfabetização: leitura do mundo, leitura da palavra* em um contexto que fornece uma base para desenvolver uma pedagogia crítica relativamente às implicações teóricas e práticas globais do livro.

---

dinamizar a potencialidade do sujeito. Por isso, preferimos manter essa palavra no original, bem como suas derivadas *empowerment* (subst.), *empowering* (ger.), *disempower* (antôn.) etc.

Desejamos expressar nossos sinceros agradecimentos a Henry Giroux por seus percucientes comentários e contribuições no correr da preparação do manuscrito. Agradecemos a nossos colegas e amigos do Departamento de Inglês da Universidade de Massachusetts, em Boston, por seu decidido apoio, desde que este livro foi concebido, particularmente a Neal Bruss, Vivian Zamel, Ron Schreiber, Polly Ulichny, Eleanor Kutz, Candace Mitchell, Elsa Auerbach e Ann Berthoff. Queremos também expressar gratidão a Jack Kimball e a Julie Brines por sua inestimável ajuda na copidescagem do texto. Agradecemos a Dale Koike pela enorme ajuda na tradução de partes deste livro. Nossos agradecimentos a Barbara Graceffa, que ajudou pacientemente com a datilografia e a preparação dos originais. Finalmente, agradecemos a nossas famílias pelo permanente e firme apoio a nossos esforços para contribuir no desenvolvimento de um projeto do possível.

Paulo Freire
Pontifícia Universidade Católica
São Paulo, Brasil

Donaldo Macedo
Universidade de Massachusetts
Boston, Estados Unidos

Prefácio[2]

Em *Ação cultural para a liberdade*, diz-nos Paulo Freire que, ao procurar "apreender a subjetividade e a objetividade em sua dialeticidade" — ou seja, compreender a promessa e as limitações do que chama de "conscientização" —, procurando centrar seus esforços, ele se tornou "um andarilho do óbvio, tornando-se o andarilho da desmitificação da conscientização". E continua: "Nesta andarilhagem, venho apreendendo também quão importante se faz tomar o óbvio como objeto de nossa reflexão crítica."

Paulo Freire nos ensina a olhar — e a olhar novamente — para nossa teoria e prática e para o método que podemos extrair da dialética da relação entre elas. No campo da teoria da alfabetização, nada é mais importante do que olhar e olhar novamente para o papel de uma percepção do perceber, de pensar sobre o pensamento, de interpretar nossas interpretações. Essas circularidades deixam atordoados os positivistas; faz com que aqueles que Freire chama

[2] Incluí, nestes comentários, observações extraídas da apresentação que fiz de Paulo Freire na Biblioteca Kennedy, de Boston, em 1985, e incorporei algumas passagens tiradas de um relatório sobre a visita de Paulo Freire à Universidade de Massachusetts, em Boston, em 1984, preparado por solicitação de James H. Broderick e por ele publicado para distribuição na Faculdade de Artes e Ciências. Essa visita de Freire foi patrocinada pelo Scholarship in Teaching, programa dirigido pelo professor Broderick e financiado pela Fundação Ford. Para a preparação deste prefácio, consultei meus amigos e colegas Elsa Auerbach, Lil Brannon, Neal Bruss, Louise Dunlap e Dixie Goswami.

de "mecanicistas" fiquem muito aflitos com a pedagogia do oprimido. Uma das coisas que mais aprecio em Paulo Freire é que ele é inquieto, mas não aflito. São assim os andarilhos: amam o próprio ócio e, como Sócrates, o primeiro dessa estirpe, deleitam-se com o diálogo especulativo e crítico em cenários bucólicos — mas também estão constantemente em movimento.

Paulo Freire está uma vez mais em movimento, e essa atividade, como se esperaria de um mestre da dialética, implica olhar novamente para suas formulações mais antigas. Neste livro, que se segue imediatamente a *Ação cultural para a liberdade*, uma vez mais nos é oferecida uma série de reflexões e de reconsiderações: três delas sob a forma de longos diálogos com Donaldo Macedo, juntamente com uma carta (1977) extraordinariamente interessante a Mário Cabral, Ministro da Educação da Guiné-Bissau. Em comentário sobre o contexto cultural de todo discurso, Freire assinala, no capítulo 3: "Considero que a pedagogia será tanto mais crítica e radical, quanto mais ela for investigativa e menos certa de 'certezas'. Quanto mais 'inquieta' for uma pedagogia, mais crítica ela se tornará." É evidente que ele não tem intenção alguma de permitir que sua própria pedagogia se assente sobre a "certeza". Aos leitores que conhecem de muito a teoria e a prática de Freire, pode parecer que esse tipo de revisão nada teria a oferecer, mas certamente não é o que acontece. Somos convidados a nos tornar andarilhos do óbvio, e o proveito é muito grande.

É instrutivo, pois, começar de novo com Paulo Freire, porque seu começo sempre foi interessante e nunca banal; sempre complexo, embora não complicado. A complexidade está ali porque ali está a dialética. Nada sobre a sociedade, a língua, a cultura ou a alma humana é simples: onde quer que haja seres humanos, há atividade; e os atos humanos são processos e os processos são dialéticos. Nada simplesmente *se desenrola*, quer na natureza, quer na história; a obstinação das ambiências e estruturas de toda espécie é necessária ao crescimento e ao desenvolvimento, à mudança e à transformação. Isso é uma coisa óbvia, e temos que fazer uma grande caminhada antes que possamos pretender compreender.

É justo que se diga que a influência de Paulo Freire teve alcance mundial e que o êxito no enfrentamento do problema do analfabetismo, seja no Terceiro Mundo ou nas cidades do interior do mundo ocidental, pode muito bem depender de em que medida os responsáveis por programas de alfabetização venham a compreender o significado da pedagogia do oprimido de Paulo Freire. Se a educação deve atuar de outra maneira que não como instrumento de opressão, ela deve ser concebida como uma "pedagogia do saber".[3] A educação para a liberdade não é simplesmente uma questão de estimular o ensino que tenha um certo sabor político; não é um meio de transmitir ideias tidas como verdadeiras, por "melhores" que elas sejam; não se trata de *doar* o conhecimento do professor aos não instruídos ou

---

[3] Certa vez, fui censurado por um companheiro, admirador de Paulo Freire, por falar numa "pedagogia do saber" em vez de "pedagogia do oprimido" de Freire. São ambas uma só e mesma coisa: a pedagogia do oprimido, para não se basear em modelos bancário ou de nutrição, deve ser "uma pedagogia do saber", expressão empregada por Freire em seu importante ensaio sobre conscientização. Cf. *Ação cultural para a liberdade e outros escritos*. Rio de Janeiro: Paz e Terra, 1976 [13ª edição, São Paulo: Paz e Terra, 2011].

de informá-los sobre o fato da opressão que sofrem. O ensino e a aprendizagem são dialógicos por natureza, e a ação dialógica depende da percepção de cada um como cognoscente, atitude essa que Freire chama de conscientização. Essa "consciência crítica" é enformada por uma visão de linguagem filosoficamente bem fundada e animada por aquele respeito não emotivo pelos seres humanos que apenas uma sólida filosofia da mente pode assegurar.

Em minha opinião, não há muito que se possa fazer com as ideias de Paulo Freire a menos que se atenda a duas condições: que estudemos rigorosamente sua filosofia da linguagem e da aprendizagem, uma vez que ela, fundamentalmente, não condiz com as opiniões que têm sido disseminadas e institucionalizadas (durante quarenta anos, pelo menos) por educadores, pesquisadores e, também, por burocratas; e que reinventemos os formatos de nossas conferências e periódicos e, naturalmente, de nossas salas de aula. Voltarei a este último ponto, mas, por enquanto, particularmente em proveito daqueles para quem isto seja uma introdução à obra de Freire, vou fazer um esboço de sua filosofia da linguagem e do conceito de aprendizagem a que ela dá sustentação.

A linguagem fornece a Paulo Freire metáforas geradoras. Sua visão do homem como o animal da linguagem (*animal symbolicum*) está em consonância com as concepções de Whitehead, Peirce, Cassirer, Langer e outros de quem se possa extrair uma filosofia da libertação. Freire o expressa deste modo: "O ato de aprender a ler e escrever deve começar a partir de uma compreensão muito abrangente do ato de ler o mundo, coisa que os seres humanos fazem antes de ler a palavra. Até mesmo historicamente, os seres humanos primeiro mudaram o mundo, depois revelaram o mundo e, a seguir, escreveram as palavras. Esses são momentos da história. Os seres humanos não começaram por nomear A! F! N! Começaram por libertar a mão e apossar-se do mundo."

Isso ele disse na Universidade de Massachusetts, em Boston. No capítulo 3 deste livro, expressa-o deste modo: "Ler a palavra e aprender como escrever a palavra, de modo que alguém possa lê-la depois, são precedidos do aprender como escrever o mundo, isto é, ter a experiência de mudar o mundo e de estar em contato com o mundo." Freire certamente saberia o que Emerson queria dizer quando falava de "a mão da mente".

Às vezes estamos tão acostumados a pensar na linguagem como um "meio de comunicação" que pode ser surpreendente descobrir, ou ser levado a lembrar, que a linguagem é o *meio* de construir aqueles *significados* que comunicamos. A pedagogia de Freire funda-se numa compreensão filosófica desse poder gerador da linguagem. Quando falamos, o poder discursivo da linguagem — sua tendência para a sintaxe — traz o pensamento junto com ela. Não pensamos nossos pensamentos e, depois, os pomos em palavras; dizemos e significamos simultaneamente. A elocução e o significado são simultâneos e correlatos. (Freire, como Vygotsky, põe de parte a questão da prioridade da linguagem ou do pensamento como a questão do ovo e da galinha.)

Ao demonstrar, nos Círculos de Cultura, o papel do diálogo na construção do significado, Freire também indica um modo de pôr de parte o debate estéril a respeito do caráter "natural" da linguagem. A aptidão para a linguagem é inata, mas só se pode concretizar em uma situação social. Camponeses e professor estão empenhados numa ação dialógica, num intercâmbio ativo do qual os significados emergem e *são vistos emergir*, para a pedagogia de Paulo Freire é essencial que os educandos sejam capacitados pelo conhecimento de que são educandos. Essa ideia não condiz com a sabedoria tradicional da prática educativa atual que enfatiza que onde quer que o *saber como* seja de importância crucial, o *saber que* é uma perda de tempo. O modelo tradicional para a aprendizagem de uma segunda língua, bem como para a "aquisição" de "habilidades para ler e escrever", é a atividade motora. Juntamente com os modelos desenvolvimentistas de crescimento cognitivo, essa visão da aprendizagem legitima a ideia do ensino como "intervenção" e da teoria como uma imposição autoritária.

A conscientização de Freire vira de cabeça para baixo essas ideias. Ele nos ajuda a compreender o pleno significado do nome de nossa espécie, *Homo sapiens sapiens*: o homem é o animal que sabe que sabe. Freire afirma enfaticamente em *Pedagogia do oprimido* que nossa espécie vive não só no momento presente, mas na história. A linguagem nos dá o poder de recordar significados, e desse modo podemos não só interpretar — uma aptidão animal — como interpretar nossas interpretações. *Saber que* garante que há uma dimensão crítica da consciência e nos desloca do comportamento instintivo, não mediado, do tipo estímulo-resposta, dos outros animais, para a construção de significados para a atividade mediada, para a construção da cultura. Para Freire, teoria é o correlato pedagógico de consciência crítica; não é inculcada, mas sim desenvolvida e formulada como uma atividade essencial de toda aprendizagem.

A linguagem assegura também o poder da conjuntura: por podermos nomear o mundo e, assim, tê-lo dentro da mente, podemos refletir sobre seu significado e imaginar um mundo mudado. A linguagem é o meio para atingir uma consciência crítica, a qual, por sua vez, é o meio de imaginar uma mudança e de fazer opções para realizar transformações ulteriores. Assim, nomear o mundo transforma a realidade, de "coisas" no momento presente, em atividades como reação a situações e processos; em *tornar-se*. O ensino da linguagem no contexto de "habilidades de sobrevivência" está mais à frente do que o treino com livro de exercícios, porém não completa a libertação. A libertação só vem quando as pessoas cultivam sua linguagem e, com ela, o poder de conjetura, a imaginação de um mundo diferente a que se deve dar forma.

No cerne da pedagogia do saber de Paulo Freire encontra-se a ideia de que nomear o mundo torna-se um modelo para transformar o mundo. A educação não substitui a ação política, mas lhe é indispensável devido ao papel que desempenha no desenvolvimento da consciência crítica. Isso, por sua vez, depende do poder transformador da linguagem. Ao nomear o mundo, pede-se às pessoas dos Círculos de Cultura de Freire que façam um levantamento de suas roças e aldeias e que coletem os nomes de ferramentas, lugares e atividades que sejam de importância fundamental em suas vidas. Essas "palavras geradoras" são, a seguir, organizadas em "fichas de descoberta", uma espécie de quadro de vogais, um gerador de léxico feito por cada qual. Algumas das palavras que ele produz são sem sentido; outras são reconhecíveis. O ponto essencial é que o som e a letra (forma) se emparelham entre si apresentando significado ou a possibilidade de significado. O significado está ali desde o começo, o que certamente não se dá com os dois métodos concorrentes para ensinar a ler preferidos pelos educadores norte-americanos — o fonético e o global. O *codifica* e a *codificação* — correspondentes a *o-que-se-diz* e a *o-que-se-quer-dizer* — são aprendidos correlata e simultaneamente. *Decodificar* — aprender a relação entre letras e sons — caminha lado a lado com a *decodificação*, ou interpretação. Assim, o significado está presente desde o início à medida que os educandos "problematizam o existencial". Em desenhos de um caçador primitivo, ou de uma cozinha pobre, ou em reação a uma vasilha de água, ou outras codificações, eles nomeiam o que veem e o de que se lembram, identificando e interpretando o significado do que veem.

Paulo Freire afirma que procurar eliminar a crença supersticiosa simplesmente ridicularizando o pensamento mágico não só é impossível como contraproducente. O pensamento pré-crítico é, ainda assim, pensamento; não deve ser simplesmente rejeitado, mas pode e deve ser transformado. A tarefa fundamental do "processo de alfabetização de adultos como ação cultural para a liberdade" é prover os meios para essa transformação. O camponês — ou qualquer educando que sofra a opressão da superstição, seja ela de ideologia religiosa ou de ideologia da Guerra Fria, de liberalismo doutrinário ou de qualquer das múltiplas formas de pensamento totalitário — só pode libertar-se mediante o desenvolvimento de uma consciência crítica.

Freire rejeita o conceito bancário de educação (o professor faz depósitos que rendem juros e correção monetária). A nutrição é outra metáfora: "Coma isto. Faz bem a você!" Freire cita a saudação zombeteira de Sartre — *O! philosophie alimentaire!* Em vez da educação como doação — doar aos alunos ideias valiosas que queremos partilhar —, deve haver um diálogo, um intercâmbio dialético, no qual as ideias tomam forma e mudam à medida que os educandos do Círculo de Cultura pensam sobre o próprio pensamento e interpretam as próprias interpretações. A dicotomia entre "o afetivo" e "o cognitivo", tão importante na teoria educacional norte-americana, não tem papel algum na pedagogia de Freire. Ele vê o pensamento e o sentimento, juntamente com a ação, como aspectos de tudo quanto fazemos ao entender o sentido do mundo.

Uma das coisas notáveis a respeito de Paulo Freire é que ele torna acessíveis essas ideias sobre o poder gerador da linguagem e sobre o papel da consciência crítica — e elas não ficam nem lugares-comuns nem simplórias. Ele é um mestre do aforismo e daquilo que Kenneth Burke chama de "relato representativo", uma história que sugere algo para além dela mesma, como uma metáfora. Ele previne contra a utilização de *slogans*, mas motes e máximas são algo mais — e Freire é um admirável construtor de frases.

Não se deve pensar que ler Freire seja um exercício de reconhecimento de ideias já aceitas. Mesmo quando está expondo ideias convencionais, a significação se aprimora à medida que ele desenvolve contextos e extrai implicações. Paulo Freire não é somente um admirável teórico; é um dos grandes professores deste século.

Neste livro, aparecem novamente os princípios da consciência crítica e da pedagogia do saber: são redescobertos, reexaminados, reavaliados, reinventados. *Recognição* e *reinvenção*, ambos de importância fundamental na teoria e na prática, ressoam por todas as páginas deste livro. A recognição impõe uma consciência crítica ativa por meio da qual se apreendem as analogias e disanalogias e todos os demais atos da mente são executados, aqueles atos de nomear e de definir, por meio dos quais construímos o significado. Na verdade, faz sentido dizer que a cognição é dependente da recognição, porque nunca *vemos*, simplesmente: vemos *como*, *em termos de*, *com respeito a*, *à luz de*. Todas essas expressões assinalam os propósitos e os embaraços que constituem as fronteiras do "discurso" no uso corrente.[4] O conceito de recognição é um conceito *com* o qual e a respeito do qual

---

[4] Coloquei *discurso* entre aspas, não por julgar que seja irreal ou superficial, mas como um modo de assinalar o caráter problemático do termo. Em trabalhos literários, *discurso* é algo não específico; além disso, um *discurso* poético é "não discursivo", no sentido de que suas abstrações assumem forma diferente das encontradas na argumentação ou em outros tipos de exposição. Em sociolinguística, *discurso* é geralmente definido em termos de sua relação com o trabalho ("produção"). Em psicolinguística, é o objeto de análise estilística, com pretensões a uma significação mais ampla.

O uso descuidado dos termos contribui para institucionalizar um pseudoconceito, no sentido de Vygotsky. É especialmente perigoso, na medida em que pode parecer legitimar as vagas concepções de "relatividade linguística" de B. L. Whorf. O que é fundamental não esquecer é que *discurso* não é sinônimo de *linguagem*, e que ele é construído e moldado pela cultura, como não o é a estrutura formal da linguagem. Estendi-me a respeito desse tema em "Sapir e as duas tarefas da linguagem", a sair brevemente em *Semiotica*.

devemos pensar. Um dos relatos representativos de Paulo Freire ilustra de que modo:

> [...] visitamos um Círculo de Cultura de uma pequena comunidade pesqueira chamada Monte Mário. Eles tinham como uma das palavras geradoras o termo *bonito*, nome de um peixe, e, como codificação, um expressivo desenho do pequeno povoado, com sua vegetação, casas típicas, barcos pesqueiros no mar e um pescador segurando um bonito. Os aprendizes olhavam para essa codificação em silêncio. De repente, quatro deles se levantaram, como se tivessem combinado antes, e se dirigiam para a parede em que estava pendurada a codificação. Olharam atentamente para a codificação bem de perto. Depois, foram para a janela e olharam para fora. Entreolharam-se como se estivessem surpresos e, olhando novamente para a codificação, disseram: "Isto é Monte Mário, Monte Mário é como isto, e nós não sabíamos."

Eis aí uma representação do ato fundamental da mente — a *recognição*. O comentário de Freire sobre esse relato representativo é que a codificação permitiu que os participantes do Círculo de Cultura "conseguissem alguma distância em relação ao próximo mundo e começaram a reconhecê-lo". Essa interpretação do significado da história prepara-nos para reconhecer, ademais, que ela representa a dialética essencial de toda investigação científica; mostra-nos como a concepção modela a formação de conceitos; como olhar e olhar novamente é a própria forma e configuração da exploração criativa e do pensamento crítico; como a observação é o ponto de partida indispensável para a pedagogia do saber.

Na verdade, essa história é uma parábola dos caminhos do olho da mente, da imaginação: enquanto a imaginação não for proclamada um direito nato do homem, não será concebível qualquer libertação. A história é, assim, uma parábola da pedagogia do saber.

Recognição, por parte do professor, implica o reconhecimento daquilo que o educando sabe e respeito por esse conhecimento; requer também avaliação. Freire tem muito claro que ser "não julgativo" é uma virtude retórica e não uma opção lógica. Devemos respeitar a pluralidade de vozes, a variedade de discursos e, naturalmente, linguagens diferentes: devemos ter tato, mas uma atitude neutra é impossível. Freire assinala que, por definição, toda atividade humana é intencional e tem, por isso, uma direção. Um professor que não se empenhe em permitir que essa direção seja apreendida e que não entre em ação dialógica para examiná-la estará recusando-se à "tarefa pedagógica, política e epistemológica de assumir o papel de sujeito dessa prática diretiva". Os professores que dizem "Respeito os alunos e não sou diretivo; e como são indivíduos que merecem respeito, devem determinar sua própria direção" acabam por ajudar a estrutura de poder.

Esse ponto é muito importante quando chega à reinvenção, a qual, juntamente com a recognição, é o tema principal deste livro. Avaliação, direção, recognição e articulação de propósitos não constituem intervenções, nem são, por si mesmas, autoritárias. A principal reinvenção que os professores radicais devem vez por outra se propor é precisamente diferenciar autoridade de autoritarismo e saber como encontrar isso em todos os "discursos", em todas as construções de significado. *Respeito* é o correlato de recognição, e a expressão disso por Paulo é sempre animadora e nunca repetitiva ou sentimental. "A reinvenção", diz ele, no capítulo 7, "exige, do sujeito que reinventa, uma abordagem crítica da prática e da experiência a ser reinventada". *Crítica*, para Freire, significa sempre interpretar a própria interpretação, repensar os contextos, desenvolver múltiplas definições e tolerar ambiguidades, de modo que se possa aprender a partir da tentativa de resolvê-las. E significa a mais cuidadosa atenção ao nomear o mundo. Todo "discurso" tem embutida em si, em certo grau, a história de seus propósitos, mas Freire nos lembra seguidamente, também, de seu caráter heurístico (gerador): nós podemos perguntar "E se...?" e "Como seria se...?". Representando, assim, o poder de conjetura, a linguagem oferece o modelo de transformação social. Quando Freire escreve, no capítulo 3, que "a reinvenção da sociedade [...] exige a reinvenção do poder", o que quer dizer, creio, é que a reinvenção é o trabalho da mente ativa; é um ato de conhecimento pelo qual reinventamos nosso "discurso". Freire nunca se deixa levar por sonhos utópicos. Seus sonhos são construídos por uma imaginação crítica e inventiva, exercida — praticada — no diálogo, na nomeação e renomeação do mundo, o que orienta sua reconstrução.

Um modo de manter-se alerta para a significação das distinções sobre que insiste Paulo Freire é pensar sobre elas em trios. Em *Ação cultural para a liberdade*, ele justapõe a Igreja tradicional e a Igreja liberal, modernizante, a "outra linha da Igreja [...] tão velha quanto o cristianismo mesmo —

a profética". Essa tríade — *tradicional/liberal modernizante/profética* — pode servir como paradigma das dispostas dialeticamente neste livro: *autoritarismo/domesticação/mobilização*; atitudes que são *ingênuas/astutas/críticas*; e pedagogias que são *burguesas autoritárias positivistas*/laissez-faire/*radicalmente democráticas*. Mais estimulante é outra tríade com um termo médio duplo: as atitudes pedagógicas caracterizadas por *neutralidade/manipulação ou espontaneidade/práxis política*. Metade das controvérsias que campeiam na educação podia ter um fim, se se pudesse desenvolver uma consciência crítica da significação daquele "ou".

Cada um dos capítulos deste livro contribui para nossa compreensão de o que se vincula às opções que fazemos entre essas tríades. Os que já conhecem a obra de Freire provavelmente considerarão o capítulo 5 de maior interesse, pois ali ele discute a crítica a seu trabalho em Guiné-Bissau, especialmente a acusação de que foi "populista". "Refletirei sobre reflexões passadas", escreve Freire, e prossegue com uma análise penetrante de o que se pode exigir de um processo de alfabetização emancipadora numa sociedade com múltiplos discursos e duas línguas concorrentes. Capítulo que todos os leitores julgarão imediatamente esclarecedor, bem como inteiramente encantador, é o primeiro, "A importância do ato de ler". Há mais sabedoria nessas poucas páginas sobre "a leitura do mundo, a leitura da palavra" do que na avalanche de chamadas pesquisas de psicolinguistas e de agentes de instrução programada, para não falar nos teóricos retóricos, que ainda não podem se resolver a falar de *significar*, *conhecer* e *dizer*, embora se refiram cuidadosamente a "espaço de conteúdo" e "espaço retórico"! Os pesquisadores positivistas que se dedicam a estudar a alfabetização com conceitos "mecanicistas" de linguagem concluíram que ler a palavra e escrever a palavra não têm qualquer efeito sobre a capacidade cognitiva. Minha opinião pessoal é que eles são insuperavelmente ignorantes; mas para os que acharam irresistíveis essas pesquisas, dedicar uma tarde ao estudo da concepção de Freire de *escrever* como uma forma de *transformar o mundo* seria certamente salutar e poderia ser profilático.

Três dos capítulos estão na forma de diálogo, e suponho que, para alguns leitores, serão de difícil leitura. Creio que os acadêmicos norte-americanos — particularmente em ciências sociais — consideram o discurso falado (conversa!) uma forma estranha. Paulo e Donaldo escutam um ao outro. Cada um dá retorno ao outro, dizendo (e realmente querendo dizer) "Ouço o que você está dizendo e parece-me ser...". E eles prosseguem, monotonamente talvez, para um leitor impaciente, não porém para quem possa imaginar o cenário bucólico adequado, ou o café, onde se poderia escutar essa troca de ideias que vai e vem desordenadamente, mas intensamente dialógica. Tais leitores terão a sensação de que podem intrometer-se, discordar ou interromper com observações à margem. Podem tornar-se parceiros virtuais do diálogo, refletindo sobre suas próprias reflexões.

Minha experiência pessoal ao ouvir casualmente conversas em Cambridge, Massachusetts, e em universidades por todo o país, é que os acadêmicos norte-americanos sempre dizem "Como eu estava dizendo..."; isto, decodificado, significa: "Você me interrompeu!" Diálogos não dialéticos desse tipo reproduzem-se em nossos congressos e reuniões acadêmicas, onde nos deixamos esmagar pela arquitetura, controlar pela estrutura das salas de reunião e pelo programa estabelecido pelo grupo organizador. (Dois mil pratos sendo empilhados do outro lado de um tabique tornam o encontro entre duas pessoas que tentam nomear o mundo uma operação muito difícil.) Se a administração do hotel não permite que se desloquem as cadeiras para formar um círculo ou se pretendem cobrar trinta e cinco dólares por cada microfone extra, por que não ameaçamos realizar nossa convenção do lado de fora? Algumas coisas estão mais sob nosso controle imediato: por que é que o gênero preferido nas convenções é a preleção? Não deveríamos dar uma solução ao evidente paradoxo de uma *preleção* a respeito da *ação dialógica*? As preleções estão fora de moda: por que nos apegamos a elas em nossas salas de aula e em nossos congressos? A preleção é uma antiga invenção medieval devida ao fato de que os livros eram escassos. A preleção [em inglês, *lecture*] era originalmente uma leitura (*lectito*, *lectere*); alguém lendo em voz alta tornava um único livro acessível a muitos. Por que terá isso sobrevivido entre os letrados da era pós-Gutenberg? Não há dúvida alguma de que a preleção está exigindo reinvenção.

Precisamos de novos modelos para os congressos, e isso bem podia ser uma das dádivas de Paulo Freire para nós: ajudar-nos a imaginar as formas que poderiam ter nossos congressos. Apresentamos a seguir alguns procedimentos que poderiam ser seguidos sem qualquer transformação muito grande.

1. Verdadeiras discussões sob a forma de painel são possíveis, se se puder desmontar o atril (lat. *lectorille*, via esp. *latril*). Três apresentações curtas (de dez minutos), seguidas de uma réplica informal de outros três participantes, que a seguir teriam sua vez.[5]

2. Uma variante poderia ser três participantes falarem em sequência sobre um único tema (espontaneidade ensaiada é melhor), com perguntas do público, antes que passassem ao tema seguinte.

3. Um painel desse tipo — na verdade, uma conversa formalizada — pode ser seguido de um período de dez minutos durante o qual o público é convidado a manifestar-se *por escrito*. Colhem-se essas intervenções, faz-se uma seleção e, com o auxílio de equipamento de processamento de dados, elas são postas ao dispor dos participantes no dia seguinte. Esse procedimento — chamado de *inkshedding* por seus inventores, Russ Hunt e Jim Reither[6] — desloca o diálogo virtual na direção do diálogo real, criando redes de relações ao longo do caminho. A tecnologia permite-nos reinventar Monte Mário.

4. Os cientistas puseram em prática "apresentações com cartazes" em suas convenções: são codificações das pesquisas em andamento. Um problema cuidadosamente formulado é seguido

[5] Ann Berthoff, Angela Dorenkamp e Jean Lind-Brenkman seguiram esse formato no Congresso sobre Composição e Comunicação em Nível de *College* (1980). O tema do painel era "As implicações políticas da pesquisa sobre composição".

[6] James Reither (Departamento de Inglês, Universidade St. Thomas, Fredericton, Nova Brunswick, E3B 5G3, Canadá) é o diretor responsável do *Inkshed*, boletim informativo que pretende "intensificar as relações entre pesquisa, teoria e prática relativas a linguagem, aquisição de linguagem e uso da linguagem". *Inkshed* é mantido pela Universidade de St. Thomas e por contribuição voluntária de assinantes.

de uma explicação convincente sobre um procedimento experimental e de uma exposição dos resultados. Diagramas, gráficos e outros "recursos visuais" mostram o necessário. O cientista cujo trabalho é apresentado fica à disposição para, alternadamente, "ler" o cartaz e responder a perguntas. Por que ainda não fizemos isso? Por que não há poetas em instituições patrocinadas e pelo Instituto Nacional de Educação? Quem melhor do que eles para desenvolver os símbolos e narrativas para servir como codificações e relatos representativos?

Uma pedagogia inquieta significa que devemos entornar o caldo. O modo mais simples de começar a fazê-lo seria problematizar o formato e a função de nossos encontros profissionais. Eis um exemplo. Um admirador e discípulo íntimo de Paulo Freire foi convidado como consultor de um encontro sobre alfabetização. Ele e um colega seu escutaram os professores (na maioria, negros) durante o dia todo, enquanto eles explicavam detalhadamente os padrões que eram obrigados a obedecer, os currículos que deviam planejar, os testes que tinham que aplicar. Quando questionados, ou se recusavam a reconhecer o caráter opressivo e irracional dessas estruturas ou declaravam sua impotência: "*Eles* dizem que devemos fazer assim." Naquela noite, o consultor consultou seu colega consultor; puderam discernir um modelo: os "eles" que insistiam quanto aos padrões a serem mantidos eram em sua maioria negros; "eles" insistiam em que os professores negros (na maioria) continuassem a experimentar procedimentos com escrúpulo, se não com entusiasmo. Com uma consciência que se tornara crítica pelo exame cuidadoso dos procedimentos até aquele ponto, o consultor dirigiu-se ao telefone e começou a ligar para os superintendentes: de onde veio *essa* ideia sobre a aquisição de uma segunda língua? Quem é a fonte principal para *essa* teoria? Quem afirma que *esses* são os únicos caminhos? A seguir, o consultor começou uma segunda rodada de telefonemas a essas fontes — linguistas famosos, professores famosos (alguns com quem ele havia estudado) e teóricos famosos. Devem ter sido, talvez, "telefonemas de consulta", mas em todo caso naquela tarde ele pôde relatar textualmente o que haviam dito os especialistas: "Não, não foi isso que eu quis dizer. Não, isso é uma interpretação equivocada de minha pesquisa. Não, jamais a utilização desse teste foi prevista para esse fim. Não, as implicações não são essas." Assim, libertados do erro de interpretação da teoria, os participantes da reunião puderam deslocar-se da solução de problemas (como podemos tornar mais elevados os resultados dos testes?) para a proposição de problemas (se se pode definir dessa maneira o papel da escrita, qual seria a consequência para o planejamento do currículo?). O freirista conseguira transformar o congresso num Círculo de Cultura. Encontrara maneiras de fazer com que os participantes olhassem e olhassem novamente para as próprias teoria e prática, até que estivessem livres para inventar novas pedagogias.

Paulo Freire tem a ousadia de acreditar que os professores devem aprender com seus alunos pelo diálogo. Sua prática é imaginativa, inventiva, reinventiva e inteiramente pragmática. Paulo Freire é um dos verdadeiros herdeiros de William James e de C. S. Peirce. Ele nos diz: "O modo como funciona sua teoria e o que ela faz mudar lhe dirá melhor o que é a sua teoria." Ele quer que consideremos o valor de uma ideia perguntando o quanto ela importa. Quer que pensemos sobre a dialética dos fins e meios, sobre os mistérios do desespero e da esperança. E ele nos estimula a não adiar a mudança para algum momento propício; a não sermos perdulários em levarmos as pessoas a estar prontas para mudar, prontas para aprender, prontas para a educação, mas, em vez disso, a reconhecermos que "a prontidão é tudo". Ele me faz lembrar de A. J. Muste, o pacifista que tanto irritou Reinhold Niebuhr. Muste costumava dizer: "Não há caminho algum para a Paz; a Paz é o caminho." Creio que Paulo nos está dizendo: "Não há caminho algum para a transformação; a transformação é o caminho." Isto não é mistificação, não é um paradoxo de espírito que devemos resolver: é, sim, uma dialética que devemos fazer cumprir.

Ann E. Berthoff
Concord, Massachusetts

Carta aos leitores

Não gostaria que este livro chegasse às suas mãos sem umas poucas palavras minhas, com as quais pretendo algumas explicações necessárias.

Seis anos atrás, o *Journal of Education* da Universidade de Boston, EUA, publicou um artigo meu, "A importância do ato de ler". Somado a dois outros, aquele artigo dera origem a um pequeno livro publicado pela Cortez, com o mesmo título, em 1982. O pequeno livro da Cortez, com três artigos que se completam, discute aspectos gerais do ato de ler, fala da alfabetização e bibliotecas populares e se detém na experiência de alfabetização de São Tomé e Príncipe, na África, de que participei na etapa derradeira de meu exílio. Parte deste último artigo se fixa na análise dos materiais usados no esforço de alfabetização de São Tomé e Príncipe.

No começo de 1986, uma editora norte-americana, que havia antes publicado outro livro meu, se interessou em traduzir "A importância do ato de ler". Propus, então, ao editor da casa publicadora, juntar aos três ensaios constitutivos do livro a ser traduzido ao inglês a colaboração de Donaldo Macedo, professor de psicolinguística da Universidade de Massachusetts no campus de Boston, excelente intelectual, rigoroso e sensível. A colaboração de Macedo se daria, como de fato se deu, através de trabalhos seus no campo da linguagem e da alfabetização e na produção de capítulos dialógicos comigo, em que discutiríamos uma gama de temas ligados à linguagem, à cultura e ao comando da escrita e da leitura.

Assim, o que no Brasil havia sido um livro meu, nos Estados Unidos passou a ser um livro meu e de Donaldo Macedo e veio a público em 1987 sob o título de *Literacy: Reading The Word and The World*. Mais ainda, veio a público trazendo como rosto a análise de dois entre os melhores intelectuais norte-americanos que hoje se entregam criticamente à compreensão de uma pedagogia radical: Henry Giroux e Ann E. Berthoff.

Agora, *Literacy: Reading the Word and the World* chega ao Brasil. E chega por sugestão de Giroux e de Macedo. Foram eles que, numa das conversas que costumávamos prolongadamente entreter, quando nos encontramos sem tempo marcado para nos despedir e em que mutuamente nos ensinamos, me convenceram a tentar sua publicação no Brasil. Mas chega ao Brasil obviamente sem os três ensaios que, aqui, constituíram *A importância do ato de ler*. Assim, as referências que Berthoff e Giroux fazem, em seus ensaios, a um ou outro passo deste ou daquele texto de *A importância do ato de ler* só poderão ser cotejadas se o leitor curioso consultar a publicação da Cortez.

Há algo ainda a que gostaria de me referir. Ao ler e reler a excelente tradução feita pelo professor Lólio Lourenço de Oliveira, resolvi alterar, para maior clareza, passagens de minha — e somente minha — participação em alguns dos diálogos com Macedo. Em essência, porém, os diálogos continuam os mesmos que compõem o original norte-americano.

Paulo Freire
São Paulo, maio de 1990

Introdução

Alfabetização e a pedagogia do *empowerment* político

A cada momento em que, de um modo ou de outro, a questão da língua passa para o primeiro plano, isso significa que uma série de outros problemas está prestes a surgir, a formação e a ampliação da classe dominante, a necessidade de estabelecer relações mais "íntimas" e seguras entre os grupos dominantes e as massas populares nacionais, ou seja, a reorganização da hegemonia cultural.[7]

Essas observações, feitas na primeira metade do século XX pelo teórico social italiano Antonio Gramsci, parecem estranhamente discordantes da linguagem e das aspirações que envolvem o debate conservador e liberal de hoje a respeito da escolaridade e do "problema" da alfabetização. De fato, as observações de Gramsci parecem tanto politizar a noção de alfabetização quanto, ao mesmo tempo, dotá-la de um significado ideológico que sugere que ela pode ter menos a ver com a tarefa de ensinar as pessoas a ler e a escrever do que com a produção e a legitimação de relações sociais

---

[7] Antonio Gramsci, apud James Donald, "Language, Literacy, and Schooling", in *The State and Popular Culture*. Milton Keynes: Open University, U203 Popular Culture Unit, 1982, p. 44. Com referência às observações de Gramsci sobre a linguagem, cf. Antonio Gramsci, *The Modern Prince and Other Writings*, traduzido por Louis Marks. Nova York: New World Paperbacks, 1957, *passim*; *Selections from the Prison Notebooks*, organizado e traduzido por Q. Hoare e G. Nowell Smith. Nova York: International Publishers, 1971; e *Letters from Prison*. Londres: Jonathan Cape, 1975.

opressivas e exploradoras. Mestre da dialética, Gramsci encarou a alfabetização como um conceito e como uma prática social que devem estar historicamente vinculados, por um lado, a configurações de conhecimento e de poder e, por outro, à luta política e cultural pela linguagem e pela experiência. Para Gramsci, a alfabetização era uma faca de dois gumes; podia ser brandida em favor do *empowerment* individual e social, ou para a perpetuação de relações de repressão e de dominação. Sendo a alfabetização crítica um campo de luta, Gramsci considerava que se deveria lutar por ela, tanto como um construto ideológico, quanto como um movimento social. Como ideologia, a alfabetização devia ser encarada como uma construção social que está sempre implícita na organização da visão de história do indivíduo, o presente e o futuro; além disso, a noção de alfabetização precisava alicerçar-se num projeto ético e político que dignificasse e ampliasse as possibilidades de vida e de liberdade humanas. Em outras palavras, a alfabetização, como construto radical, devia radicar-se em um espírito de crítica e num projeto de possibilidade que permitisse às pessoas participarem da compreensão e da transformação de sua sociedade. Como domínio de habilidades específicas e de formas particulares de conhecimento, a alfabetização devia tornar-se uma precondição da emancipação social e cultural.

Como movimento social, a alfabetização estava presa às condições materiais e políticas necessárias para desenvolver e organizar os professores, os agentes comunitários e outros, dentro e fora das escolas. Isso era parte de uma luta maior pelas ordens de conhecimento, valores e práticas sociais que deveriam, necessariamente, prevalecer para que a luta pela instauração de instituições democráticas e de uma sociedade democrática tivesse êxito. Para Gramsci, a alfabetização tornou-se um referente e uma modalidade de crítica para o desenvolvimento de formas de educação contra-hegemônicas em torno do projeto político de criar uma sociedade de intelectuais (no sentido mais amplo do termo) que pudesse captar a importância de desenvolver esferas públicas democráticas como parte da luta da vida moderna no combate à dominação, bem como tomar parte ativa na luta pela criação das condições necessárias para tornar as pessoas letradas, para dar-lhes uma voz tanto para dar forma à própria sociedade, quanto para governá-la.

Exceto Paulo Freire, é difícil, na atual conjuntura histórica, identificar quaisquer posições teóricas ou movimentos sociais de maior importância que afirmem e ampliem a tradição de uma alfabetização crítica desenvolvida à maneira de teóricos radicais como Gramsci, Mikhail Bakhtin e outros.[8] Nos Estados Unidos, a linguagem da alfabetização vincula-se quase que exclusivamente a formas populares do discurso liberal e de direita, que a reduzem, ou a uma perspectiva funcional ligada a interesses econômicos concebidos de maneira acanhada, ou a uma ideologia destinada a iniciar os pobres, os desprivilegiados e as minorias na lógica de uma tradição cultural unitária e dominante. No

[8] Cf., por exemplo, Paulo Freire, *Pedagogia do oprimido*. Nova York: Seabury Press, 1970 [48ª edição, São Paulo: Paz e Terra, 2011]; Id., *Educação como prática da liberdade*. Rio de Janeiro: Paz e Terra, 1967 [33ª edição, São Paulo: Paz e Terra, 2011]; Id., *Ação cultural para a liberdade e outros escritos*; Mikhail Bakhtin, *The Dialogical Imagination*, traduzido por Caryl Emerson e Michael Holquist. Austin: University of Texas, 1981; V. N. Volosinov [M. M. Bakhtin], *Marxism and the Philosophy of Language*. Nova York: Seminar Press, 1973; e Id., *Freudianism: A Marxist Critique*. Nova York: Academic Press, 1976.

primeiro caso, a crise da alfabetização baseia-se na necessidade de formar mais trabalhadores para ocupações que exigem leitura "funcional" e habilidade para escrever. Os interesses políticos conservadores que estruturam essa posição estão evidentes na influência de grupos empresariais e outros sobre as escolas para que desenvolvam currículos mais estreitamente afinados com o mercado de trabalho, currículos que assumirão orientação firmemente profissional e, ao fazê-lo, reduzirão a necessidade de as empresas promoverem treinamento em serviço.[9] No segundo caso, a alfabetização torna-se o veículo ideológico mediante o qual a escolaridade é legitimada como local para o desenvolvimento do caráter; neste caso, a alfabetização está associada à transmissão e ao domínio de uma tradição ocidental unitária, baseada nas virtudes do trabalho perseverante, da diligência, do respeito à família, da autoridade institucional e de um indiscutível respeito pela nação. Em suma, a alfabetização se torna uma pedagogia do chauvinismo revestida pelo jargão dos Grandes Livros.

No interior desse discurso dominante, o *analfabetismo* não é meramente a incapacidade de ler e escrever; é também um indicador cultural para nomear formas de diferença dentro da lógica da teoria da privação cultural. O importante aqui é que a noção de privação cultural é usada para designar, no sentido negativo, formas de moeda cultural que

[9] Para uma declaração clássica de defesa dessa posição, cf. Comitê de Pesquisa e Política do Comitê para o Desenvolvimento Econômico, *Investing in Our Children: Business and the Public School*. Nova York: Commitee for Economic Development, 1985. Uma crítica a essa posição pode ser encontrada em Stanley Aronowitz e Henry A. Giroux, *Education under Siege*. South Hadley, Massachusetts: Bergin and Garvey, 1985.

se apresentam como perturbadoramente incomuns e ameaçadoras quando avaliadas pelo padrão ideológico da cultura dominante relativo ao que deve ser valorizado como história, competência linguística, experiência de vida e padrões de vida em sociedade.[10] A importância de desenvolver uma política de diferenças nesta perspectiva raramente é virtude ou atributo positivo de vida pública; na verdade, a diferença coloca-se frequentemente como deficiência e é parte da mesma lógica que define o outro, dentro do discurso da privação cultural. Ambas essas tendências ideológicas despojam a alfabetização das obrigações éticas e políticas da razão especulativa e da democracia radical a submetem aos imperativos políticos e pedagógicos da conformidade social e da dominação. Em ambos os casos, a alfabetização representa um afastamento do pensamento crítico e da política emancipadora. Stanley Aronowitz captou tanto os interesses em jogo na formação do discurso atual sobre alfabetização, quanto os problemas que ele reproduz. Ele escreveu:

> Quando os Estados Unidos estão em dificuldades apelam para suas escolas. [...] Os empregadores querem um sistema

[10] Isso não está particularmente evidente no discurso dos teóricos da privação cultural da nova direita, como Nathan Glazer, mas é também assunto da política federal de educação. Por exemplo, o Ministro da Educação, William Bennett, abertamente contrário ao bilinguismo, manifesta uma posição que é menos um ataque contra a política das minorias linguísticas *per se* do que contra o papel que a educação pode desempenhar no *empowerment* das minorias pela dignificação das respectivas culturas e experiências. Interessante divulgação desse tema encontra-se em James Crawford, "Bilingual Educators Discuss Politics of Education". *Education Week*, 19/11/1986, pp. 15-6. Para um tratamento mais teórico, cf. James Cummins, "Empoweing Minority Students: A Framework for Intervention". *Harvard Educational Review*, 56, fevereiro de 1986, pp. 18-36.

> educacional estreitamente afinado com o mercado de trabalho, sistema que adapte o currículo a suas necessidades em transformação e lhes permita economizar dinheiro em treinamento. Os humanistas insistem no sagrado dever das escolas de reproduzir "a civilização como a conhecemos" — valores ocidentais, cultura literária e o ceticismo do etos científico. [...] Atualmente, os neoconservadores se apropriaram do conceito de excelência, definindo-o como habilidades básicas, formação técnica e disciplina em sala de aula. As escolas estão se aninhando nos braços das empresas e, no local de qualquer ideia sensata de alfabetização, colocando algo a que chamam de "alfabetização para o computador". Nos programas existentes de alfabetização de adultos, os materiais e métodos utilizados refletem uma abordagem tipo "a ideologia acabou" que não consegue estimular os alunos, e — juntamente com as tensões da vida quotidiana — resultam habitualmente em taxas maciças de evasão, "provando" uma vez mais que a maioria dos analfabetos não aprenderá, nem mesmo quando o dinheiro do governo seja "posto" neles. [...] Poucos deles estão dispostos a falar a linguagem tradicional do humanismo educacional ou a lutar pela ideia de que uma educação geral é a base da alfabetização crítica. Desde o colapso dos movimentos dos anos 1960, os progressistas aderiram aos conservadores, enquanto os radicais, com raras exceções, permanecem calados.[11]

Enquanto a alfabetização tem sido encarada como importante campo de luta para os conservadores e liberais, apenas marginalmente tem sido adotada pelos teóricos educacionais

[11] Stanley Aronowitz, "Why Should Johnny Read?". *The Village Voice Literary Supplement*, maio de 1985, p. 13.

radicais.[12] Nos casos em que tem sido incorporada como aspecto essencial de uma pedagogia radical, ela é gravemente subteorizada, e, embora manifestando a melhor das intenções, suas aplicações pedagógicas são muitas vezes condescendentes e teoricamente enganadoras. Neste caso, a alfabetização visa a prover as crianças oriundas da classe trabalhadora e de minorias com habilidades de leitura e escrita que os tornem funcionais e críticos dentro do ambiente escolar. Desta perspectiva, a alfabetização, mais do que nunca, está ligada a uma teoria do déficit de aprendizagem. A acusação é de que as escolas distribuem desigualmente determinadas habilidades e formas de conhecimento de modo a beneficiar os alunos de classe média em prejuízo dos de classe trabalhadora ou

---

[12] Como exceção quanto a isso, cf. os diversos artigos sobre política de alfabetização em *Humanities in Society* 4 (outono de 1981), editados por Donald Lazere. Cf. também Richard Ohmann, *English in America*. Cambridge e Oxford: Oxford University Press, 1976; Id., "Literacy, Technology, and Monopoly Capital". *College English*, 47, 1985, pp. 675-84; Valerie Miller, *Between Struggle and Hope: The Nicaraguan Literacy Crusade*. Boulder: Westview Press, 1985; Stanley Aronowitz, op. cit.; e James Donald, op cit. Para uma revisão da literatura conservadora, liberal e radical sobre alfabetização, cf. Henry A. Giroux, *Theory and Resistance in Education: A Pedagogy For Opposition*. South Hadley, Massachusetts: Bergin and Garvey, 1983; Linda Brodkey, "Tropics of Literacy". *Boston University Journal of Education*, 168, 1986, pp. 47-54; Rita Roth, "Schooling, Literacy Acquisition, and Cultural Transmission". *Boston University Journal of Education*, 166, 1984, pp. 291-308; e Ira Shor, *Culture Wars*. Nova York: Routledge and Kegan Paul, 1986. Uma excelente demonstração da relação existente entre uma teoria radical de alfabetização e a prática em sala de aula encontra-se em Alex McLeod, "Critical Literacy: Taking Control of Our Own Lives". *Language Arts*, 63, janeiro de 1986, pp. 37-50; e Shirley Heath, *Way with Words*. Nova York: McGraw Hill, 1983. Excelente revisão da literatura sobre alfabetização e ensino de leitura encontra-se em Patrick Shannon, "Reading Instruction and Social Class". *Language Arts*, 62, outubro de 1985, pp. 604-11; e para uma importante crítica de abordagem dominante da leitura e da alfabetização, baseada no uso dos *Basal Readers*, cf. Kenneth Goodman, "Basal Readers: A Call for Action". *Language Arts*, 63, abril de 1986, pp. 358-63.

de minorias. O que está em jogo aqui é uma visão da alfabetização impregnada de uma noção de equidade. A alfabetização torna-se uma forma de capital cultural privilegiado, e os grupos subalternos, afirma-se, merecem ter sua fatia na distribuição desse tipo de moeda cultural. As pedagogias que frequentemente acompanham essa visão da alfabetização enfatizam a necessidade de que as crianças de classe operária aprendam as habilidades de ler e escrever de que precisarão para serem bem-sucedidas nas escolas; ademais, sua cultura e sua experiência pessoais são muitas vezes consideradas antes como potência, do que como déficits a serem utilizados no desenvolvimento de uma pedagogia crítica da alfabetização. Infelizmente, as pedagogias que se desenvolveram com esse pressuposto geralmente não oferecem mais do que uma abordagem tipo folheto de publicidade dos modos de se utilizar a cultura da classe operária para o desenvolvimento de formas significativas de instrução.

Essa abordagem específica da alfabetização radical está teoricamente invalidada por inúmeras razões. Em primeiro lugar, deixa de encarar a cultura da classe trabalhadora como um campo de luta e de contradição. Segundo, sugere que os educadores que trabalham com grupos subalternos precisam familiarizar-se apenas com as histórias e as experiências de *seus* alunos. Não há indicação alguma de que a cultura que tais alunos trazem para as escolas esteja terrivelmente necessitada de exame e análise críticos. Em terceiro lugar, essa abordagem deixa de focalizar as implicações mais amplas da relação entre conhecimento e poder. Deixa de compreender que a alfabetização não se relaciona apenas com os pobres, ou com a incapacidade dos grupos subalternos de ler e escrever adequadamente; relaciona-se, também, de maneira fundamental, com formas de ignorância política e ideológica que funcionam como uma recusa em conhecer os limites e as consequências políticas da visão de mundo de cada um. Vista desse modo, a alfabetização como um processo é tão *disempowering* quanto opressiva. O importante a reconhecer aqui é a necessidade de reconstituir uma visão radical da alfabetização que gire em torno da importância de nomear e transformar as condições ideológicas e sociais que solapam a possibilidade de existirem formas de vida comunitária e pública organizadas em torno dos imperativos de uma democracia crítica. Este não é um problema associado apenas aos pobres ou aos grupos minoritários, mas também é problema para aqueles membros de classe média ou alta que se retiraram da vida pública para dentro de um mundo de absoluta privatização, pessimismo e ganância. Além disso, uma visão radicalmente restaurada da alfabetização precisaria fazer mais do que esclarecer o alcance e a natureza do significado do analfabetismo. Seria fundamental, também, desenvolver um discurso programático para a alfabetização como parte de um projeto político e de uma prática pedagógica que ofereça uma linguagem de esperança e de transformação dos que lutam no presente por um futuro melhor.[13]

Em minha opinião, o tema do desenvolvimento de uma teoria emancipadora da alfabetização, juntamente com uma correspondente pedagogia transformadora, adquiriu nova dimensão e maior significação no atual período de

[13] Admirável análise teórica da relação entre a obra de Freire e o discurso da esperança e da transformação encontra-se em Peter McLaren, "Postmodernity and the Death of Politics: A Brazilian Reprieve". *Educational Theory*, 36, 1986, pp. 389-401.

Guerra Fria. O desenvolvimento de uma política cultural da alfabetização e da pedagogia torna-se um ponto de partida importante para possibilitar que aqueles que têm sido silenciados ou marginalizados pelas escolas, pelos meios de comunicação de massa, pela indústria cultural e pela cultura televisiva exijam a autoria de suas próprias vidas. Uma teoria emancipadora da alfabetização indica a necessidade de desenvolver um discurso alternativo e uma leitura crítica de como a ideologia, a cultura e o poder atuam no interior das sociedades capitalistas tardias no sentido de limitar, desorganizar e marginalizar as experiências quotidianas mais críticas e radicais e as percepções de senso comum dos indivíduos. Está em discussão, aqui, o reconhecimento de que é preciso agarrar-se aos ganhos políticos e morais que têm sido conseguidos por professores e outros, e que por eles se deve lutar com renovado rigor intelectual e político. Para que isso se dê, os educadores e trabalhadores de esquerda, de todos os níveis da sociedade, precisam atribuir ao tema da alfabetização política e cultural a mais elevada das prioridades. Em outras palavras, para que venha a concretizar-se a alfabetização radical, o pedagógico deve tornar-se mais político e o político, mais pedagógico. Ou ainda, há uma necessidade terrível de desenvolver práticas pedagógicas, no primeiro caso, que reúnam os professores, pais e alunos em torno de visões da comunidade que sejam mais emancipadoras. Por outro lado, há necessidade de reconhecer que todos os aspectos da política fora das escolas representam também um determinado tipo de pedagogia, em que o conhecimento está sempre vinculado ao poder, e as práticas sociais são sempre encarnações de relações concretas entre seres humanos e tradições diversos, e que toda interação contém implicitamente visões a respeito do papel do cidadão e do objetivo da comunidade. A alfabetização, dentro dessa perspectiva mais ampla, não apenas *empowers* as pessoas mediante uma combinação de habilidades pedagógicas e de análise crítica, como também se torna um veículo para estudar de que modo definições culturais de gênero, raça, classe e subjetividade se constituem como construtos tanto históricos quanto sociais. Além disso, a alfabetização, neste caso, torna-se o mecanismo pedagógico e político fundamental mediante o qual instaurar as condições ideológicas e as práticas sociais necessárias para o desenvolvimento de movimentos sociais que reconheçam os imperativos de uma democracia radical e lutem por eles.

O modelo freiriano de alfabetização emancipadora

Diante das considerações acima é que a obra anterior de Paulo Freire a respeito da alfabetização e pedagogia tem assumido significação teórica e política de crescente importância. Historicamente, Paulo Freire proporcionou um dos poucos modelos práticos e emancipadores sobre o qual se pode desenvolver uma filosofia radical da alfabetização e da pedagogia. Como se sabe e está amplamente documentado, ele tem se preocupado, no correr dos últimos vinte anos, com o tema da alfabetização como projeto político emancipador, e tem desenvolvido o conteúdo emancipador de suas ideias dentro de uma pedagogia concreta e prática.

Seu trabalho exerceu papel significativo no desenvolvimento de programas de alfabetização, não apenas no Brasil e na América Latina, como também na África e em programas isolados na Europa, na América do Norte e na Austrália. É essencial, na abordagem que Freire faz da alfabetização, uma relação dialética dos seres humanos com o mundo, por um lado, e com a linguagem e com a ação transformadora, por outro. Dentro dessa perspectiva, a alfabetização não é tratada meramente como uma habilidade técnica a ser adquirida, mas como fundamento necessário à ação cultural para a liberdade, aspecto essencial daquilo que significa ser um agente individual e socialmente constituído. Ainda da maior importância, a alfabetização para Freire é, inerentemente, um projeto político no qual homens e mulheres afirmam seu direito e sua responsabilidade não apenas de ler, compreender e transformar suas experiências pessoais, mas também de reconstituir sua relação com a sociedade mais ampla. Neste sentido, a alfabetização é fundamental para erguer agressivamente a voz de cada um como parte de um projeto mais amplo de possibilidade e de *empowerment*. Além disso, o tema alfabetização e poder não começa e termina com o processo de aprender a ler e escrever criticamente; ao contrário, começa com o fato da existência de cada um como parte de uma prática historicamente construída no interior de relações específicas do poder. Isto é, os seres humanos (como são os professores *tanto quanto* os alunos), dentro de determinadas formações sociais e culturais, são o ponto de partida para analisar, não apenas de que modo constroem ativamente suas experiências pessoais dentro das relações de poder vigentes, mas também de que modo a construção social dessas experiências lhes proporcionam a oportunidade de dar sentido e expressão a suas necessidades e vozes como parte de um projeto de *empowerment* individual e social. Assim, alfabetização para Freire é parte do processo pelo qual alguém se torna autocrítico a respeito da natureza historicamente construída de sua própria experiência. Ser capaz de nomear a própria experiência é parte do que significa "ler" o mundo e começar a compreender a natureza política dos limites *bem como* das possibilidades que caracterizam a sociedade mais ampla.[14]

Para Freire, a linguagem e o poder estão inextricavelmente entrelaçados e proporcionam uma dimensão fundamental da ação humana e da transformação social. A linguagem, como a define Freire, tem um papel ativo na construção da experiência e na organização e legitimação das práticas sociais disponíveis aos vários grupos da sociedade. A linguagem é o "verdadeiro recheio" da cultura e constitui tanto um terreno de dominação quanto um campo de possibilidade. A linguagem, nas palavras de Gramsci, era tanto hegemônica quanto contra-hegemônica, servindo de instrumento tanto para silenciar as vozes dos oprimidos quanto para legitimar as relações sociais opressivas.[15] Ao universalizar determinadas ideologias, procurava subordinar o mundo da ação e da luta humanas aos interesses dos grupos dominantes. Ao mesmo tempo, porém, a linguagem também era encarada como o terreno sobre o qual os desejos, aspirações, sonhos e

[14] Uma visão mais recente da teoria da alfabetização e política de Freire encontra-se em David Dillon, "Reading the World and Reading the Word: An Interview with Paulo Freire". *Language Arts*, 62, janeiro de 1985, pp. 15-21.

[15] Antonio Gramsci, *Selections from the Prison Notebooks*, organizado e traduzido por Q. Hoare e G. Nowell Smith. Nova York: International Publishers, 1971.

esperanças radicais ganhavam sentido pela incorporação do discurso da crítica e da possibilidade.

No sentido mais imediato, a natureza política da alfabetização é um tema fundamental nos primeiros escritos de Freire. Isso é evidente nas descrições vividas dos movimentos destinados a proporcionar às pessoas do Terceiro Mundo as condições para a crítica e para a ação social, quer para derrubar ditaduras fascistas, quer para utilizar em situações pós-revolucionárias, em que as pessoas estão engajadas no processo de reconstrução nacional. Em qualquer desses casos, a alfabetização torna-se sinal da libertação e da transformação destinadas a desativar a voz colonial e, em seguida, a desenvolver a voz coletiva do sofrimento e da afirmação silenciada sob o terror e a brutalidade de regimes despóticos.

Freire e Macedo e a alfabetização como uma leitura da palavra e do mundo

Neste novo livro, Paulo Freire e Donaldo Macedo não só fundamentam a obra anterior que Freire produziu sobre alfabetização, mas também, de maneira admirável, apresentam e aperfeiçoam as implicações que ela tem para uma política cultural mais abrangente e ampliam suas possibilidades teóricas para o maior desenvolvimento dos alicerces de uma pedagogia crítica. As vozes conjugadas de Freire e de Macedo proporcionam uma demonstração requintada da ideia de alfabetização crítica como um desdobramento da crítica e do compromisso mediante o processo do diálogo. Recorrendo a suas tradições e compromissos diversos na América Latina, na África e nos Estados Unidos, Freire e Macedo situam as noções de teoria e prática em um discurso que é, a uma só vez, histórico, teórico e radicalmente político. Não apenas cada um desses autores expõe sua própria opinião teórica e política, moldada por seus princípios políticos e pedagogia respectivos, como também cada um deles oferece ao outro um referente para o outro indagar e refletir mais profundamente sobre questões surgidas no correr dos últimos dez anos em torno do sentido e da significação de uma ideia radical de alfabetização baseada no modelo freiriano. A teoria e a prática caminham juntas neste livro, de modo que esses dois construtos são analisados como uma questão de definição e de aplicação; são também apresentados como uma forma de práxis radical no diálogo intensamente absorvente levado a cabo por Freire e Macedo. Há, por exemplo, uma tentativa de redefinir as interconexões entre alfabetização, cultura e educação, de examinar o tema da alfabetização nos Estados Unidos e de reconstruir e analisar criticamente o programa de alfabetização na Guiné-Bissau, à qual Freire deu assessoria e colaboração. No correr desses diálogos, a teoria se torna um ato de produzir significados e não meramente uma reiteração ou registro de posições teóricas anteriormente formuladas. Em consequência, surgem novas formulações e conexões teóricas fundamentais relativas à alfabetização, à política e ao *empowerment*.

Freire e Macedo também analisam e demonstram de que modo foi dada uma expressão política e pedagógica concreta à abordagem de Freire da alfabetização no currículo e nos materiais de alfabetização utilizados em São Tomé e Príncipe. Nesse diálogo, Freire responde, de maneira enérgica e clara, a algumas das críticas publicadas ultimamente com referência a seu trabalho na Guiné-Bissau. Essa réplica é proveitosa, pois ajuda a retificar o registro histórico sobre inúmeros temas importantes e porque mostra haver uma interação dialética entre os princípios normativos e políticos pessoais de Freire e as formulações e estratégias em que se engajou quando participava da campanha de alfabetização da Guiné-Bissau. Freire também surge aqui como um homem empenhado num diálogo crítico com suas próprias ideias, seus críticos e com as circunstâncias de diferentes lutas históricas. Em seu afã inteligente e sensível de envolver Freire numa discussão sobre a própria obra, Macedo arma, de maneira brilhante, o cenário para uma irresistível descoberta de Freire como ser humano e como revolucionário. O resultado disso não só nos proporciona uma compreensão mais ampla do significado da alfabetização e da educação como forma de política cultural, como também demonstra a importância de se ter uma voz que fala com dignidade, incorpora a linguagem da crítica e emprega um discurso de esperança e possibilidade.

Em vez de proporcionar, de maneira didática, uma visão geral dos pressupostos básicos que enformam este livro, pretendo abordá-lo de uma maneira coerente com seu próprio espírito crítico e transformador de encarar a alfabetização como um esforço para ler o texto e o mundo dialeticamente. Ao fazê-lo, quero situar o texto de Freire e Macedo dentro de um quadro teórico que nos permita compreender melhor o significado/conexão dialética que este livro tem em relação com a realidade vivida do ensino e da pedagogia. Neste caso, o texto é representado pelos princípios pedagógicos críticos que estruturam o significado fundamental deste livro; o contexto é o mundo mais amplo da escola e da educação, que inclui as escolas públicas bem como aquelas esferas públicas em que existem outras formas de aprendizagem e de luta. No que se segue, quero analisar a importância de apresentar a alfabetização como um construto histórico e social tanto para absorver o discurso da dominação, quanto para definir a pedagogia crítica como uma forma de política cultural. A seguir, indicarei algumas das implicações que a visão da alfabetização emancipadora de Freire e Macedo têm para o desenvolvimento de uma pedagogia radical da voz e da experiência.

A ALFABETIZAÇÃO CRÍTICA COMO PRECONDIÇÃO PARA O *EMPOWERMENT* INDIVIDUAL E SOCIAL

No sentido político mais amplo, compreende-se melhor a alfabetização como uma infinidade de formas discursivas e competências culturais que constroem e tornam disponíveis as diversas relações e experiências que existem entre os educandos e o mundo. Em sentido mais específico, a alfabetização crítica é tanto uma narrativa para a ação, quanto um referente para a crítica. Como narrativa para a ação, a alfabetização torna-se sinônimo de uma tentativa de resgatar a história, a experiência e a visão do discurso convencional e das relações sociais dominantes. Ela significa desenvolver as condições teóricas e práticas mediante as quais os seres humanos podem situar-se em suas respectivas histórias e, ao fazê-lo, fazer-se presentes como agentes na luta para expandir as possibilidades da vida e da liberdade humanas. Nesses termos, alfabetização não é o equivalente de emancipação; de modo mais limitado, mas fundamental, ela é a precondição para o engajamento em lutas em torno tanto de relações de significado, quanto de relações de poder. Ser alfabetizado *não* é ser livre; é estar presente e ativo na luta pela reivindicação da própria voz, da própria história e do próprio futuro. Do mesmo modo como o analfabetismo não explica as causas do desemprego maciço, da burocracia e do crescente racismo nas principais cidades dos Estados Unidos, da África do Sul e de outros lugares, assim também a alfabetização não representa nem garante automaticamente a liberdade social, política e econômica.[16] Como um referente para a crítica, a alfabetização oferece uma precondição básica para a organização e a compreensão da natureza socialmente elaborada da subjetividade e da experiência, e para a avaliação de como o conhecimento, o poder e a prática social podem ser moldados coletivamente a serviço da tomada de decisões que sejam instrumentos para uma sociedade democrática e não meramente concessões aos desejos dos ricos e dos poderosos.[17]

Para que uma teoria radical da alfabetização abranja a ação e a crítica humanas como parte da narrativa da libertação, ela deve rejeitar a prática pedagógica reducionista de limitar a crítica às análises de produtos culturais tais como textos, livros, filmes e outras mercadorias.[18] As teorias da

[16] Importante estudo sobre alfabetização e ideologia é o de Linda Brodkey, *Writing on Parole: Essays and Studies on Academic Discourse*. Filadélfia: Temple University.

[17] S. Aronowitz e H.A. Giroux, op. cit.

[18] Gillian Swanson, "Rethinking Representations". *Screen*, 27, outubro de 1986, pp. 16-28.

alfabetização ligadas a essa forma de crítica ideológica dissimulam a natureza *relacional* do modo como se produz o significado, isto é, a intersecção das subjetividades, objetos e práticas sociais no interior de determinadas relações de poder. Assim sendo, a crítica como dimensão fundamental dessa visão da alfabetização existe à custa do desenvolvimento de uma teoria adequada de como o significado, a experiência e o poder estão inscritos como parte de uma teoria da ação humana. Desse modo, seria essencial a uma teoria radical da alfabetização o desenvolvimento de uma visão da ação humana em que a produção do significado não esteja limitada à análise de como as ideologias se inscreveram em determinados textos. Neste caso, uma teoria radical da alfabetização precisa incorporar uma noção de ideologia crítica que inclua uma visão da ação humana em que a produção do significado tenha lugar no diálogo e na interação, que constitui reciprocamente a relação dialética entre as subjetividades humanas e o mundo objetivo. Como parte de um projeto político definitivo, uma teoria radical da alfabetização precisa produzir uma visão da ação humana restaurada mediante formas de narrativa que atuem como parte de "uma pedagogia do *empowerment* [...] centrada dentro de um projeto social que vise a intensificar a possibilidade humana".[19]

É essencial para a noção de alfabetização crítica, desenvolvida nos diálogos de Freire e Macedo, um certo número de intuições fundamentais relativas à política do analfabetismo. Como construção social, a alfabetização não só nomeia experiências consideradas importantes para uma

---

[19] Roger Simon, "Empowerment as a Pedagogy of Possibility". *Language Arts*, 64, abril de 1987, pp. 370-82.

dada sociedade, como também realça e define, pelo conceito de *analfabeto*, aquilo que se pode denominar a "experiência do outro". O conceito de analfabeto, nesse sentido, dá muitas vezes uma cobertura ideológica para que os grupos poderosos simplesmente silenciem os pobres, os grupos minoritários, as mulheres, ou as pessoas de cor. Consequentemente, nomear o analfabetismo como parte da definição do que significa ser alfabetizado representa uma construção ideológica enformada por determinados interesses políticos. Embora a indagação de Freire e de Macedo a respeito do conceito de analfabetismo procure desvendar esses interesses ideológicos dominantes, proporciona também uma base teórica para a compreensão da natureza política do analfabetismo como prática social vinculada tanto à lógica da hegemonia cultural, quanto a formas particulares de resistência. Está implícita nessa análise a noção de que o analfabetismo, como problema social, atravessa as fronteiras entre as classes e não se limita ao fato de as minorias não conseguirem dominar as competências funcionais de ler e de escrever. O analfabetismo significa, num nível, uma forma de ignorância política e intelectual e, em outro, um exemplo possível de resistência de classe, de sexo, de raça ou de cultura. Como parte da questão mais ampla e mais difusa de hegemonia cultural, o analfabetismo refere-se à incapacidade funcional ou recusa das pessoas de classe média ou alta de ler o mundo e suas próprias vidas de um modo crítico e historicamente relacional. Stanley Aronowitz sugere uma visão do analfabetismo como uma forma de hegemonia cultural na exposição que faz sobre o que deve significar ser "funcionalmente" alfabetizado.

> A verdadeira questão relativa aos "funcionalmente" alfabetizados é se eles podem decodificar as mensagens da cultura de massa contrariamente às interpretações oficiais da realidade social, econômica e política; se se sentem capazes de avaliar criticamente os acontecimentos, ou, até mesmo, de interferir neles. Se compreendemos alfabetização como a capacidade dos indivíduos e grupos de se situarem na história, de se verem como atores sociais capazes de discutir seus futuros coletivos, então o obstáculo central à alfabetização é a privatização e o pessimismo arrasadores que vieram a difundir-se pela vida pública.[20]

Aronowitz chama a atenção para o fato de a maioria dos educadores radicais e críticos não conseguir compreender o analfabetismo como forma de hegemonia cultural. Mais uma vez, analfabetismo, empregado desse modo, inclui uma linguagem e um conjunto de práticas sociais que sublinham a necessidade de desenvolver uma teoria radical da alfabetização que assuma seriamente a tarefa de desvelar o modo pelo qual determinadas formas de regulamentação social e moral produzem uma cultura da ignorância e da estupidez absoluta, fundamental ao silenciamento de todas as vozes potencialmente críticas.

É importante também que se enfatize, uma vez mais, que, como ato de resistência, a recusa a ser alfabetizado pode constituir menos um ato de ignorância por parte dos grupos subalternos do que um ato de resistência. Isto é, os membros da classe trabalhadora e de outros grupos oprimidos podem, consciente ou inconscientemente,

[20] S. Aronowitz, op. cit.

recusar-se a aprender os códigos e competências culturais específicas sancionados pela visão da alfabetização da cultura dominante. Essa resistência deve ser vista como uma oportunidade para investigar as condições políticas e culturais que justificam essa resistência e não como atos incondicionais de recusa política consciente. Exprimindo de maneira simples, os interesses que enformam tais atos nunca falam por si, e têm de ser analisados dentro de um quadro de referência mais interpretativo e contextual, o qual vincule o contexto mais amplo da escolaridade à interpretação que os alunos atribuem ao ato de recusa. A recusa a ser alfabetizado, nesses casos, proporciona a base pedagógica para se entrar num diálogo crítico com os grupos cujas tradições e culturas são, muitas vezes, objeto de uma investida maciça e de uma tentativa da cultura dominante para deslegitimar e desorganizar o conhecimento e as tradições utilizados por esses grupos para se definirem e para definirem sua visão do mundo.

Para os professores, a questão essencial que precisa ser investigada é a maneira pela qual, como diz Phil Corrigan, o currículo social da escola constrói práticas sociais em torno da diferenciação alfabetizado/analfabeto de modo a contribuir para a

> [...] construção social regulamentada de silenciamento diferencial e de estupidez categorizada dentro dos vórtices da sexualidade, da raça, do sexo, da classe, da linguagem e da regionalidade. [...] [Isso] torna mais forte o que há de essencial na funcionalidade da ignorância, a importância de declarar sem valor e estúpida a maioria das pessoas durante a maior parte

do tempo, com uma palavra única e exata de poder fatal e classificador: mau. E fazendo-os "adotar" essa identificação, como se ela fosse a única prova de identidade que pudessem exibir, e intercambiar.[21]

Para Corrigan e outros, a construção do significado dentro da escola é muitas vezes estruturada mediante uma gramática social dominante, que limita a possibilidade do ensino e aprendizagem críticos nas escolas. A linguagem dominante, neste caso, estrutura e regulamenta não só o que deve ser ensinado, mas também como deve ser ensinado e avaliado. Segundo essa análise, a ideologia combina-se com a prática social na produção de uma voz da escola — a voz da autoridade indiscutível —, que busca demarcar e regulamentar os modos específicos pelos quais os alunos aprendam, falem, ajam e se apresentem. Nesse sentido, Corrigan está absolutamente correto quando afirma que ensino e aprendizagem dentro da escolarização pública não se ocupam simplesmente da reprodução da lógica e da ideologia dominantes do capitalismo. Nem se ocupam primordialmente com os atos de resistência empreendidos pelos grupos subalternos que lutam por uma voz e por um senso de dignidade nas escolas. Essas duas práticas sociais existem, mas fazem parte de um conjunto muito mais amplo de relações sociais em que a experiência e a subjetividade se constroem dentro de uma diversidade de vozes, condições e narrativas que indicam que a escola representa mais do que anuência ou rejeição.

---

[21] Philip Corrigan, "State Formation and Classroom Practice", comunicação apresentada no Seminário Ivor Goodson, Universidade de Western Ontario, 2-3/10/1986.

No sentido mais geral, a escolarização ocupa-se da regulamentação do tempo, do espaço, da textualidade, da experiência, do conhecimento e do poder entre interesses e histórias conflitantes, que não pode ser enquadrada em simples teorias de reprodução e de resistência.[22] As escolas devem ser vistas em seus contextos históricos e relacionais. Como instituições, apresentam posições contraditórias dentro da cultura mais ampla e representam, também, um terreno de combate complexo relativo ao que significa ser alfabetizado e *empowered*, de modo tal que permite que professores e alunos pensem e ajam de maneira condizente com os imperativos e a realidade de uma democracia radical.

A tarefa de uma teoria da alfabetização crítica é alargar nossa concepção a respeito de como os professores produzem, mantêm e legitimam ativamente o significado e a experiência nas salas de aula. Ademais, uma teoria da alfabetização crítica obriga uma compreensão mais profunda de como as condições mais amplas do Estado e da sociedade produzem, negociam, transformam e se abatem sobre as condições de ensino de tal modo que possibilitam ou impossibilitam que os professores ajam de modo crítico e transformador. Igualmente importante é a necessidade de desenvolver, como pressuposto básico da alfabetização crítica, o reconhecimento de que o conhecimento não se produz unicamente nas cabeças dos peritos, dos especialistas em currículos, dos administradores

[22] Para uma discussão crítica das teorias de reprodução e resistência, cf. H.A. Giroux, op. cit. Cf. também J. C. Walker, "Romanticising Resistance, Romanticising Culture: Problems in Willis's Theory of Cultural Production". *British Journal of Sociology of Education*, 7:1, 1986, pp. 59-80.

escolares e dos professores. A produção de conhecimento, como mencionamos anteriormente, é um ato relacional. Para os professores, isso significa ser sensível às atuais condições históricas, sociais e culturais que contribuem para as formas de conhecimento e de significado que os alunos trazem para a escola.

Se se quiser desenvolver um conceito de alfabetização crítica em conexão com as noções teóricas de narrativa e ação, é importante, então, que o conhecimento, os valores e as práticas sociais que constituem a história/narrativa sejam compreendidos como a encarnação de determinados interesses e relações de poder referentes a como se deveria pensar, viver e agir quanto ao passado, ao presente e ao futuro. Na sua melhor forma, uma teoria da alfabetização crítica precisa desenvolver práticas pedagógicas nas quais, na luta por compreender a vida de cada um, reafirme e aprofunde a necessidade de os professores e os alunos recuperarem suas próprias vozes, de modo que possam tornar a contar suas próprias histórias e, ao fazê-lo, "conferir e criticar a história que lhes contam em comparação com a que viveram".[23] Contudo, isso significa mais do que apenas tornar a contar e comparar histórias. A fim de ir além de uma pedagogia da voz que sugere que todas as histórias são inocentes, é importante examinar essas histórias quanto ao interesse e aos princípios que as estruturam e examiná-las como parte de um projeto político (no sentido mais amplo) que pode possibilitar ou solapar os valores e as práticas que proporcionam os fundamentos da justiça social, da igualdade e da comunidade democrática. Em seu sentido

[23] Fred Inglis, *The Management of Ignorance*. Londres: Blackwell, 1985, p. 108.

mais radical, a alfabetização crítica significa fazer com que a individualidade de cada um esteja presente como parte de um projeto moral e político que vincula a produção do significado à possibilidade da ação humana, da comunidade democrática e da ação social transformadora.[24]

A alfabetização e a libertação do recordar

Na tentativa de desenvolver um modelo de alfabetização crítica que englobe uma relação dialética entre uma leitura crítica do mundo e da palavra, Freire e Macedo estabelecem as bases para um novo discurso no qual a noção de alfabetização traz consigo uma atenção crítica à teia de relações em que o significado se produz, tanto como construção histórica, quanto como parte de um conjunto mais amplo de práticas pedagógicas. Neste sentido, a alfabetização significa mais do que romper com o preestabelecido, ou, como disse Walter Benjamin, "contrariar o sentido da história".[25] Significa, também, compreender os detalhes da vida quotidiana e a gramática social do concreto mediante as totalidades mais globais da história e do contexto social. Como parte do discurso da narrativa e da ação, a alfabetização crítica sugere que se utilize a história como uma forma de libertar a memória. No sentido aqui empregado, história significa reconhecer os traços figurais de potencialidades inesgotadas bem como

[24] Harold Rosen, "The Importance of Story". *Language Arts*, 63, março de 1986, pp. 226-37.

[25] Walter Benjamin, *Iluminations*, organizado por Hannah Arendt. Nova York: Schocken, 1969, especialmente "Thesis on the Philosophy of History", pp. 253-64.

fontes de sofrimento que constituem o passado de cada um.[26] Reconstruir a história nesse sentido é situar o significado e a prática da alfabetização num discurso ético que tem como referência aquelas situações de sofrimento que precisam ser lembradas e superadas.[27]

Como elemento libertador do recordar, a busca histórica torna-se mais do que uma simples preparação para o futuro por meio da recuperação de uma série de eventos passados; em vez disso, torna-se um modelo para a constituição do potencial radical da memória. É uma testemunha ponderada da opressão e da dor suportadas desnecessariamente por vítimas da história e um texto/terreno de luta para o exercício da dúvida crítica, realçando não só as fontes de sofrimento de que é preciso recordar, de modo que não venham a repetir-se, como também o lado subjetivo da luta e da esperança humanas.[28] Em outras palavras, a libertação do recordar e as formas de alfabetização crítica que ela alicerça expressam sua natureza dialética, tanto em "seu impulso crítico desmistificador, dando um testemunho ponderado dos sofrimentos do passado",[29] quanto nas seletas e fugazes imagens de esperança que elas ofertam ao presente.

---

[26] Ernst Bloch, *The Principle of Hope*. Cambridge, Massachusetts: MIT, 1985, t. III. Para uma discussão sobre a política do antiutopianismo, esperança e luta nas teorias radicais da educação, cf. H.A. Giroux, "Solidarity, Struggle, and the Public Sphere, parts 1 & 2". *The Review of Education*, 12, n. 3-4, verão e outono de 1986.

[27] Este tema está mais desenvolvido nas diversas obras e tradições da teologia da libertação. Para uma revisão perspicaz e uma análise crítica dessa perspectiva, cf. Rebecca S. Chopp, *The Praxis of Suffering*. Maryknoll, Nova York: Orbis, 1986.

[28] Cf. Herbert Marcuse, *Eros and Civilization*. Boston: Beacon Press, 1955; e Paul Ricoeur, *Freud and Philosophy: An Essay on Interpretation*, traduzido por Denis Sauvage. New Haven: Yale University, 1970.

[29] Martin Jay, "Anamnestic Totalization". *Theory and Society*, 11, 1982, p. 13.

Teorizar a alfabetização como uma forma de política cultural pressupõe que as dimensões social, cultural, política e econômica da vida quotidiana sejam as categorias primordiais para a compreensão da escolarização contemporânea. Dentro deste contexto, a vida escolar não é concebida como um sistema unitário, monolítico e rígido de regras e regulamentações, mas como um terreno cultural caracterizado pela produção de experiências e de subjetividades em meio a variados graus de acomodação, contestação e resistência. Como forma de política cultural, a alfabetização ao mesmo tempo ilumina e examina a vida escolar como um lugar caracterizado por uma pluralidade de linguagens e de lutas conflitantes, local em que as culturas dominante e subalterna entram em conflito e onde professores, alunos e administradores escolares frequentemente divergem quanto a como se devem definir e compreender as experiências e as práticas escolares.[30] Dentro desse tipo de análise, a alfabetização proporciona um foco importante para a compreensão dos interesses e princípios políticos e ideológicos em jogo nos entrechoques e nos intercâmbios pedagógicos entre o professor, o educando e as formas de significado e de conhecimento que eles produzem em conjunto.

O que está em jogo aqui é a noção de alfabetização que estabelece relações de poder e de conhecimento não apenas a *o que* os professores ensinam, mas também aos significados produtivos que os alunos, com todas as suas

[30] Peter McLaren, *Schooling as a Ritual Performance*. Nova York: Routledge and Kegan Paul, 1986.

diferenças culturais e sociais, trazem para as salas de aula como parte da produção de conhecimento e da construção de identidades pessoais e sociais. Neste caso, definir alfabetização no sentido freiriano, como uma leitura do mundo e da palavra, é lançar as bases teóricas para uma análise mais completa de como se produz o conhecimento e de como se constroem as subjetividades no interior de relações de interação, nas quais professores e alunos procuram fazer-se presentes como autores ativos de seus próprios mundos.[31]

Tradicionalmente, os educadores radicais têm enfatizado a natureza ideológica do conhecimento (ou como uma forma de crítica ideológica ou como um conteúdo ideologicamente correto a ser passado claramente aos alunos) como o centro primordial do trabalho educativo crítico. É essencial nessa perspectiva uma visão do conhecimento que sugere que ele é produzido na cabeça do educador ou professor/teórico e não em um engajamento interativo que se expressa pelo processo de escrever, falar, debater e lutar a respeito do que se considera conhecimento legítimo. Em suma, o pensamento abstrai-se teoricamente a partir de sua própria produção, como parte de um embate pedagógico, e é, também, subteorizado pelo modo como é confrontado no contexto pedagógico em que é ensinado aos alunos. A ideia de que o conhecimento não se pode construir fora de um embate pedagógico perde-se no pressuposto errôneo de que o conteúdo de verdade do conhecimento é a questão mais fundamental a ser tratada ao ensinar alguém. Desse modo, a importância da noção da pedagogia como

[31] Roger Simon, op. cit., p. 4.

parte de uma teoria crítica da educação ou é subteorizada ou simplesmente esquecida. O que muitas vezes tem emergido dessa maneira de ver é uma divisão de trabalho em que os teóricos que produzem conhecimento estão restritos à universidade, os que simplesmente o reproduzem são encontrados como professores de escolas básicas e os que passivamente o recebem, sob a forma de migalhas, em todos os níveis de escolaridade, desempenham o papel de alunos. Essa recusa em desenvolver o que David Lusted chamou de pedagogia da teoria *e* do ensino não apenas identifica erradamente o conhecimento como uma produção isolada de significado, como também nega o conhecimento e as formas sociais pelas quais os alunos dão importância às próprias vidas e experiências. Sobre essa questão, vale a pena reproduzir Lusted.

> O conhecimento não se produz em intenção daqueles que acreditam ser seus detentores, quer com a caneta, quer com a voz. Ele se produz no processo de interação, entre o escritor e o leitor, no momento da leitura, e entre o professor e o educando, no momento em que se encontram na sala de aula. O conhecimento não é tanto aquilo que se oferece, quanto aquilo que é compreendido. Pensar em campos de corpos de conhecimento como se fossem propriedade de acadêmicos e de professores está errado. Isso rejeita uma igualdade nas relações em momentos de interação e privilegia impropriamente um dos lados do intercâmbio, e o que esse lado "sabe", em detrimento do outro lado. Além disso, para produtores culturais críticos, manter essa visão do conhecimento traz consigo sua própria pedagogia, uma

> pedagogia autocrática e elitista. Não é só que isso renegue o valor do que os educandos sabem, o que realmente faz, mas que identifica erroneamente as condições necessárias para o tipo de aprendizagem — crítica, engajada, pessoal e social — exigida pelo próprio conhecimento.[32]

No sentido mais óbvio, essa posição é exemplificada pelos professores que definem o êxito de seu ensino exclusivamente pela correção ideológica da disciplina que ensinam. Exemplo clássico é o da professora de classe média, horrorizada, com razão, com o sexismo manifestado pelos alunos homens de sua classe. A professora reage apresentando aos alunos grande número de artigos feministas, filmes e outros materiais curriculares. Em vez de reagirem com gratidão, por estarem sendo politicamente esclarecidos, os alunos reagem com escárnio e resistência. A professora fica frustrada, enquanto o sexismo dos alunos parece tornar-se ainda mais acirrado. Nesse confronto, surgem diversos erros pedagógicos e políticos. Em primeiro lugar, em vez de prestar um pouco de atenção a como os alunos produzem significado, a professora radical admite, erroneamente, como evidente por si mesma, a natureza da correção política e ideológica de sua posição. Ao fazê-lo, assume um discurso autoritário que não dá aos alunos a possibilidade de contar suas histórias pessoais, de apresentar e em seguida questionar as experiências que põem em jogo. A seguir, negando aos alunos a oportunidade de questionar e investigar a ideologia do sexismo como uma experiência problemática, a professora

---

[32] David Lusted, "Why Pedagogy?". *Screen*, 27, setembro-outubro de 1986, pp. 4-5.

não apenas solapa as vozes desses alunos, como ainda demonstra aquilo que, aos olhos deles, não passa de mais um exemplo de autoridade institucional de classe média a lhes dizer o que devem pensar. Em consequência, o que de início parece ser uma intervenção pedagógica legítima da voz de uma professora radical, acaba por solapar suas próprias convicções ideológicas, por ignorar a relação complexa e fundamental entre ensino, aprendizagem e cultura dos alunos. As melhores intenções da professora são, desse modo, subvertidas pelo emprego de uma pedagogia que participa exatamente da lógica dominante que ela busca contestar e destruir. O importante a reconhecer, neste caso, é que uma teoria radical da alfabetização precisa erguer-se sobre uma teoria dialética da voz e do *empowerment*. No sentido mais geral, isso significa vincular as teorias de ensino e aprendizagem a teorias mais amplas da ideologia e da subjetividade. O modo como professores e alunos leem o mundo, neste caso, está inextricavelmente ligado a formas de pedagogia que podem funcionar ou para silenciar e marginalizar os alunos ou para legitimar suas vozes, num esforço para os *empower* como cidadãos críticos e ativos.[33]

Desenvolver uma pedagogia radical coerente com a visão de alfabetização e de voz proposta por Freire e Macedo implica também repensar a natureza mesma do discurso curricular. De início, isso exige compreender o currículo como representativo de um conjunto de interesses subjacentes que estruturam o modo pelo qual

[33] Importante análise sobre temas semelhantes encontra-se em Kathleen Weller, *Women Teaching for Change*. South Hadley, Massachusetts: Bergin and Garvey, 1987.

determinada história é contada mediante a organização do conhecimento, das relações sociais, dos valores e das formas de avaliação. O currículo representa uma narrativa ou voz, a qual é multifacetada e muitas vezes contraditória, mas situada também dentro de relações de poder que, com maior frequência, favorecem os alunos brancos, do sexo masculino, de classe média, de língua inglesa. O que isso indica, para uma teoria da alfabetização e da pedagogia críticas, é que o currículo, no sentido mais fundamental, é um campo de batalha sobre cujas formas de conhecimento a história, as visões, a linguagem, a cultura e a autoridade predominam como um objeto legítimo de aprendizagem e de análise.[34] Finalmente, o currículo é uma outra instância de uma política cultural cujas práticas significativas contêm não só a lógica da legitimação e da dominação, mas também a possibilidade de formas transformadoras e *empowering* de pedagogia.

Além de tratar o currículo como uma narrativa cujos interesses devem ser postos a descoberto e examinados criticamente, os professores radicais devem desenvolver condições pedagógicas em suas salas de aula que permitam que as diversas vozes dos alunos sejam ouvidas e legitimadas. O tipo de pedagogia crítica que aqui se propõe preocupa-se fundamentalmente com a experiência do aluno; ela tem como ponto de partida os problemas e as necessidades dos próprios alunos. Isso propõe tanto a confirmação quanto a legitimação do conhecimento e da experiência por meio

[34] Uma admirável história do currículo como campo de luta encontra-se em Herbert M. Kliebard, *The Struggle for the American Curriculum, 1893-1958*. Nova York: Routledge and Kegan Paul, 1986.

dos quais os alunos dão sentido às próprias vidas. Mais evidente ainda, isso significa substituir o discurso autoritário da imposição e da aula por uma voz capaz de falar nos próprios termos de cada um, uma voz capaz de escutar, recontar e desafiar as bases mesmas do conhecimento e do poder.[35]

É importante realçar que uma pedagogia crítica da alfabetização e da voz deve estar atenta à natureza contraditória da experiência e da voz do aluno e, por isso, estabelecer as bases pelas quais essa experiência pode ser examinada e analisada com respeito tanto a suas forças, quanto a suas fraquezas. Neste caso, a voz não apenas proporciona um quadro de referência teórico que alicerça a subjetividade e a aprendizagem, como ainda proporciona um referente para a crítica à espécie de louvor romântico da experiência do aluno, que caracterizou grande parte da pedagogia radical do início dos anos 1960. O que está em questão aqui é a vinculação da pedagogia da voz do aluno a um projeto do possível, que permite que os alunos afirmem e exaltem a interação de diversas vozes e experiência, ainda que ao mesmo tempo reconheçam que essas vozes devem sempre ser examinadas quanto aos diversos interesses ontológicos, epistemológicos, éticos e políticos que representam. Como uma forma de produção histórica, textual, política e sexual, a voz do aluno deve radicar-se numa pedagogia que permita que os alunos falem e que compreendam a natureza da diferença como parte tanto de uma tolerância democrática e de uma condição fundamental para o

[35] H.A. Giroux, "Radical Pedagogy and the Politics of Student Voice". *Interchange*, 17, 1986, pp. 48-69.

diálogo crítico, quanto do desenvolvimento de formas de solidariedade enraizadas nos princípios da confiança, do compartilhamento e num compromisso com a melhoria da qualidade da vida humana. Uma pedagogia de alfabetização crítica e de voz precisa desenvolver-se em torno de uma política de divergência e de comunidade, que não se baseia apenas numa exaltação à pluralidade. Uma pedagogia como essa deve ser conseguida a partir de uma determinada forma de comunidade humana em que a pluralidade seja dignificada mediante a construção de relações sociais em sala de aula em que todas as vozes se unifiquem, em suas divergências, tanto em seu esforço para identificar e relembrar momentos do sofrimento humano, quanto em suas tentativas para superar as condições que perpetuam aquele sofrimento.[36]

Em segundo lugar, uma pedagogia crítica deve levar muito a sério a articulação de uma moralidade que postule uma linguagem da vida pública, de comunidade emancipadora e do comprometimento individual e social. Os alunos devem ser introduzidos a uma linguagem do *empowerment* e da ética radical que lhes permita pensar a respeito de como a vida em comunidade deve ser construída em torno de um projeto do possível. Roger Simon exprimiu com muita clareza essa posição da seguinte maneira:

> Uma educação que *empowers* a possibilidade propõe questões sobre como podemos trabalhar para a re-construção da imaginação social a serviço da liberdade humana. Que noções de saber e que formas de aprender darão sustentação a isso? Creio

[36] Sharon Welch, *Communities of Resistance and Solidarity*. Nova York: Orbis, 1985.

que o projeto do possível exige uma educação radicada numa visão da liberdade humana como a compreensão da necessidade e a transformação da necessidade. Essa é a pedagogia que exigimos, aquela cujos padrões e objetivos finais sejam determinados com relação a metas de crítica e com a intensificação da imaginação social. O ensino e a aprendizagem devem estar vinculados à meta de educar os alunos para correr riscos, para lutar com as relações de poder vigentes, para apropriar-se criticamente das formas de conhecimento existentes fora de sua experiência imediata, e para imaginar versões de um mundo que (no sentido blochiano) "ainda não é" — a fim de serem capazes de alterar as bases sobre as quais a vida é vivida.[37]

Em terceiro lugar, os professores devem propiciar aos alunos a oportunidade de examinar diversas linguagens ou discursos ideológicos, como se encontram desenvolvidos numa variedade de textos e de materiais curriculares. Isso é importante por diversas razões. Uma pedagogia crítica precisa primeiro validar e investigar a produção de leituras diferenciais. Ao fazê-lo, os alunos são estimulados a engajar-se na tarefa teórica e prática de examinar suas próprias posições teóricas e políticas. A seguir, uma pedagogia desse tipo deve criar as condições de sala de aula necessárias para a identificação e a problematização das maneiras contraditórias e múltiplas de ver o mundo que os alunos usem para a construção de sua própria visão do mundo. A questão aqui é, pois, desenvolver e examinar a fundo o modo como os alunos executam determinadas operações ideológicas para desafiar ou para adotar certas posições

[37] R. Simon, op. cit., pp. 11-2.

apresentadas nos textos e contextos de que dispõem, tanto na escola quanto na sociedade mais ampla. Em seguida a isso, e essencial para o desenvolvimento de uma compreensão crítica e dialética da voz, encontra-se a necessidade de os professores reconhecerem que os significados e ideologias do texto não são as únicas posições de que os alunos podem apropriar-se.[38] Uma vez que a subjetividade e a identidade cultural do aluno são, elas mesmas, contraditórias, é importante que se vincule o modo como os alunos produzem significado aos diversos discursos e formações sociais, exteriores à escola, que constroem ativamente suas experiências e subjetividades contraditórias.

Em quarto lugar, como parte do discurso da alfabetização e da voz, os educadores críticos precisam examinar os interesses sociais e políticos que constroem suas próprias vozes. Especialmente importante é que os professores levem em conta o modo pelo qual tais interesses ideológicos estruturam sua capacidade *tanto* para ensinar *quanto* para aprender com outros. Uma teoria radical da alfabetização e da voz deve permanecer atenta à afirmação de Freire de que todos os educadores críticos são também educandos. Não se trata meramente de aprender a respeito do que os alunos devem saber; trata-se, muito mais, de aprender a como renovar uma forma de autoconhecimento mediante uma compreensão da comunidade e da cultura que constitui ativamente as vidas de seus alunos. Dieter Misgeld diz isso muito bem:

> A transformação social contém em si e exige a autoformação. [...] A identidade dos educandos e dos professores está tão em

[38] G. Swanson, op. cit.

> questão, e deve ser descoberta por meio da pedagogia em que eles cooperam, quanto o conteúdo daquilo que aprendem. [...] Os pedagogos de Freire (professores-alunos, ou animadores de atividades nos círculos de cultura) podem, por isso, permitir-se aprender, e devem aprender de seus alunos. A aprendizagem de que estamos falando não é meramente incidental. Não se trata simplesmente de uma questão de monitoramento do desempenho do aluno, de modo que uma tarefa de aprendizagem possa ser apresentada com maior eficiência didática. Em vez disso, o propósito da aventura educativa é aprendido e re-aprendido dos alunos e com os alunos. Os alunos fazem com que os professores se lembrem da tarefa essencial da aprendizagem: que a aprendizagem e o ensino destinam-se a levar a cabo o autoconhecimento com o conhecimento da própria cultura (e "do mundo", como Freire diz). Aprende-se a compreender, a estimar e a afirmar sua participação como membro da cultura. Cada qual é alguém para quem a cultura existe. Aprende-se sobre si mesmo como um "ser de decisão" e como um "sujeito ativo do processo histórico".[39]

Juntamente com a implicação de que os educadores precisam levar em conta constantemente tanto a palavra quanto o mundo, encontra-se o pressuposto menos óbvio de que os professores precisam desenvolver práticas educativas em que professores e alunos se comprometam uns com os outros como agentes de culturas diferentes/semelhantes. Isso

---

[39] Dieter Misgeld, "Education and Cultural Invasion: Critical Social Theory, Education as Instruction, and the 'Pedagogy of the Oppressed'", in John Forester (org.), *Critical Theory and Public Life*. Cambridge, Massachusetts: MIT, 1985, pp. 106-7.

mostra como é importante que os professores desenvolvam pedagogias que lhes permitam afirmar suas próprias vozes, ao mesmo tempo que conseguem estimular os alunos a afirmar, contar e recontar suas narrativas pessoais pelo exercício de suas próprias vozes. Isso indica, também, que a autoridade institucional e autoconstituída, que oferece a base para discurso do professor, não é desculpa para recusar aos alunos a oportunidade de questionar seus pressupostos mais fundamentais. Isso constitui menos um argumento para solapar ou anular a autoridade e o fundamento da voz do professor, do que para propiciar o fundamento pedagógico para compreender como e por que essa autoridade se construiu e a que propósito ela serve. É importante, também, que os professores reconheçam como muitas vezes silenciam os alunos, mesmo quando agem com a melhor das intenções.[40] Isso sugere que se atente criticamente, não só à imediação da própria voz, como parte do aparato estabelecido de poder, mas também aos medos, à resistência e ao ceticismo que os alunos oriundos de grupos subalternos trazem consigo para o cenário da escola.

Em quinto lugar, as vozes que estruturam o ambiente escolar têm sido muitas vezes teorizadas de maneira imprópria, por educadores de esquerda, como parte de um antagonismo inconciliável entre, de um lado, a voz do professor e da escola e, de outro, as vozes dos grupos subalternos de alunos. Caindo na armadilha de uma lógica polarizadora de reprodução *versus* resistência, esse discurso oferece uma compreensão inadequada de como o significado é negociado e transformado nas escolas; e também não deixa espaço algum para o desenvolvimento de um discurso programático de transformação

[40] Michelle Fine, "Silencing in Public Schools". *Language Arts*, 64, 1987, pp. 157-74.

e possibilidade. Freire e Macedo devem ser enaltecidos por proporcionarem, em suas discussões sobre a voz e sobre a importância do diálogo, uma leitura alternativa do que se dá nas escolas em torno da produção e da transformação do significado. Embora o discurso oficial da escola e a voz subalterna dos alunos possam ser moldados a partir de necessidades diversas, existe uma frequente interação entre eles que resulta num processo de definição e de coerção recíprocas.[41] Isso indica haver uma interação muito mais sutil entre a ideologia dominante das escolas e as ideologias dos variados alunos que nela se encontram. É preciso reconhecer que essa posição vai bem mais longe do que o modelo reprodutivo da escola, desenvolvido por teóricos tão diferentes quanto Paul Willis, na Inglaterra, e Sam Bowles e Herb Gintis, nos Estados Unidos.[42] Não se pode desprezar a natureza característica das oscilantes formas de acomodação, resistência e questionamento que definem a qualidade particular da complexa interação entre as vozes do professor e do aluno, em especial por ser exatamente essa qualidade que mostra a importância de sempre se analisar a cultura escolar dominante como parte de um contexto histórico, social e pedagógico determinado. Essa visão da voz e da pedagogia proporciona, também, a base para o desenvolvimento de possíveis alianças e projetos em torno dos quais professores e alunos podem dialogar e lutar juntos a fim de fazer com que suas respectivas posições sejam ouvidas fora das salas de aula e na comunidade mais ampla.

---

[41] Esse tema encontra-se bem desenvolvido em Adrian T. Bennet e Michelle Sola, "The Struggle for Voice: Narrative, Literacy, and Consciousness in an East Harlem School". *Boston University Journal of Education*, 167, 1985, pp. 88-110.

[42] Samuel Bowles e Herbert Gintis, *Schooling in Capitalist Society*. Nova York: Columbia University, 1981.

Cabe repetir que a abordagem da alfabetização desenvolvida por Freire e Macedo nestas páginas não é simplesmente sobre *empowering* os alunos, mas refere-se, também, ao *empowerment* dos professores como parte do projeto mais amplo de reconstrução social e política. Stanley Aronowitz e eu temos afirmado que a alfabetização crítica é uma precondição para o engajamento no trabalho pedagógico radical e na ação social.[43] Para essa luta, é fundamental a necessidade de redefinir a natureza do trabalho dos professores como intelectuais transformadores. A categoria de intelectual é importante, neste caso, para a análise, tanto das práticas ideológicas e materiais particulares que estruturam as relações pedagógicas em que se envolvem os professores, quanto para identificar a natureza ideológica dos interesses que os professores produzem e legitimam como parte da cultura mais ampla. A noção de intelectual oferece um referente para criticar aquelas formas de pedagogias gerenciais, esquemas contábeis e currículos "à prova de professor" que definiriam os professores simplesmente como técnicos. Além disso, oferece a base teórica e política para que os professores se engajem num diálogo crítico entre si e com outros a fim de lutar pelas condições de que necessitam para refletir, ler, partilhar seu trabalho com outros e produzir materiais curriculares.

Atualmente, nos Estados Unidos, os professores não só estão sofrendo a investida da nova direita e do governo federal, como ainda trabalham sob condições recheadas, de maneira

[43] S. Aronowitz e H.A. Giroux, op. cit., especialmente cap. 2, pp. 23-46.

esmagadora, de coerções organizacionais e condições ideológicas que não lhes dão um mínimo de espaço para o trabalho coletivo e para atividades críticas. Sua carga horária é grande demais, geralmente estão isolados em estruturas celulares e têm pouca oportunidade de trabalhar coletivamente com seus pares. Além disso, são impedidos de exercer seu próprio conhecimento relativo à seleção, organização e distribuição de materiais de ensino. Mais ainda, os professores atuam muitas vezes sob condições de trabalho degradantes e opressivas. Isso está ilustrado de maneira vigorosa em recente estudo sobre professores das escolas primárias da região de Boston, realizado por Sara Freedman, Jane Jackson e Katherine Boles. Elas descobriram que a retórica muitas vezes associada à visão que o público tem da escola está indiscutivelmente em desacordo com as funções que se pediam aos professores para desempenhar em seus cargos. Por exemplo, as escolas são incumbidas de preparar as crianças para a idade adulta, mas os professores mesmos eram tratados como incapazes de fazer julgamentos maduros; as escolas recebem a responsabilidade de estimular o senso de autonomia e de confiança nos alunos, mas os professores, nesse estudo, eram constantemente fiscalizados, dentro de uma rede de vigilância administrativa, sugerindo que nem mereciam confiança nem podiam trabalhar autonomamente; exige-se que as escolas criem cidadãos capazes de ponderar as implicações de suas ações numa sociedade democrática e, no entanto, esses professores executavam seu trabalho dentro de uma rede de relações de trabalho rigidamente hierarquizada e sexista; pior ainda, exigia-se que ensinassem as crianças a assumir riscos, a pesar alternativas e a exercer julgamento independente, enquanto eles eram restritos a práticas didáticas que enfatizavam os aspectos repetitivos, mecânicos e técnicos do ensino e da avaliação.[44]

É importante que se realce vigorosamente que os professores não podem assumir o papel de intelectuais críticos dedicados a uma pedagogia da alfabetização e da voz, a não ser que existam as condições ideológicas e materiais adequadas para dar sustentação a esse papel. Essa batalha deve ser travada não apenas quanto à questão de *que e como* ensinar, mas também quanto às *condições materiais* que possibilitam e dificultam o trabalho pedagógico. É uma consideração tanto teórica quanto prática a que os professores radicais têm de recorrer como parte de uma teoria de alfabetização crítica e voz. Não se pretende que a enorme dimensão política de tal tarefa leve os professores ao desespero, mas, ao contrário, que lhes proponha que, lutando por condições que apoiem o ensino participativo, a escrita e a pesquisa coletivas e o planejamento democrático, os professores começarão a fazer as necessárias incursões para a abertura de novos espaços para o discurso e a ação criativos e reflexivos. Nunca será demais enfatizar a importância de criar esse tipo de discurso crítico e as condições que lhe dão sustentação. Pois somente dentro de um discurso como esse e das condições práticas necessárias para concretizar seus interesses é que se pode desenvolver uma pedagogia emancipadora, pedagogia que relacione linguagem e poder, que leve a sério as experiências populares como parte do processo de aprendizagem, que combata a mistificação e que ajude os alunos

---

[44] Katherine Boles, Sara Freedman e Jane Jackson, "The Other End of the Corridor: The Effect of Teaching on Teachers". *Radical Teacher*, 23, 1983, pp. 2-23.

a reordenar a experiência bruta de suas vidas por meio das perspectivas abertas por abordagens da aprendizagem baseadas no modelo de alfabetização crítica proposto por Freire e Macedo.

Naturalmente, enquanto as escolas não possam ser feitas de molde a *empower* professores e alunos, os educadores precisam compreender a crise ideológica e política atual que envolve a finalidade da escola pública. Como parte da atual investida política contra os serviços públicos e a justiça social em geral, as escolas estão sendo, cada vez mais, subordinadas aos ditames dos interesses neoconservadores e de direita que, de bom grado, fariam dela anexos do local de trabalho ou da igreja. Numa sociedade democrática, as escolas jamais poderão ser reduzidas a armazéns de grandes companhias ou a campos de treinamento para cristãos fundamentalistas. Nesta época em que a democracia muitas vezes parece estar recuando, é preciso que as escolas sejam recuperadas, e que se lute por elas como esferas públicas democráticas. Mais especificamente, os educadores progressistas devem unir-se e com membros de outros movimentos sociais para lutar pela importância e pela prática da alfabetização crítica, como parte do processo indispensável de formação do indivíduo e da sociedade necessária à criação de formas de vida pública essenciais ao desenvolvimento e à manutenção de uma democracia radical. Isso sugere não só um novo plano em torno do qual desenvolver a reforma da escola pública, mas também um plano para a vinculação de grupos políticos progressistas divergentes. A alfabetização é indispensável a todos os aspectos da teoria crítica e da práxis radical, e deve proporcionar a base para voltar a injetar o pedagógico dentro do significado da política. Freire e Macedo devem ser enaltecidos por nos oferecerem neste livro uma visão da alfabetização e da voz que demonstra e afirma a importância da escola como parte da luta pela expansão das possibilidades humanas dentro de um discurso que propõe novas questões, revela a importância da solidariedade democrática e propõe a prioridade de uma lógica que dignifica a importância da democracia radical e da justiça social.

Henry A. Giroux
Universidade de Miami
Oxford, Ohio

1

Repensando a alfabetização: um diálogo

Macedo: A ideia de alfabetização emancipadora sugere duas dimensões da alfabetização. Por um lado, os alunos devem alfabetizar-se quanto às próprias histórias, a experiências e à cultura de seu meio ambiente imediato. Por outro lado, devem também apropriar-se dos códigos e culturas das esferas dominantes, de modo que possam transcender a seu próprio meio ambiente. Muitas vezes, há enorme tensão entre essas duas dimensões da alfabetização. Como pode a alfabetização emancipadora lidar eficientemente com essa tensão de modo a não sufocar nenhuma dessas dimensões? E como lidar com a consciência ou a subjetividade dos educandos?

Freire: Comecemos pelo fim: a consciência é gerada na prática social de que se participa. Mas tem, também, uma dimensão individual. Minha compreensão do mundo, meus sonhos sobre o mundo, meu julgamento a respeito do mundo, tendo, tudo isso, algo de mim mesmo, de minha individualidade, tem que ver diretamente com a prática social de que tomo parte e com a posição que nela ocupo. Preciso de tudo isso para começar a perceber como estou sendo. Não me compreendo se trato de me entender à luz apenas do que penso ser individualmente ou se, por outro lado, me reduzo totalmente ao social. Daí a importância da subjetividade. Mas não posso separar minha subjetividade da objetividade em que se gera.

Quando, em sua pergunta, indaga sobre como lidar com a dimensão individual da consciência social, você sublinha a tensão que experimentamos sempre entre o individual e o social. Creio que uma educação crítica, uma educação nos moldes do que Henry Giroux chama de pedagogia radical, deve considerar esta tensão trabalhando-a seriamente.

Tem-se que aprender a lidar com esta relação. Ao formular uma teoria da educação, não se deve negar o social, o objetivo, o concreto, o material nem acentuar apenas o desenvolvimento da consciência individual. Ao compreender o papel da objetividade, deve-se, igualmente, estimular o desenvolvimento da dimensão individual.

Voltemos ao primeiro momento de sua pergunta, que envolve igualmente tensão. A tensão que resulta do encontro ou desencontro entre o mundo do educador e o mundo dos educandos, não importa se sejam estes meninos ou adultos.

Se, de um lado, cometeria um grande erro, o educador progressista que, em nome do respeito à cultura, à identidade cultural dos educandos, reduzisse sua prática político-educativa a um *basismo*, sempre míope, a um *focalismo*, sempre alienante, não menos míope e alienante seria a prática educativa que, autoritária e arrogante, menosprezasse, como coisa imprestável, o saber popular, a linguagem popular, os sonhos do povo. Não é possível superar a ingenuidade, o senso comum, sem "assumi-los". Já disse uma vez e vale a pena repetir: ninguém chega *lá* partindo de *lá*, mas *daqui*.

Macedo: A questão fundamental é como lidar com a consciência individual, como ela é enfatizada na alfabetização emancipadora, quando essa consciência pode estar em contraposição à consciência social coletiva.

FREIRE: Examinando os vários modos de viver e de ser, legitimados numa sociedade tão complexa como a dos Estados Unidos, encontra-se, por exemplo, um inegável gosto pelo individualismo. Porém, o gosto que cada pessoa demonstra pelo individualismo é a expressão particular de uma consciência social dessa pessoa.

MACEDO: Isso é parte da questão que eu queria propor: como pode alguém desenvolver uma consciência crítica sem contemplar o conceito da realidade da consciência social? Ou seja, será possível evitar o embate permanente que existe entre a consciência individual e a consciência coletiva?

FREIRE: Se se tomar o tratamento individualista da dimensão social, uma prática educativa torna-se crítica quando um educador, como Henry Giroux ou Stanley Aronowitz, ou você, tem um diálogo com os alunos e os desafia metodicamente a descobrir que uma postura crítica implica necessariamente o reconhecimento da relação entre objetividade e subjetividade. Eu a chamaria de crítica, porque, em muitos casos, os indivíduos ainda não se terão percebido como sendo socialmente condicionados.

Quando desafiados por um educador crítico, os alunos começam a compreender que a dimensão mais profunda de sua liberdade encontra-se precisamente no reconhecimento das coerções que podem ser superadas. Então descobrem, no processo de se tornarem cada vez mais críticos, que é impossível negar o poder constitutivo de sua consciência na prática social de que participam. Por outro lado, percebem que, mediante sua consciência, ainda que não seja ela a artífice todo-poderosa de sua realidade social, eles transcendem a realidade estabelecida e a questionam. Essa diferença de comportamento leva o indivíduo a se tornar cada vez mais crítico; isto é, os alunos assumem uma postura crítica na medida em que compreendem como e o que constitui a consciência do mundo.

Macedo: O pressuposto dessa postura crítica põe fim à tensão que discutimos antes?

Freire: De modo algum. A tensão continua. Mas, para mim, uma pedagogia perfeitamente definida pode acentuar a presença dessa tensão. Contudo, o papel mais importante da pedagogia crítica não é terminar com as tensões. O papel mais importante da pedagogia crítica é levar os alunos a reconhecer as diversas tensões e habilitá-los a lidar com elas eficientemente. Tentar negar essas tensões acaba por negar o próprio papel da subjetividade. A negação da tensão significa a ilusão de ter superado essas tensões quando, na verdade, elas estão apenas ocultas.

Não podemos existir fora de uma interação de tensões. Mesmo aqueles que vivem passivamente não escapam a certa dose de tensões. Frequentemente, há uma recusa de tensões, mas essas tensões devem ser, de um lado, aceitas, de outro, compreendidas na sua razão de ser. De fato, creio que uma tarefa da pedagogia radical é esclarecer a natureza das tensões e a maneira de melhor lidar com elas.

Macedo: Um programa de alfabetização crítica, que papel pode desempenhar no inter-relacionamento entre o discurso produtivo, o texto e o discurso oral?

Freire: É impossível levar avante meu trabalho de alfabetização, ou compreender a alfabetização (e aqui tenho de me repetir, pois não tenho um modo melhor de responder à sua pergunta), separando completamente a leitura da palavra da leitura do mundo. Ler a palavra e aprender como escrever a palavra, de modo que alguém possa lê-la depois, são precedidos do aprender como "escrever" o mundo, isto é, ter a experiência de mudar o mundo e de estar em contato com o mundo.

MACEDO: Como você desenvolve especificamente a consciência do mundo no processo de alfabetização?

FREIRE: A consciência do mundo constitui-se na relação com o mundo; não é parte do eu. O mundo, enquanto "outro" de mim, possibilita que eu me constitua como "eu" em relação a "você". A transformação da realidade objetiva (o que chamo de "escrita" da realidade) representa exatamente o ponto a partir do qual o animal que se tornou humano começou a "escrever" história. Isso teve início no momento em que as mãos, liberadas, começaram a ser usadas de maneira diferente. À medida que essa transformação tinha lugar, a consciência do mundo "contatado" ia-se constituindo. Precisamente essa consciência do mundo, tocado e transformado, é que gera a consciência do eu.

Durante muito tempo, esses seres, que estavam se fazendo, "escreveram" o mundo mais do que falaram o mundo. Tocavam diretamente o mundo e agiam diretamente sobre ele, antes de falarem a seu respeito. Algum tempo mais tarde, no entanto, esses seres começaram a falar a respeito do mundo transformando-se. E começaram a falar a respeito dessa transformação. Depois de outro longo período de tempo, esses seres começaram a registrar graficamente a fala a respeito da transformação. A leitura do mundo precede mesmo a leitura da palavra. Os alfabetizandos precisam compreender o mundo, o que implica falar a respeito do mundo.

O exercício da oralidade é fundamental na prática da alfabetização, mesmo que ocorra numa cultura como a dos Estados Unidos, por exemplo, cuja memória é preponderantemente escrita, e não oral como a da África, ou preponderantemente oral, como a nossa. Considerando esses diversos momentos, que ocorreram no passar de milênios, e considerando também a experiência moderna, não é viável separar o processo de alfabetização dos processos educativos gerais. Não é viável separar a alfabetização do processo produtivo da sociedade. O ideal é uma abordagem concomitante, em que a alfabetização evolua em diversos ambientes, tais como o local de trabalho. Porém, mesmo quando a alfabetização não pode ocorrer em diversos ambientes, julgo impossível dicotomizar o que ocorre no processo econômico do que se discute com e se ensina aos alfabetizandos.

Finalmente, uma alfabetização crítica, sobretudo uma pós-alfabetização, não pode deixar de lado as relações entre o econômico, o cultural, o político e o pedagógico.

Macedo: Por falar em produção cultural, gostaria de lhe perguntar a respeito da relação entre educação, inclusive alfabetização, e cultura. Contudo, temos que levar em conta a existência de várias definições de cultura. Por "cultura" não quero dizer aquilo que é representativo dos elementos dominantes da elite, isto é, cultura com C maiúsculo. A cultura não é um sistema autônomo, mas sim um sistema caracterizado por estratificação e tensões sociais. Para ser preciso, tenho em mente a definição de cultura de Richard Johnson, que contém as três premissas principais seguintes:

1. Os processos culturais estão intimamente ligados às relações sociais, especialmente às relações de classe e às formações de classe, com divisões sexuais, com a estruturação racial das relações sociais e com as opressões da idade como forma de dependência.
2. A cultura implica poder e contribui para produzir assimetrias nas capacidades do indivíduo e de grupos sociais para definir e concretizar suas necessidades.
3. A cultura não é autônoma nem um campo externamente determinado, mas um local de diferenças e lutas sociais.[45]

Dado o leque de fatores que interagem na produção e reprodução cultural, de que modo uma alfabetização emancipadora pode transcender as barreiras de classe social para ter contato com todos esses outros fatores relacionados com a cultura? Além disso, você poderia falar também sobre a educação em geral e a alfabetização em particular como fatores de cultura?

Freire: A alfabetização e a educação, de modo geral, são expressões culturais. Não se pode desenvolver um trabalho de alfabetização fora do mundo da cultura, porque a educação é, por si mesma, uma dimensão da cultura. Parece-me fundamental, porém, na prática educativa, que os educadores não apenas reconheçam a natureza cultural do seu *quefazer*, mas também desafiem os educandos a fazer o mesmo reconhecimento. Reconhecer, contudo, a natureza cultural da educação não significa abençoar toda expressão cultural, mas reconhecer que a própria luta pela superação do que Amílcar Cabral chamava "fraquezas da

[45] Richard Johnson, "What is Cultural Studies Anyway?". *Angistica*, 26, n. 1 e 2, 1983.

cultura" passa pela assunção da própria fraqueza. Daí que a educação deva tomar a cultura que a explica, pelo menos em parte, como objeto de uma cuidadosa compreensão, com o que a educação se questiona a si mesma. E quanto mais se questiona na cultura e na sociedade em que se dá, tanto mais se vai tornando claro que a cultura é uma totalidade atravessada por interesses de classe, por diferenças de classe, por gostos de classe.

Na sociedade brasileira, por exemplo, não se pode negar que existem determinados padrões comportamentais característicos do comportamento de diferentes classes sociais. O paladar, por exemplo, que também é cultural, é fortemente condicionado pelos limites de classes sociais.

Macedo: Não foi minha intenção centrar a atenção apenas sobre as classes sociais na produção e reprodução culturais. Creio que se devem investigar outras influências culturais na educação.

Freire: Mesmo quando uma pedagogia procura influenciar outros fatores que não podem ser explicados estritamente por uma teoria de classe, ainda assim se tem que levar em conta a questão das classes sociais.

Isso posto, devemos ainda reconhecer que as classes sociais existem e que sua presença é contraditória. Ou seja, a existência de classes sociais provoca um conflito de interesses. Provoca e dá forma a modos culturais de ser e, por isso, gera expressões contraditórias de cultura.

Em geral, os segmentos dominantes de qualquer sociedade falam de seus interesses particulares, de seus gostos, de seus estilos de vida, que encaram como expressões concretas da nacionalidade. Assim, os grupos subalternos, que possuem seus próprios gostos e estilos de vida, não podem falar de seus gostos e estilos como expressões nacionais. Falta-lhes o poder político e econômico para fazê-lo. Só os que têm poder podem generalizar e estabelecer que as características de seu grupo são representativas da cultura nacional. Assim estabelecendo, o grupo dominante necessariamente deprecia todas as características pertencentes aos grupos subalternos, características que se desviam dos padrões estabelecidos.

Isso é especialmente interessante quando se compreende a assimetria gerada pelas instituições sociais e quão importante é o papel dos programas de alfabetização crítica para a desmistificação dos parâmetros artificiais impostos ao povo. A alfabetização crítica deve explicar a validade dos diversos tipos de música, de poesia, de linguagem e de visão do mundo.

Desse ponto de vista, a classe dominante, que possui o poder de definir, caracterizar e descrever o mundo, começa a declarar que a fala habitual dos grupos subalternos é uma forma corrompida, um abastardamento do discurso dominante. Nesse sentido é que os sociolinguistas estão dando uma contribuição considerável para a desmistificação dessas noções. O que eles mostram é que, cientificamente, todas as línguas são válidas, sistemáticas, sistemas normatizados, e que a distinção inferioridade/superioridade constitui um fenômeno social. Uma língua se desenvolve até o ponto em que atinge determinada estabilidade em determinada área e na medida em que é utilizada para a compreensão e expressão do mundo pelos grupos que a usam.

Não se pode, pois, compreender e analisar uma linguagem sem uma análise de classe. Muito embora possamos ter de ultrapassar as fronteiras de classe para compreender determinadas propriedades universais da linguagem, não devemos nem reduzir a pesquisa da linguagem a uma compreensão mecânica nem reduzi-la apenas à análise de classes sociais. Mas temos que fazer com que esta última obtenha uma visão global do sistema total que se esteja investigando.

Penso que todos nós, em última análise, falamos a mesma linguagem (no sentido abstrato) e expressamo-nos de modos diferentes.

Isso tem a ver com a pergunta que você me fez relativa aos diferentes discursos. Se se tomar o caso brasileiro, há o tipo de linguagem falado pela classe dominante e outros tipos falados pelos operários, camponeses e grupos semelhantes. Essas são parte da ideia abstrata que chamamos português do Brasil. Isto não é língua como abstração, mas língua como sistema concreto falado por diversos grupos. Por isso, é importante compreender essas diferentes variedades de linguagem. Elas implicam gramáticas diversas e representações sintáticas e semânticas diversas, condicionadas e explicadas pelas pessoas em posições diferenciadas em relação às forças de produção.

A língua também é cultura. Ela é a força mediadora do conhecimento; mas também é, ela mesma, conhecimento. Creio que tudo isso passa também através das classes sociais. Uma pedagogia crítica propõe essa compreensão cultural dinâmica e contraditória, e a natureza dinâmica e contraditória da educação como um objeto permanente de curiosidade por parte dos educandos. Encontramos, em geral, uma apreciação simplista relativamente a esses fenômenos. É como se tudo já estivesse sabido e estabelecido pelos grupos dominantes. Como se tudo que tem lugar no nível da cultura não tenha nada a ver com outros discursos, tais como o discurso da produção. Uma pedagogia será tanto mais crítica e radical, quanto mais ela for investigativa e menos certa de "certezas". Quanto mais "inquieta" for uma pedagogia, mais crítica ela se tornará.

Uma pedagogia preocupada com as incertezas que se radicam nas questões que discutimos é, pela própria natureza, uma pedagogia que exige investigação. Assim, essa pedagogia será muito mais uma pedagogia da pergunta do que uma pedagogia da resposta.

Macedo: Falemos sobre a alfabetização como a "linguagem do possível" que torna possível que os educandos reconheçam e compreendam suas próprias vozes em meio a uma multidão de discursos com os quais têm que lidar. Como pode uma alfabetização emancipadora garantir a legitimação do discurso de alguém, o qual pode estar numa relação de tensão com outros discursos? Isto é, se a alfabetização emancipadora requer que se louve o discurso de alguém, haverá inevitavelmente discursos concorrentes, todos com a mesma meta em mente. Será possível que haja espaço suficiente dentro de um esforço de alfabetização emancipadora que possibilite que os educandos se apropriem de seus próprios discursos e, simultaneamente, avancem para além deles, de modo a desenvolver competência e desenvoltura ao lidar com outros discursos? Quais os papéis que o discurso do negro norte-americano, o discurso das mulheres e o discurso de grupos étnicos desempenham no processo de alfabetização emancipadora?

Freire: Essa questão transcende a uma compreensão mecânica e estrita do ato de ler, isto é, o ato de aprender a palavra de modo a poder, a seguir, lê-la e escrevê-la. Essa questão traz consigo um sonho que vai além da expectativa de apenas aprender a ler a palavra. Sua pergunta implica uma compreensão profunda do ato de ler. Respeitar os diferentes discursos e pôr em prática a compreensão de pluralidade (a qual exige tanto crítica e criatividade no ato de dizer a palavra, quanto no ato de ler a palavra) exige uma transformação política e social.

Sua pergunta faz-me lembrar de meu sonho de uma sociedade diferente, na qual dizer a palavra seja um direito fundamental e não simplesmente um hábito, no qual dizer a palavra seja o direito de tornar-se partícipe da decisão de transformar o mundo. Dessa perspectiva, ler a palavra que alguém diz pressupõe a reinvenção da sociedade atual. A reinvenção da sociedade, por outro lado, exige a reinvenção do poder. Um projeto político que sonhe apenas com a tomada do poder e a substituição de uma classe por outra não é suficiente.

A questão é o papel da subjetividade na transformação da história. Para mim, a transformação histórica, que é parte de sua pergunta, é mais importante do que a tomada do poder. Não devemos estar preocupados com o simples deslocamento do poder de um grupo para outro. É necessário compreender que, ao tomar o poder, é preciso transformá-lo. Essa recriação e reinvenção do poder passa necessariamente pela reinvenção do ato produtivo. E a reinvenção do ato produtivo tem lugar na medida em que o discurso do povo se legitima em termos dos desejos, decisões e sonhos das pessoas, e não meramente de palavras vazias.

O discurso, como ato transformador, começa a assumir uma participação ativa e decisiva relativamente a o que produzir e para quem. A reinvenção do poder que passa pela reinvenção da produção não pode ter lugar sem a amplificação das vozes que participam do ato produtivo. Em outras palavras, o povo, e não simplesmente uma minoria de especialistas, teria de decidir sobre o que produzir, com base em necessidades reais, e não em necessidades inventadas que, afinal de contas, beneficiam apenas o grupo dominante.

A reinvenção da produção, sem a qual não haveria reinvenção do poder, estimularia a reinvenção da cultura e, com a desta, necessariamente a da linguagem. Por que a maioria do povo está, atualmente, reduzida ao silêncio? Por que tem de abafar seu próprio discurso? Quando são chamados a ler, por que leem apenas o discurso dominante? Os programas de alfabetização em geral oferecem ao povo o acesso a um discurso predeterminado e preestabelecido, enquanto silenciam sua própria voz, a qual deve ser amplificada na reinvenção da nova sociedade com a qual eu sonho. A reinvenção do poder, que passa pela reinvenção da produção, traria consigo a reinvenção da cultura, dentro da qual se criariam ambientes para incorporar, de maneira participativa, todos aqueles discursos que atualmente estão sufocados pelo discurso dominante.

A legitimação desses diversos discursos legitimaria a pluralidade de vozes na reconstrução de uma sociedade verdadeiramente democrática. Então, nessa sociedade imaginada, a compreensão do ato de ler e do ato de escrever forçosamente mudaria. A compreensão atual da alfabetização também teria que mudar. Por definição, haveria verdadeiro respeito por aqueles educandos que ainda não se acostumaram a dizer a palavra para lê-la. Esse respeito implica a compreensão e a apreciação das muitas contribuições que os que não leem dão à sociedade em geral.

Você me disse, Donaldo, que muitas vezes se choca ao saber que alguns povos africanos, por exemplo, que lutaram magnificamente para reapropriar-se de sua cultura e expulsar os colonizadores, são depois depreciados pelas novas lideranças, por não saberem ler a palavra. Qualquer povo que pode, corajosamente, romper os grilhões do colonialismo, pode também ler a palavra com muita facilidade, desde que a palavra lhe pertença. Seus novos líderes erram por não reconhecer que, na luta pela libertação, esses povos estavam envolvidos num verdadeiro processo de "alfabetização", pelo qual aprenderam a ler sua história, a qual, durante sua luta pela libertação, também escreveram. Esse é um modo fundamental de escrever a história, sem escrever palavras. É chocante que, muito embora tenham sido bem-sucedidos no aspecto mais difícil da "alfabetização", "ler e escrever" o próprio mundo, foram menosprezados nesse aspecto muito mais fácil, que implica ler e escrever a palavra. Sua pergunta acentua o aspecto profundamente político da alfabetização, o que me leva a perceber que o que você menciona como "a linguagem do possível" deve basear-se no respeito às possibilidades existentes.

Outro ponto levantado por sua pergunta é o do direito a múltiplas vozes. Tomando a América Latina como exemplo, pensemos nas chamadas populações indígenas. Essas populações estavam ali antes da chegada dos brancos. Assim sendo, a população branca entrou em contato com uma civilização tradicional que já tinha sua própria voz ou vozes. Essas populações têm o direito às vozes que foram silenciadas pela invasão hispano-portuguesa. Qualquer projeto de alfabetização para essas populações teria, necessariamente, de passar pela leitura da palavra em suas línguas nativas. Essa alfabetização não pode exigir que a leitura da palavra seja feita na língua dos colonizadores.

Se antevemos uma possível revolução nessas sociedades, temos que abrir espaço para que a alfabetização do possível tenha lugar. Lembro-me vivamente de uma conversa com Fernando Cardenal e Ernesto Cardenal, na Nicarágua, na qual ambos expressavam sentimentos semelhantes aos que aqui expomos. Falaram longamente sobre os índios mosquito. Ambos consideravam que, em qualquer campanha de alfabetização, a cultura mosquito devia ser plenamente respeitada. Julgavam, também, que a língua dos mosquito teria que ser um elemento fundamental no processo de alfabetização. Um programa de alfabetização que rejeita a pluralidade de vozes e de discursos é autoritário, antidemocrático.

Macedo: Você pode se estender sobre as maneiras como as subjetividades se constituem nas escolas? Isto é, as maneiras como as escolas influenciam e moldam as ideologias, as personalidades e as necessidades dos alunos?

Freire: Em primeiro lugar, eu diria que as escolas realmente não criam a subjetividade. A subjetividade funciona dentro das escolas. As escolas podem reprimir, e de fato o fazem, o desenvolvimento da subjetividade, como no caso da criatividade, por exemplo. Uma pedagogia crítica não deve reprimir a criatividade dos alunos (a repressão à criatividade vem sendo uma verdade no correr de toda a história da educação). A criatividade precisa ser estimulada, não só no nível de individualidade do aluno, mas também no nível de sua individualidade num contexto social. Em vez de sufocar esse ímpeto de curiosidade, os educadores deveriam estimular o arriscar-se, sem o qual não existe criatividade. Em vez de reforçar as repetições puramente mecânicas de frases e de listas de fatos ou acontecimentos, os educadores deveriam estimular os alunos a duvidar.

As escolas não deveriam jamais impor certezas absolutas aos alunos. Deveriam estimular a certeza de nunca estar certo o bastante, método essencial para a pedagogia crítica. Os educadores deveriam também estimular as possibilidades de expressão, a capacidade de correr risco. Deveriam desafiar os alunos a discorrer sobre o mundo. Os educadores jamais deveriam negar a importância da tecnologia, mas não deveriam reduzir a aprendizagem a uma compreensão tecnológica do mundo.

Podemos conceber, aqui, duas posições que são falsas. A primeira seria simplificar ou negar a importância da tecnologia, associar todos os processos tecnológicos a um concomitante processo desumanizador. Na verdade, a tecnologia representa a criatividade humana, a expressão da necessidade do risco. Por outro lado, não se deve cair numa negação do humanismo.

O mundo não é feito de certezas. Mesmo que fosse, jamais saberíamos se algo era realmente certo. O mundo é feito da tensão entre o certo e o incerto. O tipo de pedagogia crítica que eu defendo não é fácil de atingir-se numa sociedade como a dos Estados Unidos, que conseguiu, historicamente, um extraordinário progresso em tecnologia e em produção de capital. Esse progresso extraordinário deu origem a uma série de mitos, entre os quais o mito da tecnologia e da ciência. Os educadores devem assumir uma posição científica que não seja cientificista, uma posição tecnológica, que não seja tecnicista.

Macedo: De que modo essa pedagogia crítica pode estimular basicamente a influência da subjetividade em termos do desenvolvimento da criatividade, da curiosidade e das necessidades dos alunos? Em sociedades tecnologicamente avançadas torna-se muito mais difícil evitar capitular aos mitos a que você se referiu, mitos que podem desencorajar o possível papel das subjetividades dos alunos.

Freire: Sim, mas ao mesmo tempo essas sociedades estimulam o papel da individualidade, isto é, a individualidade dentro de um quadro de referência "individualista". Este quadro de referência individualista, no final das contas, também nega a subjetividade. Este é um fenômeno curioso, e precisamos compreendê-lo dialeticamente. Pode parecer que uma posição que seja profundamente individualista acabaria por estimular e respeitar o papel da ação humana. Na verdade, nega todas as dimensões da ação humana. Por que a posição individualista acaba por trabalhar contra o verdadeiro papel da ação humana? Porque a única subjetividade real é aquela que enfrenta sua relação contraditória com a objetividade.

E o que defende a posição individualista? Ela dicotomiza o individual e o social. Geralmente isso não se pode concretizar, uma vez que não é viável fazê-lo. Não obstante, a ideologia individualista acaba por negar os interesses sociais, ou submete os interesses sociais aos interesses individualistas.

A compreensão do social é sempre determinada pela compreensão do individual. Nesse sentido, a posição individualista atua contra a compreensão do verdadeiro papel da ação humana. A ação humana só tem sentido e prospera quando se compreende a subjetividade em sua relação dialética, contraditória e dinâmica com a objetividade, da qual ela provém.

Isso leva a um enorme problema para a pedagogia crítica em sociedades tecnologicamente avançadas. Um método que pode ser experimentado pelo educador crítico é o que você e eu estamos fazendo agora, empregando a discussão como uma tentativa de nos desafiarmos, de modo a podermos compreender a relação entre subjetividade e objetividade e, em última análise, podermos compreender o enorme e inegável papel da ciência e da tecnologia e, também, podermos compreender o arriscar-se, inerente a uma vida humanizada. Esse tipo de discurso é um método que o educador crítico pode utilizar para desmistificar toda uma rede de mitologia: o mito de que não se deve perder tempo, por exemplo. Que significa perder tempo? Deve-se evitar perder tempo apenas para ganhar dinheiro? Ou significa que não se deve perder tempo ganhando dinheiro? Que é perder tempo e que é ganhar tempo? Finalmente, o trabalho de um educador de uma perspectiva crítica e radical é o trabalho de desvendar as dimensões profundas da realidade que se ocultam sob esses mitos.

MACEDO: Frequentemente você menciona o papel de sujeito que deve ser assumido pelos alunos. Essa sua preocupação leva-nos à maneira pela qual Giroux trata do que chama de "ação humana". O que você pensa sobre o papel da ação humana na sociedade dominante com respeito à relação complexa entre campanhas de alfabetização em particular e educando em geral?

FREIRE: Esse é um dos temas centrais de uma pedagogia radical. É um tema que tem acompanhado a história do pensamento e dividido as diversas posições conforme as respostas oferecidas. Para mim, esse tema é mais uma profunda questão para o final do século.

Sua pergunta me faz lembrar de uma afirmação de Marx. Ao mencionar a construção da história, ele diz que o homem faz a história com base nas condições concretas que encontra. Evidentemente, não é de um sonho legítimo que se deve libertar uma classe dominada, por exemplo. E das condições concretas ou, mais precisamente, da relação entre o concreto e o possível.

Uma geração herda condições concretas numa dada sociedade. A partir dessa situação concreta, histórica, é que uma geração considera possível dar sequência à continuidade da história. Contudo, a geração atual tem que trabalhar e aperfeiçoar para a transformação das atuais condições concretas, porque, sem esse esforço, é impossível construir o futuro. Se as condições atuais são fundamentais, o presente não contém em si o futuro.

Por essa razão, o presente é sempre um momento de possibilidade (como diz tão vigorosamente Giroux em sua introdução a *The Politics of Education*). Creio que Giroux compreende perfeitamente isso quando afirma que fora do presente é impossível fazer história. Isto é, a construção da história tem que tomar em consideração o presente que vem de um determinado passado, as linhas básicas desse presente que demarcam a construção da história. Quando Giroux diz que o presente é "possibilidade", não determinismo, está situando a ação humana de um modo essencial, porque na relação entre a subjetividade e a objetividade do presente encontra-se o inegável papel da subjetividade.

Se a subjetividade fosse sempre o resultado de transformações históricas, então, ironicamente, a objetividade se tornaria o sujeito da subjetividade transformadora. Na medida em que Giroux diz que este presente é um presente de possibilidade, ele está propondo a questão do papel da ação humana e isso é importante para qualquer pedagogia crítica, radical.

Macedo: Seguindo a exposição de Giroux sobre a expansão de oportunidades das esferas públicas para o cultivo dos princípios democráticos, em que medida você pensa que se pode esperar que áreas tais como sindicatos, Igreja e movimentos sociais venham a desempenhar um papel compatível com os objetivos da pedagogia crítica?

Freire: Um educador que não se desenvolve, que não considera as reflexões e as exigências de Giroux, perdeu o contato com sua época. No Brasil tenho enfatizado a perspectiva de Giroux, utilizando uma terminologia aparentemente um pouco diferente. Por exemplo, tenho insistido em que uma educação radical e crítica deve atentar para o que se está passando, hoje em dia, dentro dos diversos movimentos sociais e sindicatos. Os movimentos femininos, os movimentos pacifistas e outros movimentos desse tipo, que exprimem resistência, geram, com suas práticas, uma pedagogia de resistência. Mostram-nos que é impossível pensar a educação reduzida estritamente ao ambiente escolar. Nem sempre se pode negar a possibilidade das escolas, mas temos que reconhecer que, historicamente, há épocas em que o ambiente escolar proporciona mais ou menos oportunidades.

Eu diria que, em vinte anos de regime militar no Brasil, houve momentos em que havia graves repercussões se alguém rejeitasse a ideologia dominante. Houve momentos em que as escolas estiveram totalmente fechadas a qualquer forma de pedagogia crítica. O período dos anos 1970, quando a maioria dos países latino-americanos (por exemplo, o Uruguai, o Chile, a Argentina) estava submetida a ditaduras militares, coincidiu com o surgimento das teorias parisienses da reprodução, originárias da obra de Pierre Bourdieu. Essas teorias levaram inúmeros educadores latino-americanos a negar as possibilidades da utilização do ambiente escolar para promover uma educação de resistência.

Nos últimos quatro anos, mais ou menos, com as mudanças sociais e políticas na América Latina — a busca da redemocratização do Brasil, por exemplo, ou a luta pela libertação da Nicarágua — tem havido certa segurança quanto ao restabelecimento do uso do espaço institucional para a experimentação no desenvolvimento de uma pedagogia crítica.

Penso, contudo, que, mesmo hoje em dia, num momento em que a utilização das escolas é possível para contrapor-se à introdução das ideologias dominantes, é necessário reconhecer que os contextos não escolares são extremamente importantes para a produção pedagógica de resistência política e social. Com esse horizonte de esferas de resistência, agora os educadores que buscam a transformação têm opções. Alguns escolherão atuar em ambientes públicos fora das escolas. Outros preferirão atuar em seus campos especializados, nas escolas.

Não rejeito nenhuma das duas formas. O ideal seria estabelecer e avaliar a relação entre essas duas abordagens: a educação mais tradicional, estruturada e sistematizada, que tem lugar nas escolas, *versus* a abordagem mais dinâmica, livre e contraditória (ainda que mais criativa) no interior dos movimentos sociais. Uma questão que desenvolvi amplamente no livro que fiz com Antônio Faundez é a de que a compreensão dos educadores sobre o que hoje ocorre nesses movimentos sociais e nessas esferas de ação pública é essencial para a pedagogia crítica. As organizações políticas que não conseguirem aprender com os agentes desses movimentos populares também não conseguirão alcançar ressonância histórica e política. Aprender com eles, mas a eles igualmente algo ensinar.

Concordo plenamente com a opinião de Giroux relativa ao papel dos movimentos sociais na promoção dos princípios democráticos. A apreciação crítica feita por Giroux desses movimentos está centrada na percepção delas como órgão de discussão. Dentro dessas esferas públicas é que, de fato, os movimentos anti-hegemônicos se geraram. Para mim, o problema básico para os educadores e para os políticos que sonham com a mudança está em como apreender a luta, no sentido de gerar uma nova hegemonia que evolua a partir das manifestações e experiências dentro desses movimentos.

A tarefa de um educador crítico é aproximar-se do mundo real dessas esferas públicas e organismos sociais, para colaborar com eles. A colaboração mais importante de um educador seria avaliar os elementos teóricos dentro das práticas desses movimentos. O educador crítico deve fazer surgir a teoria implícita nessas práticas, de modo que as pessoas possam apropriar-se das teorias de sua própria prática. O papel do educador não é, pois, chegar ao nível dos movimentos sociais com teorias *a priori* para explicar as práticas que ali ocorrem, mas sim descobrir os elementos teóricos que brotam da prática.

2

ALFABETIZAÇÃO NA GUINÉ-BISSAU: UM REENCONTRO

MACEDO: Por que você veio a interessar-se pelo problema do analfabetismo na Guiné-Bissau e, depois, a envolver-se com ele?

FREIRE: Começo dizendo que, mesmo antes de interessar-me pela campanha de alfabetização na Guiné-Bissau, já tinha um interesse muito grande na luta pela libertação do povo africano em geral. Acompanhei de perto, com grande curiosidade e felicidade ainda maior, a luta pela libertação em Moçambique, Angola, Cabo Verde, São Tomé e Príncipe e Guiné-Bissau, tendo sempre em mente a natureza distinta dessas várias lutas. As diferenças entre essas lutas eram evidentemente condicionadas pelos diversos contextos históricos e geográficos. Assim, mesmo antes da independência da Guiné-Bissau, já tinha um apego — tanto político quanto afetivo — por aquele país e seu heroico povo.

Exatamente esses vínculos culturais, políticos e afetivos com a África é que fomentaram meu interesse pela campanha de alfabetização da Guiné-Bissau. Como nordestino, estava de certo modo culturalmente ligado à África, especialmente àqueles países que foram colonizados por Portugal, como foi o Brasil.

Em 1970, ou 1971, fiz minha primeira viagem à África, à Tanzânia e à Zâmbia. Após ter chegado na Zâmbia, enquanto esperava no aeroporto por um voo doméstico que me levaria ao destino final, onde iria trabalhar com uma equipe educacional, chamaram-me pelo alto-falante, pedindo que me dirigisse ao balcão de informações. Lá me encontrei com um casal de norte-americanos que representavam o MPLA (Movimento Popular de Libertação de Angola), grupo de que participava Lara, figura política importante, não só em Angola, como em toda a África.

Os norte-americanos traziam uma proposta dos líderes do MPLA, e indagavam se eu não podia alterar meu voo de modo a poder passar um dia num encontro com alguns representantes do MPLA, que estavam muito interessados em falar comigo. Aceitei imediatamente. Aguardava com ansiedade encontrar-me com um grupo cujo trabalho pela libertação de seu povo sempre admirara e acompanhara de perto. Fomos para a casa dos norte-americanos, onde nos esperavam Lara e mais cinco militantes do MPLA.

Lara cumprimentou-me dizendo: "Camarada Paulo Freire, se você conhecesse meu país tanto quanto conheço sua obra, você conheceria Angola extremamente bem!" Conversamos a maior parte da tarde sobre a guerra em andamento (àquela altura, a luta pela libertação na Angola sofria alguns reveses) e, mais importante do que isso, discutimos longamente sobre o papel do trabalho de alfabetização na luta pela libertação. Discutimos, também, sobre as dificuldades de alfabetização em Moçambique e na Guiné-Bissau.

(A propósito, o Conselho Mundial de Igrejas, onde eu trabalhava, havia dado forte apoio a muitos movimentos africanos de libertação mesmo antes de minha participação. Não fui eu quem deu início ao envolvimento do Conselho Mundial com esses movimentos. O que fiz foi procurar fortalecer as relações já existentes.)

Além das preocupações políticas e militares do momento, Lara e eu analisamos a natureza do novo processo educativo que ocorria durante a luta, particularmente nas áreas que iam sendo libertadas. Discutimos a luta mesma como uma prática pedagógica. À noite, após o jantar, os membros do MPLA mostraram-me filmes documentários sobre a luta de libertação e sobre a experiência pedagógica ocorrida durante a luta. Esse encontro com líderes da libertação africana antecedeu meu envolvimento, e o da equipe de educadores com que trabalhava, na Guiné-Bissau. Sob certos aspectos, serviu-me de preparação para o que, posteriormente, viria a ser nossa contribuição educacional tanto à Guiné-Bissau quanto a Angola.

Depois de Zâmbia, fui para a Tanzânia. Testemunhei ali muitas das mesmas coisas que já vira em Zâmbia. Na Universidade da Tanzânia, fui abordado por um tanzaniano profundamente envolvido com a Frelimo (Frente de Libertação de Moçambique). Perguntou-me se aceitaria um convite para encontrar-me com representantes da Frelimo em Dar-es-Salaam. Aceitei. Entre os presentes, encontrava-se a viúva de Mondlame, o líder assassinado da Frelimo. O então Ministro da Educação de Moçambique também estava lá. Como com o pessoal do MPLA, em Zâmbia, mantivemos conversas sobre educação, seu papel e processos durante a libertação. Depois, fui convidado a visitar o campo de treinamento que o presidente da Tanzânia havia instalado para os combatentes da Frelimo. Dava-se formação intensiva a professores de alfabetização que, depois, iriam para Moçambique trabalhar nas campanhas de alfabetização que se realizavam ao mesmo tempo que a guerra de libertação. Importante destaque dessa formação era a ênfase sobre a não dicotomização entre as lutas pela liberdade e a alfabetização. No campo de treinamento encontrei educadores, entre os quais muitos europeus comprometidos com a luta de libertação, que estavam lá para ajudar.

Fiquei feliz de ver que o importante para os jovens europeus e africanos era a força ideológica que enformava a luta para restaurar o autorrespeito e a dignidade, que haviam sido usurpados por uma máquina colonial cruel e corrompida. Ficou claro para mim que aqueles jovens europeus estavam ao lado das massas populares de Moçambique, que lutavam por sua liberdade. Durante aquela reunião discutimos as técnicas e os métodos de alfabetização que estavam empregando.

A seguir, em janeiro de 1975, quando estava em Genebra, recebi uma longa carta de José Maria Nunes Pereira, professor brasileiro da Universidade Católica do Rio de Janeiro, na época trabalhando como coordenador do Centro de Estudos Africanos e Asiáticos na Universidade Cândido Mendes, também do Rio de Janeiro. O professor Pereira escreveu que, como coordenador de Estudos Africanos e Asiáticos, voltara recentemente da Guiné-Bissau, onde mantivera longa reunião com o Ministro da Educação, Mário Cabral, e com o presidente da Guiné-Bissau, Luís Cabral, irmão de

Amílcar Cabral, o fundador do PAIGC (Partido Africano para a Independência da Guiné e do Cabo Verde). Na carta, Pereira enfatizou que tanto o presidente quanto o Ministro da Educação haviam insistido com ele para que me perguntasse se aceitaria um convite para coordenar uma equipe de educadores na campanha de alfabetização da Guiné-Bissau. Essa campanha estaria centrada na alfabetização de adultos, mas incluiria também outras áreas da educação. Se eu estivesse interessado, deveria fazer contato com Mário Cabral.

Após receber a carta de Pereira, organizei uma reunião em minha casa com outros membros do IDAC (Instituto de Ação Cultural) para discutir a carta e a possibilidade de estabelecer um programa de colaboração com a Guiné-Bissau. Todos os companheiros do IDAC mostraram grande interesse em ajudar o programa da Guiné-Bissau. No dia seguinte, discuti também o convite com o Conselho Mundial de Igrejas. Minha intenção era traçar um plano, segundo o qual o Conselho Mundial e o IDAC trabalhariam em conjunto, estudando e planejando maneiras de melhor colaborar e enfrentar os desafios de erradicar o analfabetismo na Guiné-Bissau. Tanto o IDAC quanto o Conselho Mundial aceitaram minha proposta e, ainda em janeiro, escrevi a Mário Cabral. Nas primeiras linhas de minha carta, mencionei que recebera uma outra de alguém que havia estado na Guiné-Bissau. Por que não mencionei o nome do professor Pereira naquela carta? Naquela época, o Brasil tinha instalada uma máquina política extremamente repressiva. Meu próprio exílio ensinou-me a ser prudente quanto a citar nomes porque, sob a ditadura brasileira, poderia pôr em perigo a posição ou até mesmo a vida das pessoas.

Em continuação, escrevi: "A pessoa que me escreveu do Brasil discutiu com o senhor e com o presidente a possibilidade de organizar uma equipe de educadores com a qual colaboraria para o programa de alfabetização de adultos a se desenvolver na Guiné-Bissau. Sugeriu-me que lhe escrevesse para iniciar os entendimentos sobre como começar."

Em abril de 1975, dois meses e meio depois de escrever a Mário Cabral, ele me respondeu. Em abril, escrevi-lhe uma segunda carta, que começa assim:

"Caro camarada Mário Cabral: acabo de receber sua carta, na qual você confirma o interesse do governo em nossa colaboração. Acho desnecessário estender-me a respeito de nossa satisfação ao receber essa confirmação, satisfação essa não só por parte dos membros do IDAC como também do Conselho Mundial de Igrejas."

Nessa segunda carta, propus algumas linhas de ação, entre as quais a possibilidade de se mandar alguém a Genebra para iniciar discussões sobre a situação educacional geral da Guiné-Bissau. Propuséramos que Mário Cabral fosse a Genebra. Agora me dou conta de que ele provavelmente estaria muito ocupado para aceitar nosso convite.

Macedo: Você e sua equipe de educadores sustentaram, vocês mesmos, suas atividades educativas na Guiné-Bissau?

Freire: Ao responder a essa pergunta, posso desmentir certas críticas mesquinhas que algumas pessoas têm alimentado contra mim. Têm dito que ofereci doações enormes à Guiné-Bissau e assim comprei minha entrada no país. Em outras palavras, a Guiné-Bissau não estava realmente interessada em nossa colaboração com a campanha de alfabetização, mas não podia recusar o dinheiro. Esse tipo de crítica ofende não só aqueles de nós que queríamos verdadeiramente contribuir para a reconstrução do sistema educacional, como também aqueles camaradas que lutaram heroicamente nas selvas da Guiné-Bissau para derrotar os colonialistas. Seria pouco provável que tivessem lutado durante doze anos para, no fim, venderem tão facilmente seus interesses diante de uma pequena oferta de ajuda financeira que pudéssemos ter feito. Mas deixemos de lado esse tipo de crítica e tentemos responder a sua pergunta.

Como já disse, o Conselho Mundial de Igrejas desempenhou um papel importante nos movimentos de libertação na África. O Conselho Mundial nunca deixou de dar assistência àqueles movimentos de libertação, mesmo em momentos difíceis no correr de suas lutas. Também tomou medidas no sentido de que as contribuições que oferecera durante a luta continuassem durante a reconstrução das novas sociedades, após se tornarem independentes das potências coloniais. Certamente não foi inapropriado que o Conselho Mundial levantasse cerca de 500 mil dólares para ajudar a campanha de alfabetização na Nicarágua, por exemplo. Fiz parte de uma equipe de educadores que participou dessa campanha na Nicarágua.

Mas o Conselho Mundial não limitou sua ajuda à Nicarágua e à Guiné-Bissau. Também ofereceu enorme quantia de ajuda a Angola, a Moçambique e a outros países. Assim, quando o departamento em que eu trabalhava no Conselho Mundial teve a oportunidade de contribuir com a Guiné-Bissau e assumiu um compromisso de proporcionar assistência técnica, aceitou, também, o compromisso financeiro disso decorrente. Ou seja, mesmo tendo pouco dinheiro, o departamento pagou meu salário toda vez que fui à Guiné-Bissau, como se eu estivesse em Genebra. O mesmo procedimento foi aplicado a minhas viagens a Angola, a São Tomé e a Cabo Verde. Mas o CCPD, um setor do Conselho Mundial que tratava de programas educativos e de desenvolvimento, tinha os recursos financeiros necessários para apoiar determinados projetos e programas educativos no Terceiro Mundo. O CCPD estava interessado no projeto na Guiné-Bissau, e o IDAC apresentou uma proposta buscando o apoio financeiro do CCPD.

Quando fui pela primeira vez à Guiné-Bissau, minhas despesas de viagem foram pagas pelo Setor de Educação. O resto da equipe que me acompanhou foi financiado pelo CCPD, ambos do Conselho Mundial de Igrejas. Após receber a carta de Pereira, escrevi a Mário Cabral na Guiné-Bissau, dizendo-lhe que aceitaria seu convite para reunir uma equipe de educadores a fim de trabalhar lá em alfabetização de adultos, mas que o governo não teria que pagar as despesas de viagem, salários e outros custos do grupo. Dadas as condições econômicas da recém-independente Guiné-Bissau, sabíamos que isso teria sido impossível. Concordando em oferecer assistência técnica para a campanha de alfabetização, queríamos tentar, o quanto possível, não sobrecarregar financeiramente um país já com dificuldades econômicas. Assim, foi estabelecido que a equipe do IDAC que iria à Guiné-Bissau continuaria a ser financiada por outras organizações.

O IDAC recebeu uma pequena doação para cobrir as despesas de uma viagem exploratória à Guiné-Bissau. Quando voltamos, falei bastante a respeito do trabalho que lá havíamos desenvolvido. A introdução às *Cartas à Guiné-Bissau* é um relato metodológico de nosso trabalho durante essa viagem. Como você vê, os objetivos do programa de alfabetização foram estabelecidos na Guiné-Bissau, não em Genebra, e foram desenvolvidos em grande parte por guineenses. Após delineado o programa, obtivemos mais apoio financeiro, de modo que pudéssemos continuar evitando sobrecarregar o governo da Guiné-Bissau. (A propósito, tive a mesma espécie de ajuda financeira quando fui à Nicarágua. O governo nicaraguense não pagou minha viagem. A mesma espécie de ajuste foi feita para minhas viagens a Angola e a São Tomé e Príncipe.)

Macedo: Você mencionou que o projeto de alfabetização com que colaborou, juntamente com outros membros do IDAC, dando assistência técnica, foi inteiramente desenvolvido na Guiné-Bissau e não em Genebra. Contudo, você tem sido criticado por tentar implementar um plano que era idealista e populista, e que ignorava importantes fatores políticos, econômicos, culturais e linguísticos que conformavam a realidade da Guiné-Bissau. Você e sua equipe do IDAC discutiram e avaliaram completamente a realidade da sociedade da Guiné-Bissau antes de executar seu plano?

Freire: Considero essa crítica cientificamente inconsistente. De que modo poderíamos, a equipe do IDAC e eu, ter desenvolvido um projeto de alfabetização populista na Guiné-Bissau? Qual o significado de um estilo político que é chamado de "populista"? Os analistas políticos dizem que um estilo populista exige, necessariamente, o surgimento das massas populares que começam a querer, quando menos, ter uma posição diferente na história social e política de sua sociedade. É como se, subitamente, os oprimidos começassem a descobrir a possibilidade de se afastarem do estado de satisfação em que se encontram; começam a perceber a possibilidade de correr riscos diferentes. Simbolicamente, podia-se dizer que, antes, em sua imersão, os riscos estavam preponderantemente estagnados. Antes, havia riscos que só envolviam a sobrevivência em face da exploração. De certo modo, o papel subalterno dos oprimidos era percebido como resultado de dificuldades climáticas (por exemplo: não há chuva; por isso, não temos trabalho nem coisa alguma para comer) e não como uma exploração calculada pela classe dominante. Durante a emergência dos oprimidos, eles começam a assumir riscos: o risco de dizer a palavra; os riscos sociais, históricos e políticos implicados no protesto. Não há razões claras para isso que emerge; talvez seja devido a mudanças nas forças produtivas da sociedade, ou devido a uma situação exacerbada pelos membros locais da classe dominante.

Essas pessoas emergem assumindo riscos novos e diferentes — o risco de ser preso na rua, de ir para a cadeia. Mas há também o contrarrisco: a possibilidade de ser ouvido. Isso provoca uma reação mediante um estilo político muitas vezes chamado de populismo. Assim, pode-se dizer que o estilo populista de política é mais uma resposta do que uma causa. Não é o estilo populista que faz com que o povo oprimido se levante. É o fato de o povo se levantar que faz com que os políticos mudem sua tática para manter-se no poder.

O que acontece então? Esse novo estilo é chamado de populismo. Quando os oprimidos se levantam e as classes dominantes precisam defender-se (reagir defensivamente ao levantamento do povo, mas conservando o poder), a liderança chamada populista assume uma ambiguidade que se manifesta na relação entre as massas que se levantam e as classes dominantes. Por um lado, para continuar a ser populista, a liderança precisa do apoio do povo nas ruas. Por outro lado, precisa estabelecer limites quanto à ação desse povo, de modo que não haja ruptura no estilo burguês de política e da sociedade em geral. Esses limites destinam-se a evitar a transformação da sociedade, de modo que os oprimidos não se transformem em revolucionários. Assim, as classes dominantes criam obstáculos para evitar que as classes subalternas transcendam a própria classe e adquiram consciência de classe.

Qual a natureza dessa ambiguidade? Ao restringir a presença reivindicativa do povo, pela qual o povo vai às ruas e protesta nas praças, a liderança populista não pode impedir que o povo aprenda como usar as ruas e os parques para manifestar suas reivindicações. A liderança populista pode restringir sua reação às reivindicações do povo. Mas se proíbe o povo de reunir-se nas ruas, a liderança deixa de ser populista e se torna um regime francamente repressivo. Na medida em que restringe sua reação apenas a determinadas reivindicações do povo (por exemplo, permitindo manifestações apenas em áreas predeterminadas), ela permite a continuação das manifestações públicas, que levarão inevitavelmente a um processo ainda maior de descoberta pelo qual os oprimidos aprendem a como fazer reivindicações. O povo acaba por desenvolver-se e assumir as próprias reivindicações. Assim, o populismo que manipula se contradiz, estimulando a democracia.

Há um ponto em que a liderança política se mantém oscilando entre a manipulação e a experiência democrática.

Há um ponto, também, em que a liderança pode inclinar-se mais para o lado do povo. Uma dimensão de sua ambiguidade é o fato de que essa liderança dá um passo para a esquerda e outro para a direita, com um pé no lado das massas oprimidas e o outro no da burguesia. Quando essa liderança começa a firmar ambos os pés, ou a dar a impressão de que pode fazê-lo, sobre o lado das massas, há dois caminhos possíveis. A sociedade pode entrar numa fase pré-revolucionária, com a chamada liderança populista, renunciando ao estilo populista e assumindo-se como revolucionária. A direita intervém com um golpe e instaura um regime militar rígido.

Que aspectos populistas existem em nossas propostas à Guiné-Bissau para a reforma da educação em geral e para a alfabetização de adultos em particular? Estávamos em contato com uma liderança política que havia passado anos em luta contra os colonialistas portugueses nas selvas, sem qualquer traço de populismo.

Qual a dimensão populista das cartas que escrevi aos educadores da Guiné-Bissau? Na terceira e na quarta cartas, por exemplo, onde examino os aspectos muito sérios de lidar com o significado de uma educação socialista, revolucionária, ou onde discuto a relação entre educação e produção e o problema da autonomia da classe operária, onde está o caráter populista nesses documentos publicados? Devo ser assim caracterizado por ter dado uma contribuição a meu país sob um regime populista?[46]

---

[46] O autor refere-se ao fato de ter coordenado o Plano de Alfabetização Nacional no governo de João Goulart, em 1963. [N.E.]

No Brasil de hoje, por exemplo, começamos uma nova fase histórica na vida política. Muito embora eu pertença a um partido político que não participou do desenvolvimento desse novo governo, espero sinceramente, como brasileiro, que esses avanços democráticos prossigam e que o sistema sofra as necessárias transformações em benefício da classe trabalhadora. Ninguém dirá, porém, que o governo do Brasil é um regime revolucionário. Muitos dos educadores que me criticam como populista estão atualmente dando sua colaboração ao governo brasileiro. Seria interessante, dentro de dez ou vinte anos, ver se os estudantes elaborando suas teses, por exemplo, irão considerar esses educadores populistas, já que estão colaborando com um governo que está longe de ser revolucionário.

Não se é necessariamente populista por dar determinada colaboração a um regime considerado populista. Contudo, o que julgo ainda mais estranho é a afirmação de que as propostas que fiz à Guiné-Bissau, em conjunto com a equipe do IDAC, fossem populistas. Seria igualmente ridículo caracterizar como populistas minhas discussões com os educadores de Angola. Há pessoas que chegam a afirmar que nada mais fiz do que transplantar minha experiência brasileira para a Guiné-Bissau. Isso é absolutamente falso.

Também fui acusado de ser indiferente a diversos grupos étnicos na Guiné-Bissau. Isso também é ridículo. Por que iria eu rejeitar a ideia de aprender mais? Examinando e estudando a diversidade cultural e linguística da Guiné-Bissau, fiquei em melhor posição para compreender as necessidades educacionais do país. O que eu não podia fazer na Guiné-Bissau era ultrapassar as limitações políticas do momento. Como estrangeiro, não podia impor minhas propostas sobre a realidade da Guiné-Bissau e sobre as necessidades como os líderes políticos as percebiam. Por exemplo, a questão linguística foi um dos limites que não consegui ultrapassar, embora tenha discutido longa e enfaticamente com os educadores minhas preocupações a respeito de levar avante uma campanha de alfabetização na língua dos colonialistas. Contudo, a liderança considerava politicamente vantajoso adotar a língua portuguesa como veículo principal da campanha de alfabetização.

Macedo: Como admirador de Amílcar Cabral, você não podia desconhecer sua análise detalhada do caráter cultural e linguístico da Guiné-Bissau. O próprio Cabral demonstrou grande preocupação a respeito das prováveis dificuldades com o processo de unificação nacional durante o período pós-independência, dada a existência de tantos grupos étnicos distintos.

Freire: Exatamente. Amílcar Cabral foi um pensador que pôs seu pensamento em prática. Foi um pensador que li e reli muitas vezes e de quem sempre obtive novas perspectivas.

Um de meus sonhos, não realizado, era fazer um estudo completo da obra de Amílcar Cabral. Tinha até o título para o livro que pretendia escrever: Amílcar Cabral, o pedagogo da revolução. Nesse livro, traçaria uma clara distinção entre "pedagogo revolucionário" e "pedagogo da revolução". Existem alguns pedagogos revolucionários; mas não há muitos pedagogos da revolução. Amílcar é um deles.

Para concretizar esse sonho, porém, teria de permanecer pelo menos seis ou oito meses na Guiné-Bissau e, também, ir a outros países africanos. Não tive nem os recursos nem o tempo necessários para cumprir essa tarefa. Não poderia pedir ao governo da Guiné-Bissau que financiasse meu projeto, em vista das enormes dificuldades financeiras enfrentadas por aquele país novo com a reconstrução de sua sociedade após a independência. Também relutei em pedir ao Conselho Mundial de Igrejas o financiamento do projeto.

Desenvolvi alguns trabalhos preliminares, como a realização de entrevistas com líderes políticos importantes que trabalharam em estreita ligação com Cabral. Entrevistei a liderança do PAIGC na Guiné-Bissau, por exemplo. Numa entrevista com o diretor político da época, disse que o projeto não podia ser realizado por um intelectual que se considerasse objetivo e livre para dizer o que pretendesse. Minha ideia não era ir para a Guiné-Bissau realizar a pesquisa e, depois, escrever um livro em que dissesse o que queria dizer sob a rubrica da suposta "autonomia acadêmica" ou "objetividade científica". Sou um intelectual militante. Nessa condição, queria fazer um estudo sério e rigoroso sobre Cabral como um pedagogo da revolução.

Mas primeiro teria de ter conseguido saber como o partido, que fora fundado por Cabral e que lutara corajosamente para expulsar os colonizadores, encarava meu plano. Havia condições que eu queria fixar. Se o projeto houvesse prosperado, antes de publicar o livro eu teria submetido o manuscrito à revisão do partido. Não o teria publicado sem a aprovação do partido.

Talvez a liderança reagisse a minhas condições indagando por que eu era um intelectual tão obediente. Eu lhes teria dito que não sou um intelectual "obediente". Por exemplo, se o PAIGC me dissesse que algumas das coisas que eu afirmava não eram do interesse da reforma política, provavelmente eu teria brigado com o partido para defender minha posição. Mas também teria compreendido as razões que levavam o partido a concluir que minhas afirmações solapavam suas metas.

Apenas após esse processo teria eu submetido os originais à publicação. Todos os direitos autorais seriam destinados a causas políticas que fizessem progredir mais a justiça humanitária e social, que levassem tanto à criação do partido, em primeiro lugar, e à subsequente revolução.

Infelizmente, não tive condições de completar esse estudo. Realizei aproximadamente dez entrevistas, a primeira das quais com o Ministro da Educação, Mário Cabral. Entrevistei também grupos de jovens militantes organizados durante a luta pela libertação. Mas devido a dificuldades de tempo e outros fatores, decidi não dar prosseguimento ao projeto. Minha ideia era realizar trezentas entrevistas. Apenas o trabalho envolvido nessas entrevistas, a transcrição das fitas, a seleção e edição das transcrições teriam levado anos para se completar. Poderia fazer a transcrição e a edição na Europa, mas as entrevistas teriam que ser feitas na África, principalmente na Guiné-Bissau.

Ao lhe falar sobre esse projeto interrompido, vê-se mais nitidamente como me comportei com respeito aos princípios da revolução. Respeitei a autonomia cultural e política do povo da Guiné-Bissau. Aceito como um fato quando dizem que sou incompetente em muitas áreas. Contudo, jamais procurei obter êxito por meio da crítica à incompetência de outras pessoas. Isto é, se criticasse certas pessoas, essa crítica poderia dar-me visibilidade e prestígio intelectual.

Na verdade, não me incomodo com prestígio. Minha maior preocupação é trabalhar honesta e seriamente na direção do desenvolvimento de uma sociedade melhor e mais justa, como fiz na Guiné-Bissau. Se as pessoas lerem *Cartas à Guiné-Bissau* perceberão meu compromisso com a transformação educacional daquele país.

No livro em que "falei" com meu amigo chileno, fiz a seguinte observação. No Brasil, durante os anos 1950, defendi a posição de que os educandos, não importa de que nível, deveriam permitir-se a experiência de tornar-se sujeitos do ato de conhecer, implicado na educação. Agora, pergunto, como poderia ter agido diferentemente na Guiné-Bissau? Ademais, no contexto revolucionário, devo insistir que os educandos se tornem sujeitos, sujeitos da reinvenção de seu país.

Onde o populismo deste pobre educador brasileiro, educador que, durante seus encontros com educadores guineenses, sempre insistiu que o povo deve andar em frente e assumir a história de seu país? Alguma vez você ouviu alguma conversa populista a respeito dos direitos dos educandos de se tornarem sujeitos e assumirem a própria história? Pergunte a Fernando Cardenal e a Ernesto Cardenal se meu trabalho e sugestões para a Nicarágua foram de natureza populista. Essas críticas revelam quão superficialmente meus críticos têm abordado meus trabalhos. Seu ferrete ideológico impede que compreendam ou queiram compreender as propostas pedagógicas que tenho feito.

Macedo: Como enfrentaria você o processo de emancipação pela alfabetização numa sociedade caracterizada por dificuldades radicadas na presença de múltiplos discursos? Esse problema torna-se infinitamente mais complexo quando a sociedade se caracteriza pela existência de muitas línguas rivais, como na Guiné-Bissau.

Freire: Temos de tratar, em primeiro lugar, da relação entre alfabetização e emancipação. O conceito de alfabetização, neste caso, deve ser tomado como transcendendo seu conteúdo etimológico. A alfabetização não pode ser reduzida a experiências apenas um pouco criativas, que tratam dos fundamentos das letras e das palavras como uma esfera puramente mecânica.

Ao responder à sua pergunta, tentarei ir além dessa compreensão rígida de alfabetização e começar a entender alfabetização como a relação entre os educandos e o mundo, mediada pela prática transformadora desse mundo, que ocorre exatamente no meio social mais geral em que os educandos transitam, e mediada, também, pelo discurso oral que diz respeito a essa prática transformadora. Esse modo de compreender a alfabetização leva-me à ideia de uma alfabetização abrangente que é necessariamente política.

Mesmo nesse sentido global, a alfabetização jamais deve ser compreendida como sendo, por si só, a deflagradora da emancipação social das classes subalternas. A alfabetização conduz a uma série de mecanismos deflagradores, dos quais participa, os quais devem ser ativados para a transformação indispensável de uma sociedade cuja realidade injusta destrói a maior parte do povo. Neste sentido global, a alfabetização ocorre em sociedades onde as classes oprimidas assumem a própria história. O caso mais recente desse tipo de alfabetização é o da Nicarágua.

É interessante notar que a natureza desse processo é diferente do da emancipação. No caso da Nicarágua, a alfabetização começou a ocorrer assim que o povo tomou sua história nas próprias mãos. Tomar a história nas próprias mãos antecede o começo do estudo do alfabeto. O processo de alfabetização é muito mais fácil do que o processo de tomar a história nas próprias mãos, uma vez que isso traz consigo necessariamente o "reescrever" a própria sociedade. Na Nicarágua, o povo reescreveu a sociedade antes de ler a palavra.

Além disso, é interessante observar que, na história cultural, o ser humano ou, mais precisamente, o animal que se tornou humano e o ser humano que resultou dessa transformação anterior, em primeiro lugar muda o mundo e, muito mais tarde, se torna capaz de falar a respeito do mundo que transformou. Muito mais tempo ainda se passa até que tenha condições de escrever a respeito da fala originada dessa transformação. A alfabetização deve ser entendida nesse sentido global. Uma vez que a leitura da palavra é precedida da reescrita da sociedade, em sociedades que passam por um processo revolucionário é muito mais fácil executar campanhas de alfabetização bem-sucedidas.

Toda essa discussão, porém, é muito mais geral, mais política e mais histórica do que o próprio processo de alfabetização. Não se pode esquecer a dimensão específica do código linguístico. No caso da Nicarágua, a única área problemática do código linguístico (com suas implicações necessariamente ideológicas, sociais e políticas) é a situação dos índios mosquito. Quanto ao restante, o grande problema relativo à língua espanhola são os múltiplos discursos de que você falou há pouco. A meu ver, esses discursos estão vinculados às diferenças entre as diversas classes sociais e só podemos compreendê-los à luz de análises de classe.

O grande problema que as campanhas de alfabetização enfrentam com respeito aos múltiplos discursos é lidar com o processo de reescrita da sociedade. Em princípio, essa reescrita rompe a ordem hierárquica rígida das classes sociais e, com isso, transforma as estruturas materiais da sociedade. Quero voltar a salientar um ponto: jamais devemos tomar a alfabetização como a deflagradora da transformação social. A alfabetização, como conceito global, é apenas parte do mecanismo deflagrador da transformação. Há uma diferença qualitativa entre uma cruzada política e a experiência da alfabetização, até mesmo no Brasil de hoje. Recordo-me que, na conferência mundial de Persépolis, organizada pela Unesco, em 1975 — entre cujos participantes se encontravam a União Soviética, os Estados Unidos, Cuba, a Coreia do Norte, Vietnã, Peru, Brasil e inúmeros países da Europa —, um dos temas centrais foi a avaliação das campanhas de alfabetização por todo o mundo. "A Carta de Persépolis", publicada pela Unesco, afirma, entre outras coisas, que o relativo êxito das campanhas de alfabetização avaliadas pela Unesco dependeu da relação que as campanhas tiveram com as transformações revolucionárias das sociedades em que foram realizadas.

Isso demonstra o papel extraordinário desempenhado pela leitura do mundo e da realidade na reinvenção geral da educação e da sociedade revolucionária. Mostra, também, que, mesmo em sociedades com grandes limitações devidas a sua postura reacionária, por exemplo, embora se esperem resultados de menor êxito, ainda assim uma campanha de alfabetização poderia ser bem-sucedida e ajudar outros fatores básicos a deflagrar a transformação dessa sociedade. Contudo, é impossível e desaconselhável que se esqueça da questão linguística.

Falemos agora dos grandes problemas que tivemos de enfrentar na Guiné-Bissau.

Macedo: Acho que você poderia começar discorrendo sobre os desafios linguísticos com que se defrontou na Guiné-Bissau.

Freire: A Guiné-Bissau atendia à primeira condição básica que torna possível o êxito de uma campanha de alfabetização: a transformação revolucionária da sociedade. Completara uma prolongada e bela luta pela libertação, sob a liderança incontestada do extraordinário pedagogo Amílcar Cabral. (Nas *Cartas à Guiné-Bissau*, refiro-me muitas vezes ao aspecto pedagógico da liderança de Cabral, aos seminários que ele realizava durante a luta, não só para avaliar os êxitos militares, mas também a luta cultural.)

Em suma, a Guiné-Bissau tinha os contextos político, social e histórico, a saber, a luta por parte de seu povo para libertar-se. Mas a Guiné-Bissau não atendia à segunda condição, devido a sua diversidade linguística. O país tem aproximadamente trinta línguas e dialetos distintos, falados por diversos grupos étnicos. Além disso, tem o crioulo, que funciona como língua franca. O crioulo dá uma enorme vantagem à Guiné-Bissau, ao Cabo Verde e a São Tomé sobre Angola e Moçambique, por exemplo.

O crioulo, criação linguística que associa as línguas africanas com o português, desenvolveu-se gradativamente na Guiné-Bissau. O crioulo está para o português, como o português, o espanhol, o francês e o italiano estão para o latim: é um descendente. O crioulo é tão belo, rico e viável quanto o português. Nenhuma expressão linguística ou língua já nasce pronta. Por exemplo, não é preciso que os portugueses, alemães ou espanhóis se envergonhem de empregar uma palavra como estresse, tomada de empréstimo diretamente do inglês (*stress*). Não conheço, em português, qualquer outra palavra possível para dizer *stress*. O desenvolvimento das forças produtivas, da tecnologia e da ciência também tem muito a ver com o desenvolvimento linguístico. Temos que aceitar centenas de palavras assim, como por exemplo *know-how*.

Vemos produtos brasileiros, fabricados no Brasil, que se declaram, em inglês, *Made in Brazil*. Esses fraseados padrão internacionalizam a comunicação. Não me envergonho de empregar essas palavras. Assim, deveriam os falantes de crioulo envergonhar-se por tomar de empréstimo certos termos da língua portuguesa para expressar o desenvolvimento tecnológico de sua sociedade?

Não se pode decretar a inviabilidade desse tipo de desenvolvimento. E foi mais ou menos isso que eu disse à comissão de educação. Com o risco de ser mal interpretado pelo corpo de segurança do presidente, pus as mãos na cabeça de Luís Cabral e lhe disse: "Senhor Presidente, compreendo bem que o senhor tenha dores de cabeça quando fala português por muito tempo. O fato é que sua estrutura mental não é portuguesa, embora o senhor fale português muito bem. Sua estrutura de pensamento, que se ocupa do modo como o senhor fala e se expressa, não é portuguesa."

Havia um jornal guineense, o *No Pintcha*, que naquela época costumava publicar, em toda edição, um texto de Amílcar Cabral. *No Pintcha* teve um papel importante na disseminação das ideias de Cabral. Por estranha coincidência, no dia posterior àquela minha fala, *No Pintcha* publicou o único texto de Amílcar Cabral do qual discordo. Dizia ele nesse texto que o mais belo presente que os portugueses haviam deixado aos guineenses era a língua portuguesa. (Essa afirmação de Cabral deve ser interpretada no contexto da luta pela libertação. Na verdade, soube, mais tarde, que houve razões políticas para a afirmação de Cabral. Ele estava tentando utilizar a língua portuguesa como uma força unificadora, para acalmar os atritos entre os grupos linguísticos e étnicos rivais na Guiné-Bissau.) Li aquele texto de Cabral como uma mensagem dirigida diretamente a mim: "Meu camarada Paulo Freire, gostamos muito de você, mas não se meta nesse negócio de língua em nosso país. O próprio Amílcar Cabral disse que a língua portuguesa foi um belo presente dos colonizadores."

Não obstante essa mensagem, continuei a lutar, juntamente com os membros do IDAC, pelo papel da língua portuguesa na campanha de alfabetização. Um colega do IDAC, Marcos Arruda, lutou vigorosamente a respeito da questão da língua. Finalmente foi-nos possível trazer à Guiné-Bissau dois linguistas (um, belga, o outro, africano, também financiados pelo IDAC) para discutir e avaliar o dilema linguístico da Guiné-Bissau. Eram ambos do Instituto de Língua de Dacar. O belga era especialista em línguas crioulas; o africano, especialista em línguas africanas. Ao mesmo tempo, fiz contato com um linguista brasileiro que ensinava em Lion e era especialista em línguas crioulas. (Estava trabalhando num dicionário e numa gramática do crioulo da Guiné-Bissau.) Ele nunca foi à Guiné-Bissau, mas discutimos longamente as questões da língua naquele país.

Propusemos a Mário Cabral a realização, na Guiné-Bissau, de um seminário de que participariam os cinco países africanos que se haviam libertado do colonialismo português. O objetivo do seminário seria discutir a política de planejamento da língua e da alfabetização nesses países. Queríamos assistir a uma discussão geral a respeito de política de cultura, dentro da qual se encontra a política de língua.

Foi nesse seminário que fiquei absolutamente convencido de que o português jamais seria uma linguagem viável na campanha de alfabetização. Escrevi, então, uma carta a Mário Cabral (cf. Apêndice) na qual reiterei a impossibilidade de continuar a fazer o trabalho de alfabetização em português. Nessa carta, analisei também as consequências de insistir no uso do português como único veículo de educação. Uma consequência, por exemplo, é que, enquanto o português funcionasse como língua oficial, teria de assumir também o papel das línguas nacionais.

Por quê? Ao se esperar que uma língua com o *status* de oficial se torne a força mediadora na educação da juventude, compreende-se que se está requerendo que essa língua assuma o papel de língua nacional. Seria inconcebível esperar que o Brasil, por exemplo, adotasse o espanhol como única língua da educação, caso o país passasse por um processo revolucionário à moda cubana, ou, em outro exemplo, que melhor atenderia aos interesses da burguesia brasileira, implementasse o inglês como a única língua de instrução e dos negócios.

Em minha carta a Mário Cabral, disse que o uso exclusivo do português na educação resultaria numa estranha experiência, caracterizada pelo português como uma superestrutura que iria deflagrar uma exacerbação das divisões de classe, e isso numa sociedade que se supunha estar recriando a si mesma pela supressão das classes sociais.

Continuar a utilizar o português na Guiné-Bissau como a força mediadora na educação da juventude e prosseguir com a prática de selecionar os alunos com base em seu conhecimento do português falado e escrito iria garantir que apenas os filhos da elite tivessem condições de progredir educacionalmente, reproduzindo, desse modo, uma classe elitista, dominante. O povo da Guiné-Bissau se veria novamente barrado no sistema educacional e nos escalões econômicos e políticos mais elevados. Por essas razões, propus uma alternativa para o uso do português como língua de instrução.

Macedo: Por que você não incluiu em *Cartas à Guiné-Bissau* a carta que você escreveu a Mário Cabral em 1977, em que apresentou essas preocupações a respeito do papel do português na campanha de alfabetização?

Freire: Não incluí essa carta por motivos políticos, entre outras coisas. Eu sabia que na Guiné-Bissau, bem como no

Cabo Verde, a questão da língua portuguesa na educação não só era um problema, como também não era discutida abertamente. Tinha conhecimento do nível elevado de ideologia relativamente à questão da língua. Isso era fácil de entender, uma vez que os colonizadores portugueses passaram séculos convencendo o povo da Guiné-Bissau de que suas línguas eram horríveis e que o português era mais culto.

Os colonizadores passaram séculos tentando impor sua língua. Fizeram-no por decreto, dando a impressão de que as línguas nacionais eram naturalmente inferiores, que não passavam de dialetos tribais. O crioulo também era encarado como um jargão misto e corrompido e, por isso, não podia ser considerado uma língua natural. Esse perfil foi traçado pelos colonizadores (só os que detêm o poder podem definir o perfil dos outros) e imposto ao povo da Guiné-Bissau; e nunca foi repudiado, nem mesmo durante a guerra de libertação. Muitos líderes da Guiné-Bissau estavam ainda influenciados por esses mitos enquanto eram assimilados e colonizados linguisticamente.

Uma de minhas grandes lutas nessas ex-colônias portuguesas foi a de afirmar a viabilidade das línguas nacionais. Recordo um debate no rádio, que tive em São Tomé, no qual o Ministro da Educação afirmou que a língua de educação em São Tomé tinha que ser o português de Camões. Lembro-me de lhe ter respondido dizendo que, hoje, nem mesmo em Lisboa se pode ensinar o português de Camões, muito menos em São Tomé, onde a maioria do povo sequer fala ou compreende o português.

Até certo ponto, respeitei as divisões entre essas ex-colônias quanto ao planejamento da língua, porque não sou um imperialista. Jamais, porém, deixei passar uma oportunidade de fazê-los saber de minhas verdadeiras preocupações a respeito do papel da língua portuguesa na educação.

Não publiquei a carta que escrevi a Mário Cabral porque, como disse, senti que o momento não era propício, levando em conta assuntos políticos de maior importância. Lembro-me de que, na última conversa que tive com o presidente Luís Cabral, antes que fosse deposto, ele disse: "Camarada Paulo, entendo bem a controvérsia que existe entre nós relativa à questão da língua." Eu disse que compreendia as reações negativas de muitos dos líderes com relação às línguas nacionais, mas que era preciso ter coragem. De fato, disse ainda, é necessário dizer ao mundo que a Guiné não vai fazer a seu próprio povo aquilo que nem mesmo os colonizadores portugueses puderam fazer. Ou seja, que não vai tentar erradicar as línguas nacionais e impor o português. É preciso tomar uma atitude e abandonar a ideia de alfabetizar em português.

Não poderia ter dito essas coisas em público naquela época. Hoje, posso dizê-las.

Macedo: Você se aborrece por não ter tomado uma posição pública sobre a questão linguística na Guiné-Bissau?

Freire: Não, porque muitas vezes há razões de caráter político que exigem que o intelectual silencie, mesmo que esse silêncio seja algumas vezes mal interpretado. Assumi esse silêncio e hoje o quebro por acreditar que agora é o momento de falar sobre essas questões. Com ou sem Paulo Freire, foi impossível realizar, na Guiné-Bissau, uma campanha de alfabetização numa língua que não fazia parte da prática social do povo. Meu método não falhou, como se anunciou. Também não falhou no Cabo Verde ou em São Tomé. Em São Tomé e Cabo Verde há uma história de bilinguismo. E muito embora o bilinguismo predominasse menos no Cabo Verde do que em São Tomé, ainda era possível ensinar alguma coisa de português, com ou sem minha ajuda.

Essa questão deve ser analisada em termos de se é viável, linguisticamente, realizar campanhas de alfabetização em português em qualquer desses países. Meu método é secundário para essa análise. Se não é viável fazê-lo, meu método ou qualquer outro certamente fracassará. A carta a Mário Cabral (incluída no Apêndice) analisa a viabilidade da língua portuguesa, bem como as consequências políticas e culturais, caso continuasse uma colonização linguística naquela nação recém-libertada.

Macedo: Um problema de alguns avaliadores ao apreciar sua obra é que eles propõem questões tecnocráticas, ignorando as dimensões políticas, culturais e ideológicas tanto de suas teorias quanto de suas práticas. Pode ser que deem demasiada importância à aquisição mecânica da leitura, ao mesmo tempo que deixem de avaliar o desenvolvimento de uma atitude crítica por parte dos educandos, ou seja, até que ponto os educandos, em campanhas de alfabetização, se tornam conscientes de suas responsabilidades cívicas e políticas. Por exemplo, em que medida os educandos adquirem uma atitude analítica em relação à autoridade em sua vida pessoal quotidiana? Não se devem aplicar meios e métodos quantitativos para medir resultados que, pela própria natureza, são qualitativos. Você poderia comentar mais miudamente esse problema de avaliação?

Freire: Em primeiro lugar, em qualquer avaliação de nosso envolvimento e contribuição, a questão a propor não deve ser se vinte, trinta, cem, mil ou mais pessoas aprenderam mecanicamente a soletrar em língua portuguesa. Ao contrário, essa avaliação deve considerar até que ponto nós também aprendemos no processo de nosso envolvimento. Por exemplo, aprende-se quão difícil é refazer uma sociedade, quer por uma revolução, ou de outro modo; não se pode refazer, reinventar ou reconstruir uma sociedade mediante um ato mecânico. A reinvenção de uma sociedade é um ato político que tem lugar na história. É importante, pois, indagar das dificuldades da reinvenção da sociedade da Guiné-Bissau. É importante, também, indagar se nosso envolvimento teve alguma significação para os educadores da Guiné-Bissau.

Uma vez mais, naquele livro que escrevi com Faundez, em que expus algumas dessas questões e críticas a respeito de meu trabalho na Guiné-Bissau, disse que gostaria de um dia voltar lá e encontrar a mesma abertura, camaradagem e dimensões políticas que antes. Gostaria de voltar e falar com Mário Cabral, que me recebeu de braços abertos. Gostaria de falar com todos aqueles camaradas com quem trabalhei. Eu lhes perguntaria se, em nossos antigos encontros e diálogos, algumas de nossas preocupações os haviam tocado. Perguntaria, também, se aquelas preocupações tiveram algum impacto sobre a reformulação do processo educativo da Guiné-Bissau, pois creio que isso seja parte importante de minha avaliação.

Falando de avaliação, insistiria novamente em que o chamado fracasso de nosso trabalho na Guiné-Bissau não se deveu ao "método Freire". Esse fracasso demonstrou com toda a clareza a inviabilidade do uso do português como veículo único de instrução nas campanhas de alfabetização. Este é um ponto fundamental.

A importância de nosso envolvimento deve ser medida diante de exemplos como o que usei em minha carta a Mário Cabral. Uma equipe guineense realizava uma avaliação do trabalho de produção na fazenda coletiva que haviam criado. Um dos participantes disse, em sua língua nativa (que me foi traduzida para o português): "Antes, não sabíamos que sabíamos. Agora, sabemos que sabíamos. Por saber hoje que sabíamos, podemos saber ainda mais."

Essa é uma tal descoberta, uma tal afirmação, que se torna imediatamente política e exige uma postura política por parte desse homem no processo mais geral de reinvenção de seu país. Essa afirmação tem a ver com uma teoria crítica do conhecimento, resultante da inviabilidade de soletrar em língua portuguesa. Entre outras coisas, esse homem descobriu que antes não sabia que sabia, mas que, agora, porque sabia essa razão, descobriu que pode saber muito mais. Tenho me perguntado o que pode ter mais valor do que isso numa avaliação geral de uma sociedade que começa a encontrar-se lutando contra os colonizadores.

Uma codificação rápida e mecânica da língua portuguesa não poderia, certamente, ter o mesmo peso que a consciência política alcançada no correr de nossos debates sobre o aprendizado do português. O domínio do alfabeto português não pode ser comparado com a compreensão política e epistemológica da presença desse homem no mundo como um ser humano que, agora, pode saber por que se transforma. Sem negar a provável necessidade de dominar o português ou, melhor ainda, sua própria língua, não posso subestimar a significação da segunda ordem de conhecimento que esse homem adquiriu.

E isso é verdade exatamente porque não há experiência pedagógica que não seja política pela própria natureza. As afirmações desse homem são de grande importância, sejam elas avaliadas de uma perspectiva pedagógica ou política. Esquecer ou, mais manipulativamente, omitir da avaliação esse aspecto crítico ultrapassa os limites do "ba-be-bi-bo-bu"; a mera decodificação das sílabas não tem sentido algum para quem teve um enorme papel na reinvenção de sua sociedade. A tarefa desafiadora de reapropriar-se da própria cultura e da própria história não pode ser cumprida por meio da língua que negava sua realidade e procurava erradicar seu próprio meio de comunicação.

Macedo: Você acha possível realizar uma campanha de alfabetização em português no Cabo Verde, onde existe certo grau de bilinguismo em português e crioulo?

Freire: Do ponto de vista político, não é aconselhável fazê-lo, pelas muitas razões que já expusemos. Do ponto de vista linguístico, ao contrário da Guiné-Bissau, onde o ensino em português não é possível, seria menos violento fazê-lo no Cabo Verde, particularmente nas áreas urbanas, onde a presença colonialista acarretou uma certa exposição à língua portuguesa e o desenvolvimento capitalista exigiu que as pessoas aprendessem um pouco de português. Contudo, creio que o Cabo Verde também deveria optar pelo crioulo como língua oficial nacional.

Macedo: Não devemos perder de vista o perigo da reprodução daqueles valores colonialistas que eram, e ainda são, inculcados por meio do uso da língua portuguesa. Creio ser impossível reafricanizar o povo utilizando o meio que o desafricanizou. Ainda que, linguisticamente, isso fizesse sentido (e percebo claramente que não faz), em termos políticos, qualquer decisão de continuar usando o português como língua oficial e único veículo de instrução no Cabo Verde solaparia gravemente as metas políticas de Amílcar Cabral.

Freire: Então, a situação ideal seria suspender a alfabetização em português, procurar acelerar o desenvolvimento do crioulo, especialmente a padronização de sua forma escrita, e começar a substituir gradativamente o português pelo crioulo como língua de instrução. É evidente que isso não se pode fazer de uma hora para outra. Basta imaginar o capital necessário para mudar todo o sistema educacional da noite para o dia. O Cabo Verde teria que traduzir rapidamente para o crioulo todos os textos básicos exigidos pelo currículo. Todos os textos de geografia, leitura, matemática e ciências teriam que ser traduzidos. Até mesmo a formação dos professores no crioulo não seria uma tarefa pequena. Porém, como na Tanzânia, poderia começar-se a substituir lentamente o português, mediante um modelo bilíngue de transição, segundo o qual o crioulo passaria a desempenhar um papel maior na educação, enquanto o português iria diminuindo consideravelmente com o correr do tempo. O crioulo poderia ser usado efetivamente, por exemplo, nos primeiros dez anos de escolaridade.

Desse modo, em determinado momento, poderia substituir-se o português pelo crioulo nos primeiros anos de escolaridade e, gradativamente, o crioulo seria introduzido, em volume crescente, em todas as áreas do currículo. Foi o que fez a Tanzânia, quando substituiu o inglês pelo suaíle. Não tenho certeza se o suaíle é usado hoje em nível universitário na Tanzânia, mas tenho a impressão de que a educação primária e secundária se dá, em sua maior parte, em suaíle.

Em todo caso, creio que a instrução em crioulo é necessária, mesmo da perspectiva daquelas forças produtivas que possam precisar da língua portuguesa. E, naturalmente, o povo da Guiné-Bissau e do Cabo Verde pode continuar aprendendo o português como língua estrangeira. Mas dar como estabelecido que o português é a língua nacional e o único veículo para a educação é um absurdo total. Em São Tomé, onde o grau de bilinguismo é muito mais elevado do que no Cabo Verde, seria algo mais fácil. Mesmo nas áreas rurais de São Tomé as pessoas parecem ter mais facilidade para falar o português. Isso pode ser atribuído ao pequeno tamanho da ilha.

Macedo: A questão do ensino da língua oculta milhares de problemas que levaram à criação de uma campanha de alfabetização neocolonialista no Cabo Verde e na Guiné-Bissau, a pretexto de acabar com o analfabetismo. Mesmo que a alfabetização em português fosse inteiramente viável, é preciso que se proponha a questão crucial de até que ponto, com êxito ou não, a utilização continuada do português degradaria a campanha de alfabetização, bem como o capital cultural dos cabo-verdianos subalternos. O debate sobre a viabilidade do português como veículo para alfabetização no Cabo Verde limita-se à questão técnica de se o crioulo cabo-verdiano é um sistema válido e que tem regras. Creio que a questão a propor deve ser infinitamente mais política. Precisamos questionar a resistência à alfabetização em crioulo baseada nas afirmações de que o crioulo carece de uma ortografia uniforme. Desculpas desse tipo são empregadas para justificar a política atual de uso do português como único meio de instrução. Deve-se indagar por que os cabo-verdianos falantes de português se apoiam no argumento comum de que o português tem *status* internacional e, por isso, assegura mobilidade ascendente aos cabo-verdianos instruídos de fala portuguesa. Essa posição, aliás, implica a suposta superioridade da língua portuguesa.

A triste realidade é que, embora o português possa oferecer acesso a certos postos de poder político e econômico para os altos escalões da sociedade cabo-verdiana, ele mantém atrasada a maioria do povo, aqueles que não conseguem aprender suficientemente bem o português para adquirir o nível necessário de alfabetização para progredir social, política e economicamente. Na verdade, continuar a usar a língua do colonizador como único meio de instrução é continuar a propiciar as estratégias manipulativas que sustentam a manutenção da dominação cultural. Assim, o que se oculta sob o debate técnico relativo à língua de instrução cabo-verdiana é a resistência à reafricanização ou, talvez, uma sutil rejeição, por parte dos cabo-verdianos assimilados, a "cometer suicídio de classe". Para que compreendamos plenamente os fatores políticos e ideológicos subjacentes à questão de língua, devemos reorientar nossas perguntas de um nível técnico para um nível mais político. Você poderia avaliar as consequências políticas e ideológicas do ensino apenas em português no Cabo Verde?

FREIRE: Essa é uma questão política radicada na ideologia. Numa das vezes em que estive no Cabo Verde, o presidente Aristides Pereira fez um excelente discurso em que dizia: "Expulsamos os colonizadores portugueses de nossa terra; agora, precisamos descolonizar nossas mentes." A descolonização das mentes é muito mais difícil de executar do que a expulsão física do colonizador. Por vezes, os colonizadores são expulsos, mas permanecem culturalmente, porque foram assimilados pela mente das pessoas que ali ficaram.

Essa terrível presença persegue o processo revolucionário e, em certos casos, impede o movimento de libertação. A língua não deixa de ser atingida. Quanto mais essa presença colonialista assedia os espíritos assimilados do povo colonizado, mais ele rejeitará a própria língua. Na verdade, a língua é parte tão importante da cultura que, ao rejeitá-la, a reapropriação da própria cultura torna-se uma ilusão revolucionária.

Os ex-colonizados continuam sendo, de muitas maneiras, colonizados mental e culturalmente. Verbalmente, ou mediante sistemas de mensagem inerentes à estrutura colonial, é dito ao povo colonizado que ele não dispõe de instrumentos culturais eficientes pelos quais se expressar. Possuem um dialeto horrível, um abastardamento da língua bonita dos colonizadores. Essa imagem da língua imposta pelos colonizadores acaba por convencer as pessoas de que sua língua era, de fato, um sistema corrompido e inferior, não merecedor de um verdadeiro *status* educacional.

As pessoas acabam acreditando que o modo como falam é selvagem. Ficam envergonhadas de falar a própria língua, especialmente na presença dos colonizadores, que proclamam permanentemente a beleza e a superioridade da língua deles. Os comportamentos e gostos dos colonizadores, entre os quais a língua, são os modelos impostos pela estrutura colonial durante séculos de opressão. Em determinado momento, os ex-colonizados internalizam esses mitos e sentem-se envergonhados.

Lembro-me de um caso que você me contou, relativo a um cabo-verdiano que negava veementemente falar o crioulo, mas que, nas festas, sempre cantava em crioulo. Posto diante do fato de que, se cantava tão bem em crioulo, também devia falar essa língua, afirmou, defendendo-se, que só sabia cantar, mas não falar em crioulo. Talvez ele não tivesse consciência disso, mas estava inteiramente assimilado pelo sistema de valores dos colonizadores. Estava convencido de que não falava sua língua nativa. Na verdade, vedava-se o uso da própria língua. Esse processo muitas vezes é inconsciente. É o fantasma do colonizador sussurrando a seus ouvidos: "Sua língua não é boa... é selvagem."

Você está absolutamente correto em sua análise das questões da língua em países antes colonizados. Sempre disse, em minhas conversas com pessoas da Guiné-Bissau, Cabo Verde, São Tomé, Angola e Moçambique, que a expressão "África portuguesa" é uma denominação imprópria. Quando os intelectuais desses países utilizam essa expressão, sempre lhes digo que não existe uma África dos portugueses, nem dos franceses, nem dos ingleses. Existe uma África sobre a qual a língua portuguesa foi imposta em detrimento das línguas nacionais. Vista desta perspectiva, a ideia de uma África portuguesa dissimula a verdadeira questão linguística.

Creio que podemos dizer com segurança que, em casos excepcionais, os cabo-verdianos devem estudar o português, mas apenas como segunda língua.

3

O ANALFABETISMO DA ALFABETIZAÇÃO NOS ESTADOS UNIDOS

MACEDO: É UMA IRONIA QUE, nos Estados Unidos, país que se orgulha de ser o primeiro e mais adiantado dos países do chamado "Primeiro Mundo", mais de 60 milhões de pessoas sejam analfabetas ou funcionalmente analfabetas. De acordo com o livro *Illiterate America* (1985), de Jonathan Kozol, os Estados Unidos são o quadragésimo nono dos 128 países das Nações Unidas, em termos de taxa de alfabetização. Como pode um país que se considera um modelo de democracia tolerar um sistema educacional que contribui para um nível tão elevado de analfabetismo?

FREIRE: A primeira reação a esses dados deve ser de espanto. Como é possível isso? Mas isso ainda seria uma reação no nível emocional. Pensemos um pouco sobre esse fenômeno. A primeira coisa a perguntar seria se essa enorme parcela da população, os analfabetos ou funcionalmente analfabetos, alguma vez frequentaram a escola. Na América Latina, encontram-se inúmeras pessoas que são analfabetas por estarem socialmente impedidas de frequentar a escola. E há outra grande população de analfabetos que foram à escola. Se esse amplo setor analfabeto da população jamais foi à escola, o espanto que antes mencionei torna-se ainda maior, dada a imensa contradição que implica, uma vez que os Estados Unidos possuem um alto nível de modernização. Além disso, devemos considerar se os analfabetos estiveram na escola e esta não produziu efeito algum sobre eles a ponto de permanecerem analfabetos (aparentemente não produziu efeito, mas, na verdade, produziu), e se abandonaram a escola ou foram abandonados por ela.

Inclino-me a crer que essa ampla população de analfabetos dos Estados Unidos esteve na escola e, a seguir, foi expulsa. Expulsa como? Por decreto, por não aprender a ler e a escrever? Creio que a escola não atua de maneira tão aberta.

Isso nos leva a um ponto que é, uma vez mais, político e ideológico pela própria natureza. E não nos esqueçamos da questão do poder que está sempre associado à educação. Nossas especulações devem levar os que se encontram dentro dos sistemas educacionais a reagir à ideia que se segue, como absurda, não rigorosa, e puramente ideológica. A ideia é: esse grande número de pessoas que não sabem ler e escrever e que foram expulsas da escola não representa um fracasso da escolarização; sua expulsão demonstra a vitória da escolarização. De fato, essa interpretação errônea de responsabilidade reflete o currículo oculto das escolas. (Henry Giroux escreveu de maneira esplêndida sobre esse assunto, e insisto em que os leitores consultem sua obra.)

O currículo, no sentido mais amplo, implica não apenas o conteúdo programático do sistema escolar, mas também, entre outros aspectos, os horários, a disciplina e as tarefas diárias que se exigem dos alunos nas escolas. Há, pois, nesse currículo, uma qualidade oculta e que gradativamente fomenta a rebeldia por parte das crianças e adolescentes. Sua rebeldia é uma reação aos elementos agressivos do currículo que atuam contra os alunos e seus interesses.

As autoridades escolares que reprimem esses alunos podem argumentar que estão apenas reagindo à agressividade deles. Na verdade, os alunos estão reagindo a um currículo e a outras condições materiais das escolas que anulam suas histórias, culturas e experiências quotidianas. Os valores da escola atuam em sentido contrário aos interesses desses alunos e tendem a precipitar sua expulsão da escola. É como se o sistema fosse instalado para garantir que eles passem pela escola e a abandonem como analfabetos.

Esse pensamento é típico de muitos educadores bem intencionados que ainda não foram capazes de compreender os mecanismos internos da ideologia dominante que influem desse modo na atmosfera escolar. Devido à rebeldia das crianças e adolescentes que abandonam a escola, ou que são vadios e se recusam a empenhar-se na atividade intelectual predeterminada pelo currículo, esses alunos acabam por recusar-se a compreender a palavra (não a sua palavra, é claro, mas a palavra do currículo). Desse modo, mantêm-se afastados da prática da leitura.

Macedo: Vamos esclarecer o que você menciona como atividade intelectual do ponto de vista dominante, de modo a não dar como impossível a existência de outras atividades intelectuais que esses alunos geram e mantêm vivas. É preciso realçar que eles podem, e de fato o fazem, engajar-se em frequentes atividades intelectuais, atividades, porém, que são geradas a partir de sua perspectiva. Ou seja, eles definem as próprias atividades.

Freire: É difícil compreender essas questões fora de uma análise das relações de poder. Por exemplo, apenas os que possuem poder podem definir o que é correto ou incorreto. Apenas os que possuem poder podem definir o que constitui intelectualismo. Uma vez fixados os parâmetros intelectuais, os que querem ser considerados intelectuais têm que atender aos requisitos do perfil imposto pela elite. Para ser intelectual, deve-se fazer exatamente aquilo que os que têm poder definem que o intelectualismo faz.

A atividade intelectual dos desprovidos de poder é sempre caracterizada como não intelectual. Creio que essa questão deve ser realçada, não só como uma dimensão da pedagogia, mas também como uma dimensão da política. Isso é difícil fazer numa sociedade como a dos Estados Unidos, onde a natureza política da pedagogia é repudiada ideologicamente. É necessário repudiar a natureza política da pedagogia para dar a aparência superficial de que a educação atende a todo mundo, assegurando, desse modo, que ela continue a funcionar no interesse da classe dominante.

Essa universalidade mítica da educação para melhor servir à humanidade faz com que muitos culpem os próprios alunos quando "abandonam" a escola. Cabe a eles a decisão de se querem ou não permanecer e ser bem-sucedidos na escola.

Uma vez que se aceite a natureza política da educação, torna-se difícil aceitar a conclusão da classe dominante: de que os que "abandonam" a escola são os culpados. Quanto mais se nega a natureza política da educação, mais se assume o potencial moral de culpar as vítimas. Isso é algo paradoxal. Os muitos que passam pela escola e que saem analfabetos, por resistirem e se recusarem a ler a palavra dominante, são representantes da autoafirmação. Essa autoafirmação é, de outro ponto de vista, um processo de alfabetização no sentido normal, global da palavra. Ou seja, a recusa em ler a palavra escolhida pelo professor é a percepção, por parte do aluno, de que ele está tomando a decisão de não aceitar o que vê como uma violação de seu mundo.

Afinal, o que se tem é a separação entre professor e alunos por fronteiras de classe. Muito embora se reconheça ser muito difícil fazer uma análise de classe numa sociedade complexa como a dos Estados Unidos, não se pode negar que existe uma divisão em classes.

Macedo: Geralmente, os educadores norte-americanos atenuam a questão da classe social no que diz respeito à educação. Na verdade, a maioria dos estudos relativos ao número inaceitável de analfabetos no sistema escolar trata do problema de uma perspectiva tecnocrática. E os remédios propostos tendem a ser também tecnocráticos. Embora alguns educadores indiquem existir uma possível correlação entre a alta evasão escolar e o baixo nível socioeconômico dos alunos, essa correlação fica no nível descritivo. É muito mais frequente que nos Estados Unidos os educadores, em geral, e os especialistas em alfabetização, em particular, deixem de estabelecer vinculações políticas e ideológicas em seus estudos que pudessem esclarecer a natureza reprodutiva das escolas nessa sociedade. Por exemplo, educadores conservadores, como o Ministro da Educação William Bennett, dão preferência a uma abordagem *back-to-basics*[47] à medida que adotam currículos baseados na competência. Embora a rigidez da abordagem *back-to-basics* possa beneficiar os alunos brancos de classe alta, duvido que dê solução ao problema do analfabetismo que assola a maior parte dos grupos subalternos dos Estados Unidos. Panaceias do tipo mais tempo de contato dos alunos com leitura e matemática e melhor salário para os professores perpetuarão aqueles elementos ideológicos que rejeitam as experiências de vida dos alunos. Em consequência, os alunos reagem recusando-se a ler o que o currículo estabeleceu que devem ler.

Não há garantia alguma de que intensificar esse tipo de abordagem, que basicamente carece de equidade e sensibilidade em relação à cultura dos grupos subalternos, irá diminuir a resistência dos alunos quando se recusam a ler a palavra "escolhida". Quando os planejadores de currículo ignoram variáveis tão importantes quanto às diferenças de classe, quando ignoram a incorporação dos valores das culturas subalternas no currículo e quando se recusam a aceitar e a legitimar a linguagem dos alunos, sua ação vai no sentido da inflexibilidade, da insensibilidade e da rigidez de um currículo que foi previsto para beneficiar aqueles que o escreveram.

Concedendo aos professores aumentos insignificantes de salário, o que se está é apaziguando a maioria deles, que se veem em posição de impotência cada vez maior, em

[47] Literalmente, poderia traduzir-se por algo como "volta ao fundamental": significa a tendência, na educação norte-americana, a dar ênfase ao ensino de habilidades como ler, escrever e contar, com desprezo por outros objetivos pedagógicos da escola.

confronto com um sistema reducionista que visa a desqualificá-los cada vez mais. Essas abordagens e suas propostas correlatas tendem a descuidar das condições materiais com que lutam os professores em seu esforço para sobreviver à tarefa esmagadora de ensinar coisas que são política e ideologicamente estranhas à realidade do aluno de classes subalternas.

Essas abordagens e propostas deixam de examinar a falta de tempo que os professores têm para executar uma tarefa que, pela própria natureza, implica pensamento e reflexão. Mais ainda, a dimensão intelectual do ensino nunca é reconhecida por um sistema cujo objetivo principal é desqualificar cada vez mais os professores, reduzindo-os a meros agentes técnicos destinados a caminhar irrefletidamente por entre um labirinto de procedimentos. Assim sendo, minha pergunta é se você crê que esses educadores estão cônscios de que as propostas que fazem exacerbarão o vácuo de equidade que já está vitimando grande número de alunos de "minorias".

FREIRE: Primeiro, vamos esclarecer o termo "minoria".

MACEDO: Emprego o termo no contexto dos Estados Unidos. Tenho consciência, também, de sua natureza contraditória.

FREIRE: Exatamente. Você percebe o quanto o termo "minoria" está impregnado ideologicamente? Quando, no contexto dos Estados Unidos, se emprega "minoria" para se referir à maioria do povo que não faz parte da classe dominante, está-se alterando seu valor semântico. Quando se menciona "minoria", está-se falando, na verdade, da "maioria" que se encontra fora da esfera de dominação política e econômica.

Macedo: Se Kozol está certo, os 60 milhões de analfabetos e analfabetos funcionais que ele registra em *Illiterate America* não constituem uma classe minoritária. Esses 60 milhões não deviam ser acrescentados a outros grupos bastante grandes que aprendem a ler, mas que ainda não fazem parte das esferas políticas e econômicas dominantes.

Freire: Na realidade, como se dá com muitas outras palavras, a alteração semântica da palavra "minoria" serve para dissimular os muitos mitos que são parte do mecanismo de sustentação da dominação cultural.

Macedo: Passemos agora a nossa segunda pergunta. Creio ser da maior importância analisar de que modo as culturas subalternas se produzem em sala de aula. Precisamos compreender as relações antagônicas entre as culturas subalternas e os valores dominantes do currículo. Tome-se, por exemplo, a resistência a falar o dialeto padrão exigido pelo currículo. O currículo dominante destina-se primordialmente a reproduzir a desigualdade das classes sociais, ao favorecer predominantemente os interesses de uma minoria de elite. Como poderão os educadores progressistas norte-americanos tirar partido dos elementos culturais antagônicos produzidos pelos atos de resistência dos alunos subalternos, e como poderão os educadores desencadear uma campanha de alfabetização que possibilite aos alunos compreender o próprio mundo de modo a poder lê-lo depois? Ou seja, será possível utilizar a rebeldia dos alunos como uma plataforma a partir da qual possam transcender a natureza mecânica da alfabetização a eles imposta por um currículo que exige apenas a codificação e decodificação mecânicas de grafemas e fonemas para formar palavras que os alienam ainda mais?

FREIRE: Sua pergunta é absolutamente fundamental. Teoricamente, a resposta a ela vale não apenas no contexto dos Estados Unidos, como também no contexto brasileiro, bem como em outras áreas onde haja divisões e tensões bem definidas. A diferença mais importante encontra-se em como projetar e implementar programas que atendam às diferentes necessidades de cada contexto. Acharia mais fácil responder à sua pergunta no contexto brasileiro. De qualquer modo, teoricamente, sua pergunta necessariamente nos leva à questão importante de se é possível desenvolver, dentro de um espaço institucional, um programa de alfabetização crítica que contraria e neutraliza a tarefa fundamental exigida pelo poder dominante das escolas. Ou seja, precisamos discutir a reprodução da ideologia dominante, questão importante que tem sido discutida muito clara e amplamente por Henry Giroux e também por outros educadores norte-americanos.

As teorias da reprodução tendem a cair num exagero mecânico, com o qual interpretam o fato real e concreto de que o sistema educacional reproduz a ideologia dominante. Dentro do sistema educacional, contudo, existe outra tarefa a ser executada pelos educadores conscientes, independentemente dos desejos da classe dominante. A tarefa educacional, da perspectiva da classe dominante, é reproduzir sua ideologia. Mas a tarefa educativa que contraria o processo reprodutivo não pode ser levada a cabo por quem quer que opte pelo *status quo*. Essa tarefa só pode ser levada a cabo pelo educador que, de fato, se recuse a manter a desigualdade inerente ao *status quo*.

O educador progressista rejeita os valores dominantes impostos à escola porque possui um sonho diferente, porque quer transformar o *status quo*. Naturalmente, transformar o *status quo* é muito mais difícil do que mantê-lo. A questão que você propôs tem a ver exatamente com essa teoria. Como disse, o espaço educacional reproduz a ideologia dominante. Contudo é possível, dentro das instituições educacionais, atuar contrariamente aos valores dominantes impostos.

A reprodução da ideologia dominante implica necessariamente a ocultação de verdades. O desvendamento da realidade está dentro do espaço de mudança possível em que os educadores progressistas e politicamente claros devem atuar. Creio que esse espaço de mudança, ainda que pequeno, sempre existe. Nos Estados Unidos, onde a sociedade é muito mais complexa do que no Brasil, a tarefa de realçar a realidade é mais difícil. Nessa tarefa, é necessário que os educadores assumam uma postura política que se recuse a reconhecer o mito da neutralidade pedagógica.

Esses educadores não podem limitar-se a ser meros especialistas em educação. Não podem ser educadores preocupados apenas com as dimensões técnicas do bilinguismo, por exemplo, sem uma compreensão global das implicações políticas e ideológicas do bilinguismo e do pluriculturalismo nos Estados Unidos. Os educadores devem tornar-se indivíduos conscientes que vivem parte de seus sonhos dentro do espaço educacional.

Os educadores não terão êxito atuando sozinhos; têm de trabalhar em colaboração a fim de serem bem-sucedidos na integração dos elementos culturais produzidos pelos alunos subalternos em seu processo educativo. Finalmente, esses educadores têm que inventar e criar métodos com os quais utilizem ao máximo o espaço limitado de mudança possível que têm a seu dispor. Precisam utilizar o universo cultural de seus alunos como ponto de partida, fazendo com que eles sejam capazes de reconhecer-se como possuidores de uma identidade cultural específica e importante.

A utilização bem-sucedida do universo cultural dos alunos exige respeito e legitimação do discurso deles, ou seja, de seus próprios códigos linguísticos, que são diferentes mas nunca inferiores. Os educadores devem também respeitar e compreender os sonhos e expectativas dos alunos. No caso dos norte-americanos negros, por exemplo, os educadores devem respeitar a língua inglesa dos negros. É possível codificar e decodificar o inglês negro com a mesma facilidade que o inglês norte-americano padrão. A diferença é que os norte-americanos negros acharão infinitamente mais fácil codificar e decodificar o dialeto de que eles próprios são os autores. A legitimação do inglês negro como uma ferramenta educativa não elimina, porém, a necessidade de adquirir proficiência no código linguístico do grupo dominante.

Macedo: Além da questão do código linguístico, os educadores devem compreender as maneiras pelas quais os diversos dialetos codificam visões de mundo diversas. O valor semântico de itens léxicos específicos pertencentes ao inglês negro é, em alguns casos, radicalmente diferente da interpretação derivada do dialeto padrão, dominante. A primeira questão importante é que o código linguístico dos norte-americanos negros não só reflete sua realidade, como ainda sua experiência vivida num dado momento histórico. Palavras que contêm em si a cultura da droga, a alienação quotidiana, a luta pela sobrevivência nas condições inferiores e desumanas dos guetos — essas constituem um discurso que os norte-americanos negros não têm dificuldade alguma em utilizar.

A partir dessa realidade crua e às vezes cruel é que os alunos negros podem começar a desvendar a confusão que caracteriza sua existência no dia a dia, dentro e fora das escolas. Por isso, sua linguagem constitui ferramenta poderosa para desmistificar a realidade distorcida antecipadamente preparada para eles pelo currículo dominante. Como vamos expor no último capítulo deste livro, a linguagem jamais deve ser compreendida como mera ferramenta de comunicação. A linguagem vem de envolta com a ideologia e, por essa razão, tem-se que lhe dar proeminência em qualquer pedagogia radical que se proponha propiciar espaço para a emancipação do aluno.

Freire: Mediante o uso de todas as dimensões da linguagem, do gosto etc. dos alunos, é que se será capaz, com eles, de chegar ao conteúdo programático oficial. Não se dirá aos que se encontram numa posição dependente e oprimida que não podem, por exemplo, opinar quanto à substância do estudo de ciências, porque esse tipo de exigência curricular interessa apenas aos alunos da classe dominante. Os alunos "subalternos" também têm necessidade das habilidades adquiridas pelo estudo do currículo dominante. Contudo, essas habilidades jamais devem ser impostas com o sacrifício de uma compreensão global da realidade que permita que os alunos desenvolvam uma autoimagem positiva antes de enfrentarem o tipo de conhecimento que está fora de seu mundo imediato.

Somente depois de se haverem apropriado firmemente de seu próprio mundo é que podem começar a adquirir outros conhecimentos. A aquisição do seleto conhecimento contido no currículo dominante deve ser uma meta atingida pelos alunos "subalternos" no decorrer do processo de *empowerment* individual e grupal. Eles podem utilizar o conhecimento dominante com eficiência em sua luta para mudar as condições materiais e históricas que os têm escravizado. Não devem, porém, jamais, permitir que o conhecimento que beneficia a classe dominante os domestique ou, como em alguns casos ocorre, os transforme em pequenos opressores. O currículo dominante deve gradativamente vir a ser dominado pelos alunos "dependentes", de modo a ajudá-los em sua luta pela equidade social e pela justiça social.

Essa visão é política e não meramente *epistemológica*. Ou seja, no caso dos norte-americanos negros, eles precisam dominar plenamente a língua inglesa padrão a fim de lutar com eficiência pela própria preservação e por sua plena participação na sociedade. Isso não significa, porém, que o inglês norte-americano padrão seja mais bonito do que o inglês negro, ou superior a ele. A noção de superioridade linguística é uma coisa imposta artificialmente.

Macedo: Então, o inglês padrão deve ser visto como uma arma contra as forças opressoras que utilizam esse dialeto dominante como um meio de manter a ordem social atual. Deve-se salientar, também, que o domínio crítico do dialeto padrão jamais pode ser atingido plenamente, sem o desenvolvimento da voz de cada um, que está contida no dialeto social que conforma a realidade desse indivíduo.

Freire: Exatamente. É isso que quero dizer quando falo nas necessárias dimensões políticas e ideológicas em qualquer pedagogia que se proponha ser crítica. A questão dos métodos está diretamente vinculada à capacidade criativa e inventiva dos educadores políticos. A criatividade exige evidentemente correr riscos. As tarefas educativas de que temos falado até agora podem ser executadas mediante uma compreensão global da natureza política e ideológica dos educadores e mediante uma disposição para ser criativo e para correr os riscos que permitirão que essa criatividade prospere. Em sociedades altamente modernizadas como os Estados Unidos, tenho observado que as pessoas trazem consigo uma longa experiência histórica capitalista que corrobora o tema geral de a existência humana sempre evoluir do medo — medo, por exemplo, de não ter estabilidade, medo que faz com que os educadores fiquem bem-comportados por muitos anos para conseguirem estabilidade. Muitos anos mais tarde, se não conseguiram estabilidade, mantêm-se domesticados de medo de perder uma segunda oportunidade de estabilidade. Se a estabilidade lhes é recusada, só se preocupam em tentar compreender qual terá sido a conduta errada que os levou a ter negada a estabilidade. Se são contemplados com a estabilidade, não há, naturalmente, razão alguma para alterarem o comportamento pelo qual lhes foi concedido o prêmio da estabilidade.

Macedo: Concordo com isso, mas julgo importante que se compreenda esse medo de correr riscos ou de ser inventivo, bem como os mecanismos sociais que lhe dão origem. Em alguns casos, os educadores sacrificam princípios educativos e morais para ajudar a manter um *status quo* por eles identificados como não criativo, apenas para poderem receber a recompensa da estabilidade ou do progresso social pessoal. Esse compromisso está ligado a uma falta de nitidez política, o que, a longo prazo, elimina qualquer possibilidade de que esses educadores venham a engajar-se numa práxis educativa que conduza à conscientização. Você não quer falar sobre esse problema da nitidez política entre os educadores das sociedades altamente modernizadas, como os Estados Unidos?

FREIRE: Antes de estender-me sobre o que você chama de "nitidez política", vamos, primeiro, definir esse conceito. Vou procurar explicar o que algumas vezes tenho chamado de "nitidez política antes de uma ação", algo necessário ao processo de evolução da práxis política.

Nossa primeira preocupação diz respeito ao advérbio *antes* empregado na expressão "antes de uma ação". Esse *antes* refere-se a uma determinada ação, digamos a ação A, a ser realizada como tarefa política no processo de luta e de transformação. Esse *antes* não se refere a nenhuma forma de ação para alcançar a nitidez na "leitura" da realidade. Sua compreensão exige que prolonguemos nossa experiência crítica e radical no mundo. Compreender a sensibilidade do mundo não ocorre exteriormente a nossa prática, isto é, a prática vivida ou a prática sobre a qual refletimos.

Em última análise, o que tenho chamado de "nitidez ou clareza política" não se encontra na repetição meramente mecânica, por exemplo, de críticas formais ao imperialismo norte-americano, ou na recitação (não menos mecânica) de frases de Marx. Esse tipo de postura intelectual não tem nada a ver com minha ideia de nitidez política.

A nitidez política é necessária para o engajamento mais profundo na práxis política e é realçada nessa prática. Essa concepção foi muito bem apanhada por Frei Betto, em um livro que há pouco tempo "falamos" juntos no Brasil, *Uma escola chamada vida*. Segundo Betto, uma pessoa politizada, (que, mais, ou menos, possui nitidez política) é aquela que transcendeu a percepção da vida como mero processo biológico para chegar a uma percepção da vida como processo biográfico, histórico e coletivo.

Nesse momento, essa pessoa conceptualiza aquilo que Betto chama de "um varal de informação". No varal, podemos ter um fluxo de informação e, no entanto, permanecer incapazes de ligar uma peça de informação à outra. Uma pessoa politizada é aquela que pode classificar as peças diferentes, e muitas vezes fragmentadas, contidas no fluxo. Essa pessoa deve ser capaz de esquadrinhar o fluxo de informação e relacionar, por exemplo, Pinochet e Reagan, ou compreender o conteúdo ideológico da expressão "combatentes da liberdade" quando aplicada aos *Contras*, empenhados em sabotar o processo revolucionário da Nicarágua. Essa pessoa percebe a ideologia no conteúdo "terrorismo" quando aplicado à ação militar contra uma ditadura cruel que mantém um esquadrão da morte extremamente eficiente matando milhares de mulheres, crianças e outros cidadãos inocentes. Noam Chomsky, por exemplo, analisa sucintamente a política norte-americana na América Latina em *Turning the Tide*, chamando a atenção para as contradições na intervenção dos Estados Unidos.

A nitidez política é possível na medida em que se reflita criticamente sobre os fatos do dia a dia e na medida em que se transcenda à própria sensibilidade (a capacidade de senti-los, ou de tomar conhecimento deles) de modo que, progressivamente, se consiga chegar a uma compreensão mais rigorosa dos fatos. Mesmo antes disso, ainda no nível da sensibilidade, é possível começar a tornar-se nítido politicamente. Isso se dá no processo biográfico, histórico e coletivo de Betto (acima mencionado).

A meu ver, uma das possibilidades que se tem ao trabalhar com um grupo de intelectuais, alunos, por exemplo, é desafiá-los a compreender a realidade social e histórica, não de um fato ocorrido, mas de um fato que esteja ocorrendo. A realidade, nesse sentido, é o processo de vir a ser.

É preciso desafiar os alunos a compreender que, como sujeitos cognoscentes, a relação que se tem com objetos cognoscíveis não se pode reduzir apenas aos objetos. É preciso atingir um nível de compreensão da totalidade complexa de relações entre os objetos. Ou seja, é preciso desafiá-los a tratar criticamente o "varal de informação" com que estão trabalhando.

Quer se atue em nível de universidade, ou em educação de adultos, quer envolvidos na mera sensibilidade dos fatos, ou na busca de uma compreensão mais rigorosa destes, uma das dificuldades no tratamento crítico das diferentes "peças" de informação do "varal" é a de que sempre há obstáculos que ofuscam a nitidez política. Não fossem esses obstáculos ideológicos, como explicar a facilidade com que se aceitam as declarações do presidente Reagan de que um país pobre e fraco como Grenada representa uma ameaça à força gigantesca dos Estados Unidos?

A nitidez política implica sempre uma compreensão dinâmica entre a sensibilidade menos coerente do mundo e uma compreensão mais coerente do mundo. Mediante a prática política, a sensibilidade menos coerente do mundo começa a ser superada e as buscas intelectuais mais rigorosas dão origem a uma compreensão mais coerente do mundo. Considero essa transição para uma sensibilidade mais coerente um dos momentos fundamentais em qualquer práxis educativa que procure ir além da mera descrição da realidade.

É preciso haver nitidez política antes que se compreenda a ação política de erradicação do analfabetismo nos Estados Unidos ou em qualquer outro lugar. Educadores sem nitidez política podem, quando muito, ajudar os alunos a ler a palavra, mas são incapazes de ajudá-los a ler o mundo. Uma campanha de alfabetização que torne os alunos capazes de ler o mundo exige nitidez política.

Macedo: Muitos educadores nos Estados Unidos têm tentado pôr em prática sua teoria da alfabetização. Muitas vezes eles se queixam de que você não oferece nenhuma informação de "como fazer" para pôr em prática suas ideias teóricas e suas experiências em outras regiões do mundo, particularmente na África e na América Latina. Em primeiro lugar, você considera válidas essas críticas? Se não considera, poderia atender às ansiedades de muitos educadores bem-intencionados que, talvez, sintam-se ainda escravos de uma cultura educacional de manuais de "como fazer"?

Freire: Essa pergunta tem duas partes. A primeira, refere-se a minha reserva em dizer aos educadores o que fazer. A segunda ocupa-se de minha falta de direção nas teorias que tenho proposto.

Vejamos a primeira parte. O que é que se origina de qualquer prática? Experiências e práticas não podem ser exportadas, nem importadas. Decorre daí que é impossível satisfazer o pedido de quem quer que seja para importar práticas de outros contextos. De que modo uma cultura com uma história diferente e num momento histórico diferente pode aprender com outra cultura? Como pode uma sociedade aprender com a experiência de outra, uma vez que é impossível exportar ou importar práticas e experiências?

Ao fazer essas indagações, não quero dizer que seja impossível aprender com as práticas de outros. Amílcar Cabral, que amava a cultura africana, disse que o respeito que se tem por ela não significa que se devam ignorar os elementos positivos de outras culturas, que podem mostrar-se essenciais ao seu desenvolvimento. Falando na impossibilidade de se exportarem práticas, não estou negando a validade de práticas estrangeiras. Nem estou negando a necessidade de intercâmbio. O que estou dizendo é que elas devem ser reinventadas.

Macedo: Explique concretamente de que modo se podem reinventar a prática e a experiência de alguém.

Freire: Deve-se fazer uma abordagem crítica da prática e da experiência a ser reinventada.

Macedo: O que você quer dizer com abordagem crítica?

Freire: Abordar criticamente as práticas e as experiências de outros é compreender a importância dos fatores sociais, políticos, históricos, culturais e econômicos relacionados com a prática e a experiência a ser reinventada. Em outras palavras, a reinvenção exige a compreensão histórica, cultural, política, social e econômica da prática e das propostas a serem reinventadas.

Esse processo crítico aplica-se, também, à leitura de livros. Por exemplo, como aplicar as ideias de Lenin ao contexto latino-americano, sem empenhar-se em ter uma compreensão crítica, política e histórica do momento em que Lenin escreveu? Não posso simplesmente passar por alto um texto escrito de Lenin relativo a uma determinada Rússia, num dado momento histórico. No prefácio de uma nova edição desse texto, Lenin chamou a atenção para a necessidade de se ter uma compreensão crítica do momento em que escrevera o texto. Em nosso caso, é necessário, também, compreender o momento histórico, político, social, cultural e econômico, as condições concretas que levaram Lenin a criar o texto pela primeira vez. Não posso, pois, simplesmente usar o texto de Lenin e aplicá-lo literalmente ao contexto brasileiro, sem revê-lo, sem reinventá-lo.

Macedo: Em que consistiria essa reescrita do texto?

Freire: Na medida em que eu compreendo os parâmetros da luta que se travava na Rússia ao tempo de Lenin, posso começar a compreender o que está acontecendo no Brasil de hoje. Posso começar a perceber quão válidos são certos princípios gerais de modo que possam ser reinventados. Outros princípios podem ter que ser adaptados a nosso contexto. Creio ser impossível ler qualquer texto sem uma compreensão crítica do contexto a que se refere.

Voltemos a sua pergunta sobre por que me recuso a dar as chamadas receitas de "como fazer". Quando um educador norte-americano lê minha obra e não concorda necessariamente com tudo que digo (afinal, pode até não concordar comigo em nada), mas sente-se tocado pelo que escrevi, em vez de simplesmente me imitar, poderá começar a praticar tentando compreender criticamente as condições contextuais de onde atuei. Esse educador pode compreender plenamente as condições econômicas, sociais, culturais e históricas que culminaram, por exemplo, no ato de escrever *Pedagogia do oprimido*.

Os educadores devem também investigar todas essas condições em seus próprios contextos. Quando alguém pensa sobre o contexto que deu origem à *Pedagogia do oprimido* e pensa, também, sobre seu próprio contexto, poderá começar a recriar a *Pedagogia do oprimido*. Se os educadores forem fiéis a essa reinvenção radical, compreenderão minha insistência em que os educandos devam assumir o papel de sujeitos cognoscentes; ou seja, sujeitos que conhecem juntamente com o educador, que é também um sujeito cognoscente. Esse é o princípio para a tomada de uma atitude epistemológica, filosófica, pedagógica e política.

Uma coisa é ler minha obra a fim de identificar-se com minhas posições e decidir se elas são válidas. Mas não se devem fazer as mesmas coisas que fiz em minha prática.

Essencialmente, os educadores devem trabalhar muito para que os educandos assumam o papel de sujeitos cognoscentes e possam viver essa experiência de sujeitos. Educadores e educandos não precisam fazer exatamente as mesmas coisas que eu fiz para que tenham a experiência de ser um sujeito. Isso porque as diferenças culturais, históricas, sociais, econômicas e políticas que caracterizam dois ou mais contextos começarão a desempenhar um papel na definição do relacionamento tenso entre educador e educando, ou seja, os chamados valores de uma determinada sociedade. Essa é a razão por que me recuso a escrever um manual de "como fazer", ou a oferecer uma receita passo a passo.

Não poderia dizer aos educadores norte-americanos o que fazer, mesmo que eu quisesse. Não conheço os contextos e as condições materiais em que os educadores norte-americanos devem trabalhar. Não é que eu não saiba como dizer o que devem fazer. Ao contrário, não sei é o que dizer precisamente, porque minhas próprias opiniões foram moldadas pelos meus próprios contextos. Não nego que possa dar uma colaboração aos educadores norte-americanos. Creio que o tenho feito em visitas aos Estados Unidos e ao participar de discussões concretas com diversos grupos a respeito de seus respectivos projetos. Nessas discussões, tenho sugerido que, dada minha experiência, tenho condições de facilitar-lhes o trabalho. Não posso, porém, escrever um texto composto de conselhos e sugestões universais.

Quando alguns educadores me criticam quanto a isso, revelam o quão influenciados estão pela ideologia dominante contra a qual lutam e como não conseguiram ainda compreender as maneiras como a reproduzem.

Certa vez, sugeri a um grupo de estudantes norte-americanos que pensassem no seguinte para suas teses de mestrado: quantos textos havia nos Estados Unidos em 1984, por exemplo, sobre como fazer amigos, como conseguir um bom emprego, como desenvolver habilidades; isto é, textos que principalmente dão receitas. Esses textos se explicam em termos no contexto geral que lhes dá origem. Há muitos educadores que recebem bem esse gênero de textos, que essencialmente contribuem para uma maior desqualificação. Recuso-me a escrever esse gênero de texto, porque minhas convicções políticas são contrárias à ideologia que alimenta esse tipo de domesticação da mente.

Para mim, a tarefa mais importante que tenho nos Estados Unidos, ou onde quer que seja, é dizer: Olhe aqui, minha posição política é A, B e C. Essa posição política exige de mim que mantenha consistentes entre si meu discurso e minha prática. Isso implica diminuir a distância entre eles. Diminuir a distância entre o discurso e a prática é o que denomino "coerência".

Em qualquer contexto, falo a respeito de minha prática e, com base na reflexão, elaboro teoricamente minha prática. Daí para diante, tenho de desafiar outros educadores, inclusive os de meu próprio país, a tomarem minha prática e minhas reflexões como objeto de suas reflexões pessoais e a analisarem seu próprio contexto de modo que possam começar a reinventá-las na prática. Esse é meu papel como educador; e não pretender, arrogantemente, ser um educador de educadores dos Estados Unidos.

Macedo: Essa falta de coerência de que você falou é um problema. Muito embora alguns educadores norte-americanos concordem com você teoricamente, na prática continuam ainda condicionados pela ideologia dominante. Pode ser que o fato de não se conseguir estabelecer uma harmonia entre teoria e prática conduza a uma colisão frontal com a coerência necessária para manter uma visão sucinta do projeto político e pedagógico disponível. Pode ser que, sem o saber, eles reproduzam elementos da ideologia dominante que contraria os princípios fundamentais de sua teoria.

Freire: Exatamente. E isso, é claro, não acontece apenas nos Estados Unidos; acontece também no Brasil. É enorme a distância que existe, no Brasil, entre o "discurso revolucionário" de certos educadores e sua prática. É muito comum encontrar intelectuais que discutem autoritariamente o direito de as classes subalternas se libertarem. O simples fato de falarem da classe trabalhadora como objeto de suas reflexões cheira a elitismo por parte desses intelectuais. Só há um modo de superar esse elitismo que também é autoritário e implica inconsistência do discurso revolucionário dos intelectuais. Esses intelectuais deviam parar de falar *sobre* as classes trabalhadoras e passar a falar *com* elas. Quando os educadores se expõem às classes trabalhadoras, automaticamente se reeducam.

Macedo: Eles deviam também começar a compreender e a respeitar a produção cultural da classe trabalhadora; por exemplo, suas diversas formas de resistência como aspectos concretos de cultura.

Freire: Exatamente.

Macedo: É importante também salientar, por exemplo, que a compreensão da produção cultural dos grupos subalternos é indispensável em qualquer tentativa de desenvolver algum tipo de alfabetização emancipadora. Agir de outro modo seria desenvolver estruturas pedagógicas disfarçadas de uma pedagogia radical com metas ocultas de assimilação dos alunos a esferas ideológicas da classe dominante. Na apreciação da cultura dos grupos subalternos é crucial o elemento de resistência e de que modo utilizá-lo como uma plataforma para possibilitar aos alunos se alfabetizarem em sua própria história e em suas experiências vividas.

Freire: Você tocou num ponto importante sobre o qual Henry Giroux se estende tão expressivamente em sua obra: o problema da resistência. Uma das lições que deviam aprender os educadores que se consideram progressistas deveria ser a compreensão crítica dos diversos níveis de resistência por parte das classes subalternas, isto é, os níveis de sua resistência dados os níveis de confronto entre elas e as classes dominantes.

A compreensão dessas formas de resistência conduz a uma apreciação melhor de sua linguagem; e, na verdade, não se pode compreender sua resistência se não se captar a essência de sua linguagem. A linguagem torna explícitos os modos pelos quais as pessoas vêm resistindo. Em outras palavras, a linguagem permite vislumbrar a maneira como as pessoas sobrevivem.

A compreensão da resistência leva a que se perceba a "astúcia" das classes oprimidas como um modo de defesa contra as dominantes. Essa astúcia é social na medida em que faz parte da rede social da classe oprimida. Essa sagacidade se mostra claramente no uso de sua linguagem, em sua arte, de sua música e até mesmo de sua filosofia. O corpo dos oprimidos desenvolve uma imunização para defender-se das duras condições a que é submetido. Não fosse assim, seria impossível explicar como milhões de latino-americanos e de africanos continuam sobrevivendo em condições subumanas. Em condições semelhantes, você, ou eu, não duraria mais do que uma semana. Nossos corpos nunca tiveram que desenvolver o sistema imunológico para lutar contra esse tipo de realidade dura.

Repetindo, compreender a realidade do oprimido, refletida nas diversas formas de produção cultural — linguagem, arte, música —, leva a uma compreensão melhor da expressão cultural mediante a qual as pessoas exprimem sua rebeldia contra os dominantes. Essas expressões culturais representam, também, o nível de luta possível contra a opressão.

Por exemplo, há murais e grafitos extraordinários na maioria das cidades dos Estados Unidos realizados por artistas desconhecidos, gente desempregada, relegada. São expressões tanto culturais quanto políticas. Visitei Chicago com um artista que utilizava essas formas de arte, e ele me falou sobre os artistas negros que pintam nas paredes dos prédios cenas do dia a dia das classes oprimidas. Embora extremamente artísticas e, portanto, estáticas, elas são também um ato político.

Essas obras de arte constituem um método astuto utilizado pelas classes dominantes para denunciar a dominação quase sempre violenta que sofrem. Denunciam por meio da expressão artística e, às vezes, dissimulam a denúncia sob a expressão artística. É esse contexto de opressão que ocasiona a necessidade das classes oprimidas de serem astutas e de resistirem. Giroux está certo: toda pedagogia radical deve, primeiro, compreender plenamente a dinâmica da resistência por parte dos educandos. No ano passado, por exemplo, foi publicado um livro interessante no Brasil: *A festa do povo: pedagogia da resistência.*[48] O autor analisa diversas expressões culturais, diferentes momentos festivos do povo, não como meras expressões folclóricas, mas como expressões culturais por meio das quais as pessoas exprimem sua resistência.

Desse ponto de vista, a compreensão cultural é fundamental para o educador radical. A diferença básica entre um educador reacionário e um radical tem a ver com as manifestações de resistência. O educador reacionário interessa-se em conhecer os níveis de resistência e as formas que ela assume de modo a poder sufocar essa resistência. Um educador radical quer conhecer as formas e os modos como resiste o povo, não para dissimular as razões da resistência, mas para explicar no nível teórico a natureza dessa resistência.

Macedo: Um educador radical não deve ficar exclusivamente no nível da teoria. Deve utilizar a resistência como uma ferramenta que possibilite aos alunos se alfabetizarem em sua própria cultura, tanto quanto nos códigos das classes dominantes.

Freire: A diferença entre os educadores reacionário e radical é que o reacionário quer saber sobre a resistência para dissimulá-la ou eliminá-la, enquanto o radical quer saber sobre a resistência para compreender melhor o discurso de resistência, para propiciar estruturas pedagógicas que possibilitem que os alunos se emancipem.

Macedo: Você poderia falar agora sobre a segunda parte de minha pergunta: sobre a falta de direção de suas propostas?

---

[48] Jorge Cláudio Noel Ribeiro, *A festa do povo: pedagogia da resistência*. Petrópolis: Vozes, 1982.

Freire: Como educador, você só pode manter uma atitude não diretiva, se você tenta fazer um discurso falaz; isto é, um discurso a partir da perspectiva da classe dominante. Somente nesse discurso falaz um educador pode falar a respeito de uma falta de direção. Por quê? Creio que isso se deve a que não há verdadeira educação sem uma diretriz. Na medida em que toda prática educativa transcende a si mesma, supondo um objetivo a ser atingido, não pode ser não diretiva. Não existe prática educacional que não aponte para um objetivo; isso prova que a natureza da prática educativa tem uma direção.

Proponho agora uma questão de epistemologia e de filosofia. A natureza diretiva da prática educativa que conduz a determinado objetivo deve ser vivida pelos educadores e educandos. Em outras palavras, como pode se comportar um educador nessa prática educativa em vista da natureza diretiva da educação? Em primeiro lugar, se esse educador defende, na prática, a célebre posição daqueles que lavam as próprias mãos quanto a tais questões (algo como Pôncio Pilatos), ele lava as mãos e é como se dissesse: "Como respeito os alunos e não sou diretivo, e como eles são indivíduos que merecem respeito, devem determinar sua própria direção." Esse educador não nega a natureza diretiva da educação, que independe de sua própria subjetividade. Simplesmente recusa a si mesmo a tarefa pedagógica e política de assumir o papel de sujeito dessa prática diretiva. Recusa-se a converter seus educandos àquilo que considera correto. Esse educador, então, acaba por ajudar a estrutura de poder.

Que outros caminhos viáveis existem relativos à natureza diretiva da educação? Outro caminho seria lutar contra a situação que acabo de descrever, isto é, lutar contra o *laissez-faire*. O educador deve ajudar os educandos a se envolverem no planejamento da educação, ajudá-los a criar a capacidade crítica para pensar sobre a direção e os sonhos da educação e para participar dessas coisas.

O educador autoritário está certo, muito embora nem sempre se explicite teoricamente, quando diz que não há educação que seja não diretiva. Não discordo de tal afirmação, mas não aceito que a diretividade da educação faça do educador necessariamente um autoritário.

A substantividade democrática, que é radical, se opõe ao espontaneísmo licencioso como à manipulação autoritária.

Na verdade, o contrário positivo do espontaneísmo não é a manipulação como o contrário positivo desta não é o espontaneísmo. O contrário positivo de ambos é o que venho chamando de substantividade democrática. Por isso é que, por negar e recusar o autoritarismo, não devo ser um educador licencioso da mesma forma como por negar e recusar a licenciosidade não devo ser um educador autoritário.

Em última análise, assumir a diretividade da educação, numa perspectiva democrática, implica, de um lado, jamais reduzir os educandos a meras sombras, proibidas de voz, de outro, jamais anular a figura do educador, transformado, assim, numa ausência presente.

4

Alfabetização e pedagogia crítica

Donaldo Macedo

Nos capítulos anteriores, desenvolvemos uma concepção da alfabetização como forma de política cultural. Em nossa análise, a alfabetização torna-se um construto significativo a ponto de ser encarada como um conjunto de práticas que atuam quer para *empower*, quer para *disempower* as pessoas. No sentido mais amplo, a alfabetização é analisada conforme sirva ela para reproduzir as formações sociais existentes, ou como um conjunto de práticas culturais que promovam a mudança democrática e emancipadora. Não só oferecemos uma teoria restaurada da alfabetização, como também análises concretas e históricas de campanhas de alfabetização em países como o Cabo Verde, São Tomé e Príncipe, e Guiné-Bissau. Além disso, afirmamos que as línguas africanas nativas desses países devem ser utilizadas nos programas de alfabetização, se se quiser que a alfabetização seja parte importante de uma pedagogia emancipadora. Nos casos que analisamos minuciosamente, o uso do português, em lugar das línguas africanas nativas, ou do crioulo, levou à reprodução de uma mentalidade elitista, neocolonialista. Neste capítulo, examinaremos com mais detalhe os programas de alfabetização à luz de teorias de produção e reprodução cultural. Também sustentaremos, com mais vigor, a utilização da língua nativa como pré-requisito para o desenvolvimento de qualquer campanha de alfabetização que pretenda servir como o meio para chegar-se a uma apropriação crítica da própria cultura e da própria história.

No correr dos últimos dez anos, a questão da alfabetização adquiriu nova importância entre os educadores. Infelizmente, o debate que surgiu a respeito tende a ser uma reciclagem de velhos pressupostos e valores relativos ao significado e à utilidade da alfabetização. A ideia de que a alfabetização é questão de aprender a língua padrão ainda permeia a enorme maioria dos programas de alfabetização e manifesta sua lógica na ênfase que, novamente, se dá à leitura técnica e às habilidades para a escrita.

Queremos reiterar, neste capítulo, que a alfabetização não pode ser encarada simplesmente como o desenvolvimento de habilidades que vise à aquisição da língua padrão dominante. Esse modo de ver sustenta uma ideia de ideologia que, sistematicamente, antes rejeita do que torna significativas as experiências culturais dos grupos linguísticos subalternos que são, de modo geral, o objeto de suas políticas. Para que a ideia de alfabetização ganhe significado, deve ser situada dentro de uma teoria de produção cultural e encarada como parte integrante do modo pelo qual as pessoas produzem, transformam e reproduzem significado. A alfabetização deve ser vista como um meio que compõe e afirma os momentos históricos e existenciais da experiência vivida que produzem uma cultura subalterna ou vivida. Daí, ser ela um fenômeno eminentemente político e dever ser analisada dentro do contexto de uma teoria de relações de poder e de uma compreensão da reprodução e da produção social e cultural. Por "reprodução cultural" entendemos experiências coletivas que atuam no interesse dos grupos dominantes, e não no interesse dos grupos oprimidos, objeto de suas políticas. Empregamos "produção cultural" para nos referir a determinados grupos de pessoas que produzem, medeiam e confirmam os elementos ideológicos comuns que emergem de suas experiências vividas diariamente e que as reafirmam. Neste caso, essas experiências originam-se nos interesses da autodeterminação individual e coletiva.

Essa postura teórica está subjacente ao exame que fazemos da maneira pela qual os sistemas de ensino público, nas ex-colônias portuguesas da África, têm desenvolvido políticas educacionais visando a eliminar a taxa de analfabetismo terrivelmente alta herdada do Portugal colonialista. Essas políticas destinam-se a erradicar o legado educacional colonial, que tinha como dogma principal a desafricanização total daqueles povos. A educação naquelas colônias era discriminatória, medíocre e baseada no verbalismo. Não podia contribuir em nada para a reconstrução nacional, pois não fora constituída com esse propósito. A escola era antidemocrática em seus métodos, em seu conteúdo, em seus objetivos. Divorciada da realidade do país, era, por isso mesmo, uma escola para uma minoria e, assim, contra a maioria.

Antes da independência desses países, em 1975, as escolas funcionavam como locais políticos em que as iniquidades de classe, sexo e raça eram produzidas e reproduzidas. Em sua essência, a estrutura educacional colonial era utilizada para inculcar, nos nativos africanos,[49] mitos e crenças que

[49] Com o termo "africanos", referimo-nos aos nativos africanos pertencentes aos países da África que foram colonizados por Portugal. A bem da economia de

anulavam e depreciavam suas experiências vividas, sua história, sua cultura e sua língua. As escolas eram consideradas fontes purificadoras em que os africanos podiam ser salvos de sua ignorância profundamente arraigada, de sua cultura "selvagem" e de sua língua abastardada que, segundo alguns estudiosos portugueses, era uma forma corrompida do português "sem regras gramaticais (elas não podem sequer ser aplicadas)".[50]

Esse sistema não podia fazer outra coisa senão reproduzir, nas crianças e nos jovens, a imagem que deles havia criado a ideologia colonial, a saber, a de seres inferiores, sem capacidade para nada.

Por um lado, a escola, nessas colônias, era usada com o propósito de desenraizar os nativos de sua cultura; por outro lado, aculturava-os a um modelo colonial preestabelecido. Escolas desse feitio funcionavam "como parte de um aparato ideológico do Estado destinado a assegurar a reprodução ideológica e social do capital e de suas instituições, cujos interesses se alicerçam na dinâmica da acumulação de capital e na reprodução da força de trabalho".[51] Essa força de trabalho instruída das ex-colônias portuguesas compunha-se principalmente de funcionários de nível inferior, cujas tarefas mais importantes eram a promoção e a manutenção do *status quo*. Seu papel adquiriu uma dimensão nova e importante quando foram utilizados como intermediários para, além disso, colonizar as possessões portuguesas na África. Assim, as escolas

---

palavras, selecionamos essa, mas queremos assinalar que temos plena consciência da grande variedade linguística e cultural existente na África.

[50] J. Caetano, *Boletim da Sociedade de Geografia*, Lisboa, s/d, p. 349.

[51] H.A. Giroux, *Theory and Resistance in Education: A Pedagogy for Opposition*, p. 87.

coloniais foram bem-sucedidas, na medida em que criaram uma classe pequeno-burguesa de funcionários que haviam internalizado a crença de que se haviam tornado "brancos", ou "negros de alma branca" e, por isso, eram superiores aos camponeses africanos que ainda praticavam o que se considerava uma cultura bárbara.

Esse processo de assimilação penetrou até o nível mais profundo de consciência, especialmente na classe burguesa. A respeito do tornar-se "branco", lembramo-nos, por exemplo, do caso de um cabo-verdiano negro, tão preocupado com sua negrura, que pagou a um respeitável cabo-verdiano branco para expedir um decreto proclamando-o branco. O homem, jocosamente, escreveu para ele num pedaço de papel "Dja'n branco dja", o que significa "Fui, por meio deste, declarado branco".

Após a independência e na reconstrução de uma nova sociedade nesses países, as escolas assumiram, como tarefa mais importante, a de "descolonização da mentalidade", como a denomina Aristides Pereira, e que Amílcar Cabral chama de "reafricanização da mentalidade". É evidente que tanto Pereira quanto Cabral tinham bem consciência da necessidade de criar um sistema de ensino em que se formulasse uma nova mentalidade purgada de todos os vestígios de colonialismo; sistema de ensino que permitisse que as pessoas se apropriassem de sua história, de sua cultura e de sua língua; sistema de ensino em que era imprescindível reformular os programas de geografia, história e de língua portuguesa, mudando todos os textos de leitura que estavam tão visceralmente impregnados da ideologia colonialista. Constituía prioridade absoluta que os alunos estudassem sua própria geografia, e não a de Portugal, os braços de mar e não o rio Tejo. Era absolutamente necessário que estudassem a própria história, a história da resistência de seu povo ao invasor e da luta por sua libertação, que lhes devolveu o direito de fazer a própria história — não a história de Portugal e das intrigas da corte.

A proposta de incorporar às escolas uma pedagogia radical foi recebida com pouco entusiasmo nesses países. Queremos mostrar que a desconfiança de muitos educadores africanos está profundamente enraizada na questão da língua (africana *versus* portuguesa) e levou à criação de uma campanha de alfabetização neocolonialista sob a bandeira superficialmente radical de acabar com o analfabetismo nas novas repúblicas. As dificuldades de reapropriação da cultura africana foram aumentadas pelo fato de que o veículo utilizado para essa luta foi a língua do colonizador. Como sustentaremos neste capítulo, a atual campanha de alfabetização nesses países preocupa-se, principalmente, com a criação de alfabetizados funcionais em língua portuguesa. Não mais fundamentada no capital cultural dos africanos subalternos, o programa deixou-se tomar por abordagens da alfabetização de caráter positivista e instrumental, preocupadas principalmente com a aquisição mecânica de habilidades na língua portuguesa.[52]

Antes de discutirmos a política de um programa de alfabetização emancipadora na África, ou alhures, gostaríamos de discutir diversas abordagens da alfabetização. Em primeiro lugar, discutiremos as abordagens filiadas a uma

[52] Pierre Bourdieu e Jean-Claude Passeron, *Reproduction in Education, Society and Culture*. Beverly Hills, Califórnia: Sage, 1977.

escola positivista e vinculadas ao processo de reprodução cultural. A seguir, analisaremos o papel da língua no processo de reprodução. Finalmente, mostraremos que a única abordagem da alfabetização compatível com a construção de uma sociedade anticolonial nova é a que se alicerça na dinâmica da produção cultural e que é animada por uma pedagogia radical. Ou seja, o programa de alfabetização de que se precisa é aquele que há de representar uma afirmação do povo oprimido e permitir-lhe recriar a própria história, cultura e língua; aquele que, ao mesmo tempo, ajude a levar os indivíduos assimilados, que se sentem cativos da ideologia colonial, a "cometer suicídio de classe".

Abordagens da alfabetização

Quase sem exceção, as abordagens tradicionais da alfabetização estiveram profundamente arraigadas num método positivista de pesquisa. Com efeito, isso tem resultado numa postura epistemológica em que se exaltam o rigor científico e o refinamento metodológico, enquanto "a teoria e o conhecimento são subordinados aos imperativos da eficiência e da mestria técnica, e a história, reduzida a uma menção de menor importância entre as prioridades da pesquisa científica 'empírica'".[53] De modo geral, essa abordagem abstrai as questões metodológicas dos respectivos contextos ideológicos e, consequentemente, ignora a inter-relação entre as estruturas sociopolíticas de uma sociedade e o ato de ler. Em parte, a exclusão das dimensões social e política da prática

[53] H.A. Giroux, *Theory and Resistance in Education.*

da leitura dá origem a uma ideologia de reprodução cultural, aquela que encara os leitores como "objetos". É como se seus corpos conscientes estivessem absolutamente vazios, esperando ser preenchidos pela palavra do professor. Embora seja importante analisar de que modo as ideologias enformam as diversas tradições de leitura, limitaremos nossa discussão, neste capítulo, a uma breve análise das mais importantes abordagens da alfabetização, vinculando-as ou à reprodução cultural, ou à produção cultural.

A abordagem acadêmica da leitura

É duplo o propósito atribuído à leitura na tradição acadêmica. Em primeiro lugar, a base racional dessa abordagem "deriva das definições clássicas do homem letrado — perfeitamente versado nos clássicos, articulado no falar e no escrever e ativamente engajado em atividades intelectuais".[54] Essa abordagem da leitura tem servido primordialmente aos interesses da elite. Neste caso, a leitura é encarada como a aquisição de formas preestabelecidas de conhecimento e organiza-se em torno do estudo do latim e do grego e do domínio das grandes obras clássicas. Em segundo lugar, uma vez que seria irrealista esperar que a grande maioria da sociedade atendesse a padrões tão elevados, redefiniu-se a leitura como a aquisição de habilidades de leitura e de decodificação, desenvolvimento de vocabulário, e assim por diante. Esse segundo fundamento racional serviu para

[54] Sean Walmsley, "On the Purpose and Content of Secondary Reading Programs". *Curriculum Inquiry*, 11, 1981, p. 78.

legitimar uma dupla abordagem da leitura: um nível para a classe dirigente, outro para a maioria despossuída. Segundo Giroux (*Theory and Resistance in Education*): "Esta segunda ideia ajusta-se principalmente aos alunos oriundos da classe trabalhadora, cujo capital cultural é considerado menos compatível e, portanto, inferior, em termos de complexidade e valor, ao conhecimento e valores da classe dominante."

Essa dupla abordagem acadêmica da leitura é, por seu próprio caráter, inerentemente alienadora. Por um lado, ignora a experiência de vida, a história e a prática linguística dos alunos. Por outro, dá demasiada ênfase ao domínio e à compreensão da literatura clássica e à utilização de material literário como "veículos para exercícios de compreensão (literal e interpretativa), para o desenvolvimento de vocabulário e para as habilidades de identificação de palavras".[55] Assim, a alfabetização fica despojada de suas dimensões sociopolíticas; funciona, na verdade, para reproduzir os valores e o significado dominantes. Não contribui de nenhum modo significativo para a apropriação da história, da cultura e da linguagem da classe trabalhadora.

A abordagem utilitarista da leitura

A meta principal da abordagem utilitarista é produzir leitores que atendam aos requisitos básicos de leitura da sociedade contemporânea. A despeito de seu atrativo progressista, essa abordagem enfatiza o aprendizado mecânico de habilidades de leitura, ao mesmo tempo que sacrifica a análise

[55] Id., ibid., p. 80.

crítica da ordem social e política que dá origem à necessidade de leitura em primeiro lugar. Essa posição levou ao desenvolvimento dos "alfabetizados funcionais", treinados primordialmente para atender aos requisitos de nossa sociedade tecnológica cada vez mais complexa. Esse modo de ver não é característico apenas dos países industrializados avançados do Ocidente; mesmo no Terceiro Mundo, a alfabetização utilitarista tem sido defendida como veículo para a melhoria econômica, acesso ao trabalho e aumento do nível de produtividade. Como foi formulado claramente pela Unesco, "os programas de alfabetização devem, preferencialmente, estar vinculados a prioridades econômicas. Devem transmitir não só leitura e escrita, como também conhecimento profissional e técnico, levando com isso a uma participação mais plena dos adultos na vida econômica".[56]

Essa ideia de alfabetização foi incorporada entusiasticamente como meta da maior importância pelos defensores da abordagem *back-to-basics* da leitura. Contribuiu, também, para o desenvolvimento de programas de leitura sob a clara forma de "pacotes", apresentados como solução para as dificuldades que os alunos experimentam na leitura de formulários de solicitação de emprego, ou de impostos, textos de publicidade, catálogos de vendas, rótulos e coisas semelhantes. De modo geral, a abordagem utilitarista encara a alfabetização como algo que atende às exigências básicas de leitura de uma sociedade industrializada. Como assinala Giroux:

> A alfabetização, dentro dessa perspectiva, funciona bem para fazer adultos mais produtivos como trabalhadores e cidadãos

[56] Unesco, *An Asian Model of Educational Development*. Paris: Unesco, 1966, p. 97.

numa dada sociedade. A despeito de seu apelo à mobilidade econômica, a alfabetização funcional reduz o conceito de alfabetização, e a pedagogia a que ele se ajusta, aos requisitos pragmáticos do capital; consequentemente, as noções de pensamento crítico, cultura e poder desaparecem sob os imperativos do processo de trabalho e da necessidade de acumulação de capital.[57]

Abordagem da leitura do ponto de vista do desenvolvimento cognitivo

Enquanto as abordagens acadêmica e utilitarista da leitura enfatizam o domínio das habilidades de leitura e encaram os leitores como "objetos", o modelo de desenvolvimento cognitivo dá destaque à construção do significado pelo qual os leitores se envolvem numa interação dialética entre eles e o mundo objetivo. Embora a aquisição de habilidades de alfabetização seja encarada como tarefa importante nessa abordagem, a característica marcante é o modo pelo qual as pessoas constroem o significado mediante processos de solução de problemas. A compreensão do texto fica relegada a posição de menor importância em benefício do desenvolvimento de novas estruturas cognitivas que podem capacitar os alunos a caminhar de tarefas simples de leitura para tarefas altamente complexas. Esse processo de leitura está extremamente influenciado pelas primeiras obras de John Dewey, e tem tomado forma em termos do desenvolvimento das estruturas cognitivas piagetianas. Segundo o modelo de desenvolvimento cognitivo, a leitura é encarada como

[57] H.A. Giroux, *Theory and Resistance in Education.*

um processo intelectual, "mediante uma série de etapas de desenvolvimento fixas, não valorativas e universais.[58]

Desse modo, o modelo do desenvolvimento cognitivo evita a crítica das visões acadêmica e utilitarista da leitura e deixa de considerar o conteúdo do que é lido. Em lugar disso, dá ênfase a um processo que permite que os alunos analisem e critiquem as questões levantadas no texto com um nível crescente de complexidade. Raramente, porém, essa abordagem se preocupa com questões de reprodução cultural. Uma vez que o capital cultural dos alunos — isto é, sua experiência de vida, sua história e sua linguagem — é ignorado, dificilmente eles serão capazes de engajar-se numa reflexão crítica completa, com respeito à própria experiência prática e aos fins que os motivam para, finalmente, organizarem suas descobertas e, desse modo, substituírem a mera opinião a respeito dos fatos por uma compreensão cada vez mais rigorosa de sua significação.

A abordagem romântica da leitura

Como o modelo do desenvolvimento cognitivo, a abordagem romântica baseia-se numa abordagem interacionista centrada principalmente na construção do significado; contudo, a abordagem romântica encara o significado como sendo gerado pelo leitor e não como se dando na interação entre o leitor e o autor via texto. A modalidade romântica enfatiza enormemente o afetivo e encara a leitura como a satisfação do ego e como uma experiência prazerosa. Certo

[58] S. Walmsley, op. cit., p. 82.

autor exaltou "o íntimo reavivar de novas visões da personalidade e da vida implícito na obra (de literatura); o prazer e o relaxamento das tensões que podem fluir de uma experiência como essa, [...] o aprofundamento e a ampliação da sensibilidade para a qualidade sensual e o impacto emocional da existência quotidiana".[59]

Em sua essência, a abordagem romântica da leitura apresenta um contraponto às modalidades autoritárias de pedagogia que encaram os leitores como "objetos". Contudo, essa abordagem aparentemente liberal da alfabetização deixa de problematizar o conflito de classe e as desigualdades de sexo e de raça. Mais ainda, o modelo romântico ignora completamente o capital cultural dos grupos subalternos e supõe que todas as pessoas têm igual acesso à leitura, ou que essa leitura faz parte do capital cultural de todas as pessoas. Como deixa de levantar questões de capital cultural e de diversas desigualdades estruturais, isso significa que o modelo romântico tende a reproduzir o capital cultural da classe dominante a que a leitura está intimamente vinculada. É impertinente e ingênuo esperar que um aluno da classe trabalhadora, confrontado e vitimado por infinitas desvantagens, encontre alegria e autoafirmação apenas pela leitura. Mais importante, porém, é que a tradição romântica deixa de vincular a leitura às relações assimétricas de poder dentro da sociedade dominante, relações essas que não só estabelecem e legitimam determinadas abordagens

[59] Louise Rosenblatt, "The Enriching Values of Reading", in William S. Gray, (org.), *Reading in an Age of Mass Communication*. Nova York: Appleton-Century-Crofts, 1949, pp. 37-8.

à leitura, mas também *disempower* determinados grupos, excluindo-os desse processo.

Até este ponto, temos mostrado que todas essas abordagens da alfabetização têm deixado de proporcionar um modelo teórico para *empowering* os agentes históricos com a lógica da autodeterminação individual e coletiva. Embora essas abordagens possam divergir quanto a seus pressupostos básicos a respeito da alfabetização, todas elas compartilham um traço comum: todas elas ignoram o papel da linguagem como força da maior importância na construção das subjetividades humanas. Isto é, ignoram o modo pelo qual a linguagem pode confirmar ou rejeitar as histórias e as experiências de vida das pessoas que a empregam. Isso se torna mais evidente em nossa análise do papel da língua nos programas de alfabetização.

O papel da língua na alfabetização

Nesta seção, vamos recorrer, na maioria das vezes, a campanhas em ex-colônias portuguesas na África de que participamos, direta ou indiretamente, e das quais, posteriormente, acompanhamos o desenvolvimento no correr dos anos. Muito embora frequentemente venhamos a fazer referência a essas experiências de alfabetização, acreditamos, contudo, que as questões que levantamos a respeito do papel da língua na alfabetização podem ser generalizadas para qualquer contexto linguístico em que existam relações assimétricas de poder.

Os programas de alfabetização nas ex-colônias portuguesas da África têm sido perturbados pela permanente discussão a respeito de se a língua de instrução deve ser a língua oficial portuguesa ou as línguas nativas. Essa discussão, porém, oculta questões de natureza mais grave, que raramente são levantadas. Isso está de acordo com a afirmação de Gramsci de que: "A cada momento em que, de um modo ou de outro, a questão da língua passa para o primeiro plano, isto significa que uma série de outros problemas está prestes a surgir, a formação e ampliação da classe dominante, a necessidade de estabelecer relações mais 'íntimas' e seguras entre os grupos dominantes e as massas populares nacionais, ou seja, a reorganização da hegemonia cultural."[60] A afirmação de Gramsci ilumina a questão subjacente aos debates a respeito da língua nas campanhas de alfabetização que temos discutido neste livro, debates em que não há ainda acordo sobre se a língua nativa é realmente adequada para ser uma língua de ensino. Esses educadores utilizam, repetidas vezes, a falta de uniformidade ortográfica das línguas africanas como argumento para justificar sua atual política de utilização do português como o único meio de ensino de leitura. A questão que levantam é a de em que dialeto tal ortografia deveria basear-se. Contudo, o argumento mais comum é o de que a língua portuguesa possui *status* internacional e, por isso, assegura a mobilidade ascendente aos africanos instruídos em português.

A triste realidade é que, embora o ensino em português propicie o acesso a postos de poder político e econômico para o alto escalão da sociedade africana, ele seleciona negativamente a maior parte das massas, que

[60] Antonio Gramsci, apud James Donald, op. cit.

não consegue aprender o português suficientemente bem para adquirir a alfabetização necessária para progredir social, econômica e politicamente. Ao oferecer um programa de alfabetização executado na língua dos colonizadores, visando à reapropriação da cultura africana, esses educadores desenvolveram, na verdade, novas estratégias manipulativas que alicerçam a manutenção da dominação cultural portuguesa. O que se oculta, nesses países, sob o debate a respeito da língua é possivelmente uma resistência à reafricanização, ou, talvez, uma sutil recusa por parte dos africanos assimilados, a "cometer suicídio de classe".

As implicações pedagógicas e políticas desses programas de alfabetização são de longo alcance e, contudo, amplamente ignoradas. Os programas de leitura contradizem, muitas vezes, um princípio fundamental da leitura, a saber, que os alunos aprendem a ler mais depressa e com melhor compreensão quando ensinados em sua língua nativa. O reconhecimento imediato de palavras e experiências familiares acentua o desenvolvimento de um autoconceito positivo nas crianças que são algo inseguras quanto ao *status* de sua língua e cultura. Por essa razão, e para ser coerente com o plano de construção, nessas ex-colônias, de uma nova sociedade livre de vestígios de colonialismo, um programa de alfabetização deveria ter como base racional o fato de que um programa desse tipo deve estar enraizado no capital cultural dos africanos subalternos e ter, como ponto de partida, a língua nativa.

Os educadores devem desenvolver estruturas pedagógicas radicais que propiciem aos alunos a oportunidade de utilizar sua própria realidade como base para a alfabetização. Isso inclui, evidentemente, a língua que trazem consigo para a sala de aula. Agir de outra maneira será negar aos alunos os direitos que estão no cerne da noção de uma alfabetização emancipadora. Se não se conseguir basear um programa de alfabetização na língua nativa, isso significa que forças contrárias podem neutralizar os esforços dos educadores e dos líderes políticos para conseguir a descolonização das mentes. Os educadores e os líderes políticos devem reconhecer que "a língua é, inevitavelmente, uma das principais preocupações de uma sociedade que, libertando-se do colonialismo e recusando-se a ser arrastada para um neocolonialismo, busca a própria recriação. Na luta para recriar uma sociedade, a reconquista, pelo povo, de seu próprio mundo torna-se fator fundamental".[61] É da máxima importância que se dê a mais alta prioridade à incorporação da língua dos alunos como língua principal de ensino na alfabetização. Por meio da própria língua é que serão capazes de reconstruir a própria história e a própria cultura.

Nesse sentido, a língua dos alunos é o único meio pelo qual podem desenvolver sua própria voz, pré-requisito para o desenvolvimento de um sentimento positivo do próprio valor. Como afirma Giroux admiravelmente, a voz dos alunos "é o meio discursivo para que se façam 'ouvir' e para que se definam como autores ativos do próprio mundo".[62] A autoria do próprio mundo, que

[61] J. Kenneth, "The Sociology of Pierre Bourdieu". *Educational Review*, 25, 1973.

[62] H.A. Giroux e Peter McLaren, "Teacher Educational and the Politics of Engagement". *Harvard Educational Review*, agosto de 1986, p. 235.

também implicaria a própria língua, significa o que Mikhail Bakhtin define como "recontar uma história em suas próprias palavras".

Embora o conceito de voz seja fundamental no desenvolvimento de uma alfabetização emancipadora, a meta nunca deve restringir os alunos ao próprio idioma local. Essa restrição linguística conduz inevitavelmente a um gueto linguístico. Os educadores precisam compreender plenamente o significado mais amplo de *empowerment* do aluno. Isto é, *empowerment* não deve jamais limitar-se ao que Aronowitz descreve como "o processo de apreciar-se e amar-se a si mesmo".[63] Além desse processo, *empowerment* deve ser também um meio de possibilitar que os alunos "examinem e, seletivamente, apropriem-se daqueles aspectos da cultura dominante que lhes oferecerão a base para definir e transformar a ordem social mais ampla, em vez de simplesmente servir a ela".[64] Isso significa que os educadores devem entender o valor de dominar a língua padrão dominante da sociedade mais ampla. Através da plena apropriação da língua padrão dominante é que os alunos se veem linguisticamente *empowered* para engajar-se no diálogo com os diversos setores da sociedade mais ampla. O que gostaríamos de reiterar é que os educadores jamais devem permitir que a voz dos alunos seja silenciada por uma legitimação deformada da língua padrão. A voz dos alunos jamais deve ser sacrificada, uma vez que ela é o único meio pelo qual eles dão sentido à própria experiência no mundo.

---

[63] Op. cit.

[64] Op. cit.

A discussão sobre se as línguas africanas são menos adequadas como línguas de ensino, se são línguas limitadas ou elaboradas, põe em foco a questão de se o português é, de fato, uma língua superior. Mais importante é que essas categorias linguísticas apoiam-se na questão técnica de se as línguas africanas são sistemas válidos e que têm regras. Apesar da análise sincrônica e diacrônica de muitas dessas línguas, resta ainda o fato de que elas continuam numa posição estigmatizada e subalterna. Afirmamos que as línguas dos alunos devem ser compreendidas dentro do quadro de referência teórico que lhes dá origem. Em outras palavras, o significado e o valor básicos dessas línguas não serão encontrados pela determinação de quão sistemáticas e governadas por regras sejam elas. Isso já sabemos. Seu verdadeiro significado deve ser compreendido pelos pressupostos que as orientam, e elas devem ser compreendidas mediante as relações sociais, políticas e ideológicas que sugerem. De um modo geral, a questão de se são sistemáticas e eficazes esconde muitas vezes o verdadeiro papel da língua na manutenção dos valores e dos interesses da classe dominante. Em outras palavras, a questão de se são sistemáticas e eficazes torna-se uma máscara que dissimula questões a respeito da ordem social, política e ideológica dentro da qual existem as línguas subalternas.

Se se quiser desenvolver um programa de alfabetização emancipadora nas ex-colônias portuguesas da África, ou em qualquer outra parte, programa em que os leitores se tornem "sujeitos" e não "objetos", os educadores devem compreender a qualidade produtiva da língua. Neste sentido,

> Entendo que a língua é *produtiva* e não *refletiva* da realidade social. Isso significa questionar o pressuposto de que nós, como sujeitos falantes, usamos a língua apenas para organizar e expressar ideias e experiências. Ao contrário, a língua é uma das práticas sociais mais importantes, mediante a qual somos levados a nos sentir como sujeitos. O que estou colocando é que, uma vez que ultrapassemos a ideia de língua como não mais do que um meio de comunicação, mas como um instrumento disponível, de maneira equitativa e neutra, a todas as partes envolvidas em intercâmbios culturais, podemos, então, começar a examinar a língua tanto como uma prática de significação como também como um *sitio* para a luta cultural e como um *mecanismo* que produz relações antagônicas entre grupos sociais diferentes.[65]

À relação antagônica entre falantes africanos e portugueses é que agora nós queremos voltar. A natureza antagônica das línguas africanas nunca foi plenamente explorada. Para discutir com mais clareza essa questão do antagonismo, utilizaremos a distinção nossa entre língua *oprimida* e língua *reprimida*. Usando nossas categorias, o modo "negativo" de propor a questão da língua é encará-la em termos de *opressão* — ou seja, ver a língua dos alunos como "carente" das características da língua dominante, a qual habitualmente é utilizada como ponto de referência para discussão e/ou avaliação. Decididamente, as questões mais comuns relativas à língua dos alunos são propostas a partir da perspectiva da opressão. A visão alternativa da língua dos alunos é a de que ela é reprimida na língua padrão

[65] J. Donald, op. cit.

dominante. Segundo esta visão, a língua subalterna, como língua reprimida, poderia, se fosse falada, desafiar o domínio linguístico privilegiado da língua padrão. Os educadores têm deixado de reconhecer a promessa "positiva" e a natureza antagônica das línguas subalternas. Exatamente nessas dimensões é que os educadores devem desmistificar o padrão dominante e os velhos pressupostos a respeito de sua superioridade implícita. Os educadores devem desenvolver um programa de alfabetização emancipadora enformado por uma pedagogia radical, de modo que a língua dos alunos deixe de proporcionar a seus falantes a experiência de subordinação e, ainda mais, possa ser brandida como uma arma de resistência à dominação da língua padrão.

Como afirmamos anteriormente, as questões linguísticas levantadas neste capítulo e em todo este livro não se limitam aos países em desenvolvimento da África e da América Latina. As relações assimétricas de poder com referência ao uso da língua predominam também nas sociedades altamente industrializadas. Por exemplo, o Movimento pelo Inglês Norte-americano, nos Estados Unidos, encabeçado pelo ex-senador da Califórnia, S. I. Hayakawa, chama a atenção para uma cultura xenofóbica que rejeita cegamente a natureza pluralista da sociedade dos Estados Unidos e falsifica as provas empíricas que fundamentam a educação bilíngue, como tem sido amplamente documentado.[66] Esses educadores, entre os quais o atual Ministro da Educação, William J. Bennett, não conseguem compreender que

[66] J. Cummings, "Functional Language Proficiency in Context", in William Tikunoff (org.), *Significant Instructional Features in Bilingual Education*. São Francisco, Califórnia: Far West Laboratory, 1984.

é mediante os múltiplos discursos que os alunos geram o significado de seus contextos sociais do dia a dia. Sem compreender o significado de sua realidade social imediata, é mais difícil compreender as relações que eles mantêm com a sociedade mais ampla.

De modo geral, os defensores do inglês dos Estados Unidos baseiam sua crítica à educação bilíngue em resultados de avaliação quantitativa que são "produto de um determinado modelo de estrutura social que ajusta os conceitos teóricos à pragmática da sociedade que, primeiramente, delineou o modelo de avaliação".[67] Ou seja, se os resultados são apresentados como fatos determinados por um dado quadro de referência ideológico, esses fatos não podem, por si sós, fazer-nos ir além desse quadro de referência.[68] Prevenimos os educadores de que esses modelos de avaliação podem oferecer respostas que são corretas e, não obstante, despidas de verdade. Um estudo que conclua que os alunos provenientes de minorias linguísticas nos Estados Unidos têm desempenho em língua inglesa inferior a outros alunos do grupo dominante está correto; porém essa resposta nos diz muito pouco a respeito das condições materiais com que esses alunos de minorias linguísticas e raciais atuam na luta contra o racismo, a discriminação educacional e a rejeição sistemática de suas histórias.

O comentário de Bennett de que apenas o inglês "pode garantir que as escolas municipais serão bem-sucedidas no ensino do inglês a alunos de fala não inglesa, de modo que eles

---

[67] Roger Fowler et alii., *Language and Control*. Londres: Routledge and Kegan Paul, 1979, p. 192.

[68] Greg Myers, "Reality, Consensus, and Reform in the Rhetoric of Composition Teaching". *College English*, 48, n. 2, fevereiro de 1986.

[desfrutem] do acesso às oportunidades da sociedade norte-americana", sugere uma pedagogia de exclusão que encara o ensino do inglês como a própria educação. A esta altura, gostaríamos de fazer duas perguntas fundamentais: 1. se o inglês é a língua de ensino mais eficiente, como explicar que mais de 60 milhões de norte-americanos sejam analfabetos, ou funcionalmente analfabetos?[69] 2. se *unicamente* o ensino em inglês pode garantir um futuro melhor às minorias linguísticas, como assegura Bennett, por que a maioria dos norte-americanos negros, cujos ancestrais vêm falando inglês há mais de duzentos anos, encontram-se ainda relegados aos guetos?

Cremos que a resposta não está nas questões técnicas de se o inglês é uma língua mais aperfeiçoada e viável para o ensino. Essa posição sugeriria um pressuposto de que o inglês é, de fato, uma língua superior. Queremos sugerir que a resposta se encontra numa compreensão plena dos elementos ideológicos que dão origem e sustentação à discriminação linguística, racial e sexual.

Alguns desses elementos ideológicos são expostos sucintamente no estudo de Lukas, de 1985, sobre dessegregação escolar nas escolas públicas de Boston (*Common Ground*). Por exemplo, ele cita uma viagem à escola secundária de Charlestown, onde um grupo de pais negros sentiu em primeira mão a dura realidade que seus filhos estavam destinados a suportar. Embora o diretor da escola lhes garantisse que "não seriam toleradas violência, intimidação ou ofensas raciais", eles não puderam deixar de ver, nas paredes, os epítetos raciais: "Boas-vindas, negrada", "negros veados",

[69] Jonathan Kozol, *Illiterate America*. Nova York: Anchor Press/Doubleday, 1985, p. 4.

"Poder Branco", "KKK", "Ônibus para os Zulu" e "Seja analfabeto; lute contra o transporte obrigatório". Quando esses pais estavam entrando no ônibus, sofreram chacotas e vaias: "Dá o fora, negrada. Vão duma vez até a África!" Essa intolerância racial fez com que um dos pais pensasse: "Deus meu, para que espécie de inferno estou mandando meus filhos?" O que seus filhos poderiam aprender numa escola como essa a não ser ódio?[70] Muito embora a integração compulsória de escolas em Boston exacerbasse as tensões raciais nas escolas públicas daquela cidade, não se deve menosprezar o arraigado racismo que permeia todos os níveis da estrutura escolar. Segundo Lukas:

> Mesmo depois de Elvira "Prixie" Paladino ter sido eleita para a Comissão de Ensino de Boston, ouviu-se quando resmungava a respeito de "animaizinhos selvagens" ou "crioulinhos". E John "Bigga" Kerrigan [também eleito para a Comissão de Ensino] orgulhava-se pelo ataque imoderado que fazia ("vá lá que eu seja ofensivo, mas pelo menos sou coerente nas ofensas") especialmente dirigido aos negros ("selvagens") e aos meios de comunicação liberais ("vermes filhos da mãe") e a Lem Tucker, correspondente negro da ABC News, que Kerrigan descrevia como "descendente direto dos que se balançavam nos galhos das árvores", observação que ele ilustrava erguendo os braços e coçando os sovacos.[71]

Nessa paisagem de racismo violento perpetrado contra minorias raciais e, também, contra minorias linguísticas,

---

[70] J. Anthony Lukas, *Commom Ground*. Nova York: Alfred A. Knopf, 1985, p. 282.
[71] Id., ibid., p. 138.

pode-se compreender as razões de alta taxa de "evasão" das escolas públicas de Boston (cerca de 50%). Talvez o racismo e outros elementos ideológicos façam parte de uma realidade escolar que obriga uma alta porcentagem de alunos a abandonar a escola para, depois, serem descritos pelo próprio sistema como desistentes, ou "alunos pobres e sem motivação".

Alfabetização emancipadora

Para manter certa coerência com o plano revolucionário de reconstruir sociedades novas e democráticas, os educadores e os líderes políticos precisam criar uma nova escola alicerçada em nova práxis educativa, que expresse conceitos diferentes de educação em consonância com o plano para a sociedade como um todo. Para que isso se dê, o primeiro passo é identificar os objetivos da educação dominante herdada. A seguir, é necessário analisar como funcionam os métodos utilizados pelas escolas dominantes, como legitimam os valores e significados dominantes e como, ao mesmo tempo, rejeitam a história, a cultura e as práticas linguísticas da maioria de alunos subalternos. A escola nova, afirma-se, deve também ser enformada por uma pedagogia radical, a qual tornaria concretos valores tais como solidariedade, responsabilidade social, criatividade, disciplina a serviço do bem comum, vigilância e espírito crítico. Característica importante de um novo plano educacional é o desenvolvimento de programas de alfabetização radicados numa ideologia emancipadora, em que os leitores se tornem "sujeitos" e não simples "objetos". O novo programa de alfabetização precisa afastar-se das abordagens tradicionais que realçam a aquisição de habilidades mecânicas, enquanto separam a leitura de seus contextos ideológicos e históricos. Na tentativa de atingir essa meta, ele deve, deliberadamente, rejeitar os princípios conservadores que impregnam as abordagens da alfabetização que discutimos anteriormente. Infelizmente, muitos dos novos programas de alfabetização muitas vezes reproduzem, sem o saber, um traço comum àquelas abordagens, ao ignorar a relação importante que existe entre a língua e o capital cultural das pessoas para as quais se destina o programa de alfabetização. Resulta daí uma campanha de alfabetização cujos pressupostos básicos não condizem com o espírito revolucionário que a lançou.

Os novos programas de alfabetização devem fundamentar-se amplamente na ideia de alfabetização emancipadora, segundo a qual a alfabetização é encarada "como um dos veículos mais importantes pelos quais o povo 'oprimido' é capaz de participar da transformação sócio-histórica de sua sociedade".[72] Dessa perspectiva, os programas de alfabetização não devem estar ligados apenas à aprendizagem mecânica de habilidade de leitura, mas, adicionalmente, a uma compreensão crítica das metas mais gerais da reconstrução nacional. Desse modo, o desenvolvimento, pelo leitor, de uma compreensão crítica do texto e do contexto sócio-histórico a que ele se refere torna-se fator importante para nossa ideia de alfabetização. Neste caso, o ato de aprender a ler e escrever é um ato criativo que implica uma compreensão crítica da realidade. O conhecimento de um conhecimento

[72] S. Walmsley, op. cit., p. 84.

anterior, obtido pelos educandos como resultado da análise da práxis em seu contexto social, abre para eles a possibilidade de um novo conhecimento. O novo conhecimento revela a razão de ser que se encontra por detrás dos fatos, desmitologizando, assim, as falsas interpretações desses mesmos fatos. Desse modo, deixa de existir qualquer separação entre pensamento-linguagem e realidade objetiva. A leitura de um texto exige agora uma leitura dentro do contexto social a que ele se refere.

Neste sentido, a alfabetização se alicerça numa reflexão crítica sobre o capital cultural dos oprimidos. Ela se torna um veículo pelo qual os oprimidos são equipados com os instrumentos necessários para reapropriar-se de sua história, de sua cultura e de suas práticas linguísticas. É, pois, um modo de tornar os oprimidos capazes de reivindicar "aquelas experiências históricas e existenciais que são desvalorizadas na vida quotidiana pela cultura dominante, a fim de que sejam, não só validadas, mas também compreendidas criticamente".[73]

As teorias subjacentes à alfabetização emancipadora têm sido, em princípio, abraçadas entusiasticamente por muitos educadores, em muitas partes do mundo, particularmente na América Latina e nas ex-colônias portuguesas da África. Contudo, é preciso que se diga que, na prática, a classe média assimilada, especialmente os professores formados nas escolas coloniais, não têm sido plenamente capazes de desempenhar um papel pedagógico radical. Esses educadores deixam, por vezes, de examinar e compreender as maneiras pelas quais a classe dirigente usa a língua dominante

---

[73] H.A. Giroux, *Theory and Resistance in Education*, p. 226.

para manter a divisão de classe, conservando, com isso, as pessoas subalternas em seu devido lugar. Por exemplo, lembramo-nos de um amigo no Cabo Verde que, havendo intelectualmente abraçado a causa da revolução, é incapaz de perceber que ainda continua emocionalmente "cativo" da ideologia colonial. Porém, quando lhe perguntamos que língua usava mais frequentemente no trabalho, respondeu rapidamente: "O português, é claro. É o único modo de manter meus subordinados em seu lugar. Se eu falar cabo-verdiano, eles não me respeitam."

Essa visão da língua no Cabo Verde é ilustrativa de até que ponto os cabo-verdianos se mantêm "cativos" da ideologia dominante, que desvaloriza sua própria língua. Não é de admirar que muitos educadores e líderes progressistas não reconheçam nem compreendam a importância de sua língua nativa no desenvolvimento de uma alfabetização emancipadora. Como mencionamos acima, os programas de alfabetização nas ex-colônias de Portugal são realizados em português, a língua do colonizador. A mesma coisa se dá em nações industrializadas, como os Estados Unidos, onde a língua de ensino é sempre padrão, em prejuízo das línguas minoritárias e de menor prestígio. O uso permanente da língua padrão dominante como veículo da alfabetização nada mais faz do que assegurar que os futuros dirigentes serão os filhos e filhas da classe dirigente.

Essencialmente, os educadores progressistas às vezes não só deixam de reconhecer o que há de positivo na língua dos alunos, como também, sistematicamente, solapam os princípios de uma alfabetização emancipadora levando a cabo programas da alfabetização na língua padrão da classe dominante.

O resultado é que o aprendizado de habilidades de leitura na língua padrão dominante não fará com que os alunos subalternos sejam capazes de adquirir as ferramentas críticas "que os despertem e libertem de sua visão mistificada e distorcida de si mesmos e do próprio mundo".[74] Os educadores precisam compreender o papel totalmente abrangente que a língua dominante tem desempenhado nesse processo de mistificação e de distorção. Precisam reconhecer, também, a natureza antagônica da língua subalterna e o desafio potencial que ela representa à mistificação da superioridade da língua dominante. Finalmente, precisam desenvolver um programa de alfabetização baseado na teoria da produção cultural. Em outras palavras, os alunos subalternos devem tornar-se *atores* do processo de reconstrução de uma nova sociedade.

A alfabetização só pode ser emancipadora e crítica na medida em que seja realizada na língua do povo. É por meio da língua nativa que os alunos "nomeiam o próprio mundo" e começam a estabelecer uma relação dialética com a classe dominante no processo de transformação das estruturas sociais e políticas que os confinam em sua "cultura do silêncio". Assim, uma pessoa é alfabetizada na medida em que seja capaz de usar a língua para a reconstrução social e política.[75] O uso da língua dominante, apenas, nos programas de alfabetização reduz as possibilidades de os alunos subalternos entrarem em contatos dialéticos com a classe dominante. A alfabetização realizada na língua padrão dominante *empowers* a classe dirigente pela manutenção do *status quo*. Sustenta a manutenção do modelo elitista

[74] Id., ibid., p. 226

[75] S. Walmsley, op. cit., p. 84.

de educação. Esse modelo elitista de educação cria intelectualistas e tecnocratas em vez de intelectuais e técnicos. Em suma, a alfabetização realizada na língua dominante é alienadora para os alunos subalternos, uma vez que nega a eles as ferramentas básicas para a reflexão, o pensamento crítico e a interação social. Sem cultivar sua língua nativa, e privados da oportunidade de reflexão e pensamento crítico, os alunos subalternos veem-se incapazes de recriar a própria cultura e a própria história. Sem a reapropriação de seu capital cultural, a reconstrução da nova sociedade imaginada pelos educadores e líderes progressistas dificilmente se tornará realidade.

Donaldo Macedo

5

Repensando a pedagogia crítica: um diálogo com Paulo Freire

Macedo: Quais os fatores que o levaram a essa constante preocupação com a alfabetização de adultos, especialmente a alfabetização dos oprimidos?

Freire: Desde muito cedo, sempre estive extremamente ligado à prática educativa. Quando jovem, assumi o cargo de professor de português no então chamado curso ginasial. Ensinar e estudar a sintaxe portuguesa me fascinava. Naturalmente, nessa época, lecionava para jovens cujas famílias eram abastadas.

Meu interesse era o estudo da língua portuguesa, especialmente da sintaxe, e ao mesmo tempo fiz certas leituras por conta própria nas áreas de linguística, filologia e filosofia da linguagem, que me levaram às teorias gerais da comunicação. Interessava-me especialmente pelos temas do significado, dos signos linguísticos e da necessidade real da inteligibilidade dos signos linguísticos entre sujeitos conversando entre si para que ocorresse uma autêntica comunicação. Esses temas foram minha principal preocupação intelectual entre os 19 e 22 anos. Outra influência importante foi minha mulher, Elza. Ela influenciou-me enormemente.

Assim, meus estudos linguísticos e meu encontro com Elza conduziram-me à pedagogia. Comecei a desenvolver certas ideias pedagógicas, juntamente com reflexões históricas, culturais e filosóficas. Enquanto desenvolvia essas ideias, porém, tinha de enfrentar as realidades sociais muito dramáticas e desafiadoras de minha terra natal, o Nordeste. Tivera uma infância difícil devido à situação econômica de minha família. Agora, jovem, trabalhando com operários, camponeses e pescadores, tomava consciência, mais uma vez, das diferenças entre as classes sociais.

No tempo de criança, havia-me ligado a crianças da classe trabalhadora e a camponeses. Agora, adulto, ligava-me, novamente, a adultos trabalhadores, camponeses e pescadores. Este novo confrontamento foi muito menos ingênuo e, mais do que qualquer livro, levou-me a compreender minha necessidade pessoal de aprofundar-me mais na pesquisa pedagógica. Motivou-me, também, a aprender com a prática da educação de adultos em que estava envolvido.

Considerava que a alfabetização era o tema mais importante, uma vez que o nível de analfabetismo no Brasil continuava sendo extremamente alto. Além disso, me parecia profunda injustiça haver homens e mulheres que não sabiam ler ou escrever. A injustiça que por si só o analfabetismo representa tem implicações mais graves, tal como a de os analfabetos se verem anulados por sua incapacidade de tomar decisões sozinhos, votar e participar do processo político. Isso me parecia absurdo. Ser analfabeto não elimina o bom senso para escolher o que é melhor para si, nem para escolher os governantes melhores (ou menos ruins).

Lembro-me claramente de que essas injustiças costumavam atormentar-me e tomavam grande parte de meu tempo dedicado à reflexão e ao estudo. Depois de ter grande experiência no campo da alfabetização de adultos, mediante debates e discussões em torno das opiniões das pessoas sobre a própria realidade (e não a minha opinião), certo dia comecei a desenvolver uma série de técnicas que envolviam as reuniões que costumava fazer com pais e professores a respeito da escola e das crianças, as chamadas reuniões de pais e mestres. Durante muito tempo, me dediquei a aperfeiçoar as técnicas que desenvolvia nesses encontros; procurava encarar essas reuniões como fóruns de pensamento crítico a respeito do real e do concreto. Continuei esse trabalho por muito tempo sem escrever nada a respeito (refletindo, assim, a característica oral de minha cultura). Depois, comecei a questionar. Por que não fazer alguma coisa que seguisse os mesmos princípios, a mesma visão crítica e a mesma pedagogia que vinha utilizando para discutir questões como disciplina? O que é disciplina? Qual a relação entre liberdade e autoridade? Qual a relação entre a autoridade do pai e a liberdade da criança? Por que as crianças haveriam de começar a ler decorando, soletrando o ABC? De fato, usando a frase como ponto de partida, começariam com a totalidade da palavra, globalmente, e não com a parte mínima que é o grafema. Perguntei-me: por que não escrever sobre os mesmos temas que vinha pondo em prática quando falava com meus alunos adultos? O que é subdesenvolvimento? O que é nacionalismo? O que é democracia? Por que não fazer a mesma coisa ao ensinar as pessoas a ler palavras?

Depois de formular essas questões, dediquei muito tempo estudando-as até encontrar um modo de ensinar. Foi importante você me fazer essa pergunta porque não creio que o leitor norte-americano tenha tido qualquer informação relativa ao desenvolvimento de meu pensamento pedagógico.

Macedo: Ao falar de seu reencontro com os camponeses, você enfatiza a ideia de que temos muito que aprender com os camponeses. Você pode expor mais detalhadamente sobre esse processo de aprendizagem?

Freire: Claro que temos muito que aprender com os camponeses. Quando me refiro aos camponeses, o que quero realçar é nossa necessidade de aprender com os outros, a necessidade que temos de aprender com os educandos em geral. Costumo insistir em que devemos aprender com os camponeses porque os vejo como educandos num determinado momento de minha prática educativa. Temos muito a aprender com os alunos a quem ensinamos. Para que isso se dê, é preciso transcender o tradicionalismo monótono, arrogante e elitista, segundo o qual o professor tudo sabe e o aluno não sabe nada. Evidentemente, é preciso também assinalar que, embora reconheçamos que temos muito que aprender com nossos alunos (sejam eles camponeses, trabalhadores urbanos, ou estudantes de pós-graduação), isso não quer dizer que professores e alunos sejam a mesma coisa. Não creio que sejam. Isto é, há uma diferença entre educador e estudante. Essa é uma diferença universal. Comumente, é também uma diferença de gerações.

Mais uma vez, esta é uma questão política. Para mim, é também ideológica. A diferença entre o educador e o aluno é um fenômeno que envolve certa tensão permanente que, afinal de contas, é a mesma tensão que existe entre teoria e prática, entre autoridade e liberdade e, talvez, entre ontem e hoje.

Quando os educadores têm consciência dessa tensão e dessa diferença, devem manter-se constantemente alerta para não permitir que essas diferenças se tornem antagônicas. O que devemos fazer é viver o dia a dia com os educandos e enfrentar essa tensão que existe entre nós — a mesma que há entre autoridade e liberdade. Reconhecer esta contradição como conciliável e não como antagônica é o que nos qualifica como educadores democráticos, e não elitistas e autoritários.

Quanto mais vivemos criticamente (isto é o que eu chamaria de pedagogia radical no sentido de Giroux), mais internalizamos uma prática educativa radical e crítica e mais descobrimos ser impossível separar o ensinar do aprender. A prática mesma de ensinar implica aprendizagem por parte daqueles a quem se ensina, bem como aprendizagem, ou reaprendizagem, por parte dos que ensinam.

Assim, posso sentir os outros numa verdadeira situação de aprendizagem, em que o objeto de conhecimento é realmente um objeto cognoscível, em vez de uma coisa possuída. Nessa situação, o objeto cognoscível medeia os sujeitos cognoscentes, os educadores e os educandos. É impossível sentir e apreciar alguém nessa relação concreta, se o educador e o educando nada sabem um sobre o outro, e se não se ensinam um ao outro.

Acompanhando essas linhas de pensamento é que costumo afirmar, e de maneira categórica, que devemos aprender com os camponeses. Se há professores que acreditam jamais precisar aprender com seus estudantes de universidade, imagine o que dirão a respeito de aprender com um camponês. A tal ponto seu elitismo os distancia dos camponeses e dos operários, que frequentemente consideram minhas opiniões sobre esse assunto demagógicas. Mas não são. Em suma, creio que numa compreensão rigorosa do processo de conhecimento, vendo-o como um processo social (e não meramente um momento individual separado do processo total), é impossível separar o ensino da aprendizagem.

Macedo: Você é visto, muitas vezes, como um pensador que atua exteriormente ao *status quo*. Você crê que afastar-se do sistema torna seu pensamento mais criativo e crítico?

Freire: Tenho procurado pensar e ensinar mantendo um pé dentro do sistema e outro fora. É claro que não posso estar inteiramente fora do sistema, uma vez que o sistema continua a existir. Só estaria totalmente fora dele se o próprio sistema tivesse se transformado. Mas ele não se transformou porque, na verdade, continua se transformando. Assim, para atuar, não posso viver à margem do sistema. Tenho que estar dentro dele. Naturalmente, isso gera certa ambiguidade, não só para mim, mas para pessoas como você, Giroux, Carnoy e Berthoff. Essa é uma ambiguidade da qual ninguém escapa, ambiguidade que faz parte de nossa existência como seres políticos.

Qual a natureza dessa ambiguidade? Em termos de tática, todos temos um pé dentro do sistema e, estrategicamente, temos o outro pé fora do sistema. Ou seja, do ponto de vista de meu sonho e objetivo, estou estrategicamente fora do sistema, tentando puxar meu outro pé para fora! E com esse outro pé, naturalmente, estou dentro do sistema.

Essa ambiguidade muitas vezes representa um risco. Por isso é que muitas pessoas mantêm ambos os pés perfeitamente dentro do sistema. Conheço gente que, por vezes, procura pôr devagarinho seu pé direito para fora, mas imediatamente se deixa amedrontar. Vê outros que pisaram fora e foram punidos. Foi o caso de Giroux, a quem foi negada a estabilidade como professor por ter pisado decididamente fora do sistema com seu pé direito. Não duvido de que muita gente que estava tentando (e até mesmo declarava) estar fora do sistema, tenha voltado atrás rapidamente e fincado ambos os pés dentro do sistema, depois de saber da desagradável experiência de Giroux. Essas pessoas resolveram sua ambiguidade. Assumiram uma postura tradicional. Gosto muito de Giroux e o admiro por continuar mantendo seu pé direito do lado de fora!

Macedo: Você falou sobre a relação entre a subjetividade e a política da educação. Poderia estender-se um pouco mais sobre esse tema?

Freire: As questões relativas à subjetividade são semelhantes às relativas à teoria, à prática e à existência em geral. São questões referentes à reflexão filosófica em qualquer tempo. De certo modo, essas questões funcionam em termos de como se encara a ação da consciência sobre a objetividade. Há a possibilidade de cair-se num idealismo que pode ser pré-hegeliano, de acordo com o qual a consciência tem o poder de criar a objetividade. Pode-se cair, também, numa posição oposta, em que a subjetividade não passaria de pura abstração, uma cópia da objetividade. Ou seja, Marx deu um grande salto quanto a essas preocupações idealistas. Creio, porém, que muita gente, sob a bandeira do marxismo, concorda com explicações puramente mecanicistas, contando com um fatalismo que às vezes chamo, jocosamente, de fatalismo libertador. Trata-se de uma libertação que se deixa por conta da história, que virá por si mesma. Assim, não é necessário fazer esforço algum para fazer com que a libertação aconteça. De um modo ou outro, ela virá. É claro que não creio nesse fatalismo. Não me permito cair em tipo algum de determinismo: nem naquele que reduz a história ao poder da consciência, nem no outro que chamo de fatalismo libertador.

Posso estar completamente errado, mas mesmo de uma perspectiva crítica marxista, o problema de compreender o papel da subjetividade na história constitui um problema concreto, com que nos defrontaremos neste fim de século. Não me parece possível discutir a liberdade, a transformação do mundo, a revolução, a democracia, sem uma compreensão crítica do papel da subjetividade, que não a veja, de um lado, como pura cópia da objetividade, de outro, como uma entidade todo-poderosa. Ao lado deste problema, o do papel da subjetividade na feitura da história, como um dos problemas teórico-práticos do fim deste século, juntaria um outro, de implicações também político-pedagógicas — o do Poder. O da reinvenção do Poder, diria melhor. Sem cair numa visão idealista ou numa explicação mecânica da história, creio que a educação tem muito a ver com a reinvenção do poder. Pensadores, educadores e acadêmicos deste país, como Giroux, por exemplo, têm uma função da maior importância a desempenhar. Mencionando Giroux, estou simbolicamente incluindo, também, grande número de outros educadores da geração dele, bem como de economistas, como Martin Carnoy. Atualmente, Carnoy caminha cada vez mais na direção de posições sobre as quais falei ao responder a sua pergunta. Esses mesmos temas se encontram também nos livros de Agnes Heller, uma ex-discípula de Lukács. Com respeito a esses temas, não creio ter grande contribuição a dar, e digo isso não com falsa modéstia, mas com tristeza. Não obstante, continuarei procurando colaborar para uma compreensão maior desses temas.

Macedo: Quais são algumas das consequências políticas de seu pensamento e de sua prática educativa?

Freire: Quando iniciei, ainda jovem, minha prática educativa, não estava muito seguro das consequências políticas potenciais. Pensava muito pouco sobre as implicações políticas e menos ainda a respeito da natureza política de meu pensamento e de minha prática. Contudo, a natureza política dessas reflexões era e é uma realidade. A feição política da educação independe da subjetividade do educador; isto é, independe de que o educador tenha ou não consciência dessa feição política, que nunca é neutra. Quando, finalmente, o educador compreende isso, nunca mais pode fugir às ramificações políticas. O educador tem que se questionar a respeito de opções que são intrinsecamente políticas — ainda que muitas vezes se disfarcem de pedagógicas para se tornarem aceitáveis dentro da estrutura vigente. Assim, fazer opções é muito importante. Os educadores devem indagar-se para quem e em benefício de quem estão trabalhando. Quanto mais conscientes e comprometidos estejam, melhor compreenderão que seu papel como educadores exige que corram riscos, entre os quais até mesmo o de perder seus empregos. Os educadores que fazem seu trabalho de maneira não crítica, apenas para defender seus empregos, não captaram ainda a natureza política da educação.

Lembro-me de minha primeira noite após trabalhar na alfabetização de adultos no Recife. Quando cheguei a casa, Elza me perguntou: "Como é que foi?" E eu lhe disse: "Elza, creio que com o que vi e experimentei hoje, dentro de dois ou três anos muita gente estará me perguntando: 'O que é isso, Paulo?' Mas é bem possível que eu seja preso. E creio que ser preso é o mais provável." De fato, não três, mas quatro anos depois, fui preso.

Durante aquele período, ainda não tinha totalmente clara para mim a natureza política da educação, e penso que meu primeiro livro, *Educação como prática da liberdade*, revela essa falta de nitidez política. Por exemplo, sequer fui capaz de tocar em política nesse primeiro livro. Contudo, continuo a estudar esse livro, uma vez que ele representa um determinado momento de minha obra. (Naturalmente, não sou simplesmente o último livro que escrevi. Todos os meus livros representam pontos de desenvolvimento de meu pensamento.) Mas esse livro contém pressupostos ingênuos que sinto haver superado em meus segundo e terceiro livros. Todo o meu pensamento e busca fizeram e fazem, realmente, parte de um quadro de referência político, sem o qual todo meu empenho não teria sentido.

Macedo: Você mencionou ter sido preso. Quais foram suas experiências na prisão?

Freire: Estive preso por pouco tempo, após o golpe de 1964 no Brasil. Na verdade, houve outras pessoas que estiveram presas por muito mais tempo. Fui preso duas vezes, antes de ser exilado, num total de setenta e cinco dias.

Foi uma experiência interessante para mim, mesmo não sendo eu um masoquista. Não gostaria de tornar a suportar essa situação e por certo não me divertiria com isso. Mas procurei aproveitar o tempo na cadeia para repensar as coisas. Aqueles dias foram uma experiência de aprendizagem. É claro que fui preso exatamente por causa da natureza política da educação. Você poderia dizer: "Paulo, havia outras pessoas envolvidas com a alfabetização de adultos, que não foram presas." Minha resposta poderia ser que eles não eram políticos em sua atividade. Poderia dizer, também, que eram políticos. A única diferença é que sua política favorecia os interesses da classe dominante. Esta é a verdadeira diferença. Não há educadores neutros. O que nós, educadores, precisamos saber é o tipo de política a que aderimos e em favor do interesse de quem estamos trabalhando. Felizmente, minhas ideias políticas não beneficiavam e continuam não beneficiando os interesses da classe dominante.

MACEDO: Depois de setenta e cinco dias você foi exilado?

FREIRE: Depois daqueles setenta e cinco dias de cadeia, fui levado para o Rio de Janeiro para mais interrogatórios. Lá, fiquei sabendo pelos jornais que iria ser preso novamente. Meus amigos e minha família convenceram-me de que seria insensato de minha parte permanecer no Brasil. Então, exilei-me no Chile e, depois, vim para os Estados Unidos. Daqui, fui para a Europa. Ao todo, estive cerca de dezesseis anos no exílio.

MACEDO: Suas experiências no exílio tiveram alguma influência no desenvolvimento posterior de seu pensamento crítico e pedagógico?

Freire: Ninguém passa incólume por um exílio. Primeiro, ninguém se exila por escolha própria. Depois, ninguém passa por um período de exílio sem ficar fortemente marcado por ele. O exílio nos atinge existencialmente. Envolve-nos como ser. Abala-nos física e emocionalmente. O exílio exalta nossas virtudes e nossos defeitos. Foi isso que o exílio fez comigo.

Foi durante o exílio que compreendi com clareza o quanto sempre estive verdadeiramente interessado em aprender. O que aprendi no exílio é o que recomendaria a todos os leitores deste livro: esteja todo dia aberto para o mundo, esteja pronto para pensar; esteja todo dia pronto a não aceitar o que se diz, simplesmente por ser dito; esteja predisposto a reler o que foi lido; dia após dia, investigue, questione e duvide. Creio que o mais necessário é duvidar. Creio ser sempre necessário não ter certeza, isto é, não estar excessivamente certo de "certezas". Meu exílio foi um longo período de contínua aprendizagem.

Como desde jovem sempre estive interessado em aprender, assim que me encontrava durante algum tempo de exílio em determinados espaços (La Paz, Chile, Cambridge, Genebra), começava a pensar e a questionar-me, lidando assim com aqueles espaços e com o tempo de exílio como grandes mestres.

Uma das primeiras lições que o exílio me ensinou foi que eu não podia e não devia fazer julgamentos de valor sobre outras culturas. Nós, brasileiros, temos um estilo peculiar: o modo de andarmos na rua, o modo de virar uma esquina, expressões típicas, trejeitos faciais e assim por diante. Claro está que nosso estilo não é melhor nem pior do que qualquer outro.

No Chile, aprendi que, como brasileiro, reagia de maneira diferente a determinadas situações.

Desde jovem, estive aberto a diferentes culturas e esse senso de abertura ajudou-me a aprender muita coisa como professor e como educador, e ajudou-me a pensar e a repensar minhas opiniões, que não necessariamente podem ser transferíveis a outras culturas. Por exemplo, depois de meu primeiro mês de trabalho no Chile, algumas coisas se tornaram bastante óbvias. Os chilenos, e não eu, é que deviam planejar e implementar suas próprias formas de educação. Em segundo lugar, eu tinha que ajudá-los o quanto pudesse. Terceiro, aprendi que só poderia ajudá-los se começasse a compreendê-los melhor. E não poderia compreendê-los melhor sem compreender sua cultura e sua história.

Essa foi uma grande experiência de aprendizagem para mim, que se repetiu, com mais paz de espírito e uma visão mais crítica, na África, quando fui convidado a Guiné-Bissau, Cabo Verde, Angola e São Tomé e Príncipe. Não visitei esses lugares com uma modéstia pré-fabricada, mas com uma modéstia profundamente enraizada em sólidas convicções. Aprendera que a natureza mesma de minha tarefa obrigava aprender a respeito das culturas dos outros de modo que eu lhes pudesse ensinar um pouco do que considero válido.

Quando você me pergunta se o exílio me ajudou a reexaminar minhas reflexões, eu citaria alguns exemplos corriqueiros, não, por certo, como sinal de erudição, mas como indicação do quanto essas diferenças culturais tiveram influência direta no aprofundamento de meu desenvolvimento intelectual.

Depois de perto de três semanas no Chile, estava andando por uma rua de Santiago com um amigo chileno e, num gesto tipicamente brasileiro, pus minha mão em seu ombro, enquanto andávamos. De repente, ele começou a sentir-se incomodado. Percebi seu mal-estar e ele afinal me disse: "Paulo, aqui entre nós, não me sinto bem com um homem pondo a mão no meu ombro." Retirei a mão, é claro, e agradeci que ele tivesse dito o que sentia. Ao voltar para casa pensei: "Haverá algo de errado com uma cultura que recusa um gesto de afeição?"

Depois, anos mais tarde, visitei a Tanzânia, na África. Durante um intervalo entre aulas, um professor africano amigo meu convidou-me para passear pelo campus. Enquanto caminhávamos de repente tomou minha mão, trançando seus dedos com os meus, como se fôssemos namorados passeando pelos jardins da universidade. Senti-me terrivelmente incomodado. Como nordestino, oriundo de uma cultura profundamente machista, não poderia reagir de outra maneira. Não podia admitir que estivesse de mãos dadas com outro homem. Só tinha tido essa experiência com mulheres.

Quando, por um momento, soltou minha mão, pus rapidamente as duas mãos nos bolsos, com medo de que ele voltasse a pegá-la. Mais tarde, pensei: "Paulo, há algo de errado com tua cultura, que recusa um gesto de afeição?"

Esse tipo de coisas parece não ser muito significativo, mas gostaria de chamar a atenção dos leitores deste livro que incidentes triviais como esses são, de fato, muito importantes, porque envolvem globalmente nossas vidas e nossas culturas, os traços distintivos que diferenciam o homem dos outros animais. Esses incidentes triviais, pois, provaram ser fundamentais para mim, e quanto mais os experimentei, mais me ajudaram a manter-me em contato comigo mesmo, enquanto aprendia e refletia.

Uma coisa para terminar: você não pode imaginar como me tocaram as extraordinárias percepções de Amílcar Cabral sobre variadas culturas. Gramsci, também, influenciou-me profundamente com suas intuições penetrantes sobre outras culturas.

MACEDO: Ao falar do Cabo Verde, em seu livro *Cartas à Guiné-Bissau*, você se referiu à ideia da reapropriação que alguém faz da própria cultura. Você julga possível, como tem insistido Amílcar Cabral, reafricanizar o povo do Cabo Verde e da Guiné-Bissau utilizando o português, língua do colonizador?

FREIRE: Ao falar sobre a reafricanização dos cabo-verdianos, Amílcar Cabral enfatizava o que ele chama também de identidade cultural. Você não pode africanizar as pessoas dentro de sua própria cultura, que é sua identidade, se sua cultura se encontra dilacerada. A língua é uma das expressões mais imediatas, autênticas e concretas da cultura. Assim sendo, a reafricanização da Guiné-Bissau e do Cabo Verde implica, para mim, a reapropriação total da cultura, o que inclui também sua língua. Digo "reapropriação" porque nunca deixou de existir uma certa apropriação pelo povo. Não há colonizador que possa realmente castrar culturalmente um povo, a não ser pelo genocídio. O processo colonial traz em si mesmo uma ação contrária incrível e dialética. Ou seja, não há intervenção colonial que não provoque uma reação por parte do povo colonizado.

Vejo esse problema como político, ideológico, e não meramente linguístico. Ele implica decisões políticas por parte do governo e do partido. Mas essas decisões políticas implicam também uma série de consequências administrativas e econômicas.

Em primeiro lugar, creio que você concorda que seria muito insensato que a gente do Cabo Verde, da Guiné-Bissau, de São Tomé e Príncipe e de outros países rompesse completamente com a língua portuguesa, apenas por ela ser a língua do colonizador. Renunciar totalmente aos aspectos positivos da cultura portuguesa (recusar-se a ler autores portugueses, por exemplo) não faz sentido algum. No processo de restabelecer o relacionamento com esses países, os ex-colonizadores deveriam ajudar a mostrar os benefícios que a língua portuguesa pode oferecer. A questão que precisa ser colocada é como ativar e formalizar o uso das línguas africanas nativas de modo que elas possam, gradativamente, substituir a língua dos colonizadores em esferas tais como a economia, a política e as finanças.

Não creio que seja possível, da noite para o dia, traduzir para o crioulo todas as obras necessárias (livros, textos, documentos). Esses países não têm base econômica para fazê-lo, sem interromper o fluxo básico de bens. Assim, esses países têm de enfrentar essa ambiguidade. Esse é um dos maiores problemas relativos à cultura, mas não pode ser atacado frontalmente com o sacrifício de outras questões básicas, essenciais para a infraestrutura.

Esses países precisam ser "crioulizados" em etapas, começando com os primeiros anos da escola primária até chegar ao curso secundário, de modo que as pessoas, por toda parte, se sintam livres para exprimir-se em sua língua nacional, sem temor e sem sentir qualquer restrição de natureza elitista. Na verdade, estarão bem consigo mesmas na medida em que falarem sua própria língua e não a língua do colonizador. Além disso, creio que o risco é grande quando países como o Cabo Verde e a Guiné-Bissau escolhem uma língua nacional. Compreendo bem todas as dificuldades políticas enfrentadas por esses países novos. Essas dificuldades são, porém, muito maiores em Angola e Moçambique, onde não existe o crioulo. Como irão os governos de Angola e Moçambique escolher uma das línguas indígenas como língua nacional? Fazê-lo significará possivelmente um rompimento entre os diversos grupos étnicos que poderão sentir-se privados de seus direitos linguísticos. Isso pode até pôr em perigo o processo mesmo da revolução. Não obstante, esse não é o caso da Guiné-Bissau e do Cabo Verde, onde existe o crioulo que permeia as diferenças étnicas.

O problema principal é que esses países adotem o português como língua oficial para o pensamento técnico, científico e político. Há crianças cabo-verdianas que têm de aprender geografia, história, biologia, matemática e ciências sociais em português. Isso deve ser tarefa para a língua nacional e não para a língua "oficial". É como exigir que meus filhos, no Brasil, aprendam a história do Brasil em inglês. Pode-se imaginar o que isso representaria como violação da estrutura do pensamento: uma disciplina estrangeira (como o inglês) imposta ao educando para estudar outra disciplina. Se uma criança cabo-verdiana tem dificuldades em aprender a língua portuguesa, pode-se imaginar como seria difícil aprender outras matérias em português.

Creio que esse tipo de política terá de tornar-se mais realista dentro dos próximos anos. Os políticos precisam ser claros com relação à língua. Precisam entender que a língua não é apenas um instrumento de comunicação, mas também uma estrutura de pensamento para o ente nacional. É uma cultura.

Creio que essa é também sua opinião, Donaldo, pelo que li do que você tem escrito. Se esses países continuarem a insistir por muito tempo no uso do português como língua oficial política e científica, essa questão virá novamente a se tornar política, porque a língua portuguesa irá determinar a formação histórica e científica, penetrando com sua ideologia dentro do próprio ser das pessoas. Além disso, continuando a usar o português, há ainda outro perigo — o elitismo. Como foram educados pelo colonizador e, portanto, são muito fluentes em português, apenas os políticos e seus filhos são bilíngues. Apenas as famílias poderosas obtêm êxito no sistema educacional. As crianças dessas famílias são as únicas a ir bem nos exames e a tirar boas notas. São as únicas que têm acesso à ciência e à tecnologia. Assim, a maioria das crianças, filhos e filhas de camponeses, estarão excluídas. E amanhã, a nova geração no poder será composta apenas dos filhos e filhas das famílias que hoje estão no poder.

Isso também estabelecerá uma grande distância social entre a maioria do povo e essas crianças vindas de famílias hoje no poder, as que estarão no governo amanhã. Em última análise, a política linguística, uma das dimensões da política da cultura, acabará por aprofundar as diferenças entre as classes sociais.

Macedo: Que você pensa da ideia do crioulo como uma força antagônica? Isto é, de ser o crioulo uma força que ameaça a posição privilegiada e dominante da língua portuguesa.

Freire: Creio que você tocou numa provável razão pela qual, em nível subconsciente talvez, muita gente séria nesses países continua se recusando a usar o crioulo. Isso é só uma das razões. Na verdade, há outra justificação, ideológica, para essa recusa.

Durante muitos anos, desde a infância até a adolescência, essas mesmas pessoas, que conseguiram realizar a libertação de seus compatriotas, foram marcadas por um processo de socialização em que os colonizadores não reconheciam o crioulo como uma língua autônoma e bela. Ao contrário, os colonizadores tinham de convencer as pessoas de que a única língua eficaz era o português. Sempre enfatizaram que o que os colonizados falavam era um dialeto feio e selvagem. Obviamente, o povo colonizado não podia aculturar o colonizador, uma vez que, na maioria dos casos, ele se adaptava à cultura do colonizador. Os que estão no poder são os que fazem os outros entrar em forma. Os que não têm poder precisam primeiro consegui-lo antes que possam começar a incorporar os outros a seu sistema cultural de valores.

Depois de ouvir durante séculos que o crioulo é feio e ineficaz, as pessoas passam a acreditar nesse mito. Ouvi de muitas pessoas instruídas na África que o crioulo não é uma língua, e que tinham de manter o português por ele ser uma língua superior. Eu sempre costumava chamar sua atenção para o fato de que a avaliação que faziam do crioulo é uma forma de reproduzir a ideologia dominante, a do colonizador, e que isso contraria a luta pela libertação.

Essas são as razões subconscientes e ideológicas da resistência ao crioulo. O mais das vezes, porém, essas razões são dissimuladas. As pessoas insistem em que precisam progredir tecnológica e cientificamente porque, doutro modo, estarão comprometendo a luta pela libertação. É como se a língua crioula não tivesse todas as precondições para realizar essas tarefas, especialmente na área das ciências modernas. Nada disso é verdade e você mesmo, Donaldo, sabe que esse raciocínio é falso. Em primeiro lugar, jamais houve uma língua que surgisse completamente desenvolvida em todas as esferas das funções comunicativas. Uma língua só pode desenvolver-se quando é praticada em todas as esferas e tem a oportunidade de fazê-lo. Quando estava na África, eu costumava dizer que tudo isso supõe a força de produção da sociedade. Por exemplo, hoje em dia, as línguas europeias, ditas belas e avançadas, estão procurando meios para lidar com a terminologia tecnológica desenvolvida pelos norte-americanos. Quando não conseguem traduzir esses termos, as línguas europeias se veem obrigadas a incorporar termos ingleses, como *stress* e *input*. No Brasil se diz que alguém *está estressado*. Isso não quer dizer que o português do Brasil, o francês e outras línguas, que incorporaram esses termos ingleses, sejam inferiores. Essas línguas foram obrigadas a tomar esses termos de empréstimo.

Quando se editou pela primeira vez minha obra nos Estados Unidos, algumas pessoas insistiram em que usássemos uma expressão inglesa correspondente para nosso conceito de *conscientização*. Recusei. Por que não aceitar esse termo? Eu não tinha de aceitar *stress*, mas aceitei. Por que vocês não aceitam conscientização?

Creio que um sólido domínio da natureza da língua desfaria essas falsas noções a respeito do crioulo. O crioulo tem todas as possibilidades de desenvolver-se e encontrar seus próprios caminhos para a expressão de ideias tecnológicas e científicas. A questão principal é permitir que as pessoas criem e desenvolvam seu próprio crioulo. O crioulo só pode ser sistematizado pelas pessoas que o falam e por mais ninguém.

Macedo: Existe uma ampla literatura em sociolinguística a respeito das relações entre línguas e sociedade, estudo sobre o papel desempenhado pela língua na promoção e manutenção das diferenças entre os sexos, estudos sobre língua e etnicidade, e assim por diante. De que modo essas variações da língua podem ser utilizadas como força antagônica para desafiar a posição privilegiada da chamada língua padrão?

Freire: Num determinado momento da luta pela autoafirmação, nenhum grupo ou classe social, subordinado e explorado pela classe dominante, e nem mesmo toda uma nação ou povo, poderão empreender a luta pela libertação sem utilizar a língua.

Em momento algum pode haver uma luta de libertação e de autoafirmação, sem a formação de uma identidade, uma identidade do indivíduo, do grupo, da classe social, ou do que quer que seja. E na medida em que o conflito aumenta, a experiência nos tem ensinado que os indivíduos, grupos e classes sociais acabam construindo muros por detrás dos quais, em tempos de luta ou de paz, abraçam sua identidade e a protegem.

Sem um sentimento de identidade, não se sente necessidade de lutar. Só combaterei você se estiver muito seguro de mim mesmo. Decididamente, não sou você. O processo de raciocínio é semelhante para grupos, ainda que em nível subconsciente. Nesse processo subconsciente, que a própria natureza do conflito pressupõe, nem sequer reconhecemos a significação de nossa elaboração de uma língua determinada, embora nos estejamos defendendo conscientemente na luta pela libertação. Essa é a razão por que o povo colonizado precisa preservar sua língua nativa. E quanto mais elaborada torne sua língua, melhor será para que o colonizador não a compreenda e, desse modo, poderá usar sua língua para defender-se contra o colonizador.

Como exemplo, compartilho totalmente a magnífica luta das mulheres, muito embora não possa entrar nessa luta. Embora sendo homem, posso sentir-me como mulher e não temo dizer isso. Mas a libertação das mulheres é a luta delas. Elas precisam criar sua própria língua. Têm de exaltar as características femininas de sua língua, apesar de terem sido socializadas para dissimulá-la e para encará-la como fraca e indecisa. No processo de sua luta, têm que usar sua própria língua e não a língua dos homens. Creio que essas variações de língua (língua feminina, língua étnica, dialetos) estão intimamente interligadas com a identidade, coincidem com ela e são sua expressão. Ajudam a preservar o senso de identidade e são absolutamente necessárias no processo da luta pela libertação.

Macedo: Como você caracterizaria as inter-relações entre língua, cultura e pensamento?

Freire: Pode haver épocas em que essas inter-relações não existam. Há certa relação entre pensamento e linguagem como expressão do processo real de pensar e da concretude da realidade daquele que fala, daquele que pensa e fala e daquele que fala e pensa. Podia-se até inventar um novo verbo, "falar-pensar" ou "pensar-falar".

Num determinado contexto de espaço temporal, esse ente cultural cria-se, juntamente com outros entes, de maneira semelhante a como me torno correlativo àquilo que não sou eu, ao próprio mundo que não sou eu. Minha linguagem e pensamento, creio, são uma unidade dialética. Estão profundamente enraizados em um contexto. Assim, se houver uma mudança de contexto, não bastará difundir mecanicamente uma forma distinta de pensar-falar; ela deve surgir como necessidade. Creio que uma das tarefas da educação crítica e da pedagogia radical é ajudar que o processo crítico de pensar-falar se recrie na recriação de seu contexto. Em vez de supor que essa recriação tem lugar apenas num nível mecânico (isso nunca acontece), a pedagogia deve assumir o papel de ajudar a reformular esse pensamento.

Veja o Cabo Verde, por exemplo. O Cabo Verde tem mudado radicalmente nos últimos seis anos, aproximadamente, porque não há mais nenhum contexto objeto, como havia outrora muito definidamente, em relação ao contexto sujeito, Portugal. O Cabo Verde cortou o falso cordão umbilical. Portugal costumava pensar que havia um cordão umbilical, mas não houve. Pois para haver um verdadeiro cordão umbilical é preciso que haja uma conexão existencial histórica e, no caso do Cabo Verde, não havia nenhuma. A conexão foi imposta sobre os cabo-verdianos pelos portugueses. Felizmente, porém, o povo cortou o cordão.

O que acontece depois de cortá-lo? O Cabo Verde começa a engatinhar em sua experiência incipiente de ser ele mesmo. O Cabo Verde procura encontrar-se. O que era pensamento linguagem antes da independência, não pode continuar a ser o mesmo: isso estaria por demais fora de sincronia. Contudo, também não se pode mudar artificialmente o contexto em muito grande medida. Por isso é que admiro o presidente do Cabo Verde, Aristides Pereira. Num discurso que fez em Praia, ele fez uma afirmação que tem muito a ver com o de que estamos falando aqui: "Concluímos nossa libertação e expulsamos os colonizadores. Agora, precisamos descolonizar nossas mentes". É exatamente isso. Precisamos descolonizar nossas mentes porque, se não o fizermos, nosso pensamento estará em conflito com o novo contexto que evoluiu a partir da luta pela liberdade.

Esse novo contexto histórico, que está entrelaçado com a cultura, só pode ser novo na medida em que não seja mais colonizado. O Cabo Verde vê ressurgir uma mentalidade diferente e uma cultura diferente. A cultura nacional reprimida começa a ressurgir. Determinados padrões culturais de comportamento, proibidos pelos colonizadores, entre os quais a língua, as expressões do mundo, a poesia e a música, estão reaparecendo. As pessoas caminham sem ter mais que se curvar. Agora, caminham eretos, olhando para cima. Há uma pedagogia do caminhar nesse novo comportamento, de caminhar livremente. Todas essas questões constituem um novo modo de pensar e um novo modo de falar. Pode-se perceber que problema terrível seria se esse novo pensamento não pudesse coincidir com a língua existente. Um pensamento novo expresso na língua do colonizador não vai a parte alguma.

Macedo: A respeito de seu trabalho de alfabetização, uma preocupação importante nas chamadas nações desenvolvidas é que ele não parece ser aplicável a outro contexto senão o do Terceiro Mundo. Você poderia falar sobre essa questão e, possivelmente, sobre o contexto do Terceiro Mundo que se encontra dentro do Primeiro Mundo, e de que maneiras suas propostas educacionais podem ser aplicadas aqui?

FREIRE: Desde minhas primeiras viagens pelo mundo, inclusive pelo Primeiro Mundo, essas questões fundamentais me têm sido formuladas. Creio, no entanto, que, nestes últimos anos, esse tipo de questionamento tem diminuído um pouco. Em primeiro lugar, falemos sobre a questão do Terceiro Mundo e do Primeiro Mundo. De minhas experiências de vida nos Estados Unidos (fui muito feliz em Cambridge e ainda me recordo da Broadway, a rua em que morei), descobri a presença do Terceiro Mundo dentro do Primeiro Mundo, como por exemplo os guetos nos Estados Unidos. Descobri também uma perversa discriminação racial e um chauvinismo linguístico, o que é uma espécie de racismo. Descobri e, simultaneamente, vivi essa realidade. Também fui discriminado (talvez não tanto quanto outros estrangeiros, especialmente imigrantes, porque muita gente me conhecia e conhecia minha obra). Mas às vezes me sentia discriminado. Havia pessoas que pensavam que eu fosse latino-americano hispânico e que se tornavam mais corteses quando lhes dizia ser brasileiro. Suponho que isso se dava por não haver muitos brasileiros em Cambridge!

Descobrindo o Terceiro Mundo dentro do Primeiro, tomei consciência de uma coisa óbvia: a presença do Primeiro Mundo dentro do Terceiro, a classe dominante. Aqui nos Estados Unidos, como em outras partes do Primeiro Mundo, a situação é muito mais complexa. Uma vez que os Estados Unidos não são unicamente Primeiro Mundo, e como certos educadores, não eu, dizem que minha abordagem da alfabetização só é aplicável no contexto do Terceiro Mundo, deviam pelo menos aplicá-la a seu Terceiro Mundo, facilmente identificável.

O problema principal é que esses educadores estão tratando da questão errada, quando dizem que as propostas de Freire, embora interessantes, não têm nada a ver com uma sociedade complexa. Neste caso, as questões devem ser definidas de maneira diferente. As propostas educativas que venho fazendo durante anos procedem basicamente de duas ideias bastante óbvias e não simplistas.

Em primeiro lugar, a educação é um ato político, quer na universidade, no curso secundário, na escola primária ou numa classe de alfabetização de adultos. Por quê? Porque a natureza mesma da educação possui as qualidades inerentes para ser política, como, na verdade, a política tem aspectos educacionais. Em outras palavras, um ato educativo tem uma natureza política e um ato político tem uma natureza educativa. Se assim é, de maneira geral, seria incorreto dizer que apenas a educação latino-americana tem uma natureza política. A educação no mundo todo é política por natureza. Em termos metafísicos, a política é a alma da educação, seu próprio ser, quer no Primeiro Mundo, quer no Terceiro. Quando um professor estuda determinado assunto (quando Giroux, por exemplo, analisa o currículo oculto), todas as instâncias da educação se tornam atos políticos. Não há modo algum pelo qual eu, ou quem quer que seja, possa contradizê-lo. A natureza política da educação, pois, não é um exotismo de Paulo Freire vindo do Terceiro Mundo.

Em segundo lugar, no Brasil, ou onde quer que seja, quer no trabalho em alfabetização, quer em cursos de pós-graduação, a educação é uma certa teoria do conhecimento posta em prática. Não podemos fugir a isso. Quer você, aqui em Massachusetts, ou eu, no Brasil, não importa sobre o que estejamos falando (linguística, no seu caso, relação entre educador e educando, no meu), o que parece mais importante é o objeto de conhecimento proposto a nós como educadores. Uma vez envolvidos nessa prática educativa, estamos também comprometidos com uma prática de conhecimento. Podemos estar procurando aprender um conhecimento predeterminado, já existente, ou podemos estar procurando criar um conhecimento que ainda não existe, como pesquisa. Todas essas práticas educativas implicam o processo de conhecer, em qualquer parte do mundo.

A questão a ser definida agora é quais são nossas posturas nesse processo de conhecer. Quais nossas posições na teoria do conhecimento? Como abordamos o objeto do conhecimento? Somos donos dele? Trazemo-lo em nossas maletas para distribuí-lo a nossos alunos? Utilizamos esse objeto de conhecimento para alimentar os alunos ou para estimulá-los ao conhecimento? Estimulamos os alunos a assumir o papel de sujeitos, ao invés do de pacientes e recipientes de nosso conhecimento?

Bem, essas não são questões apenas do Terceiro Mundo; são questões universais. Porém, não quero dizer que não haja limitações impostas por culturas, políticas e ideologias diferentes. Há limites concretos à prática democrática do conhecimento, neste país como em outros. Repito:

a experiência educativa criativa e crítica não constitui um exotismo do Terceiro Mundo.

Na alfabetização, os educandos devem assumir o papel de sujeitos do processo mesmo de domínio da própria língua. Os estudantes universitários devem assumir o papel de sujeitos cognoscentes no intercâmbio entre estudantes que conhecem e educadores que também conhecem. É óbvio que os professores não são os únicos sujeitos que conhecem.

O ponto de partida desse processo de conhecer educadores e educandos concentra-se nas expectativas e nos obstáculos com que defrontam os educandos no processo de aprendizagem, e não nas expectativas e no conhecimento do educador. Devo insistir, uma vez mais, em que isso não constitui um exotismo do Terceiro Mundo.

Além desses argumentos, penso na coerência de uma posição política dentro de uma perspectiva pedagógica, que é também política pela própria natureza, e, por isso, na coerência de uma postura teórica dentro da prática dessa teoria.

Os educadores se esquecem, por vezes, de reconhecer que ninguém passa de um lado da rua para o outro sem atravessá-la! Ninguém atinge o outro lado partindo desse mesmo lado. Não se pode chegar *lá* partindo de lá, mas de cá. O nível atual de meu conhecimento é o outro lado para meus alunos. Tenho de começar pelo lado oposto, o de meus alunos. Meu conhecimento é uma realidade minha, não deles. Então, tenho de começar a partir da realidade deles para trazê-los para dentro de minha realidade. Um professor pode dizer: "Mais uma ingenuidade romântica de Paulo Freire!" Insisto, porém, em que não há romantismo algum nessas ideias. O que se vê aí é uma coerência epistemológica com uma perspectiva política.

Parece haver agora menos dúvidas sobre a validade do que venho dizendo no Primeiro Mundo, porque intelectuais e educadores comprometidos deste mesmo mundo me vêm estudando com muita seriedade. Embora possam nem sempre concordar comigo, muitos deles percebem a viabilidade dessas ideias no contexto do Primeiro Mundo. No campo do ensino do inglês como segunda língua, aqui nos Estados Unidos, há inúmeros professores e pedagogos críticos que trabalham segundo as linhas gerais de meu pensamento. Ann Berthoff e Aida Shaw, também, incorporam minhas ideias, tanto em suas teorias quanto em suas práticas. Cerca de cinco anos atrás, um livro interessante e volumoso, *Aprendendo com Freire*, foi publicado na Alemanha, envolvendo um experimento longitudinal sobre educação pré-escolar, que incorporava meus métodos. Em *Pedagogia do oprimido* e em *Cartas à Guiné-Bissau*, salientei que minhas experiências deviam ser recriadas e não transplantadas. Em suma, meus experimentos educacionais no Terceiro Mundo não devem ser transplantados para o Primeiro Mundo; devem ser criados novamente, de outra forma.

Macedo: Numa exposição, algum tempo atrás, você mencionou que algumas de suas teorias educacionais estão sendo estudadas por físicos. De maneira análoga, Richard Horsley, professor de teologia na Universidade de Massachusetts, disse que começou a compreender melhor o Novo Testamento depois de ler a *Pedagogia do oprimido*. Você poderia comentar o impacto que sua teoria educacional tem tido em diversos campos de estudo?

FREIRE: Durante toda minha vida, especialmente após a publicação de *Pedagogia do oprimido* nos Estados Unidos, e depois de viajar pelo mundo todo, observei muitas práticas educacionais que parecem ter sido, de alguma forma, influenciadas por meu pensamento. Diria, pois, que há uma dimensão universal no que tenho andado escrevendo sobre educação. Tenho a impressão de que a *Pedagogia do oprimido* brotou de uma experiência longamente vivida. Insisto sobre a esfera afetiva das coisas, sobre as dimensões humanísticas e intuitivas do ato de conhecer. Jamais pus sentimentos e emoções entre parênteses. Apenas os reconheço à medida que os expresso. Esse livro nasceu de um casamento entre mim e as muitas partes do conhecimento mundial que vivi e experimentei por onde vivi e por onde trabalhei e ensinei com compromisso, sentimentos, medo, confiança e coragem. Esse livro é radical, no sentido etimológico do termo. Vem das profundezas de fragmentos da história e da cultura latino-americana, especialmente do Brasil. Esse livro está saturado de tempo, história e cultura. E foi assim, creio eu, que esse livro adquiriu a universalidade de que desfruta.

Não creio que o universal seja possível sem um vibrante ponto de partida comunal. Não generalizamos sem fundamentar nossas generalizações sobre particularidades. Antes de se tornar universal, você é particular. Não se pode partir do universal para chegar ao local. Para mim, qualquer que seja a universalidade que haja em *Pedagogia do oprimido*, ela provém do vigor e da força de seu caráter local. Não tive qualquer pretensão ou sonhos de desenvolver uma teoria universal com esse livro. A questão é que, no entanto, o livro contém determinados temas que preocupam universalmente as pessoas. Por exemplo, tenho recebido comentários de muitas pessoas da Ásia e da África dizendo: "Li seu livro e agora entendo melhor meu próprio país." Jamais me esquecerei de uma carta que recebi de um sul-coreano que me disse que estava lendo meu livro secretamente. (Nem sei como conseguiu mandar-me aquela carta.) Ele me agradecia porque meu livro o estava ajudando a compreender melhor sua sociedade. Recebi cartas de outras pessoas do Oriente que me falavam coisa parecida. Numa dessas cartas, um curador de museu disse-me estar realmente influenciado pelo terceiro capítulo da *Pedagogia do oprimido*.

Matemáticos e físicos também me têm dito que sofreram grande influência de meu trabalho. Cerca de ano e meio atrás, fui convidado a participar da banca numa defesa de tese de doutoramento no Departamento de Física da Universidade de São Paulo. Disseram-me que estudavam minha obra com muita atenção (não como disciplina, naturalmente). E um estudante do departamento apresentou uma tese intitulada "Como estudar ciência de uma perspectiva freiriana".

De modo geral, tenho sido estudado por sociólogos e teólogos nos Estados Unidos, Europa e Inglaterra.

Há temas na *Pedagogia do oprimido* que tocam esses vários campos do conhecimento. O que digo a respeito desses temas não necessariamente fornecerá respostas, mas é provocativo. Incitam uma reflexão crítica por parte de físicos, matemáticos, antropólogos, artistas, músicos e outros.

No decorrer de um seminário de uma semana que coordenei na Universidade de York, na Inglaterra, um estudante aproximou-se de mim e disse: "Paulo, não estou matriculado neste seminário. Sou ex-aluno do Departamento de Música desta universidade. Sou músico e compositor. Vim aqui lhe dizer que li a *Pedagogia do oprimido* e fiquei tão comovido com esse livro que compus uma versão musical da obra." Eu me emocionei tão profundamente com o que ele disse que fiquei em silêncio, totalmente surpreso. Daí, apertamos as mãos. Dei-lhe um abraço e simplesmente lhe disse: "Estou muito feliz." Quando voltei a Genebra e contei isso a meu filho, que é um violinista clássico muito bom, ele perguntou: "Como é que você não teve a ideia de pedir-lhe que me mandasse sua composição para que eu pudesse tocá-la? Adoraria tocar a *Pedagogia do oprimido*!" Tudo que pude lhe dizer foi como estava surpreso e sem palavras.

Incidentes desse tipo continuam acontecendo. Como meus outros livros, a *Pedagogia do oprimido*, num certo ponto de sua trajetória, deixou de pertencer-me. Acho isso muito bonito, que os livros, como as pessoas, devam atingir sua autonomia. Agora, quando vejo *Pedagogia do oprimido* nas livrarias, por pouco não o cumprimento!

Macedo: Em sua teoria, como se pode falar a respeito da apropriação crítica da cultura dominante pelo povo dominado?

Freire: Essa questão é muito crítica. Na contradição entre dominante e dominado, há um conflito cultural e de classe. Esse conflito é de tal ordem que o dominante minará as forças do dominado e fará de tudo para anestesiar a autoconsciência do povo dominado, negando-lhe a essência de sua própria cultura como algo que existe em sua experiência e por meio da qual ele também existe. Cultura, aqui, é usado em seu sentido mais amplo, indo desde o modo como alguém caminha, até o conhecimento do mundo, as expressões desse conhecimento, e as expressões desse mundo por meio da música, da dança etc.

O dominante precisa inculcar no dominado uma atitude negativa em relação a sua própria cultura. Aquele estimula este último a rejeitar a própria cultura, instilando nele uma falsa compreensão de sua cultura como algo feio e inferior. Além disso, o dominante impõe ao dominado seu modo de ser, de falar, de dançar, seus gostos, até mesmo seu modo de comer. Quanto a comer, aí o dominante impõe menos, exatamente por não querer chamar a atenção para o quanto ele come melhor do que seus dominados.

Que acontece quando o povo dominado finalmente vêm a verificar que sua cultura não é feia, como diz o dominador? Que sucede quando vê que seus valores não são tão deploráveis, que sua presença no mundo não é tão desprezível, como dizem os dominadores? Na verdade, os dominados são seres humanos que vêm sendo proibidos de ser. São explorados, ultrajados, e a eles se nega violentamente o direito de existir e o direito de expressar-se. Isso é verdadeiro, quer esses dominados representem todo um povo, um grupo social (como os homossexuais), uma classe social, ou determinado grupo sexual (como as mulheres).

Num determinado momento, nessa relação entre dominadores e dominados, alguma coisa se quebra. E à medida que outras coisas mais também se vão quebrando, elas provocam a mobilização. Inicialmente, essa mobilização é mínima. Mas essa mobilização vai aumentando à medida que importantes e diferentes questões emergem em contextos diferentes. Às vezes, os dominadores são mais violentos, intimidando o povo dominado, fazendo-o sofrer mais. Contudo, chega-se a um ponto limite, e esses pontos limite se somam, aumentando de frequência, intensidade e qualidade. Todos esses pontos limite são também, necessariamente, momentos de cultura. O povo dominado jamais aprenderia a lutar se isso não fosse uma experiência cultural. Nesse mesmo sentido, Amílcar Cabral percebeu nitidamente que os movimentos de libertação são, por um lado, um fato cultural e, por outro, um fator de cultura. As experiências de unir-se, de deflagrar uma fala diferente e proibida, de descobrir que essa fala é válida (ainda que proibida), de ver que essa fala é bonita (muito embora alguns digam que é feia) — essas experiências são culturais e pertencem à cultura do povo dominado. Quanto mais o povo dominado se mobiliza dentro de sua cultura, tanto mais se unirá, crescerá e sonhará (sonhar também é parte da cultura), e tanto mais fantasiará (a fantasia é uma parte da cultura envolvida no ato de conhecer). A fantasia, realmente, antecipa o conhecimento do amanhã. (Não sei por que tanta gente subestima a fantasia no processo de conhecer.) Em todo caso, todos esses atos constituem a cultura dominada querendo libertar-se.

E o que acontece com a cultura dominada quando ela luta pela libertação? Quando era meramente a cultura dominada, estava sujeita à doutrinação e estava domesticada. Agora, porém, embora ainda dominada, ela quer libertar-se. E, nesse processo de querer libertar-se, descobre também que a cultura dominante, exatamente por ser dominante, foi obrigada a desenvolver uma série de estratégias analíticas e científicas para alcançar seus propósitos. A cultura dominante desenvolve essas estratégias para analisar e explicar o mundo com vistas a dominá-lo. Quando a cultura dominada percebe a necessidade de libertar-se, descobre que tem que tomar a iniciativa e desenvolve suas próprias estratégias, como também utiliza as da cultura dominante. A cultura dominada faz isso, não simplesmente para ajustar-se, mas para lutar melhor contra a opressão. Então, num certo momento, a cultura elaborada a serviço dos dominadores deixa de ser assim, e uma cultura é recriada pelo povo antes dominado em proveito de uma libertação permanente.

Esta me parece ser uma perspectiva humanista não idealista, ou esperta, ou angélica. Recuso-me a rejeitar essa posição humanista.

Talvez você me tenha feito essa pergunta porque, em algum momento no passado (não me recordo onde), eu disse que, no processo da libertação, os dominados podem e devem incorporar criticamente algumas das dimensões da cultura dominante para utilizá-las como instrumentos mesmos de sua própria luta.

Macedo: De que modo os movimentos sociais (tais como o de libertação feminina, os movimentos pacifistas, os ambientalistas) criaram uma nova modalidade de discurso pela libertação?

Freire: Creio que essa pergunta completa aquela que você fez antes, sobre a subjetividade, tema que considero politicamente importante para o final deste século.

Lembro-me, por exemplo, de que, no começo dos anos 1970, quando eu estava na Europa, algumas pessoas falavam sobre os movimentos sociais, como o de liberação da mulher e o movimento da ecologia, exatamente quando estavam começando a se firmar. E recordo que algumas pessoas da esquerda demonstravam muito pouco respeito por esses movimentos. Diziam que esses movimentos não teriam qualquer significação política por não se identificarem com classes sociais, mas apenas com indivíduos dentro dessas classes. Creio que houve algo de ingênuo e de dogmático na crítica a esses movimentos como sendo inoperantes, ou meros delírios, ou "escapismos".

Lembro-me de um casal de amigos nossos, Miguel Darcy e Rosiska, com quem trabalhei no Instituto de Ação Cultural (IDAC), que fundei em Genebra. Eles foram dos primeiros a salientar a importância desses movimentos, em conversas vivas que tivemos em Genebra. E daquela época para cá, percebo que os movimentos sociais construíram sua própria linguagem como momentos e movimentos de libertação.

Os ecologistas, por exemplo, vieram para defender o meio ambiente numa linguagem humana e poética. Ao defender o meio ambiente, estão defendendo cada um de nós. Eu costumava dizer: "Mais cedo ou mais tarde, eles explicitarão a política latente que está implícita em seu movimento." Os movimentos sociais nasceram *já* políticos, muito embora nem sempre sua natureza política fosse compreendida pelas pessoas envolvidas. Essa dimensão política (que ultrapassa de muito o objetivo imediato de qualquer movimento) amplificará os objetivos e a linguagem da libertação.

Isso me parece um fenômeno mundial. Contudo, me parece também que algo ainda não está completamente definido ou delineado. Esses movimentos sociais começaram por condenar o comportamento tradicional dos partidos políticos a tal ponto que os partidos políticos, em minha opinião, surgem como entidades desacreditadas para grande número de jovens. Ainda na Europa, preocupei-me com o papel político desempenhado pelos movimentos sociais e, ao mesmo tempo, pensei a respeito de suas limitações no nível político. Os movimentos sociais não devem parar na libertação pessoal e individual. Contudo, pôr em prática um ato de libertação exige um ato do poder. E um ato de poder, repito, deve ser reinventado, isto é, recriado para atuar dentro do espírito desses movimentos.

Julgava que os movimentos sociais não teriam recursos para atingir o poder formal. Se viessem a se tornar partidos políticos, por exemplo, corriam o risco de se tornar também tradicionais. Assim, a questão que se coloca é: como os partidos políticos podem aproximar-se de movimentos sociais e desenvolver a linguagem deles? Até que ponto esses partidos políticos não sectários e não autoritários poderão aprender com esses movimentos? Não falo dos partidos da direita (interesso-me em estudar os partidos da direta, mas não quero pertencer a eles), mas dos partidos populares da esquerda. Esses partidos precisam aproximar-se dos movimentos sociais, sem procurar dominá-los. Aproximando-se desses movimentos, os partidos de esquerda estarão, em certo sentido, se elevando e se completando.

Essas foram algumas ideias que tive na Europa e que vivi intensamente, ao regressar ao Brasil. Lá, vi a força das organizações familiares e das comunidades de base dentro da Igreja Católica, que nos últimos quinze anos tiveram repercussão extraordinária e deflagraram releituras dos evangelhos.

Naturalmente, há os que não gostam dessas releituras, encarando-as como intervenções comunistas e demoníacas. Essas releituras não são nada disso. Envolvem uma perspectiva crítica na qual o evangelho é relido do ponto de vista dos que sofrem e não dos que fazem os outros sofrerem. Nesse pedaço da história política do Brasil, fui testemunha de como um partido político começa a surgir e a constituir-se dentro de um movimento social. O novo partido político da classe trabalhadora brasileira pode desaparecer amanhã, mas por enquanto luta para encarnar esse espírito redesperto, tão importante para tratar das questões relativas ao final do século. Esse partido surgiu de movimentos sociais, e deles continua próximo até hoje, sem tentar dominá-los. Na verdade, foi por isso que me tornei membro desse partido.

Não estou certo de que os movimentos sociais estejam, em âmbito mundial, criando seu próprio discurso. (Em minha opinião deveriam fazê-lo, já que a linguagem própria desempenha um papel importante no processo de libertação.) O que sei é que esses movimentos estão sempre presentes nas diversas tentativas para recriar algumas sociedades.

Por exemplo, o papel dos ecologistas na França é indiscutível. Tiveram enorme influência nas últimas eleições que levaram à vitória de Miterrand. Na Alemanha, também são muito importantes.

Há, também, outros exemplos que surgem, vez por outra, em sociedades complexas como os Estados Unidos, mas esses levam a marca de uma espécie de escapismo. Esse escapismo pode ser oportuno, uma vez que é preciso primeiro que o desejo, a necessidade e a angústia de escapar estejam presentes para que esses movimentos existam. Se você tem um movimento que envolve quinhentas mil pessoas, isso prova que existe alguma ansiedade básica por detrás do escapismo. Mas na América Latina não há em geral movimentos escapistas. Na América Latina as pessoas precisam mudar, não "escapar". Como já disse, considero a necessidade dos movimentos escapistas (alguns deles chegam a criar uma linguagem própria, também escapista), mas esses movimentos têm muito pouca influência.

Nenhum educador que sonhe com uma sociedade diferente pode dispensar os movimentos sociais. Uma de nossas tarefas é procurar compreender os movimentos sociais e ver como podemos trabalhar com eles.

Macedo: Numa conversa anterior com Judy Goleman e Neal Bruss [da Universidade de Massachusetts], foi-lhe pedido que dissesse o que você gosta de fazer. Você poderia falar sobre isso agora?

Freire: Quando Neal me fez essa pergunta, fiquei muito animado, e queria muito responder-lhe, mas não tive o tempo necessário para isso. Agora, vou simplesmente falar sobre as coisas de que mais gosto, mas quero acrescentar que o que vou dizer deve ser compreendido em termos intelectuais mas também existenciais.

Realmente gosto de gostar de outras pessoas e de me sentir bem com elas. Gosto de viver, de viver a vida intensamente. Sou do tipo de pessoa que ama apaixonadamente a vida. Claro que vou morrer um dia, mas tenho a impressão de que, quando morrer, também vou morrer com grande intensidade. Vou morrer sentindo-me intensamente. Por essa razão, vou morrer com enorme anseio por viver, pois desse modo é que tenho vivido.

É assim também que trabalho em pedagogia. Assim é que faço amizades, e é assim que leio um livro. Não sei ler um livro desinteressadamente. Não sei ler um livro que não me toque ou não me emocione. Assim, a primeira coisa que tenho a dizer sobre o que gosto de fazer é que gosto de viver!

Para mim, a coisa fundamental na vida é trabalhar para criar uma existência que transborde da vida, uma vida que seja muito bem pensada, uma vida criada e recriada, uma vida que seja feita e refeita nessa existência. Quanto mais faço alguma coisa, mais existo. E eu existo com muita intensidade.

Muito embora goste de amar as pessoas e de viver intensamente, posso não tratar bem as pessoas todo o tempo. Podia-se esperar que, querendo gostar tanto das pessoas, eu sempre as trataria bem. É possível que às vezes não trate os outros tão bem. Devo admitir essa deficiência como um fato do querer viver, do viver intensamente. Às vezes minha paixão de viver, que se confunde com a paixão de conhecer, leva-me a agir mal com os outros. Mas se ajo mal, isso é involuntário.

Agora, tendo em mente essa ideia de gostar de viver, gosto de inúmeras outras coisas. Gosto demais de bater papo. Conversando, varo a noite, recordando e revivendo com amigos experiências passadas que vivemos juntos. Há dois ou três anos, Elza e eu recebemos em nossa casa uma velha amiga. Ela trabalhou comigo no Chile. É uma excelente socióloga, e gosto muito dela. Ela também é uma amante da vida, como eu. E, como eu, adora *pisco*, bebida típica de seu país. Ela me trouxe uma garrafa do Chile. Lembro que passamos a noite inteira conversando e bebendo *pisco*. Era o tipo de conversa em que falávamos de tudo e de coisa alguma, e tudo valia, nossas dúvidas, nossas risadas, nossas tristezas, nossas recordações, nossa felicidade, nossa crítica sobre o que fizemos e o que não fizemos. Revivemos parte de sua vida, quando era muito jovem no Chile e, depois, uma parte de minha vida, quando trabalhei no Chile e ela foi minha assistente.

Gosto desse tipo de coisa, bater papo com amigos. Aqui, nos Estados Unidos, faço isso com meus amigos sempre que possível. Lembro-me das muitas horas que passei, uns dois anos atrás, conversando com você e com Henry Giroux. Ao vir para os Estados Unidos, parei no México e passei horas com amigos dali, falando e recordando. Não sinto estar perdendo tempo ao fazer isso. Aprendo muito com esses bate-papos. Para mim, essas conversas são tão ricas quanto um seminário programado, e podem resultar tão rigorosas quanto ele. De volta ao Brasil, muitas vezes, depois de uma conversa com um amigo, vou para casa e registro alguns dos tópicos de nossa conversa e reflito a respeito deles. Para mim, conversar com duas, três, quatro ou mais pessoas é um modo de ler o mundo.

Gosto de comer. Não sei se você concorda, mas creio que há certa conexão entre comer, gostar de comer, sensualidade e criatividade. Devo confessar que tenho um pouco de medo de gente que me diz que não gosta de comer. Fico um pouco desconfiado (a não ser em caso de doença, naturalmente). Mas desconfio de alguém que simplesmente prefere pílulas ou comida plástica a um bom prato, como uma feijoada brasileira, uma *catchupa* cabo-verdiana ou um prato português. Agora, pode ser que se troque comida por pílulas, e isso também seria cultura. Afinal de contas, o paladar é cultural. Mas vivo intensamente e culturalmente para saborear minha comida! Passei dezesseis anos exilado, com Elza me ajudando a sobreviver procurando por toda parte as coisas que tivessem o sabor da cozinha brasileira.

Para mim, comer é um ato social, como conversar. Quando como sozinho, não tenho prazer na comida, por melhor que ela seja, porque me sinto de certa forma limitado. Preciso comer com outras pessoas. A comida serve de mediador para a conversa. Também gosto de beber um pouco. Não só sucos de frutas, que adoro, mas também a cachaça brasileira, ou um bom vinho francês, chileno ou californiano. E adoro um bom vinho português.

Gosto também de todo tipo de música, não só da chamada música clássica. Em casa, quando estou exausto por excesso de trabalho, uma boa peça me reanima. Vivaldi, ou Villa-Lobos. Villa-Lobos me arrasta para o mistério da Amazônia. Há uma poderosa força da terra em sua música fantástica. Muitos tipos de música me envolvem e me trazem paz. Os *blues* norte-americanos, o samba brasileiro, a *morna* cabo-verdiana. A *morna* cabo-verdiana é a modinha brasileira, popular no começo do século. Quando fui ao Cabo Verde pela primeira vez e ouvi a *morna*, tive saudade do Brasil, especialmente do tempo em que a modinha era popular, tempo que eu próprio não vivi, mas conheço pela música. A música popular também me fascina, mas a música clássica é clássica, suponho, porque tem base popular.

Gosto muito de ler. E gosto muito de escrever, muito embora não tenha facilidade para escrever. Para mim, escrever sempre foi um exercício difícil mas agradável. Gosto também de outras coisas, como esportes, especialmente o futebol. Amo o mar, as praias. E gosto muito de caminhar pela praia e de tomar banho de sol sob o sol tropical. Gosto de caminhar pelas grandes cidades. Nova York me descansa. Gosto de me perder no centro de grandes cidades. Às vezes não me sinto tão bem quando me perco em comunidades pequenas.

Gosto muito de receber cartas. Recebo muitas cartas e procuro respondê-las todas, com a ajuda de uma boa amiga. De vez em quando penso que devia mandar uma carta para o mundo, pedindo que as pessoas *não* me escrevessem, porque não me é fácil responder a todas as cartas que recebo. Mas essa minha amiga se dispôs a ajudar-me e tem me auxiliado muito.

Amo as crianças. Posso estar enganado, mas creio que as crianças também gostam muito de mim. Não só meus netos, que evidentemente sabem que sou seu avô, mas as crianças na rua. Na Europa, costumavam me chamar de Papai Noel, no Brasil também, por causa de minha barba branca. Elas vêm correndo para mim nas ruas. Às vezes me pergunto por que isso. Tomara que eu não as assuste!

Aos 23 anos, recém-casado, comecei a descobrir, mas ainda não era capaz de expressá-lo com clareza, que o único modo de nos mantermos vivos, alertas e de sermos verdadeiros filósofos é nunca deixar morrer a criança que existe dentro de nós. A sociedade nos pressiona para que matemos essa criança, mas devemos resistir, porque quando matamos a criança que há dentro de nós estamos nos matando. Murchamos e envelhecemos antes do tempo. Tenho agora 62 anos, mas frequentemente me sinto com dez ou vinte. Quando subo cinco lances de escada meu corpo me faz lembrar a idade que tenho, mas o que há dentro de meu velho corpo está intensamente vivo, simplesmente porque preservo a criança que há dentro de mim. Creio também que meu corpo é jovem e tão vivo quanto essa criança que fui outrora e que continuo a ser, essa criança que me leva a amar tanto a vida.

Sinto-me interiormente incompleto, nos níveis biológico, afetivo, crítico e intelectual, e essa incompletitude me impele, de maneira constante, curiosa e amorosa na direção das outras pessoas e do mundo, em busca de solidariedade e de transcendência da solidão. Tudo isso implica querer amar, uma capacidade para amar que as pessoas têm que criar dentro de si mesmas. Essa capacidade aumenta na medida em que se ama; diminui, quando se tem medo de amar. Claro que em nossa sociedade não é fácil amar, porque tiramos da tristeza muito de nossa felicidade; isto é, muito frequentemente, para nos sentirmos felizes, é preciso que outros estejam tristes. É difícil amar em tais circunstâncias, mas é necessário fazê-lo.

Amo as coisas simples, os lugares costumeiros, do dia a dia. Detesto os ajuntamentos sofisticados e esnobes, onde as pessoas não sabem o que fazer com as mãos: devo pô-las no braço da cadeira, ficar brincando com a gravata, com a barba? Quando a gente não sabe o que fazer com as mãos é porque não está à vontade. Detesto esse tipo de ajuntamento. Gosto de me sentir à vontade.

Amo saber que amo Elza. Estamos casados e sentindo nosso amor recíproco há quarenta anos. Gosto de estar com ela e com meus filhos. Gosto de ser pai. Nunca achei nada de errado em ser pai. Quando jovem, eu pensava que viver e dormir com uma mulher (e, daí, vem mais gente, sem ser chamada, e de quem depende o mundo) poderia interromper minha vida intelectual. Se assim fosse, ainda preferiria minha vida com Elza e com meus filhos à minha vida intelectual. Como, porém, jamais achei que minha vida familiar e minha vida intelectual fossem incompatíveis, pude ter uma família e escrever, ao mesmo tempo. Minha família não interfere em meu ato de escrever, e este não interfere no amor que tenho por minha família. Por isso é que escrevo com grande amor e que amo escrever.

MACEDO: Que conselho final você daria aos leitores?

FREIRE: Não posso dar nenhum conselho específico, mas eis aqui algumas sugestões fraternais. Em primeiro lugar, comece a reler este livro. Essa segunda leitura deve ser mais crítica do que a primeira. Esta sugestão vale não só para este livro, como para toda leitura que você fizer.

Quer em relação a uma gota de chuva (uma gota que ia cair, mas que congelou, gerando um lindo sincelo), a um pássaro que canta, a um ônibus que corre, a uma pessoa violenta na rua, a uma frase no jornal, a um discurso político, ao "fora" de um namorado, ao que quer que seja, devemos adotar uma posição crítica, a da pessoa que questiona, que duvida, que investiga e que quer iluminar a vida mesma que vivemos.

O que sugiro é aprender o sentido de nossa alienação diária, para superá-la, a alienação de nossa rotina, da repetição burocrática das coisas, de fazer a mesma coisa todo dia às dez horas, por exemplo, porque "tem que ser feito", sem nunca questionarmos por quê. Devemos tomar a vida em nossas próprias mãos e começar a exercer controle. Devemos procurar enfrentar o tempo e escapar a seu domínio.

Nessas sociedades complexas vemo-nos, por vezes, vivendo muito submergidos pelo tempo, sem uma apreciação crítica e dinâmica da história, como se a história estivesse flutuando sobre nós, comandando e regulando incansavelmente nossas vidas. Isso é um fatalismo que imobiliza, nos sufoca e finalmente nos mata. A história não é nada disso. A história não tem poder. Como disse Marx, a história não nos comanda, a história é feita por nós. A história nos faz enquanto a fazemos. Mais uma vez, minha sugestão é que procuremos emergir dessa alienante rotina diária que se repete infindavelmente. Vamos compreender a vida, não necessariamente como a repetição diária das coisas, mas como um esforço para criar e recriar, e como um esforço de rebeldia, também. Vamos tomar nas mãos nossa alienação e perguntar: "Por quê?", "Isso tem que ser desse modo?". Creio que não. Precisamos ser sujeitos da história, ainda que não consigamos deixar totalmente de ser objetos da história. E, para sermos sujeitos, precisamos indiscutivelmente examinar a história criticamente. Como participantes ativos e verdadeiros sujeitos, podemos fazer a história apenas se continuamente formos críticos de nossas próprias vidas.

Apêndice

Carta a Mário Cabral

Caro camarada Mário Cabral,

Desde o primeiro momento em que começamos o nosso diálogo, por meio das primeiras cartas que lhe fiz, diálogo que não apenas continuou e se aprofundou, mas que também se vem estendendo a outros camaradas, uma preocupação constante nos acompanhou: a de jamais nos vermos, em nossa colaboração à Guiné e ao Cabo Verde, como "expertos internacionais", mas, pelo contrário, como militantes. Como camaradas, engajando-nos mais e mais, no esforço comum de reconstrução nacional. O que quero dizer com isso ou reafirmar é que, para nós, não só individualmente, mas enquanto equipe, seria impossível um tipo de colaboração em que funcionássemos como "consultores técnicos", desapaixonadamente. Assim também, por outro lado, é que vocês todos nos receberam. Assim também é que vocês entenderam, desde o princípio, a nossa presença aí. O que vocês queriam e esperavam de nós era o que buscávamos fazer e ser.

Não tivesse havido esta coincidência e, não raro, poderíamos ter sido tomados como impertinentes, num ou noutro momento de nosso trabalho em comum, quando o que sempre nos moveu foi e continua a ser o nosso espírito de militância.

É com este mesmo espírito que lhe escrevo mais esta carta. Carta que, embora escrita e assinada por mim, sumaria a posição de toda a equipe e se constitui numa espécie de relatório, mesmo incompleto, de nossa última reunião em Genebra, em que tentamos um balanço das atividades a que temos estado tão ligados na Guiné-Bissau.

Recordemos aqui, ainda que rapidamente, como necessidade didática, alguns dos pontos que, juntos, o Comissariado de Educação e nós vimos estabelecendo como fundamentais, desde os começos de tais atividades:

a) a alfabetização de adultos, como toda educação, é um ato político, não podendo, por isso mesmo, ser reduzida ao puro aprendizado mecânico da leitura e da escrita;

b) o aprendizado da leitura e da escrita de textos, em coerência com a linha política do PAIGC, com a qual concordamos, implica a compreensão crítica do contexto social a que os textos se referem; demanda a "leitura" da realidade através da análise da prática social dos alfabetizandos, de que o ato produtivo é uma dimensão básica. Daí a impossibilidade de separar-se a alfabetização e a educação em geral da produção e, por extensão necessária, da saúde;

c) a introdução da palavra escrita em áreas onde a memória social é exclusiva ou preponderantemente oral pressupõe transformações infraestruturais capazes de tornar necessária a comunicação escrita. Daí a necessidade que se teve de estabelecer as áreas prioritárias para a alfabetização, isto é, aquelas que estivessem sofrendo tais transformações ou por sofrê-las a curto prazo.

Tomando estes itens como campo de referência para a análise do que foi possível fazer neste ano e pouco de experiências, de que tanto temos aprendido, resulta óbvio que o ponto central, o problema maior a ser pensado e discutido, é o da língua.

Em várias oportunidades, não somente em cartas, mas também em reuniões de trabalho, aí, a questão da língua foi discutida. Debatemo-la no seio mesmo da Comissão Nacional, na sessão de sua instalação e, uma vez mais, na última de suas reuniões, se não me equivoco. Poucas não foram, por outro lado, as vezes em que tratamos este problema com os membros da Comissão Coordenadora, voltando a ele, aí, em junho passado, numa das reuniões de estudos a que você presidiu e de que Mário de Andrade participou, juntamente com camaradas de outros setores do Comissariado de Educação. Reunião em que Marcos Arruda[76] propôs, num pequeno texto, algumas sugestões a propósito. Poderia, finalmente, citar ainda a última conversa que tivemos com o camarada presidente, cujo núcleo principal foi a língua.

Há um ano e pouco, se não estamos interpretando mal a política do governo, se pensava que seria viável a alfabetização em língua portuguesa, mesmo reconhecendo-se o crioulo como língua nacional. A razão radical para a alfabetização na língua estrangeira era a inexistência ainda da disciplina escrita do crioulo. Enquanto esta disciplina não fosse alcançada, pensava-se que não havia por que deixar o povo iletrado. Os próprios resultados que se vinham obtendo com a alfabetização em português, no seio das FARPs,[77] reforçavam esta hipótese.

O que a prática, porém, vem evidenciando é que o aprendizado da língua portuguesa se dá, mesmo com dificuldades, nos casos em que esta língua não se acha totalmente

[76] Membro da equipe do IDAC, na época.

[77] Forças Armadas Populares.

estranha à prática social dos alfabetizandos, o que é, de resto, óbvio. Este é, exatamente, o caso das FARPs, como o de certos setores de atividades de centros urbanos como Bissau. Mas este não é o caso dos centros rurais do país, em que se encontra a maioria esmagadora da população nacional, em cuja prática social a língua portuguesa inexiste. Na verdade, a língua portuguesa não é a língua do povo da Guiné-Bissau. Não é por acaso que o camarada presidente se cansa, como nos afirmou, quando tem de falar, por longo tempo, em português.

O que se vem observando, nas zonas rurais, apesar do alto nível de interesse e de motivação dos alfabetizandos e dos animadores culturais, é a impossibilidade do aprendizado de uma língua estrangeira como se ela fosse nacional. De uma língua virtualmente desconhecida, pois que as populações, durante os séculos de presença colonial, lutando por preservar sua identidade cultural, resistiram a ser "tocadas" pela língua dominante, no que foram "ajudadas" pela maneira como os colonizadores se comportaram quanto à organização das forças produtivas do país. O uso de suas línguas deve ter sido, por muito tempo, um dos únicos instrumentos de luta de que dispunham. Não é de estranhar, pois, que os próprios animadores culturais destas mesmas zonas dominem precariamente o português. De estranhar seria que, em tais circunstâncias, o aprendizado da língua portuguesa se estivesse dando, mesmo que apenas razoavelmente.

Se há uma área, por exemplo, de cujo esforço de alfabetização era legítimo esperar os melhores resultados, esta área é Có. O Centro Máximo Górki, integrando-se cada vez mais à vida das comunidades em torno dele, contando com professores efetivos e estagiárias com alto nível de consciência política, tinha todas as condições necessárias para tornar-se um núcleo de apoio aos trabalhos de alfabetização. O que se observou, porém, ao longo da experiência e se comprovou em junho passado com a avaliação feita por Augusta[78] e Marcos Arruda é que os alfabetizandos, durante os largos meses de esforço, não conseguiram fazer outra coisa senão uma caminhada cansativa em torno das palavras geradoras. Marchavam da primeira à quinta; na quinta, haviam esquecido a terceira. Voltava-se à terceira e se percebia que haviam olvidado a primeira e a segunda. Por outro lado, ao procurarem criar palavras com as combinações silábicas de que dispunham, raramente o faziam em português. Eu mesmo tive a oportunidade de ver palavras portuguesas, mas cuja significação era outra, completamente, pois era em mancanha[79] que pensavam. Por quê? Porque a língua portuguesa não tem nada a ver com sua prática social. Na sua experiência cotidiana, não há um só momento, sequer, em que a língua portuguesa se faça necessária. Nas conversas em família, nos encontros de vizinhos, no trabalho produtivo, nas compras no mercado, nas festas tradicionais, ao ouvir o camarada presidente, nas lembranças do passado. Nestas, o que deve estar claro é que a língua portuguesa é a língua dos "tugas", de que se defenderam durante todo o período colonial.

Poder-se-ia argumentar que esta dificuldade no aprendizado se deve à inexistência de materiais de suporte. O que nos parece, porém, é que a falta desses materiais, no sentido mais

[78] Membro da equipe do Comissariado de Educação.

[79] Uma das línguas nacionais.

amplo possível, que poderia ser, em outras circunstâncias, a causa principal do fato, nesta é puramente adjetiva. O que quero dizer é que, mesmo dispondo de um bom material de ajuda, como teremos com o *Caderno de educação popular*, os resultados seriam apenas pouco melhores. É que o *Caderno*, enquanto material de suporte, em si, não é capaz de superar a razão fundamental, substantiva, da dificuldade: a ausência da língua portuguesa na prática social do povo. E esta língua estrangeira — o português — não faz parte da prática social das grandes massas populares da Guiné-Bissau, uma vez que não se insere em nenhum dos níveis daquela prática. Nem no nível da luta pela produção, nem no dos conflitos de interesses, nem no da atividade criadora do povo. O aprendizado de uma língua estrangeira se impõe a pessoa ou a grupos sociais, como uma necessidade, quando, em pelo menos num desses níveis, este aprendizado se torna importante.

Insistir, pois, em nosso caso, no ensino do português, significa impor à população um esforço inútil e impossível de ser alcançado.

Não seria demasiado — pelo contrário, absolutamente indispensável — alongar um pouco mais estas considerações em torno da língua, no quadro da reconstrução nacional, da criação de uma sociedade nova em que se elimine a exploração de uns por outros, de acordo com os ideais maiores que sempre animaram o PAIGC. Ideais com a encarnação dos quais o PAIGC se veio forjando como vanguarda autêntica do povo da Guiné e Cabo Verde.

A manutenção, por muito tempo, da língua portuguesa, mesmo que se lhe chame, apenas, de língua oficial, mas com prerrogativas, na prática, de língua nacional, pois que é através dela que se vem fazendo parte substancial da formação intelectual da infância e da juventude, trabalhará contra a concretização daqueles ideais.

Sublinhemos que não pretendemos dizer com isso que o partido e o governo devessem ter suspendido todas as atividades educativo-sistemáticas do país, enquanto não contassem com o crioulo escrito. Isso é tão absurdo que não pode sequer ser pensado. Enfatizamos, sim, é a urgência de tal disciplina que viabilizará, em termos concretos, o crioulo como língua nacional, de que resultará que o português, no sistema educacional do país, assumirá, a pouco e pouco, o seu estatuto real — o de língua estrangeira e, como tal, será ensinada.

Na medida, ao contrário, em que o português continuar a ser, no sistema educacional, a língua que mediatiza grande parte da formação intelectual dos educandos, será bastante difícil uma real democratização desta formação, apesar dos esforços indiscutíveis que se vêm fazendo e que se continuará a fazer neste sentido. A língua portuguesa terminará por estabelecer um corte social no país, privilegiando uma pequena minoria urbana com relação à maioria esmagadora da população. Será indubitavelmente mais fácil àquela minoria, com acesso ao português por sua própria posição social, avantajar-se à maioria na aquisição de certo tipo de conhecimento, bem como na expressão oral e escrita, com que satisfaz um dos requisitos para a sua promoção nos estudos, com *n* consequências que podem ser previstas.

Que fazer como resposta a este desafio, sobretudo quando se conta com a vantagem, que nem sempre ocorre, da existência de uma língua de unidade nacional, o crioulo? Que política de ação poderíamos adotar, adequada aos dados concretos desta realidade? Não tendo a pretensão de responder a estas questões, em sua complexidade, questões que envolvem a política cultural e educacional do país, nos limitamos, apenas, a algumas sugestões, a título de colaboração humilde, que fazemos enquanto camaradas.

Em primeiro lugar, nos parece urgente concretizar o que você e Mário de Andrade vêm pensando, e a que me referi acima, isto é, a disciplina escrita do crioulo, com o concurso de linguistas que sejam igualmente militantes.

Enquanto este trabalho de disciplina do crioulo se estivesse fazendo, limitaríamos, no campo da ação cultural, a alfabetização em português:

1. à área de Bissau, onde a população, dominando perfeitamente o crioulo, tem familiaridade com o português. Aí, sobretudo, a alfabetização em português se faria nas frentes de trabalho, em que ler e escrever esta língua podem significar algo importante para os que aprendem e para o esforço de reconstrução nacional;

2. a certas áreas rurais, quando e se os programas de desenvolvimento econômico-social exigirem dos trabalhadores habilidades técnicas que, por sua vez, demandem a leitura e a escrita do português. Neste caso, se o crioulo não é falado fluentemente como se dá em Bissau, impõe-se, ainda, o reestudo da metodologia a ser usada para o ensino da língua portuguesa.

Em qualquer dos casos, porém, se faria indispensável discutir com os alfabetizandos as razões que nos levam a realizar a alfabetização em português.

Percebe-se, assim, quão limitada seria a ação no setor da alfabetização de adultos. E que fazer com relação às populações que não se encontram nas hipóteses referidas? Engajá-las, a pouco e pouco, em função das limitações de pessoal e de material, num esforço sério de animação ou ação cultural. Em outras palavras, na "leitura", na "releitura" e na "escrita" da realidade, sem a leitura e a escrita de palavras.

A ação cultural, enquanto ação político-pedagógica que inclui a alfabetização, nem sempre, porém, está obrigada a girar em torno dela. Muitas vezes é possível e, mais do que possível, necessário trabalhar com comunidades na "leitura" de sua realidade, associada a projetos de ação sobre ela, como hortas coletivas, cooperativas de produção, em estreita ligação com esforços de educação sanitária, sem que, porém, a população necessite de ler palavras. Donde podemos afirmar que, se todo aprendizado da leitura e da escrita de palavras, numa visão política tal qual a do PAIGC e a nossa, pressupõe, necessariamente, a "leitura" e a "escrita" da realidade, isto é, o envolvimento da população em projetos de ação sobre a realidade, nem todo programa de ação sobre a realidade implica, inicialmente, o aprendizado da leitura e da escrita de palavras.

Visando à mobilização das populações, à sua organização para que se engajem em projetos de ação transformadora de seu meio, a ação cultural deve partir de um conhecimento preciso das condições deste meio; de um conhecimento das necessidades sentidas das populações, de que a razão de ser mais profunda nem sempre já foi percebida e claramente destacada por elas.

A "leitura" da realidade, centrada na compreensão crítica da prática social, lhes proporciona esta clarificação. Não foi por acaso que um participante de excelente programa de ação cultural, ou de animação cultural, ou de educação popular, não importa o nome que se lhe dê, de Sedengal, afirmou: "Antes, não sabíamos que sabíamos. Agora, sabemos que sabíamos e que podemos saber mais."

Parece fora de dúvida que este camarada, que se vem apropriando de uma compreensão crítica do que é o conhecimento, de sua fonte, ao fazer aquela afirmação, não se referiu ao domínio precário que vinha exercendo, penosamente, sobre uma ou outra palavra geradora em português. Referia-se, sim, às dimensões da realidade que ele vinha desvelando, com os outros, no trabalho produtivo, na horta coletiva.

Um dos problemas que se colocam, no momento, no caso específico de Sedengal, é a resposta concreta à última parte do discurso daquele camarada, que deve expressar o nível de curiosidade não só dele mas dos demais. Isto é, a resposta, traduzida em termos de ação e reflexão, ao que ele diz tão claramente: "Agora sabemos que podemos saber mais." O que se impõe é a definição com eles, do que deve constituir-se como "universo" de conhecimento apontado no "agora sabemos que podemos saber mais". Em outras palavras, delimitar o que se pode saber mais.

Observe-se, por outro lado, o indiscutível nível de abstração teórica expresso no discurso, independentemente de não ser o seu autor alfabetizado. Ele parte da afirmação de que "antes não sabiam que sabiam". Ao descobrir, engajados na produção de caráter coletivo, que sabiam, infere, corretamente, "que podem agora saber mais", mesmo que não delimite o objeto a ser conhecido. O fundamental, em seu discurso, no momento em que o fez, era a afirmação geral em torno da possibilidade real de conhecer mais.

Não há dúvida de que seria interessante se esforços de ação cultural como o de Sedengal, para falar só neste, pudessem já incluir, com êxito, a alfabetização. Independentemente dela, contudo, Sedengal se afirma, cada vez mais, hoje, a nível nacional, na Guiné-Bissau. E se afirma não porque os participantes dos Círculos de Cultura tivessem chegado a poder escrever e ler pequenas frases em língua portuguesa mas porque, em certo momento da inviável aprendizagem daquela língua, descobriam o possível: o trabalho coletivo. E foi dando-se a esta forma de trabalho, com a qual começaram a "reescrever" sua realidade e a "relê-la", que tocaram e despertaram a comunidade toda e, tudo indica, poderão tornar Sedengal um caso exemplar.

Nenhum texto, nenhuma leitura mais correta poderiam ter sido apresentados no encerramento da primeira fase de atividades dos Círculos de Cultura de Sedengal, de que o camarada Mário Cabral participou, do que a horta coletiva, do que a presença atuante de uma população engajada no empenho de reconstrução nacional.

Sedengal é já um exemplo concreto, incontestável, do muito que se pode fazer no país através da ação cultural sem a alfabetização; é uma fonte riquíssima de aprendizagem, de capacitação de novos quadros.

Parece-nos que em Có, onde se encontram, como se sabe, condições altamente favoráveis, se poderia tentar uma segunda frente de ação cultural, integrando-se saúde com agricultura, mesmo que se pudesse ter, como ponto de partida, a saúde. Para isso, procuraríamos elaborar um manual sobre educação sanitária, dirigido aos animadores e contendo as noções mais elementares sobre como pode a comunidade, pelo trabalho coletivo e pela transformação do meio, melhorar a sua saúde e prevenir doenças.

Um anteprojeto deste manual, elaborado aqui em suas linhas gerais, seria levado em setembro a Bissau, onde, se aceita a nossa proposta, seria revisto pelos especialistas nacionais e, em seguida, mimeografado. Em outubro, se faria a capacitação dos animadores e se começaria o programa em seus primeiros momentos.

O desenvolvimento da experiência, a ser bem acompanhada e permanentemente avaliada, serviria para aperfeiçoar a formação dos animadores, testar e melhorar o manual e desafiar a inventividade de todos, no que diz respeito à criação de novos materiais de apoio. De novas formas de linguagem, adequada à realidade, com que a comunicação se faça mais eficientemente.

Se se tratasse de uma área cuja população se achasse pouco trabalhada do ponto de vista político, outro procedimento inicial teríamos de ter. Todos sabemos, porém, o que vem representando a atuação do Centro Máximo Górki junto às populações das tabancas de Có, bem como o papel que junto a elas tem jogado, também, o comitê do partido.

Desta maneira, de um lado, teríamos Sedengal marchando, desenvolvendo novos conteúdos programáticos de ação cultural, com a colaboração, hoje, cada vez maior, do Comissariado de Agricultura, a que o de Saúde se juntará; de outro, o projeto de Có e ambos, como disse antes, constituindo-se como fontes de experiência e centros dinâmicos para a capacitação de quadros a trabalhar em programas de outras áreas.

Estas são, em linhas gerais, amigo e camarada Mário Cabral, as considerações que gostaríamos de fazer chegar a você, um mês antes da ida aí de Miguel, Rosiska e Claudius.[80]

Com um abraço fraterno de Elza e meu à camarada Beatriz e a você, ao qual a equipe toda junta o seu também.

Paulo Freire
Genebra
15 de julho de 1977

[80] Miguel D'Arcy de Oliveira, Rosiska D. de Oliveira e Claudius Ceccon (IDAC).

Bibliografia

Bakhtin, Mikhail. *The Dialogic Imagination: Four Essays*. Apud Rosen, Harold. "The Importance of Story". *Language Arts*, 63, 1986, p. 234.

Bennett, William. *New York Times*, 26 e 27/9/1985.

Bourdieu, Pierre; Passeron, Jean-Claude. *Reproduction in Education, Society, and Culture*. Beverly Hills, Califórnia: Sage, 1977.

Caetano, J. *Boletim da Sociedade de Geografia*, 3ª série. Lisboa: s/d.

Cummings, J. "Functional Language Proficiency in Context: Classroom Participation as an Interactive Process", in Tikunoff, William (org.). *Significant Instructional Features in Bilingual Education: Proceedings of Symposium at NABE 1983*. São Francisco, Califórnia: Far West Laboratory, 1984.

Donald, James. "Language, Literacy, and Schooling", in *The State and Popular Culture*. Milton Keynes: Open University, U203 Popular Culture Unit, 1982.

Fowler, Roger et alii. *Language and Control*. Londres: Routledge and Kegan Paul, 1979.

Freire, Paulo. *Pedagogy in Process*. Nova York: Seabury Press, 1978.

Giroux, Henry A. *Theory and Resistance in Education: A Pedagogy for the Opposition*. South Hadley, Massachusetts: J.F. Bergin Publishers, 1983.

Giroux, Henry A.; McLaren, Peter. "Teacher Education and the Politics of Engagement: The Case for Democratic Schooling". *Harvard Educational Review*, agosto de 1986.

Kenneth, J. "The Sociology of Pierre Bourdieu". *Educational Review*, 25, 1973.

Lukas, J. Anthony. *Common Ground*. Nova York: Alfred A. Knopf, 1985.

Myers, Greg. "Reality, Consensus, and Reform in the Rhetoric of Composition Teaching". *College English*, 48, n. 2, fevereiro de 1986.

Rosenblatt, Louise. "The Enriching Values of Reading", in Gray, William S. (org.). *Reading in an Age of Mass Communication*. Nova York: Appleton-Century-Crofts, 1949.

Unesco. *An Asian Model of Educational Development: Perspectives for 1965-1980*. Paris: Unesco, 1966.

Walmsley, Sean. "On the Purpose and Content of Secondary Reading Programs: Educational Ideological Perspectives". *Curriculum Inquiry*, 11, 1981.

Índice remissivo

Coordenação editorial
Izabel Aleixo

Produção editorial
Hugo Langone

Revisão
Lucia Serra
Mariana Oliveira

Projeto gráfico
Priscila Cardoso

Diagramação
Trio Studio

Este livro foi composto na tipologia Dante MT Std, em corpo 12/15, e impresso em papel off-set 75g/m² no Sistema Digital Instant Duplex da Divisão Gráfica da Distribuidora Record.